한국사회성격 논쟁 세미나 (III)

공감개론신서 21

한국사회성격 논쟁 세미나 (III)

윤소영 지음

공감

공감개론신서 21
한국사회성격 논쟁 세미나 (III)
윤소영 지음

인쇄일 2022년 5월 13일
발행일 2022년 5월 20일

도서출판 공감
발행인 이범수
출판등록 22-1006 (1996. 5. 14.)
서울시 마포구 성산로2길 21-8 B1호
전화 323-8124 / 팩스 323-8126
전자우편 alba21@naver.com

ISBN 978-89-86939-98-9 03300
값 28,000원

총서

순리에 따라 즐겨야 마땅하리
인생 칠십은 예부터 드물다네

細推物理須行樂
人生七十古來稀

    환갑을 지내면서 한국사회성격 논쟁을 회고한 것이 엊그제였는데, 문재인 정부 '5년동란'을 비판하다보니 어느새 내년에는 칠순이다. 2020년 4·15총선, 2021년 4·7보선, 2022년 3·9대선 등 현실정치에 개입한 글 네 편을 『한국사회성격 논쟁 세미나 (Ⅲ)』으로 출판하면 연전에 출판한 『한국사회성격 논쟁 세미나 (Ⅰ)(Ⅱ)』와 더불어 모두 열 편의 글을 쓴 셈이다. 박현채 선생과 정운영 선생 두 분은 환갑이 갓 지나 돌아가셨는데, '구차하게 살아남았다'(苟命圖生, 홍명희 선생)는 말을 듣지 않으면 다행이겠다.

    제사로 인용한 것은 두보의 7언율시 「곡강」(曲江)으로 첫째 수의 7구와 둘째 수의 4구를 임의로 조합해본 것이다. '누가 뭐라 해도 내 길을 간다'(耳順)는 말씀은 몰라도 '마음 내키는 대로 해도 어긋남이 없다'(從心所欲不踰矩)는 말씀을 감히 인용할 수는 없기 때문인데, 시성(詩聖)께 누가 되지 않기를 바랄 따름이다.

2022년 5월
윤 소 영

총목

총서 · 5

2020년 4·15총선 전후 · 8

목차 ··· 8
서문 ··· 9
4·15총선까지 ·· 11
4·15총선 그 후 ··· 26
프랑스혁명과 자코뱅적 인민주의 ················ 41
질의와 응답 ··· 56

2021년 4·7보선 전후 · 80

목차 ··· 80
서문 ··· 81
4·7보선까지 ·· 82
4·7보선 그 후 ··· 120
러시아혁명과 중국혁명 ······························· 155
질의와 응답 ·· 208

'문재명 정부 10년동란'은 막아야 한다 · 264

목차 · 264
서문 · 265
진보주의인가 인민주의인가 · 266
소득주도성장 비판에서 기본소득·주택·대출 비판으로 · 271
3·9대선의 쟁점으로서 정권교체의 진정한 의미 · 278
북한비핵화·검찰개혁 비판에 이어지는 'K방역' 비판 · 284
윤석열 후보를 지지하는 이유 · 290
이준석 대표와 김종인 위원장에 대하여 · 296
민주노총과 정의당에 대하여 · 299
사회진보연대와 전국학생행진에 대하여 · 301

2022년 3·9대선 전후 · 304

목차 · 304
서문 · 305
3·9대선 전후 · 306
재론 일본현대사와 그 지식인 · 341
질의와 응답 · 380

『한국사회성격 논쟁 세미나 (I-II)』 서문과 목차 · 409

『한국사회성격 논쟁 세미나 (I-II)』 교정표 · 424

'과천연구실 세미나' · 429

2020년 4·15총선 전후

4·15총선까지 ·· 11

　코로나19의 대유행 · 11
　코로나19발 경제위기 · 14
　4·15총선 · 17
　'저 나라는 늙은이들이 살 만한 나라가 아닐세.' · 20
　이른바 '윤미향 사태' · 23

4·15총선 그 후 ·· 26

　'K방역·경제·평화' 소동 · 26
　'K정치' 본색 · 29
　수도이전 재론 · 32
　코로나19의 재확산 · 35
　바이든 후보의 당선과 트럼프 대통령의 퇴진 · 38

프랑스혁명과 자코뱅적 인민주의 ························· 41

　남한 운동권의 쇠망 · 41
　디킨즈론 · 44
　프랑스혁명을 둘러싼 논쟁 · 47
　'인권의 정치'와 '시빌리티의 정치' · 50
　볼테르론 · 53

질의와 응답 ·· 56

　문화혁명론 · 56
　노신 재론 · 59
　중국에서 불량배의 역사 · 65
　베이징과 상하이·광저우의 세태 비교 · 69
　중국에서 사회주의적 리얼리즘 · 74

서문

> 한국의 폐허에서 건전한 민주주의가 건설되느니
> 차라리 쓰레기 더미에서 장미꽃이 피어나기를
> 바라는 것이 더 양식 있는 일일 것이다.

    문재인 정부 4년차를 앞두고 치러진 4·15총선 전후의 세태를 보고 위에 인용한 제사(題詞)가 떠올랐다. 『뉴욕 타임즈』 이전에 최고의 정론지였던 [런던] 『타임즈』의 사설에 나온 문장이었다. 1951년 10월 1일자의 이 사설은 그해 여름 휴전협상과 동시에 고지전이 개시되던 와중에 탈선하기 시작한 남한의 자유민주정에 대한 개탄이었는데, 그 타당성은 이듬해 여름 이른바 '부산정치파동'과 '발췌개헌'(대통령 직선제를 도입한 1차 개헌)으로 여실히 증명되었다. 그 후 국내 정론지도 예를 들어 유신이나 5공을 비판할 때마다 이 문장을 인용하곤 했다. 문장의 원문과 함께 사설의 요지·맥락에 대해서는 『한국일보』 논설위원과 한국기자협회장을 역임했던 이성춘 교수가 해방 70주년에 즈음하여 『관훈저널』 2015년 가을호에 기고한 글을 참고할 수 있다. 4·15총선 전후로 이 제사를 떠올린 과천연구실이 옳은지 그른지도 물론 역사가 심판해줄 것이다.

2020년 12월
윤 소 영

2020년 4·15총선 전후[*]

전쟁과 기근과 질병이라는 세 가지 환난(患難, sufferings)은 이미 '우리 문 앞에, 아주 가까이에'(à la porte, et à deux doigts de nous, 알튀세르) 와 있습니다. 전쟁과 기근의 조짐인 북핵 위기와 '노동자 민족'으로의 전락은 1996-99년 북한의 '고난의 행군'과 1997-98년 남한의 경제위기로 소급하는 것이지요. 또 코로나19를 계기로 비로소 주목된 감염병도 조류독감이라는 선례가 있었는데, 다만 2008년의 광우병소동 속에서 간과되었던 것이고요.

그러나 코로나19의 대유행과 코로나19발 경제위기 속에서 치러진 4·15총선에서 민주당의 압승과 총선 전후에 벌어진 이른바 'K방역·경제·평화' 소동에 당면한 남한 운동권은 쇠망(decline and fall)의 길을 재촉했을 따름입니다. 수라도(修羅道), 축생도(畜生道), 아귀도(餓鬼道)가 혼재하는 것이 현재의 남한사회라고 한다면, 그 미래는 70년 전에 경험했었던 한국전쟁 같은 아비규환(阿鼻叫喚)의 지옥도(地獄道)가 될지도 모르겠어요.

---

[*] 이 글은 4·15총선 결과가 확정된 4월 16일에 작성한 노트에다 총선 이후의 상황과 몇 가지 논거를 보충한 것이다.

4·15총선까지

3월 중순에 세계보건기구(WHO)가 '코로나19의 대유행'(COVID-19 pandemic)을 선언했습니다. 동시에 다우지수가 폭락하면서 미국의 연준(Fed, 연방준비제도)을 비롯한 관련 당국이 정책대응을 개시하자 '코로나19발 경제위기'(COVID-19 economic crisis)가 공론화되었지요. 국외의 정세가 이렇게 급변하는 동안 국내에서는 4월 초부터 4·15총선 선거운동이 개시되었는데, 그 결과는 누구도 예상치 못한 것이었어요. 국회선진화법을 무력화하고 심지어 개헌도 시도할 수 있는 수준으로 여당이 압승했거든요.

코로나19의 대유행

2019년 12월 말 중국 후베이성 성도인 우한에서 발생한 코로나19(속칭 '우한폐렴')가 이란과 이탈리아를 거쳐 유럽 전역과 미국으로 확산되자 뒤늦게 세계보건기구가 대유행을 선언한 것에 대해서는 최빈국으로 전락한 '혁명민주주의'(RD) 국가 에티오피아 출신으로서 세계보건기구 최초의 직선제 사무총장에 당선된 거브러여수스가 자신의 후견인 격인 시진핑 주석에게 보답한 것이라는 비판이 있어왔습니다. 이런 맥락에서 트럼프 대통령이 4월 초에 세계보건기구에 대한 자금지원을 잠정적으로 중단할 수 있다고 경고했던 것이고요. [7월 초에 트럼프 대통령은 급기야 세계보건기구에서 탈퇴하겠다고 선언했다.]

감염성질병에 대한 정책대응은 감염병의 '창궐'(outbreak)을 '봉쇄'(containment)하고 그 '확산'(spread, 전파)을 '완화'(mitigation)함으로써 예방약(백신), 나아가 치료약(항생제/항바이러스제)을 개발할 시간을 확보하는 데 핵심이 있습니다. 수학적으로 말해서, 신규확진자 수는 종(鐘)모양의 곡선이고 누적확진자 수는 S자형의 곡선, 즉 로지스틱 곡선인데, 주요국의 곡선은 위키피디아를 참고하세요. 감염병의 봉쇄와 완화란 로지스틱 곡선의 변곡점에 해당하는 종모양 곡선의 꼭지점이 보건의료체계의 '수용능력'(carrying capacity)을 초과하지 못하도록 관리한다는 의미이지요.

따라서 감염병의 봉쇄와 완화에 성공하면, 보건의료체계에 대한 '과잉부하'(overload)를 회피할 수 있습니다. 반면 실패할 경우에는 과잉부하 때문에 보건의료체계가 붕괴하는데, 중국·이란부터 미국·유럽까지 모두 그런 경우라고 할 수 있어요. 중국보다 미국의 피해가 더 큰 이유로는 정치문화적 차이로 인해 중국과 달리 미국에서는 '사회적 거리두기'(social distancing)를 강제할 수 없었다는 사실, 기타 등등을 지적할 수 있겠지요.

세계보건기구가 유포하는 프레임에도 불구하고, 이른바 'K방역', 즉 '3T'(검사·추적·치료)를 중심으로 하는 한국의 방역을 글로벌 스탠더드로 설정하는 데 문제가 있다는 사실은 대만의 방역과 비교해 보면 쉽게 알 수 있습니다. 시진핑 주석을 수호하려는 거브러여수스 사무총장에 부화뇌동하지 말아야 한다는 것인데, 대만 최초의 여성 총통인 차이잉원 총통이 2020년 1월 선거에서 시진핑 주석의 일국양제론의 대안으로 평화공존론을 주장하면서 재선에 성공했기 때문에 대만 대신 한국을 홍보하는 프레임을 유포한 것 같아요.

대만과 달리 한국은 중국과의 국경을 폐쇄하지도 않았고 마스크의 생산과 수출을 통제하지도 않았습니다. '중국의 아픔은 한국의 아픔'이라고 공언한 문재인 정부의 정책대응 실패에도 불구하고 보건의료체계가 붕괴하지 않은 것은 사회적 거리두기의 효과 말고도 민간보건의료의 발전으로 수용능력이 제고된 덕분이었지요. 김대중 정부 이후 건강보험의 지속적 확대, 최우수 이과생의 공대가 아닌 의대로의 진학, 기타 등등의 결과였다는 것이에요.

한국이나 대만의 경험을 통해 보건의료에서 민간중심인가 아니면 국가중심인가라는 쟁점을 제기하는 것은 오류임을 알 수 있습니다. 유비하자면, 2차 세계전쟁에서 군비생산을 주도한 것은 군수산업이 아니라 민수산업이었다는 사실에도 주목할 수 있겠지요. 2차 세계전쟁에서 미국과 독일의 군비경쟁을 상징한 것이 바로 제너럴모터스 미국 본사와 독일 지사(오펠)의 경쟁이었다는 평가가 있거든요.

나아가 코로나19가 인구의 절반이 밀집한 서울·경기가 아니라 대구·경북에서 창궐·확산한 것도 보건의료체계가 붕괴하지 않은 요인이었습니다. 인구밀도를 보면, 서울이 대구의 6배이고 경기도가 경상북도의 9배이거든요. 또 신천지신도의 집단감염으로 인한 창궐·확산이라는 특징에도 주목해야 합니다. 위키피디아에 따르면, 2월 하순에 시작하여 3월 초에 정점에 도달한 신천지신도의 집단감염은 3월 중순부터 안정화되었지요. 그런데 신천지신도의 누적확진자는 5000명이었던 반면 전국에서 대구로 집결한 자원봉사의료진은 연인원 1만명이었던 것이에요. 마찬가지로 대구·경북 차원의 감염도 3월 중순부터 7500명 수준에서 거의 안정화되었고요.

반면 전국 차원의 감염은 3월 중순 이후에도 안정화되지 못했다는 사실에 주목해야 합니다. 그 결과 4·15총선 선거운동이 시작되던 4월 초에 누적확진자가 1만명에 도달했던 것이지요. 반면 대만의 경우는 4월 초에도 350명 수준이었는데, 대만의 인구가 한국의 절반 이하임을 고려하여 환산하면 750명 수준이었던 셈입니다. 사망자를 비교하면, 한국 180명 대 대만 5명(환산하면 10명 약간 초과)으로 더 분명하게 대비된다는 사실을 알 수 있고요.

전국 차원의 감염과 관련해서는 특히 미국·유럽과의 국경을 폐쇄하지 않은 것이 문제인데, 중국과의 국경을 폐쇄하지 않았던 것에 대한 비판을 모면하기 위한 고육지책이라는 비판이 있어 왔습니다. 그런데 중국에서의 유입자와 달리 미국·유럽에서의 유입자는 다수가 서울·경기에 거주한다는 사실에 주목해야 하겠지요. 대구·경북에 이어 서울·경기에서 코로나19가 창궐·확산할 경우에는 미국·유럽과 비슷한 상황이 전개될 것이라는 예상이 있었던 것은 이 때문이에요. 참고로, 1918독감(1918-flu, 속칭 '스페인독감')은 1918년 1월부터 1920년 12월까지 세 차례 유행했었지요.

코로나19발 경제위기

2019년 말에 29,000에 접근하다가 2020년 2월 말부터 하락하기 시작한 다우존스가 3월 초에 25,000(2017-18년 2차 반도체호황이 종료할 때의 수준)으로 폭락하자 연준은 금리를 0.5%포인트 인하했습니다. 또 대유행 선언 직후에 21,000(2차 반도체호황 이전의 수준)으로 폭락하자 1%포인트 인하하여 결국 2015년 말 이전의 제로금리정책(ZIRP)으로 복귀했지요. 또 연준은 0.5조달러의 국채와 0.2조달러의 주택담보부증권(MBS)을 구매하여 2017년 말 이전의 수량완화정책(QE)을 재개했어요.

다우존스와 비교하자면, 2000과 2200 사이에서 변동하다가 2월 말부터 하락하기 시작한 코스피도 대유행 선언 직후에 1500으로 폭락했습니다. 외견상 다우존스와 유사하면서도 한국증시가 세계경제의 '자동현금인출기'(ATM)라는 사실의 방증이기도 한데, 노무현 정부가 타결한 한미자유무역협정 이후 노동자민족으로 전락한 한국에서 코스피의 운동에 주목할 필요가 없는 것은 이 때문이에요.

버냉키는 옐런과 공동으로 집필한 『파이낸셜 타임즈』의 기고문과 후속 인터뷰·강연에서 주식시장의 '과잉변동성'(volatility)에 대한 해석을 제출한 바 있습니다. 금융위기의 조짐이 아니라 코로나19의 대유행으로 인한 '실물경제의 피해'(economic damage)라는 '기저난제'(underlying challenge, 기본적 난제) 내지 '기저우려'(underlying concern, 기본적 우려)의 반영이라는 것이 그의 주장이었어요.

고혈압이나 당뇨 같은 기저질환(underlying disease, 지병)을 가진 사람이 코로나19의 피해자가 될 가능성이 높은 것과 마찬가지인 셈입니다. 2017-18년 2차 반도체호황 등으로 인한 착시에도 불구하고, 미국의 실물경제가 2007-09년 금융위기에서 완전히 회복한 것은 아니었어요. 실물경제가 여전히 부실한 이런 상황에서 2차 반도체호황 등으로 인한 금융호황의 한계가 코로나19의 대유행을 계기로 폭로된 셈이었지요.

실제로 3월 중순부터 미국에서 실물경제의 충격이 발생했습니다. 소비와 생산이 급감하고 실업이 급증하는 동시에 예상인플레이션율은 하락했던 것이지요. 그 결과 2분기 경제성장률이 연율 −30%를 하회할 것이라는 예상까지 나왔고요. 참고로, 2007-09년 금융위기 당시 최악의 상황은 2008년 4분기의 연율 −8.4%였어요.

나아가 3월 하순에 다우존스가 19,000까지 하락하자 연준은 '무제한의'(unlimited) 수량완화정책을 실행하겠다고 선언했습니다. 국채와 주택담보부증권의 구매 규모에 제한을 두지 않는 동시에 회사채도 구매하겠다는 것이었지요. 연준이 정부·국책기관이 아닌 민간에서 발행한 증권을 구매한 것은 이번이 역사상 최초의 사례라는 사실에 주목할 필요가 있어요.

동시에 백악관과 상원도 '코로나지원·구제·경제안보법'(CARES Act)에 합의했습니다. 재난지원을 위한 0.3조달러(성인 1인당 1200달러, 아동 1인당 500달러), 실업구제를 위한 0.25조달러, 경제안보를 위한 1조달러(소상공인 대상 0.5조달러, 기업 대상 0.5조달러)를 핵심으로 하면서 보건의료체계 지원 0.15조달러, 지방정부 지원 0.15조달러도 포함하는 2.2조달러 규모의 완화적 재정정책이었어요. 지원(aid)과 구제(relief)보다는 오히려 경제안보(economic security)에 집중했다고 할 수 있지요.

세계보건기구가 코로나19의 대유행을 선언한 직후 영국의 경제정책연구소(CEPR)는 *Mitigating the COVID Economic Crisis* (국역: 매일경제신문사, 2020. 4.)를 발표했는데, 가장 주목할 대목은 보건의료위기(healthcare crisis)와 경제위기 사이에 '교환'(trade-off)이 존재한다는 사실입니다. 쉽게 말해서 보건의료체계가 붕괴하는 보건의료위기를 회피하기 위해 경제체계가 붕괴하지 않는 한도 내에서 경제위기를 감수해야 한다는 것이지요. 보건의료위기와 경제위기의 교환에 대한 수학적 모형과 관련 문헌은 Martin Eichenbaum et al., "The Macroeconomics of Epidemics" (*NBER Working Paper*, April 2020)를 참조할 수 있어요.

그런데 트럼프 대통령은 1월 말에 중국과의 국경을 폐쇄하겠다고 선언한 다음에는 2월 말까지 코로나19의 봉쇄와 완화를 위한 후속조치에 아주 소극적이었습니다. 달리 말해서 11월 초 대선을 앞두고 경제위기를 회피하기 위해 보건의료위기를 방치한 셈이었어요. 3월 초에도 100명에 미달하던 누적확진자가 중순에는 2000명에 도달하자 비로소 국가비상사태를 선언했는데, 그러나 이미 실기하여 4월 초에 누적확진자가 30만명에 도달했던 것이지요.

물론 트럼프 대통령의 '기질'(habit of mind)로 인한 무지와 망상(妄想, 거짓된 생각)도 작용했습니다. 위키피디아의 「미국에서 코로나19의 대유행」 항목과 연결된 것으로 일반적 차원의 「코로나19의 대유행과 관련된 오보(misinformation)[및 가짜뉴스(disinformation, 역정보)]」 항목과 함께 특별히 「도널드 트럼프 대통령 발언의 진실성(veracity)」 항목까지 있을 정도이거든요.

버냉키의 지적처럼, 예방약과 치료약이 개발되지 않은 상황에서 경제정책의 완화만으로 코로나19발 경제위기를 해결할 수는 없습니다. 완화적 경제정책은 결국 코로나19를 봉쇄·완화하여 보건의료위기를 회피하기 위해 감수해야 할 '필요악'인 경제위기를 완화하려는 정책대응일 따름이거든요. 그런데 코로나바이러스의 선행 사례인 사스(SARS)와 메르스(MERS)처럼, 코로나19도 예방약과 치료약의 개발이 난망하다는 예상도 있어요. [그러나 11월 초 미국대선 이후 개발에 성공한 예방약의 몇몇 사례가 보도되었다.]

이 때문에 만일 보건의료체계가 붕괴하는 보건의료위기가 발발한다면, 더 큰 규모의 경제위기가 초래되어 결국 경제체계도 붕괴할 수밖에 없습니다. 2007-09년 금융위기에 대처하면서 오바마 대통령이 우려하던 '2차 대불황'이 이렇게 트럼프 대통령에 의해 시작되는 것일지도 모르겠다는 생각이 들어요. 그래서 버냉키가 현정세를 '역사상 극소수의 선례가 있을 따름인'(that has very few precedents in history) '아주 아주 힘들고 무서운'(very, very tough and scary) 시기라고 경고한 것이지요.

4·15총선

이상에서 정리한 것이 4·15총선 선거운동이 시작된 4월 초까지 국내외 정세의 핵심이었다고 할 수 있습니다. 그러나 결과는 뜻밖에도 범여권이 서울·경기와 호남의 몰표를 기반으로 국회선진화법을 무력화할 수 있는 180석을 초과한 190석을 확보한 것이었어요. 예를 들어 장관급 '검찰총장'을 차관급 '검찰청장'으로 격하하는 검찰청법 개정을 시도할 수 있게 되었다는 것이지요. 게다가 정치공작을 통해 범야권을 분열시켜 10석만 추가하면 개헌을 시도할 수 있게 되었는데, 헌법기관인 검찰청을 지배하는 공수처(고위공직자범죄수사처)를 사후적이나마 헌법기관으로 격상해야 하기 때문이에요.

의석수 분포를 정리해보면, 범여권은 민주당 180(=지역구의원 163+비례대표의원 17), 열린민주당 3(=0+3), 친여 무소속 1(=1+0), 정의당 6(=1+5), 호남기반군소정당/민생당 0(=0+0)이었습니다. 반면 범야권은 자유한국당/미래통합당 103(=84+19), 친야 무소속 4(=4+0), 국민의당 3(=0+3)이었지요. 따라서 자유한국당/미래통합당과 국민의당의 패배와 함께 호남기반군소정당/민생당은 물론이고 정의당의 패배에도 주목할 필요가 있다는 것이에요.

그러나 4·15총선의 유일한 승자는 사실 민주당도 아니고 '문프[문재인 대통령]께 모든 권리를 양도해드린'(공지영 작가) '깨시민'(깨어 있는 시민)이었을 뿐입니다. 이른바 '하노이 노딜'과 '조국 사태' 이후 한국갤럽조사에서 1년 내내 40%대를 유지하던 문 대통령 지지율은 신천지신도/대구·경북의 감염이 안정화된 3월 중순에 50%에 접근하고 4월 중순에는 급기야 60%에 접근했지요. 그런 여론이 4·15총선에 반영된 셈인데, 민주당의 180석은 전체 의석 300석의 60%이었거든요. 그래서 유일한 승자는 깨시민뿐이었다는 것이에요.

4·15총선의 결과를 '여당 심판론'이 아니라 '야당 심판론'을 지지한 민심으로 해석할 수는 없습니다. 오히려 선거제란 이성적 시비

(是非, 옳고 그름)가 아닌 감정적 호오(好惡, 좋고 싫음)를 반영하는 한계가 있기 때문에 심지어 오락성 예능경연대회에서조차 능력제적 요소를 가미할 수밖에 없는 이유에 대해 숙고해볼 필요가 있다고 할 수 있지요. 장차관급 정치인으로서 국회의원을 선출한 4·15총선이 TV CHOSUN의 '내일은 미스터트롯'보다 못한 결함이 있었다고 할 수밖에 없기 때문이에요.

물론 4·15총선의 결과에는 김무성 의원 등 자유주의자가 거세된 야당의 수권능력에 대한 회의도 작용했을 것입니다. 그러나 보수주의자가 옹립한 황교안 대표에 대한 대중적 비호감이 더 큰 문제였는데, 그가 박근혜 대통령이 법무부장관·국무총리로 발탁한 공안검사 출신의 변호사였다는 사실, 기타 등등 때문이었지요. 또 황 대표의 리더십 부재도 문제였는데, 국회의원으로서 정치경험이 전무했다는 사실, 기타 등등 때문이었어요.

이런 맥락에서 로마의 군주선출제도에서 유래한 선거제가 민주주의의 충분조건은 물론이고 필요조건도 아니라는 사실을 강조해두겠습니다. '1인 1표'(one man, one vote)로 상징되는 평등투표(equal vote)는 자코뱅의 인민주의 내지 벤섬의 공리주의를 특징지을 따름이었지요. 반면 공리주의에서 자유주의로 전향한 존 스튜어트 밀은 '대중의 폭정/다수의 횡포'(tyranny of the masses/the majority)에 대한 토크빌의 비판을 수용하면서 차등투표(weighted vote)를 지지했던 것이고요.

밀의 차등투표제에서는 재산 내지 소득이 아니라 능력 내지 지식이 차등의 기준이었으므로 그가 지향한 것이 금권주의(plutocracy)가 아니라 능력주의(meritocracy)였음을 알 수 있습니다. 나아가 마르크스주의적 대안도 평등투표가 아니라 차등투표일 것인데, 다만 능력이나 지식에 대한 평가에서 자유주의와 차이가 있겠지요. 쉽게 말해서 학자 밀이나 정치인 글래드스턴-디즈레일리보다 학자 마르크스나 정치인 레닌의 투표권 내지 발언권이 더 커야 한다는 데 찬성하는 사람이 마르크스주의자라는 것이에요.

마르크스와 엥겔스가 발자크 다음으로 좋아한 리얼리즘 작가인 디킨즈에 대해서도 언급해두겠습니다. 그의 대표작 『어려운 시절』(Hard Times, 1854; 국역: 창비, 2009)은 공리주의 비판가인 칼라일에게 헌정되었는데, 그 주제는 역시 프랑스 '철학자'(philosophe)의 후예인 공리주의자의 풍자였습니다. 바운더비와 그래드그라인드를 벤섬과 아버지 밀로 해석하고, 루이저와 씨씨를 아들 밀과 해리엇으로 해석할 수 있거든요. 물론 디킨즈도 해리엇과 해후한 이후의 밀처럼 공리주의를 기각하고 자유주의를 지지하는 입장이었고요.

어쨌든 대만과 비교해보면, 한국도 미국과 비슷한 상황이라는 사실을 알 수 있습니다. 우선 총선을 앞둔 문재인 대통령이 경제위기를 회피하기 위해 보건의료위기를 방치했다는 사실을 지적할 수 있는데, 이 때문에 정부와 의료계의 이견이 종종 노출되었던 것이지요. 물론 그의 기질적 무지와 망상도 작용했는데, 게다가 그는 중국과의 국경조차 폐쇄하지 않았어요. 그런데도 트럼프 대통령과 달리 문 대통령의 지지율이 상승한 것은 역시 미국정치보다 한국정치가 더욱 인민주의화되었다는 사실의 반영이겠지요.

문재인 대통령이 시진핑 주석의 눈치를 보면서 아부하는 속내는 하노이 노딜 이후 그나마 대북정책에 대한 지지를 기대할 수 있는 나라가 중국뿐이라는 사실 때문일 것입니다. 중국에 대한 한국의 높은 경제의존도는 변명이 될 수 없는데, 실은 대만의 경제의존도가 더 높기 때문이에요. 홍콩까지 포함한 대중 수출의존도가 40%인데다가 인구의 4%가 중국에 거주할 정도라고 하거든요.

물론 초기 방역에 성공한 대만은 보건의료위기를 회피하기 위해 경제위기를 감수할 필요도 없었습니다. 게다가 재벌의 부재로 인해 한국보다 경제의 '체질'(habit of body)이 우수하고, 한국처럼 노동자민족으로 전락하지 않아 '기저질환'도 없고요. 『조선일보』 같은 보수언론처럼 소득주도성장론자만 탓해서는 안 된다는 것인데, 좀 더 자세한 설명은 오윤미, 「대만의 코로나19 사태 대응과 시사점」(대외경제정책연구원, 2020. 6.)을 참고하세요.

'저 나라는 늙은이들이 살 만한 나라가 아닐세.'

4·15총선은 그 결과가 국내외 정세와 무관했다는 점에서도 역시 1948년 5·10총선을 재연했다고 할 수밖에 없습니다. 소득주도성장과 북한 비핵화에 대한 몰인식이 코로나19의 대유행과 코로나19발 경제위기에 대한 몰인식으로 재생산되면서 조국 사태를 계기로 여당에게 불리해졌던 여론이 오히려 호전되었거든요. 그래서 선거운동 과정에서 민주당은 '조국 수호'를 표방한 열린민주당을 핍박한 반면 총선 직후 '완장 찬 졸개들'(정희성 시인)이 필요한 문재인 대통령은 '세상이 바뀌었다는 것을 확실히 느끼도록 갚아주겠다'고 방정을 떤 최강욱 당대표에게 '격려와 안부인사'를 전했던 것이지요.

2016년 이른바 '촛불혁명' 직전에 타계한 이호철 작가의 자전소설 『소시민』(1964-65; 동아출판사, 1995)에서 국내외 정세에 무관심한 '풍속과 세태'(ethos/mores/custom)의 풍자를 발견할 수 있습니다. 황순원 선생의 제자이면서 재일교포 이회성 작가의 『금단의 땅』(1976-79; 국역: 미래사, 1988)을 번역·소개하기도 한 바 있는 그는 휴전협상부터 이른바 '부산정치파동'까지 1951-52년의 부산을 배경으로 전향한 '바닥빨갱이' 김 씨가 대표하는 일련의 소시민을 창조했는데, 당시의 부산은 1960년대의 남한만이 아니라 전향한 386세대가 주류로 진입한 문재인 정부의 남한에 대한 알레고리도 되겠지요.

여기서 소시민은 얼치기 문학비평가가 오해하듯 프티부르주아가 아니라 엥겔스가 '독일의 불행'을 초래한 중간계급(Mittelklasse, 부르주아)과 그 결함으로 주목한 'Spießbürgertum', 즉 사익(私益)만 아는 천민부르주아적 속물성입니다. 이 점에서 『소시민』은 한국전쟁 발발 직전에 타계한 백릉(채만식)의 「치숙」(痴叔, 멍청한 아저씨)과 「소망」(少妄, 젊은이의 망령)에 나온 『잘난 사람들』(보고사, 1996), 즉 속충(俗蟲, 벌레 같은 속물들)의 풍자를 계승한 셈이었어요.

사실 「치숙」과 「소망」의 배경인 중일전쟁 발발 전후의 조선조차 문재인 정부의 남한에 대한 알레고리라고 할 수 있습니다. 1930년대 대불황기의 일본은 1929-33년 대공황에서 맨 처음 회복한 자본주의 국가였는데, 만주 진출이 하나의 계기가 되었지요. 마치 남한이 중국 진출을 통해 1997-98년 경제위기에서 회복한 것처럼 말이에요. 물론 한미자유무역협정에 유비할 수 있는 '내선일체' 덕분에 만주는 조선에게도 '기회의 땅'이 되었고요. 낙성대학파의 식민지현대화론이 주목한 것도 1930년대 대불황기의 조선이라는 『태평천하』(1938; 문학과지성사, 2005)였다는 사실을 지적해두겠어요.

오늘 횡보(염상섭)는 물론이고 그와 '겨루던'(김윤식 선생) 백릉이 그리운 것은 우연이 아닙니다. 386세대 중에 제대로 된 작가가 없기 때문인데, 1989-91년 소련 붕괴 이후 리얼리즘소설 내지 풍자소설은커녕 전향소설도 희귀하다는 것이 그 방증이지요. 하다못해 제대로 된 '후일담소설'(김윤식 선생)조차 없어요. 386세대 출신의 대표적 깨시민인 공지영 작가에게 기대를 건 것은 애당초 어불성설이었고, 『창작과비평』의 인민주의를 포스트모더니즘으로 대체한 『문학동네』의 간판이었던 신경숙 작가는 논외로 할 수밖에 없겠지요. 하기야 1989년에 문학사상사에서 국역된 무라카미 하루키의 『상실의 시대』(원제: 『노르웨이의 숲』, 1987)가 그 대용물이었을지도 모르고요.

총선 결과를 보고 '저 나라는 늙은이들이 살 만한 나라가 아닐세'라고 개탄하던 예이츠의 시구가 생각났습니다. 갓 환갑을 지내고 쓴 「비잔티움으로의 항해」(Sailing to Byzantium, 1926)라는 시의 첫 번째 연 첫 번째 행인데, 황순원 선생의 아들이기도 한 황동규 시인/교수의 「[단]선적인 진전: 예이츠의 후기시 '비잔티움 항해'를 중심으로」(『인문논총』, 8집, 1982)를 참고하여 번역해보겠어요.

저 나라는 늙은이들이 살 만한 나라가 아닐세.
젊은이들은 서로 껴안고,
새들은—저 언젠가 죽을 생명들은—나무 위에서 노래하며,
연어는 폭포에서 도약하고, 고등어는 바다에서 회유(回游)한다네.
한 여름 내내 물고기나 날짐승이나 길짐승[젊은이]은
태어나고 죽는 모든 생명을 기린다네.
그들 모두 저 육욕의 음악에 취해
영원불멸의 지식의 기념비들은 못 본 체하면서.

늙은이는 그저 넝마,
막대기 위에 걸어놓은 낡고 해진 옷일 뿐일세.
정신이 손뼉치며 노래하지 않고,
낡고 해진 옷 조각 하나하나를 위해 더 크게 노래하지 않는다면,
또는 정신 그 자신의 장엄함을 기리는 [지식의] 기념비들만을
공부하는 노래 학교가 없다면 말일세.
그래서 나는 바다를 건너
여기 거룩한 도시 비잔티움으로 왔다네.

That is no country for old men. The young
In one another's arms, birds in the trees,
—Those dying generations—at their song,
The salmon-falls, the mackerel-crowded seas,
Fish, flesh, or fowl, commend all summer long
Whatever is begotten, born, and dies.
Caught in that sensual music all neglect
Monuments of unageing intellect.

An aged man is but a paltry thing,
A tattered coat upon a stick, unless
Soul clap its hands and sing, and louder sing
For every tatter in its mortal dress,
Nor is there singing school but studying
Monuments of its own magnificence;
And therefore I have sailed the seas and come
To the holy city of Byzantium.

세 번째와 네 번째 연은 생략하고 첫 번째와 두 번째 연만 번역한 것인데, 여기서 예이츠는 1차 세계전쟁을 경험한 1920년대의 유럽이 야만인들에게 정복당한 로마처럼 '영원불멸의 지식' 대신 수욕주의(獸慾主義, animalism)를 믿으면서 늙은이들을 '넝마'(낡고 해져서 입지 못하게 된 옷)로 취급한다고 개탄했지요. 물론 '진보의 의지로 과학적 지식을 대체했던' 48세대(Forty-Eighters)와 결별하고 '제 갈 길을 갔던' 마르크스라는 또 다른 늙은이에게서 대안적 지식을 추구하려는 시도도 있었는데, 결국에는 실패했으니 여기서 굳이 거론할 필요가 없겠고요.

이른바 '윤미향 사태'

4·15총선 최대의 스캔들은 물론 윤미향 당선인이었습니다. 총선 직후 정대협(한국정신대문제대책협의회) 공동대표 출신인 이용수 위안부가 민주당 비례대표의원으로 당선된 윤미향 정대협 상임대표에 대한 비판을 제기했는데, 그 핵심은 윤 당선인이 정계진출이라는 사익을 위해 위안부를 이용했고 나아가 기부금과 관련된 의혹도 있었다는 것이지요. 이후 언론을 통해 회계부정과 관련된 무수한 의혹이 제기되었는 바, 자세한 내용은 역시 나무위키를 참고하세요.

그런데 회계부정 의혹은 윤 당선인이 정대협을 주도하기 시작한 노무현 정부 시절부터 고 심미자 위안부에 의해 제기되던 것입니다. 이번 사태를 계기로 『조선일보』 등이 발굴하여 보도한 바에 따르면, 심 위안부를 비롯한 수십 명의 위안부들은 정대협을 '언제 죽을지 모르는 위안부 할머니들을 역사의 무대에 앵벌이로 팔아 배를 불려 온 악당들'이라고 규탄한 바 있지요.

그러나 인민주의자와 '반일애국주의 경쟁'에 몰두해온 보수주의자처럼 정대협에 대한 비판을 회계부정 의혹으로 환원할 수만은 없습니다. 윤 당선인은 자신을 조국 교수와 유비하고 있는데, 일리가 있거든요. '윤미향 사태'를 '조국 사태'의 아류로 인식할 때 조 교수의 인민주의 내지 공리주의가 자유주의에 미달한 것과 마찬가지로 윤 당선인의 주사파적 민족해방론(NL) 내지 급진주의적 페미니즘(rf)도 역시 자유주의에 미달했다는 사실을 확인할 수 있어요.

다만 인민주의와 공리주의의 경우와는 달리 주사민족해방론과 급진페미니즘은 양립할 수 없다는 데 문제가 있습니다. 주사민족해방론의 가부장제적 본질은 일체의 페미니즘, 더군다나 급진페미니즘과는 상극이기 때문이지요. 『역사적 마르크스주의: 이념과 운동』(공감, 2004)에서 이미 지적한 바 있듯이, 봉건적 페미니즘이란 존재할 수 없어요. 반면 봉건적 사회주의는 존재하는데, 주사민족해방론은 그 대표적 변종이지요.

이런 맥락에서 『조선일보』가 보도한 와다 하루키 교수의 인터뷰에 주목할 필요가 있습니다. 그는 윤algid 당선인이 2015년 한일위안부합의에 적극적으로 참여하여 배상금 지불을 요구하다가 일본이 그 반대급부로 소녀상 이전을 요구하자 갑자기 합의에 반대했다는 사실을 지적하고 있지요. 그래서 2015년 합의의 핵심이었던 배상금 지불과 소녀상 이전의 교환이 실패했다는 주장인 셈이에요.

이제 『재론 위기와 비판』에서 지적한 역설을 설명할 수 있습니다. 2015년 합의에 대한 정대협의 거부가 일본과의 국교정상화를 통해 수백억 달러의 배상금을 확보하려는 북한의 구상과 상충한다는 역설은 정대협의 내부 모순, 즉 배상금이 중요한 주사민족해방론과 소녀상이 중요한 급진페미니즘의 모순을 반영한다고 말이에요.

윤 당선인 아닌 와다 교수가 일관되고 이성적인 친북주의자라는 사실을 알 수 있는 대목입니다. 2006-07년 1년 동안 『한겨레신문』에 연재된 회고록 『내가 만난 한반도』를 인터넷으로 찾아 읽어보세요. 반면 윤미향 당선인 딸의 미국유학은 낯설지 않을 수 없는데, 역시 '추락하는 것은 날개가 있다'(Jeder, der fällt, hat Flügel, 날개가 제 구실을 못해서 추락한다)는 말이 맞는 것 같아요.

이런 맥락에서 북한으로의 귀국/북송을 선택한 재일교포가 생각났는데, 코로나19로 인해 『데카메론』의 선남선녀 같은 '피병(避病)생활'을 하면서 읽었던 소설 중에서 이성아 작가의 『가마우지는 왜 바다로 갔을까』(나무의자옆, 2015) 때문이었습니다. 국제적십자사가 중재한 북·일 두 정부의 협상, 나아가 조총련의 선전·선동에 따라 북한으로의 귀국/북송을 선택한 경상도 출신 재일교포 가족을 소재로 한 작품이었는데, 그 주제는 역시 '이념보다 인간/개인'이었지요. 세월호 침몰사건과의 유비 같은 하자는 무시할 수 있겠고요.

강재언 선생의 『재일 한국·조선인: 역사와 전망』(1994; 국역: 소화, 2005)에 따르면, 해방 당시에 210만명이던 재일교포 중 140만명이 1946년 3월까지 귀국했습니다. 신탁통치를 둘러싼 갈등이 단정수립과 한국전쟁으로 귀결된 해방정국의 혼란으로 인해 나머지 70만명

중 60만명은 결국 일본 잔류를 선택했고, 재일 외국인에서 그 비중은 90% 정도로 압도적이었지요. 또 재일교포는 주로 경상도 출신이었는데, 남도 출신이 거의 40%였고 북도 출신은 20% 이상이었습니다. 물론 전라도 출신도 있었는데, 남도 출신이 10% 이상이었고 북도 출신은 거의 5%였지요. 제주도 출신도 많아서 10% 이상이었고요. 이들이 재일교포의 90%였던 셈이에요.

1959년 12월에 시작되어 1986년 6월까지 지속된 귀국/북송사업의 절정은 1961년까지로 2년 동안의 귀국/북송자는 75,000명이었습니다. 한일국교정상화 직후인 1967년까지 14,000명이 추가되었고요. 그 후 중단되었던 사업이 재개된 것은 7·4남북공동성명 직전인 1971년 5월이었는데, 그러나 1986년까지 귀국/북송자는 5000명도 안 되었어요. 귀국/북송자 중에는 일본국적의 부인 2000명과 함께 자녀 5000명이 있었다는 사실도 주목해야 하겠고요.

1959-67년의 1차 귀국/북송자 중에는 숙련노동자·기술자 가족이 많았던 반면 1971-86년의 2차 귀국/북송자 중에는 자본가 가족이 많았습니다. 물론 예외도 있었는데, 김정은 위원장의 외가가 그랬지요. 1962년 귀국/북송자인 김 위원장 외조부는 제주도 출신으로 밀항선을 운영하다가 적발되어서 추방당할 상황이었다고 하거든요. 그래서 김일성 주석이 남로당계 외가를 둔 고 김정남 씨를 적손으로 인정한 반면 김정은 위원장은 서손으로 간주했던 것 같아요.

이성아 작가는 북한경제를 '우카이'(鵜飼い, 가마우지 낚시)에 유비했습니다. 또 이 작가가 참고한 『배반당한 지상낙원』(1991; 국역: 동아일보사, 1992)에서 일본공산당 출신의 조총련 간부였던 장명수 씨는 재일교포가 외화조달을 위한 '인질'이었다고 폭로한 바 있고요. 문재인 정부에서는 재일교포를 대신하여 남한인민이 새로운 인질이 된 셈인데, 다만 조총련과 달리 가족을 미국으로 도피시켰다는 차이가 있지요. 그런데 장명수 씨의 주장처럼, 북한이 추구하는 대안은 결국 국교정상화에 따른 일본의 배상금일 수밖에 없어요.

4·15총선 그 후

'K방역·경제·평화' 소동

　세계보건기구의 'K방역' 프레임으로 총선에서 압승한 문재인 대통령은 급기야 자신의 'K경제'와 'K평화' 프레임을 통해 '베이징 컨센서스'를 보충할 '서울 컨센서스'를 제시했습니다. 포스트코로나19 시대에 중국·한국이 미국·유럽·일본의 (신)자유주의를 대체할 새로운 글로벌 스탠더드를 제시하려는 구상, 즉 '중국의 아픔[괴로움]이 한국의 아픔'이듯 '중국의 즐거움은 한국의 즐거움'이라는 구상이었지요.
　그런 친(親)북·연(聯, 연합)중·비(非)미·반(反)일 구상을 실행할 능력은 논외로 하더라도, 'K정치', 즉 인민주의의 문제를 간과할 수는 없습니다. 먼저 K정치와 K방역의 모순에 주목해야 하는데, 문재인 대통령은 4월 중순에 서울·경기에서도 감염이 안정화되고 4·15총선 이후 2주간의 잠복기가 지난 다음에도 별다른 변화가 없자 4월 말부터 6일간의 연휴가 끝나는 대로 사회적 거리두기를 이른바 '생활 속 거리두기'로 완화하면서 학교·직장의 폐쇄를 중단했지요. 그 덕분에 지지율은 70%를 돌파했고요.
　의료계에서는 물론 우려가 많았습니다. 4·15총선 이후처럼 황금연휴 이후에도 2주간의 잠복기를 기다릴 필요가 있었기 때문이지요. 그런 우려의 타당성은 연휴 동안에 시작된 이태원발 집단감염으로 입증되었는데, 신천지신도의 집단감염과 달리 미국·유럽에서 유입된 코로나19의 변종이 서울·경기를 중심으로 전파되기 시작했거든요. 황금연휴 이후 2주간의 잠복기가 지날 때까지 거의 200명에 접근한 이태원발 누적확진자의 90%는 서울·경기에 거주했고요.
　이태원발 집단감염이 쿠팡발 집단감염으로 확산되면서 문재인 대통령은 결국 3주만인 5월 말에 생활 속 거리두기를 포기했습니다. 그러나 그 동안 누적확진자는 500명 이상 증가했고, 그 후에는 매주

300명 정도가 증가하여 서울·경기를 중심으로 2차 유행이 시작될 조짐이 보였지요. 지지율이 60% 수준으로 복귀한 6월 초에 문 대통령은 '한숨 돌리나 했더니 아니었다'면서 시민의식의 미숙을 지적했어요. 생활 속 거리두기의 실패를 시민의 '자발적 참여' 결여 탓으로 돌린 셈인데, 자신이 믿는다는 가톨릭의 「고백기도」(Confiteor)에 나오는 '제 탓이요'(mea culpa)와는 거리가 멀었지요.

K정치와 모순이 아니라 오히려 그 귀결인 K경제와 K평화야말로 문재인 대통령의 무지와 망상의 상징입니다. 세월호 침몰사고와 최순실 국정농단사건을 기화로 정권을 '줍다시피 한'(대통령직인수위원회 격인 국정기획자문위원회의 핵심인사) 문 대통령의 가장 큰 결함은 주변에 제대로 된 경제참모가 없다는 것이에요. 그래서 K경제를 특징짓는 소득주도성장론 같은 '경제학적 문맹 내지 사기'가 횡행한 것인데, 물론 차기 대선의 쟁점으로 부상하기 시작한 각양각색의 기본소득론에 비하면 그나마 나은 편이지만요.

게다가 김대중 대통령과 김정일 위원장의 6·15공동선언 20주년 기념일 전후로 K평화도 붕괴했습니다. 『종합토론』에서 지적했듯이, 2018년 9·19공동선언 직후 폼페이오 국무장관은 문재인 대통령에게 속았다고 생각해서 10월에 은행과 기업에 대한 '세컨더리 보이콧'을 경고한 데 이어 11월에는 세컨더리 보이콧 문제를 다룰 '워킹그룹'(실무회의)까지 출범시킨 것 같아요. 게다가 2018년 6월의 싱가포르 북미정상회담 직후부터 트럼프 대통령에 대한 의회의 견제가 개시되었는데, 자세한 내용은 『재론 위기와 비판』을 참고하세요.

반면 김정은 위원장은 문재인 대통령을 믿었던 것 같습니다. 물론 의심하기도 한 것 같은데, 연내 답방의 약속을 결국 지키지 않았거든요. 그러나 2019년 2월 하노이 노딜 이후 김 위원장의 반신반의도 역시 불신으로 심화되었지요. 『후기』에서 지적했듯이, 문 대통령이 9·19공동선언을 구체화한 2019년 8·15경축사에 대해 조평통(조국평화통일위원회) 대변인을 통해 '삶은 소대가리'도 웃을 '망발'(妄發, 거짓된 언행)이라고 비난했거든요.

문 대통령에 대한 김 위원장의 불신은 6·15 공동선언 20주년 기념일 전후로 더욱 심화되었습니다. 먼저 김 위원장의 '건강이상설'과 함께 급부상한 누이동생 김여정 '당중앙'(후계자)이 6월 초에 문재인 대통령을 '배신자'라고 규탄하고 대남 사업의 '대적(對敵) 사업' 전환을 예고했지요. 20주년 기념일 이튿날에 개성공단의 남북공동연락사무소를 폭파한 것은 그 전환을 상징한 일대 사건이었고요.

김여정 당중앙은 문재인 대통령의 20주년 기념연설을 '철면피한 궤변'이자 '오그랑수'(표리부동한 속임수)라고 비난하면서 '혐오감을 금할 수 없다'고 극언했습니다. 또 김대중 대통령의 넥타이를 빌린 사실도 지적했는데, 5월 말에 승진·복귀한 탁현민 비서관의 '쇼통'에 대한 거부감 때문이었겠지요. 그러나 문 대통령의 반응은 '실망감과 좌절감' 속에서도 '인내하겠다'는 것이었고, 다만 윤도한 국민소통수석을 통해 '기본적 예의'만은 지켜달라고 호소했을 따름이에요. K경제보다는 오히려 K평화가 정권재창출의 필요조건이거든요.

영어로 'arbiter'는 심판자로서 중재자 내지 헤게몬(hegemon)을 의미한다는 사실을 지적해두겠습니다. 2015년 위안부합의를 도출하기 위해 박근혜 대통령과 아베 총리를 설득한 사람이 바로 오바마 대통령인 것처럼요. 하기야 강경화 장관은 물론이고 문정인 교수도 영어 회화처럼 독해도 잘하는 것 같지는 않아요. 그래서 'arbiter'를 'middleman', 즉 중개자 내지 중매자로 오해했던 것 같은데, 말은 알아도 글은 모르는 '까막눈'이었던 셈이지요.

이런 맥락에서 2018년 4월부터 1년 반 동안 백악관 국가안보좌관을 역임한 볼턴이 6월 말에 출판한 회고록 『그 일이 일어났던 방』(*The Room Where It Happened*)에 주목할 수 있습니다. 그에 따르면, 북미정상회담은 양국 정부의 '외교 전략'보다는 문재인 정부의 '"통일" 일정표'('unification' agenda)와 더 많이 관련된 문 정부의 '창작품'(creation)이었지요. 'middleman'이 주제도 모르고 'arbiter'의 역할을 자임했다는 비판인 셈인데, '잘하면 술이 석 잔, 못하면 뺨이 석 대'라는 속담이 생각나는 대목이에요.

'K정치' 본색

'K방역·경제·평화'의 실패를 부인할 수 없게 되자 문재인 대통령은 'K정치'의 본색을 드러냈습니다. 군부독재를 종식시킨 6·29선언 33주년 기념일에 그의 직계인 김태년 민주당 원내대표가 '코로나19 국난'을 핑계로 국회상임위원장을 독식하는 '문민독재'를 선언했는데, '어째서 인민주의자가 민주주의를 팔아먹는가'라고 개탄할 수밖에 없는 대목이지요. '어째서 도적[땡추중(黨聚僧, 불량배 승려)]이 부처를 팔아먹는가'(云何賊人裨販如來, 『능엄경』)라는 성철스님의 '할'(喝, 큰소리로 꾸짖기)을 흉내내본 것이에요.

1981-93년의 정치적 격동기에 성철스님은 불교의 '큰스님'이면서 나라의 '큰어른'(박완서 선생)이기도 했습니다. 스님은 '본성을 깨달아 부처가 되는'(見性成佛) 자기구원을 지향하는 불교는 기독교처럼 '구세주에 의한 구원'(salvation)을 지향하지 않고, 나아가 불교를 비롯한 일체의 종교는 경세학이 아니라고 꾸짖었지요. 김택근 시인의 『성철 평전』(모과나무, 2017)과 원택스님의 『성철스님 시봉이야기』(개정증보판: 장경각, 2016)를 참고하세요.

어쨌든 사태의 핵심은 김대중-노무현 정부 이래 법제사법위원장을 대개 야당인 소수당에게 양보해온 관습을 문재인 정부가 부정한 데 있었습니다. 법제사법위의 법제는 단원제 국회에서 다수당 내지 여당의 '폭정/횡포'를 견제하는 기능과 관련되고 사법은 법원·검찰의 '정치적 독립과 중립'을 감시하는 기능과 관련되지요. 따라서 절대다수의 의석을 차지한 여당인 민주당이 법사위원장도 장악하면 법원에 이어 검찰마저 정치적으로 편향되고, 심지어 종속되는 '제왕적 대통령제'가 강화되겠지요.

미국에서는 여야를 막론하고 다수당이 상임위원장을 독식한다는 것이 민주당의 구차한 변명인데, 역시 무지의 발로일 따름입니다. 미국은 양원제를 채택하므로 하원을 견제하는 상원이 존재하고 또 법원·검찰의 정치적 독립과 중립을 보장하는 '법원모독죄'(contempt of court)·'사법방해죄'(obstruction of justice, 수사방해죄)가 존재하거든요. 트럼프 정부가 아니라 문재인 정부가 삼권분립을 형해화하여 사법부·입법부를 지배하는 제왕적 대통령제의 사례라는 사실은 논란의 여지가 없어요.

그런데 제왕적 대통령제에 남은 마지막 장애가 있었으니, '사람에 충성하지 않는' 법치주의자 윤석열 검찰총장이었습니다. 더군다나 유재수·송철호 사건에 이어 신라젠·라임·옵티머스 등 권력형 비리 사건이 속출하는 상황이었지요. 그래서 문재인 대통령의 지지율이 50% 수준으로 복귀한 7월 초에 '천방지추' 추미애 법무부장관이 윤 총장에 대한 수사지휘를 강제하여 그가 반발하면 감찰을 통해 자진사퇴를 유도하려고 시도한 것이에요. 그런데 전국검사장간담회에서 윤 총장에 대한 추 장관의 수사지휘가 '위법 또는 부당'한 직권남용 내지 수사방해라는 '공통된 의견'이 도출되었는데도 1주일 만에 윤 총장은 추 장관의 수사지휘를 사실상 수용했어요.

윤석열 총장이 장고 끝에 추미애 장관의 수사지휘를 수용한 것을 보고 『사기』에 나온 포의(布衣, 평민) 시절 한신 장군의 고사가 생각났습니다. 철부지 불량배(屠, 백정)가 그를 겁쟁이라고 모욕하면서 '나를 칼로 찔러 죽이든지 아니면 내 가랑이 밑으로 지나가든지'라고 도발하자 '孰視之' 후에 가랑이 밑을 기어갔다는 것이지요. '그자를 한동안 노려보았다'는 의미의 '孰視之'에 주목한 이성규 교수의 해석처럼 한신 장군은 굴욕을 감수하면서 자중자애했던 것인데, 윤 총장의 의중도 마찬가지였을 것이라는 생각이 들어요.

이번 사태를 보면, 법원과 달리 검찰에는 '정의를 팔아먹는' 법비(法匪, 불량배 법조인)가 주류를 형성하지 못했다는 사실을 알 수 있습니다. 물론 법원과 달리 검찰에는 윤석열 총장이라는 탁월한 수장이 있는 덕분이기도 했고요. 그래서 검사장간담회에서도 윤 총장의 퇴진은 불가라는 공통된 의견이 도출되었던 것인데, '민주주의라는 허울을 쓰고 있는 독재와 전체주의[인민주의]를 배격하는 진짜 민주주의'(윤 총장)로서 자유민주주의의 마지막 보루가 바로 윤 총장이라는 검찰 전체의 판단을 반영했다고 할 수 있겠지요.

추미애 장관이 '군부파쇼'와 유사한 '검찰파쇼'에 대한 '문민·민주통제'라는 구실을 내세워 문재인 대통령에게 과잉충성한 데는 이유가 있었는데, 2018년 지방선거에서 3선에 성공한 박원순 서울시장의 후임으로 여성 최초의 서울시장직을 요구한다는 설이 있었습니다. 그런데 공교롭게도 윤석열 총장을 '굴복'시킨 바로 그날 마치 '안이박김의 저주'가 부활하기라도 한 듯 박원순 시장이 자살하면서 차질이 발생했지요. 내후년 3·9대선의 전초전이 될 내년 4·7보선의 공천이 쉽지 않을 것이기 때문이에요. [결국 서울시장직은 '세월호 변호사' 박주민 의원에게 양보하고 대신 총리직을 요구했다고 한다.]

9급비서가 '위력에 의한 성폭력'으로 고소한 박원순 시장과 인연이 있었는데—삼가 고인의 명복을 빕니다—그의 자살은 한두 가지 사실에 대한 주의를 환기했습니다. 먼저 정대협 사태와 마찬가지로 인민주의와 급진페미니즘은 '불행한 결합'(unhappy marriage)일 수밖에 없다는 사실이지요. 정대협의 주사파적 민족해방론이나 참여연대의 공리주의적 코퍼러티즘은 여성권에 별로 관심이 없거든요. 게다가 급진주의적 페미니즘도 여성권을 위한 페미니즘은 아니라는 측면에서 자유주의적 페미니즘(lf)과 그것을 지양하려는 사회주의적 페미니즘(sf)에 미달하는 것이지요. 권현정 외, 『페미니즘 역사의 재구성: 가족과 성욕을 둘러싼 쟁점들』(공감, 2003)을 참고하세요.

동시에 문재인 정부가 문민·민주통제하는 경찰의 실상, 나아가 사법개혁으로 부활시키려는 이승만–박정희 정부의 '경찰사법'의 정체가 새삼 드러날 수밖에 없었습니다. 경찰이 박원순 시장에게 실시간으로 고소 사실을 누설하여 박 시장이 자살하도록 방조했다는 정황적 증거가 아주 많아요. 단적인 예로, 박 시장은 오후 5시 고소인에 대한 경찰의 조사가 시작된 지 4시간만에 젠더특보·변호사·비서관과 대책회의를 가졌고 오전 2시 반 고소인 조사가 종료된 지 8시간만에 유서를 쓰고 북악산으로 올라갔다고 하거든요.

수도이전 재론

'박원순 사태'로 정권재창출의 장애가 조성되자 김태년 원내대표는 서울시장보선은 포기하고 대선에 올인하기라도 할 듯이 '행정수도 완성'이라는 형태의 천도(遷都), 즉 수도이전을 재론함으로써 돌파를 시도했습니다. 검찰개혁을 재론하면서 하노이 노딜이라는 장애를 돌파하려 한 것과 마찬가지였는데, 두 경우 모두 노무현 대통령의 유훈을 계승한다는 명분이 있었지요. 그러나 신뢰가 가지는 않는데, 집권 초 개헌을 통해 위헌 시비에 대비하지 않았기 때문이에요.

2004년이 '정치의 사법화'(judicialization of politics) 원년입니다. 헌법재판소가 5월에 노무현 대통령 탄핵소추를 기각한 데 이어 10월에는 수도이전이 위헌이라고 결정했거든요. 그런 상황에서 과천연구실도 '인기영합주의'라고 잘못 불리던 인민주의(populism)에 대한 연구를 진행하여 2005년 8월에 『인민주의 비판』을 출판했고요. 이 책의 한계는 자유주의에 반대한 정치이념으로서 인민주의에만 주목하여 정치체제(정체)로서 인민주의, 즉 민주정의 타락으로서 인민정은 간과했던 것이지요. 따라서 인민정이 자유민주정에 미달한다는 사실에 대한 인식도 부족했고요.

수도이전에 대한 헌재의 위헌 결정은 수도의 정의를 환기하면서 수도이전의 조건도 명시했습니다. 즉 수도(首都, capital city)란 최고헌법기관인 대통령의 소재지이고, 수도가 서울이라는 것은 '서울에 수도를 둔다'는 '동어반복적' 헌법조항을 제정할 필요가 없는 '자명한 사실'이라는 의미의 '관습헌법'이라는 것이지요. 한글 서울이 한자 수도와 같은 뜻임은 초등학생도 알거든요.

어쨌든 수도이전을 위해서는 자명한 사실로서 관습헌법을 부정할 제정헌법의 명문조항이 필요하다는 것이 헌재의 결론이었습니다. 즉 '세종시에 수도를 둔다'는 조항을 신설하는 개헌을 해야 한다는 것이에요. 하기야 대법원과 '법비 경쟁'을 하는 헌재가 위헌 결정을 번복할 수도 있겠지만요. 나아가 국어사전에서도 수도인 보통명사

서울과 수도가 아닌 고유명사 서울을 구별해야 하겠지요. 하기야 '사흘'이 '4일'이라고 우기는 깨시민은 '서울말을 표준어로 한다'는 표준어규정을 폐기하자고 떼를 쓸지도 모르겠지만요.

문재인 정부가 갑자기 수도이전을 재론한 데는 물론 부동산정책의 실패라는 이유도 있습니다. 김태년 원내대표가 수도이전을 재론한 바로 이튿날에 한국은행과 통계청이 2019년 국민대차대조표를 발표했는데, 국민소득에 대한 토지자산의 배율은 노무현 정부에서 급등했다가(2001년 2.9 → 2007년 4.4) 이명박 정부에서 감소하여(2013년 4.0) 박근혜 정부에서 안정을 유지했고(2017년 4.2) 문재인 정부에서 또다시 급등했지요(2018년 4.3 → 2019년 4.6).

국민대차대조표는 2014년에 작성되기 시작했는데, 당시 한국은행이 발행한 『한국의 국민대차대조표 해설』을 보면, 토지자산의 배율은 1997-98년 경제위기를 전후로 감소추세였습니다. 1995년에 3.9였던 것이 2001년에는 3.1이었거든요. 올해의 발표에서 2001년의 수치가 2.9로 하향조정된 것은 기준년이 변경되었기 때문이고요. 어쨌든 2001년이 역사적 저점이었고 2007년이 역사적 고점이었는데, 2019년에 역사적 고점이 갱신되었다는 사실을 알 수 있어요.

게다가 이명박-박근혜 정부에서 완화되던 토지자산의 수도권 집중(서울과 경기도는 거의 동일한 비중)이 문재인 정부에 와서 역전되었다는 것도 문제입니다. 2010년의 61.7%에서 2017년 56.6%로 하락하던 토지자산의 수도권 비중이 2018년에는 56.9%로 상승하기 시작했거든요. 내년에 발표될 2019년의 수치는 더 크겠고요.

국민대차대조표로 노동자민족의 실태를 알 수 있습니다. 국부에서 부동산(=건설자산+토지자산)의 비중이 84.9%(=32.2%+52.7%), 또 주택(=주거용건물+부속토지)의 비중은 30.4%(=10.3%+20.1%)나 되거든요. 반면 경제학적으로 진정한 국부인 고정자본(기계·설비)의 비중은 5.5%일 뿐이고요. 국부의 56.0%가 가계의 소유이고 26.4%가 정부의 소유인 반면 기업과 은행은 15.4%와 2.2%를 소유할 따름인데, 특히 가계 소유의 국부에서 주택은 50.8%이고 그 밖의 부동산은

25.2%이지요. 국민대차대조표에 기업과 은행의 민족적 소유는 반영되지 않는데, 상당 부분을 외국인이 소유하고 있어요.

전세계 국부에 대한 투자은행 크레디트스위스의 *Global Wealth Report*는 위키피디아에 요약되어 있는데, 간단하게 소개해두겠습니다. 2019년 한국의 국부는 7.3조달러인데, 미국의 7%, 일본의 16%, 대만의 180%에 해당하고, 인구를 고려하여 1인당국부로 환산하면, 미국의 40%, 일본의 70%, 대만의 80%에 해당하지요. 또 총자산에서 금융자산의 비중은 미국이 74%, 일본이 61%, 대만이 66%인 반면 한국은 37%에 불과하고요. 코로나19발 경제위기의 와중에 코스피를 지지해온 이른바 '동학개미'는 저금리에 미혹되어 노동자민족을 금리생활자민족으로 혼동한 깨시민일 따름이에요.

서울이라는 '천박한 [아파트] 도시'를 버리고 세종시를 '품위 있고 문화적으로 성숙한 도시'로 만들자는 이해찬 당대표의 망언도 간과할 수는 없습니다. '나라가 니 꺼냐? [니 맘대로 하게…]'라는 야유는 차치하고, 정약용의 가훈(家誡)에서도 알 수 있듯이, 서울이 본래부터 천박한 것이 아니라, 조선의 망국과 일제의 강점, 특히 한국전쟁과 남북분단 탓이 크지요. 일제강점기의 총독부나 박정희-전두환 시대의 군부독재조차 지방민의 난입 때문에 서울의 난개발을 용인할 수밖에 없었거든요. 사실 이 대표 집안도 신림동에서 고시(考試)책방과 설렁탕집으로 터를 잡은 지방민인데, 중종의 서자이면서 선조의 생부인 덕흥군의 후손으로 세종시 인근인 충남 청양 출신이에요.

조선 최초의 서출·방계 군주였던 선조의 열등감은 유명했습니다. 그런데 덕흥군을 보면 선조의 열등감도 당연하다는 생각이 들어요. 덕흥군은 어릴 때부터 주색에 빠져서 29세에 요절했다고 하거든요. 게다가 나무위키에 인용된 『조선왕조실록』에 따르면, '무식한 왕족'(宗室無識者)으로서 '품행이 경망하고 교만하며 포악하여 사대부를 능욕했다'(性行躁妄驕縱悖戾, 陵轢宰相歐打士類)고 하지요. 유시민 작가의 경우처럼 이해찬 대표의 경우도 역시 '씨도둑은 못 한다'는 속담의 사례라고 할 수 있어요.

코로나19의 재확산

7월 중순부터 문재인 대통령에 대한 지지율이 원상으로 복귀했습니다. 4월부터 7월 초순까지 3개월 정도 지속된 기이한 지지열기가 점차 식어가면서 2019년 1년 내내, 또 2020년에 들어와서도 3월까지 유지되던 찬반 백중세가 다시 출현한 것인데, 이런 추세는 11월 말까지 지속되고 있지요.

지지열기가 식어가는 상황에서 문재인 대통령은 두 번째로 생활 속 거리두기를 결정했습니다. 7월 말부터 시작되는 여름휴가 성수기, 나아가 광복절 연휴를 앞두고 코로나19의 재확산에 대해 의료계가 경고했음에도 불구하고, 4월 말 5월 초 연휴 직후에 제기된 재확산 우려가 7월부터 완화되자 K방역에 대한 확증편향이 강화되었던 탓이지요. 물론 취약한 경제에 대한 고려도 작용했고요.

게다가 문재인 대통령은 2017-18년에 추진하다 실패한 공공보건의료정책을 부활시켜 의대정원 확대 및 지방공공의대 설립을 시도했습니다. 코로나19의 재확산에 대비하기는커녕 오히려 의료계와의 대결을 자초했던 셈이지요. 문 대통령이 정책관련 비서관을 거쳐서 국정상황실장으로 발탁한 이진석 교수는 『보건의료: 사회·생태적 분석을 위하여』(공감, 2006) 집필을 위한 세미나에도 참여한 바 있는데, 아무래도 저희와는 생각이 많이 다른 것 같아요.

보건의료의 공공성을 담보하는 수단은 건강보험이라는 것이 학계의 통설입니다. 건강보험에 그치지 않고 보건의료생산까지 국가화하는 극단적 경우가 바로 영국의 국가보건의료서비스제도(NHS)인데, 스웨덴도 비슷한 경우이지요. 그런데 코로나19의 대처에서 영국과 스웨덴은 실패했다고 할 수밖에 없어요. 반면 대만과 남한에서 보건의료생산의 민간 비중은 각각 80%와 90%를 초과하고요.

이런 소동의 배경으로 1차 유행의 신천지교회처럼 2차 유행에는 사랑제일교회라는 '희생양'이 있었다는 사실을 지적할 수도 있을 것입니다. 그런데 광복절 연휴 이후 2주 동안이나 '네 탓이오'로 허송 세월하면서 차일피일 미뤄지던 사회적 거리두기로의 복귀는 8월 말에 정은경 질병관리본부장/청장이 보건의료체계의 붕괴를 경고한 다음에야 겨우 결정될 수 있었지요.

새로이 3단계로 분류된 사회적 거리두기에서 생활 속 거리두기는 완화된 거리두기인 1단계에 해당하는 반면 3단계에 해당하는 강화된 거리두기에는 학교·직장의 폐쇄(closure/shutdown)와 통행금지(quarantine/lockdown)가 명시되었습니다. 8월 말부터 시행되는 거리두기는 2단계와 3단계의 중간이었고요.

11월부터 거리두기를 5단계로 더욱 세분하면서 그 기준을 대폭 완화했습니다. 올 겨울의 3차 유행에 대비하여 K방역을 수정하려는 것 같아요. 위키피디아에 실린 신규확진자와 누적확진자의 그래프를 보면, 8월의 2차 유행 이후 9월에 100명 안팎으로 감소하던 신규확진자가 9월 말부터 시작된 추석 연휴와 그 직후에 결정된 세 번째 생활 속 거리두기를 계기로 증가세로 돌아서서 11월에는 500명 안팎으로 급증했고, 그 결과 8월 말에 20,000명에 접근했던 누적확진자도 11월 말에는 35,000명에 접근했거든요.

8월 이후 방역의 모델을 둘러싼 대만과 한국의 경쟁은 더 이상 의미가 없습니다. 사망률(인구 10만명 당 사망자 수)을 기준으로 할 때 두 나라의 격차는 더욱 분명해졌는데, 위키피디아에 따르면, 11월 말 이탈리아 90명, 영국 87명, 미국 81명, 프랑스 78명, 스웨덴 66명, 독일 20명인 반면 대만은 세계 최저인 0.03명, 중국 0.3명, 한국 1.0명, 일본 1.6명이에요. 일본과 비슷한 한국이 오히려 대만에게 돌아갈 방역모델을 참칭하면서 중국을 지원해온 셈이지요.

K방역의 결함과 관련하여 문재인 정부가 백신(예방약) 확보를 방기했다는 사실도 지적해두겠습니다. 『조선일보』에 따르면, 초민족제약사가 개발 중인 백신을 확보하려면 선(先)구매를 해야 하는데, 선(先)입금 형식으로 백신개발에 자금을 투자해야 한다는 뜻이지요. 또 백신개발이 실패해도 선입금을 환불받을 수 없다는 뜻이고요.

이미 여름에 백신을 확보한 미국·유럽·일본과 달리 한국은 백신

개발이 보도된 11월에도 확보 실적이 0인 이유를 예산과 책임이라는 측면에서 지적할 수 있습니다. 먼저 방만한 재난지원금 때문에 선입금자금이 없었는데, 문재인 대통령의 말마따나 재난지원금으로 쇠고기를 사먹었으니 '백신과 쇠고기의 교환'인 셈이었지요. 나아가 선입금을 환불받을 수 없을 경우에 책임을 추궁당할지도 모르는데, 문 대통령의 기질상 그런 모험을 감수할 리가 없었고요.

신라젠·라임·옵티머스 비리가 폭발하던 10월에 윤석열 검찰총장이 국회에 출석했습니다. 4·15총선 이후 처음 열린 국정감사에서 윤 총장은 '사람[문재인 대통령]에 충성하라'고 강요하는 민주당에 맞서 법원과 함께 사법부를 구성하는 검찰의 독립과 중립을 옹호하면서 자유민주주의를 수호하려는 결의를 표명했지요. 윤 총장을 보면서 역시 법학과 출신이 서울대를 대표한다는 사실을 인정하지 않을 수 없었어요. 홍장표 수석이나 김상조 실장 같은 경제학과 출신은 자유민주주의에 미달하는 인민주의를 추종하니까요.

가장 인상 깊었던 것은 '검찰총장은 법무부장관의 ['명을 받거나'(受命) '명을 받드는'(遵命)] 부하가 아니다'라는 사실확인 발언이었는데, 정부조직법과 기타 법령에 따르면, 검찰총장은 법무부장관과 동일한 장관급이기 때문입니다. '추미애 장관의 수사지휘권 발동은 [수사방해에 해당하므로] 위법·부당하다', '추미애 장관의 인사권 행사는 [검찰총장과의 협의를 생략한] 전례 없는 일이다'라는 발언도 역시 사실확인이었지요. '정치와 사법[의 관계]이라고 하는 것은 크게 바뀌는 게 없구나'라는 발언은 물론 회한 내지 개탄이었고요.

10월 말에 민주당은 이른바 '5·18왜곡처벌특별법'을 당론으로 발의하기도 했습니다. 문재인 정부의 지역기반인 호남의 의견과 다른 의견은 범죄로 처단하겠다는 것인데, 심지어 학문·예술·언론도 예외일 수는 없다는 것이지요. 사상의 자유, 즉 양심과 표현의 자유를 부정하는 인민주의가 프로토파시즘이라는 사실이 적나라하게 드러난 순간이었는데, 『조선일보』와 달리 『한겨레신문』은 아예 보도조차 하지 않았어요.

바이든 후보의 당선과 트럼프 대통령의 퇴진

불행 중 다행인 것은 미국대선에서 바이든 후보가 승리하여 트럼프 대통령을 퇴진시켰다는 사실입니다. 코로나19의 대유행을 계기로 트럼프 대통령의 지지율이 하락하는 상황에서 자유주의적 대안을 상징하는 오바마 대통령이 '상대를 적으로 간주하는' '이기주의, 부족주의, 분열주의'로서 인민주의를 퇴치하자고 역설한 바 있지요. 또 코로나19에 대한 트럼프 대통령의 정책대응을 '완전하고 무질서한 대실패'(an absolute chaotic disaster)라고 규정한 바 있고요.

오바마 대통령의 발언은 5월 초에 열렸던 '오바마 동창회'(Obama Alumni Association)와의 화상회의(conference call)에서 나온 것이었는데, 자신의 정부에 참여했던 3000여명의 참모들에게 바이든 후보의 지지를 독려하는 취지였습니다. 그리고 이 발언은 즉각 주요 언론에 보도되어 만천하에 공개되면서 바이든 후보가 당선되는 데 크게 기여했고요.

바이든 후보의 당선에는 흑인과 인도인의 혼혈인 '여성 오바마' 카멀라 해리스 부통령 후보도 크게 기여했습니다. 카멀라의 부친은 자메이카 출신의 마르크스주의 경제학자였던 도널드인데, 『자본축적과 소득분배』(1978)라는 그의 주저는 큰 딸 카멀라와 작은 딸 마야에게 헌정되었지요. 부모의 이혼으로 편모 슬하에서 사춘기를 보낸 두 딸에 대한 애틋한 부정을 표현한 것이었어요. 생의학자인 카멀라 모친은 남인도 브라만 출신의 힌두교도였는데, 이데올로기적 갈등이 이혼의 사유였는지는 잘 모르겠어요.

그런데 바이든 후보의 낙승을 예상한 여론조사와 달리 투표결과는 신승이었다고 할 수밖에 없습니다. 74명의 선거인을 더 확보하여 승리하기는 했지만, 그 내용을 보면, 선거인이 도합 57명이나 되는 대표적 경합주인 펜실베이니아(선거인 수 20), 위스콘신(10), 애리조나(11), 조지아(16)에서 표차가 1.2%포인트, 0.6%포인트, 0.3%포인트, 0.2%포인트밖에 안 되었거든요.

그러나 주목할 만한 사실은 애리조나와 조지아에서의 승리가 민주당과 공화당의 연대를 의미한다는 것이었습니다. 『재론 위기와 비판』에서 지적한 것처럼, 2018년 8월 애리조나 상원의원 매케인에 대한 조사에서 오바마 대통령이 강조한 '정치를 초월하는 원칙'과 '정파를 초월하는 가치'에 공화당 지지자들이 호응한 셈이었지요.

바이든 당선인은 트럼프 대통령이 승복연설(concession speech)을 거부하는 가운데 승리연설(victory speech)을 할 수밖에 없었습니다. 연설에서 그는 '상대를 적으로 취급하고', '악마화하던 잔혹한(grim) 시대'를 종식시키자고 제안했지요. 발리바르처럼 말해서 트럼프 대통령의 인민주의는 '시빌리티'(civility)가 없는 '잔혹(cruelty)의 정치'였거든요. 바이든 당선인에게 화답하듯이 부시 대통령은 '이번 선거는 본질적으로 공정했는데, 앞으로 그 완전무결성(integrity, 부정이 전혀 없음)이 확인될 것이다'라는 성명을 발표했고요.

바이든 당선인은 트럼프 정부와 구별되는 차기 정부의 최우선 국내정책으로 코로나19의 통제를 약속했습니다. 또 국제적으로도 '힘의 본때(example of power)가 아닌 본보기의 힘(power of example)으로 이끄는' '세계의 등대'(a beacon of the globe)가 되겠다고 약속했는데, 트럼프 대통령과 시진핑 주석이 파괴했던 글로벌 스탠더드를 재건하겠다는 의미였지요.

한국과 관련해서는 시진핑 주석이 아르셉(RCEP, 역내포괄적경제파트너십)으로 대체를 시도한 범태평양파트너십(TPP)과 김정은 위원장이 무효화를 시도한 'CVID'(완전하고 검증가능하며 복구불가능한 핵폐기)에 주목해야 할 것입니다. 바이든 정부가 범태평양파트너십에 복귀하고, 'CVID'도 부활시키리라는 것은 쉽게 예상할 수 있지요. 또 트럼프 대통령이 탈퇴한 이란 핵협정이 오히려 바이든 정부가 추진할 북한 핵협상의 모델로 부활할 것이라는 예상도 있고요.

문재인 정부는 바이든 후보의 당선을 희망하지 않은 것은 물론이고 예상하지도 못한 것 같습니다. 7월에 박지원 의원을 국가정보원장으로 발탁하고 이인영 의원을 통일부장관으로 발탁하여 김여정 당중앙의 10월 방미와 종전선언이라는 이른바 '옥토버 서프라이즈'를 준비했다는 설이 있거든요. 물론 6월에 있었던 김여정 당중앙의 비난과 위협에 대해 성의를 표시한 인사조치였을 수도 있고요.

9월 말 연평도 해역에서 해양수산부 공무원이 북한군에 의해 사살된 사건에 대해 김정은 위원장이 즉각 유감을 표명한 것도 옥토버 서프라이즈에 대한 방증이었다고 할 수 있습니다. 다만 문재인 대통령은 유감을 사과로 오해한 것 같아요. 그러나 유감(遺憾, regret)은 미안하다/슬프다는 뜻이고 사과(謝過, apology)는 잘못을 인정하고 용서를 빈다는 뜻이에요. 예를 들면, 일본의 정부수반인 총리는 사과하되 국가원수인 천황은 유감만 표명한 것처럼요.

물론 김여정 당중앙의 방미와 종전선언이라는 옥토버 서프라이즈는 실현되지 않았습니다. 10월 초에 트럼프 대통령 자신이 코로나19에 감염되었다는 사실이 확인되었기 때문이지요. 9월 말 첫 번째 텔레비전 토론에서 늘 마스크를 쓰던 바이든 후보를 조롱한 트럼프 대통령의 자업자득이었고, 미국을 코로나19 최대피해국으로 전락시킨 죄과에 대한 업보이기도 하겠지요.

문재인 정부가 바이든 후보의 당선을 기피한 것은 사실 당연한 일이었습니다. 그는 김정은 위원장을 'thug'라고 불렀는데, 국내언론에서는 '깡패/불량배'라고 번역했어요. 그러나 'thug'는 '악당/범죄자', 좀 더 정확하게 말해서 '살인·강도짓도 서슴치 않는 도적'이라는 의미이지요. 『후기』에서 지적했듯이, 북한은 '클렙테스'(kleptes, 도적)가 지배하는 '클렙토크라시'(kleptocracy)라고 할 수 있거든요.

바이든 정부 이후에도 한국에서 상황 개선은 어려울 것 같습니다. 우선 미국과 달리 인민주의자에 대항할 자유주의자와 보수주의자의 연합이 난망하기 때문이지요. 또 국감 이후 윤석열 총장이 대선주자 선두그룹에 합류하자마자 추미애 장관을 내세워 그를 낙마시키려는 정치공작이 개시되었거든요. 게다가 트럼프 대통령과 달리 문재인 대통령을 지지하는 인민주의자는 운동권 출신 386세대를 중심으로 호남인과 X-Y세대가 결집되어 있다는 사실도 중요하고요.

프랑스혁명과 자코뱅적 인민주의

남한 운동권의 쇠망

2007-09년 금융위기를 계기로 세계적 차원에서 일체의 사회운동, 특히 노동자운동이 쇠망했습니다.『일반화된 마르크스주의 세미나』에서 이탈리아 공산주의재건당(PRC), 프랑스 혁명적공산주의자동맹(LCR)-새로운반자본주의정당(NPA), 영국 사회주의노동자당(SWP)의 위기에 주목한 데 이어『한국자본주의의 역사』에서 남한 노동자의힘 그룹, 다함께 그룹, 사회진보연대의 위기에 주목한 것처럼요.

남한 운동권의 위기를 상징하는 것이 바로 인민주의인데, 김대중-노무현 정부에서 출현한 인민주의가 민주노총을 거쳐 운동권 전반을 '감염'시켰던 것입니다. 인민주의는 보편적 이익 대신 특수한 이익의 추구, 달리 말해서 공익(公益) 대신 사익(私益)의 추구를 의미하는데, '노동자주의'가 대표적 사례이고 '여성주의'는 그 아류이지요. 또 사익의 '평화공존'을 모색하는 코퍼러티즘도 있고요. 어쨌든 인민주의화의 귀결이 바로 촛불혁명과 문재인 정부이므로, 촛불혁명에 동참한 운동권이 문재인 대통령을 제대로 비판할 수는 없어요.

먼저 민주노총의 비판을 보면, 수적으로 소수파인 자본가의 사익에 수적으로 다수파인 노동자의 사익을 대립시키는 노동자주의의 입장으로 일관할 따름입니다. 촛불혁명의 결실인 문재인 정부의 수호에는 무관심한 채 자신의 이익만을 고집하는 민주노총은 문성현 노사정위원장이 코퍼러티즘의 관점에서 책망한 것처럼 'rotten kid' (저밖에 모르는 응석받이)일 수밖에 없어요.

민주노총은 노동자의 사익이 자본가의 사익에 미달한다는 사실에 대해 무지합니다.『민부론』에서 스미스는 '푸줏간·맥줏집·빵가게 주인'의 인애(仁愛)(타인에 대한 사랑), benevolence)가 아니라 자기애(self-love) 덕분에 '우리', 즉 민족공동체가 식사를 할 수 있다는 사실을 갈파한 바 있어요. 이렇게 자본가의 사익은 공익이기도 하다는 사실을 증명한 것이 바로 '이론적 역사로서 경제학'이고 그것에 근거한 정치이념이 바로 자유주의인 것이지요.

물론 모두가 동의한 것은 아닙니다. 마르크스는 '역사과학으로서 경제학 비판'과 함께 자유주의 비판으로서 공산주의를 추구했거든요. 그러나 레닌 사후 그 후예들은 마르크스와 레닌을 계승하는 데 실패했는데, 소련과 중국, 나아가 북한에서 현실사회주의의 역사적 경험이 그 증거이지요. 민주노총을 지지하는 지식인이 유가적 경세사학까지는 아니어도 경제학과 자유주의, 나아가 경제학 비판과 공산주의에 대해 무지한 것은 변명의 여지가 없어요.

민주노총은 판검사에 필적하는 고액임금에 대한 비판을 모면하기 위해 비정규직의 정규직화와 최저임금의 인상을 요구하면서 오히려 노동자주의를 강화했습니다. '노동자 내부의 모순'을 노동자 전체의 고액임금화로 해결하려고 한 셈이었고, 그 결과 노동자와 자영업자·소상공인의 모순, 즉 '인민 내부의 모순'(모택동)이 심화되었으므로, 노동자주의를 강화했다는 것이에요.

민주노총의 카운터파트였던 민주노동당을 계승한 셈인 정의당은 우여곡절 끝에 '민주당 2중대'로 타락했습니다. 정의당은 민주당의 정치이념이 자유주의라고 주장하는데, 그래야만 자신이 진보주의를 표방할 수 있기 때문이지요. 다만 영국에서는 진보주의가 현대화한 자유주의인 사회민주주의이고, 미국에서는 진보주의가 자유주의에 미달한 인민주의라는 사실에 대해 무지한 것 같아요. 그래서 사민주의와 인민주의 사이에서 갈팡질팡하다가 결국 민주당의 '시다바리'(下張り, 하인)로 전락한 것이겠지요.

그렇다고 해서 노동자의힘과 다함께 같은 구좌파나 사회진보연대 같은 신좌파가 대안일 수도 없습니다. 그들은 민주당이나 민주노동당/정의당에 의해 배제당한 셈인데, 양당에 참여할 만한 기질, 즉 능력과 성격이 아니었거든요. 그럴 만한 기질이었다면 이미 민주노동당/정의당을 거쳐 민주당에 참여했겠고요. 민중민주파 학생운동권 출신인 박용진 의원의 경우가 그런 사례라고 할 수 있지요.

마지막으로 진보학계의 부실도 언급해두겠습니다. 한 마디로 말해서 제대로 된 경제학자가 없기 때문인데, 김수행 교수 등등의 역할이 컸지요. 소득주도성장론 등등을 주장하는 돌팔이·사기꾼 경제학자를 양산했거든요. 요즘 법조계나 의료계에도 돌팔이·사기꾼이 출몰하여 그나마 위안 아닌 위안이 되지만요. 해방정국의 '잘난 사람들'인 '주출망량'(晝出魍魎, 낮도깨비)이 문재인 정부에서도 장난질을 치고 있는데, 백릉이 고발한 그들은 『위기와 비판』에서 설명한 무치(無恥)·무료(無聊)·무지(無智)의 삼무자(三無者)이지요.

　요컨대 코로나19 시대의 남한은 원조(aid)나 구제(relief)를 넘어서 경제안보(economic security), 달리 말해서 경제적 현상의 유지조차 불가능할 것 같습니다. 그 결과 정지상태(stationary state)를 지나 쇠퇴상태(declining state), 즉 탈성장(degrowth, 역성장)이 임박한 것 같고요. 그러나 변혁은 난망한데, 1930년대 대불황기에 유비하면, 공산주의가 부재하고 자유주의·보수주의가 취약한 상황에서 프로토 파시즘으로서 인민주의만 건재하기 때문이에요.

　일본의 '잃어버린 30년'을 경제안보를 통한 정지상태의 유지로 해석하고 그럴 수 있었던 조건에 주목할 수 있을 것입니다. 신자유주의적 금융세계화로의 포섭 과정에서도 민족경제의 상대적 자율성을 확보했던 일본은 범태평양파트너십과 아르셉 사이에서 갈팡질팡하지 않았지요. 나아가 민주당 등의 인민주의적 도전을 극복하고 자민당의 포괄정당제를 유지했고요. 반면 노동자민족으로 전락한 남한에서는 김대중-노무현 정부에서 출현한 인민주의가 문재인 정부에 와서 주류화되었어요.

　여섯 가지 세계(道, 풍속과 세태)를 구분하는 불교는 천신도·인간도와 지옥도 사이에 사익 추구로 인한 분노와 복수의 세계인 수라도(修羅道), 무지와 수욕(獸慾)의 세계인 축생도(畜生道), 시기와 질투의 세계인 아귀도(餓鬼道)를 설정합니다. 이 세 가지 세계가 복합적으로 존재하는 것이 현재의 남한사회라고 한다면, 그 미래는 70년 전에 경험했었던 한국전쟁 같은 아비규환(阿鼻叫喚, 간단없는 고통으로 크게 울부짖음)의 지옥도가 될지도 모르겠어요.

디킨즈론

이미 언급한 것처럼 디킨즈를 읽게 된 계기는 4·15총선의 충격이었습니다. 먼저 『어려운 시절』을 읽었고, 결국 『두 도시 이야기』(*A Tale of Two Cities*, 1859; 국역: 창비, 2014)까지 읽었지요. 전자와 달리 후자에 대한 마르크스주의적 비평은 별로 없는데, 그러나 디킨즈 자신은 '내가 쓴 가장 훌륭한 소설'이라고 자부했어요. 게다가 대중적 인기도 아주 높아서 위키피디아에 따르면 2억부 이상 팔린 최고의 베스트셀러 중 하나였다고 하지요.

두 작품 모두 1848년 혁명과 1851년 쿠데타('루이 보나파르트의 브뤼메르 18일') 이후에 집필된 것인데, 『어려운 시절』은 공리주의를 비판했고 『두 도시 이야기』는 프랑스혁명 자체를 비판했습니다. 두 작품 모두 칼라일의 영향 아래 집필되었는데, 특히 7년전쟁기부터 공포정치기까지 한 세대 남짓한 시기를 배경으로 한 『두 도시 이야기』는 칼라일의 『프랑스혁명사』를 문학적으로 형상화했지요.

1837년에 출판된 칼라일의 『프랑스혁명사』는 모두 3권으로, 그의 친구 존 스튜어트 밀의 제안으로 집필된 것이었습니다. 제가 배운 초등학교 교과서에는 『프랑스혁명사』에 대한 유명한 일화가 실려 있었는데, 밀에게 검토를 부탁한 1권의 원고를 그의 하녀가 불쏘시개로 없애버려 새로 쓸 수밖에 없었다는 것이지요.

여기서 마르크스와 엥겔스의 『공산주의자 선언』이 예상하지 못했던 한 가지 사실에 주목할 수 있습니다. 칼라일의 '봉건적 내지 보수적 사회주의'와 밀의 '부르주아적 내지 진보적 사회주의' 사이에 컨센서스가 형성되었다는 사실 말이에요. 마르크스와 엥겔스는 부르주아적 사회주의자로 프루동을 지목했는데, 사실 밀의 『경제학원리』는 『공산주의자 선언』보다 두 달 늦은 1848년 4월에야 출판되었거든요. 물론 『자본』에서 마르크스는 『경제학원리』에 주목했고, 특히 국제가치나 이윤율 하락에 대한 반작용요인 등을 설명할 때 밀에게 크게 의지하기도 했어요.

밀과 칼라일의 '런던 컨센서스'에 충실했던 디킨즈는 영국의 행복과 프랑스의 불행을 비교했습니다. 사업가 로리와 '정직한 일꾼' 크런처의 분업과 협업으로 상징되는 런던을 서울로 하는 영국은 귀족정을 중심으로 군주정과 민주정을 결합한 혼합정체였던 반면 귀족 에브레몽드 형제와 하층민 드파르주 부부의 적대로 상징되는 파리를 서울로 하는 프랑스는 군주정이 타락한 참주정과 민주정이 타락한 인민정의 악순환에 빠졌지요. 그래서 의사 마네트, 딸 루시, 사위 다네이(에브레몽드 후작의 상속인)가 파리에서 런던으로 망명·도주했던 것이고요.

디킨즈는 '늘 싸우기만 한'(always at it) 프랑스인은 민족으로서 '실패였다'(no go)고 주장했습니다. 혁명과 반혁명의 동요 속에서 산업자본주의는 물론이고 부르주아 헌정질서조차 안정적으로 존재할 수 없었기 때문이지요. 디킨즈는 '무법의 법정'(lawless court)/'불의의 법정'(unjust tribunal)으로서 혁명재판소와 '국민면도칼'(National Razor)로서 기요틴으로 상징되는 '공포정치'(Reign of Terror, 불어로는 la Terreur)로 귀결되었던 프랑스혁명을 가차없이 비판했어요.

디킨즈가 창조한 '분노와 복수의 여신들'(Furies)의 우두머리가 바로 드파르주 부인이었습니다. 그녀의 목적은 가해자뿐만 아니라 그 연고자들의 '몰살'(annihilation/extermination)이었지요. 피해자의 연고자로서 드파르주 부인은 '가슴 아픈 피해의식과 뿌리 깊은 계급적 증오' 때문에 인간이기를 포기하고 '맹수'(tigress, 암호랑이)로 타락했던 것이에요.

프랑스를 부르주아 혁명의 모델로 간주해온 마르크스주의자에게 『두 도시 이야기』는 난해한 작품이었습니다. 따라서 참고할 만한 비평도 거의 없고요. 루카치의 『역사소설』(1937)도 예외가 아니었는데, 프랑스혁명을 인간주의적 주제를 위한 '낭만적 배경'(romantischer Hintergrund)으로 삼았을 따름이라고 오해했거든요.

아울러 「초판 서문」에서 디킨즈가 리얼리즘 소설의 창작원리를 천명한 바 있다는 사실도 지적해두겠습니다.

칼라일 씨의 경탄스런 책에 나온 이론(philosophy)에 무언가 추가하기를 바랄 수는 없어도 그 가공할 시대에 대한 대중의 이해를 돕는 [연극을 보는 것처럼] 생생한(picturesque) 수단에는 무언가 추가하기를 바라는 바이다.

당황조의 사학자 유지기가 강조했던 재(才, 문장력), 학(學, 현실에 대한 지식), 식(識, 이론에 대한 지식)이라는 개념을 원용하여 설명해보자면, 역사가에게 중요한 것은 재 < 학 < 식의 순서인 반면 소설가에게 중요한 것은 재 > 학 > 식의 순서라는 것이었습니다. 한국사회성격 논쟁에서 민족문학론에 봉사할 '분단체제론'을 방치한 마르크스주의자의 '직무유기'를 고발했던 백낙청 교수는 리얼리즘의 원리에 대한 자신의 무지를 고백했던 셈이에요. 아니면 반(反)마르크스주의자임을 고백했던 셈이거나요.

디킨즈는 발자크의 후예였습니다. 발자크는 1815년 나폴레옹 패망 이후 한 세대를 특징지은 천민부르주아지의 성장과 하층민의 '질투의 권리선언'(déclaration des droits de l'Envie)이라는 세태에 관심을 가졌지요. 그런데 그런 세태의 귀결인 1848년 혁명에 대해서는 의도적으로 무관심했고, 게다가 1851년 쿠데타 직전에 사망했어요. 반면 디킨즈는 1848년 혁명과 1851년 쿠데타의 원인을 찾아 1756-63년 7년전쟁 직후의 한 세대로 거슬러 올라갔던 셈이고요.

마르크스주의자가 디킨즈의 리얼리즘이 아니라 위고의 낭만적 인간주의를 수용한다면 기이한 일입니다. 1815년 나폴레옹 패망부터 1832년 공화파 폭동까지가 배경인 『레 미제라블』(Les Misérables (불행한 사람들), 1862)과 1793년 왕당파의 방데 폭동이 배경인 『93년』(Quatrevingt-treize, 1874)을 디킨즈의 리얼리즘에 대한 위고의 낭만적 인간주의적 대응으로 해석할 수 있겠지요.

발자크와 달리 위고는 1848년 혁명을 지지했습니다. 그러나 발자크와 비교할 때 위고의 장점은 소설이 아니라 시였어요. 만년의 엥겔스가 '리얼리즘의 승리'의 사례로 든 작가도 발자크였지 위고가 아니었지요. 루카치와 리프쉬츠의 역사소설론에 영감을 준 작가도 역시 발자크였지 위고가 아니었고요.

프랑스혁명을 둘러싼 논쟁

물론 디킨즈의 『두 도시 이야기』나 칼라일의 『프랑스혁명사』만으로 프랑스혁명의 전모를 인식할 수는 없습니다. 프랑스혁명 입문서로는 마르크스주의 경제사학자 다카하시 고하치로의 후예인 지즈카 다다미의 『프랑스혁명: 역사의 변혁을 이룬 극약』(1997; 국역: 에이케이커뮤니케이션즈, 2017)이 좋은데, 다니엘 리비에르의 『프랑스의 역사』(1986; 국역: 까치, 1995)와 함께 읽어보기를 권하겠어요. 촛불혁명을 프랑스혁명의 계승으로 미화한 '대가'로 『한겨레신문』에 '프랑스 역사산책'을 연재중인 주명철 교수의 『오늘 만나는 프랑스혁명』(소나무, 2013)은 별로 추천하고 싶지 않고요.

프랑스혁명사에 대한 마르크스주의자의 관심은 부르주아 혁명의 모델로서 프랑스혁명이라는 마르크스의 주장에서 비롯된 것입니다. 이런 주장은 러시아혁명과 중국혁명에서 광범위하게 수용되었는데, 다만 선발자본주의와 구별되는 후발자본주의 내지 반식민지에서 부르주아 혁명의 특수성이라는 문제가 제기되었지요.

먼저 레닌은 1905년혁명을 '프롤레타리아와 농민의 혁명민주주의(RD)적 독재'라는 특수한 형태의 부르주아 혁명으로 인식했습니다. 그러나 프랑스혁명이 모델이라는 사실에는 변함이 없었는데, 당시 레닌이 총파업과 무장봉기 → 임시혁명정부 수립 → 제헌의회(CA) 소집과 절대군주정을 대체하는 민주공화정 수립이라는 혁명도식에 집착한 것이 그 증거였지요.

그러나 레닌은 1917년혁명에서 부르주아 혁명의 특수한 형태로서 혁명민주주의적 독재라는 개념을 폐기했습니다. '모든 권력을 소비에트(평의회)로'라는 구호로 집약된 「4월 테제」 이후 더 이상 제헌의회 소집과 민주공화정 수립을 목표로 설정하지 않았거든요. 한국사회성격 논쟁에서 제가 레닌의 새로운 혁명론을 사회주의 혁명의 특수한 형태로서 프롤레타리아와 농민의 '인민민주주의(PD)적 독재'라고 불렀던 것은 이 때문이었어요.

물론 레닌 자신이 혁명민주주의론을 인민민주주의론으로 정정한 근거를 밝혔던 것은 아닙니다. 그래서 혁명 직후에 러시아사회성격 논쟁이 전개되면서 레닌이 제시한 군사적·봉건적 제국주의론을 역사적 경향으로서 국가독점자본주의론으로 발전시키려는 시도가 출현했던 것이지요. 동시에 아시아적 생산양식론 내지 국가봉건제론을 둘러싼 러시아사회사 논쟁도 전개되었는데, 논외로 하겠어요.

국독자경향론과 인민민주주의론은 소련에서 스탈린주의의 득세로 인해 중도반단된 대신 중국사회성격 논쟁에서 계승되었습니다. 진백달과 모택동이 코민테른의 반(半)식민지반(半)봉건사회론을 매판적·봉건적 국가독점자본주의론 내지 관료자본주의론으로 발전시키면서 인민민주주의론 내지 신민주주의론을 주장했거든요.

반면 일본사회성격 논쟁에서는 국독자경향론과 인민민주주의론이 수용되지 못한 채 강좌파와 노농파의 불모의 논쟁이 전개되었습니다. 강좌파는 메이지유신으로 부활한 천황제를 절대군주정으로 오해하여 부르주아 혁명을 주장한 반면 입헌군주정으로 인식한 노농파는 민주주의 혁명 없는 사회주의 혁명을 주장했어요.

이런 맥락에서 볼 때 프랑스혁명에 대한 마르크스주의적 해석에 대한 논쟁은 불가피했습니다. 게다가 프랑스혁명에 대한 버크의 자유주의적 비판도 부활했거든요. 1950년대 영국의 코번이 효시였는데, 그는 버크 연구자였어요. 또 1960년대 프랑스에서 아날학파의 성원이면서 마르크스주의자인 퓌레가 코번의 비판을 발전시켰습니다. 버크 대신 퓌레가 주목한 토크빌은 1859년 사망 직전에 프랑스혁명을 '미지의 신종 바이러스에 의한 질병'으로 규정한 바 있지요.

퓌레와 코번의 수정주의적 프랑스혁명론은 1989년 프랑스혁명 200주년을 전후해서 전세계적으로 주목받았습니다. 퓌레와 코번에 대한 간략한 소개로는 Marvin Cox, "François Furet (1927-1997)" (in *French Historians 1900-2000*, Blackwell, 2010); "Furet, [Alfred] Cobban and Marx: The Revision of the 'Orthodoxy' Revisited" (*Historical Reflections*, Spring 2001)를 참고하세요.

프랑스혁명에 대한 수정주의적 비판은 현대화, 즉 봉건제에서 자본주의로의 이행의 실패에 주목한 것이었습니다. 영국과 비교할 때 프랑스에서는 산업자본주의와 부르주아 헌정질서가 안정적으로 착근하지 못했다는 것이지요. 프랑스에는 'Plus ça change, plus c'est la même chose'라는 경구가 있었는데, '갈아봤자 별 수 없다'는 의미였지요. 이것은 1956년 대선에서 민주당 신익희 후보가 내건 '못 살겠다 갈아보자'는 구호에 대항해 자유당이 내건 구호이기도 했는데, 19세기 프랑스나 1950년대 남한이나 비슷한 처지였던 것 같아요.

말년의 알튀세르도 수정주의적 프랑스혁명론을 지지했습니다. 자서전 『미래는 오래 지속된다』(*L'Avenir dure longtemps*, 1985)에서 마르크스주의자는 '거짓말을 하지'(raconter d'histoires) 말아야 한다고 주장하면서 퓌레의 『프랑스혁명에 대해 생각해보자』(*Penser la Révolution française*, 1978)가 '혁명 당시에 탄생한 전적으로 이데올로기적인 전통[자코뱅적 인민주의라는 '프랑스 이데올로기']에 대해 반대한 것은 아주 정당하다'고 지적했거든요.

따라서 알튀세르가 꼭 20년 전에 『마르크스를 위하여』의 「서문: 오늘」(1965)에서 제시한 프랑스의 불행에 대한 자신의 입장을 정정했다고 해석할 수 있습니다. 프랑스는 마르크스주의의 착근에만 실패한 것이 아니라 부르주아 혁명에도 실패했기 때문이지요. 19세기 '유럽의 병자'(le homme malade de l'Europe)는 터키가 아니라 프랑스였던 것이에요. 하기야 당시의 터키는 기독교 유럽보다는 오히려 이슬람 서아시아에 속한다고 해야 하거든요.

알튀세르의 제자인 발리바르도 같은 입장이었습니다. 「조우커 마르크스」(1981; 국역: 『에티엔 발리바르의 '정치경제(학) 비판': '비판의 비판'을 위하여』, 한울, 1987)에서 영국이라는 산업혁명의 표준과 프랑스라는 부르주아 혁명의 표준 사이의 '괴리'(décalage)를 인식하는 데서 마르크스가 당면했던 곤란을 지적한 바 있기 때문이에요. 그런데 이런 곤란을 해결하려면 결국 『두 도시 이야기』에서 묘사된 영국의 행복과 대비된 프랑스의 불행을 설명해야 하지요.

'인권의 정치'와 '시빌리티의 정치'

프랑스혁명 200주년 전후로 발리바르 자신이 이 과제를 천착한 바 있습니다. 먼저 「마르크스라는 이름의 자코뱅?」(1989; 국역: 『루이 알튀세르, 1918-1990』, 민맥, 1991)에서 마르크스주의와 자코뱅주의의 혼동에 대해 지적했는데, 이런 혼동은 마르크스와 로베스피에르의 혼동으로 소급되는 것이지요. 로베스피에르는 부자가 아니라 인민의 개별이익(intérêt particulier)이 전체이익(intérêt général)이라고 주장했는데, 루소의 전체의지(volonté générale, 일반의지)를 응용한 이런 주장은 경제학적 근거가 없는 인민주의였지요.

발리바르가 주장한 것처럼, 경제학 비판을 통해 도출된 부르주아 소유권에 대한 마르크스의 대안은 '개인적 소유권으로서 자기소유권'(로크), 한 마디로 말해서 노동권이었던 반면 로베스피에르의 반(反)경제학적 대안은 생존권이었습니다. 또 노동권은 개인의 능력 차이를 인정하는 능력주의('능력에 따른 노동과 노동에 따른 분배')였던 반면 생존권은 개인의 능력 차이를 부정하는 평등주의('능력-노동과 무관한 분배')였고요.

나아가 「지식인들의 폭력: 반역과 지성」(1995; 『마르크스의 철학, 마르크스의 정치』, 문화과학사, 1995)에서 발리바르는 전체의지와 전체이익을 위해 공포정치도 불사했던 자코뱅주의를 비판하기도 했습니다. 루소-로베스피에르의 '철학적 계몽주의'는 베카리아-마라의 '사법적 계몽주의'와 결합되었는데, 공포정치의 유력한 수단이 바로 혁명재판을 통한 법치의 확립이었기 때문이지요.

여기서 말하는 법치는 물론 자유주의적 'rule of law'가 아니라 인민주의적 'rule by law'였습니다. 쉽게 말해서 '만인은 법 앞에서 평등하다'는 법치가 아니라 '만 명만 법 앞에서 더 평등하다'는 법치였다는 것이에요. 이른바 '조국 사태'에서 회자된 '조로남불'은 'rule by law'에 대한 풍자와 야유라고 할 수 있겠지요. 정확한 비판은 역시 윤석열 검찰총장이 영어로 인용한 'rule of law'이고요.

조국 일가 비리의 일부인 입시 비리는 사실 1970-80년대 운동권에 대한 모독이었습니다. 운동권에서 즐겨 부른 노래 중에는 김민기 선배가 작사·작곡한 양희은 씨 원곡의 포크 「늙은 군인의 노래」가 있었는데, 다만 '군인'을 '투사'로 바꿔 불렀지요.

> 아들아 내 딸들아 서러워 마라
> 너희들은 자랑스런 투사의 [자식]이다
> 좋은 옷 입고프냐 맛난 것 먹고프냐
> 아서라 말아라 투사 [자식] 너희로다

하기야 운동권에 대한 금전적 보상에 더해서 자식에 대한 입시 특혜까지 있다는 보도가 있었지요. 조국 교수는 몰라도 윤미향 의원의 자녀도 미국으로 유학을 갔다니 더 이상 할 말이 없지만요. 윤 의원은 명색이 주사민족해방파 출신이거든요.

백기완 선생과 황석영 작가가 작사하고 전남대 학생 김종률 씨가 작곡한 노무현 대통령의 애창곡 「님을 위한 행진곡」이 역설적으로 이런 상황을 예고했다는 생각이 들기도 합니다.

> 사랑도 명예도 이름도 남김없이
> 한평생 나가자던 뜨거운 맹세
> 동지는 간데없고 깃발만 나부껴
> (…)
> 앞서서 나가니 산 자여 따르라

조국 교수나 윤미향 의원을 비롯해서 그 많던 386세대 운동권은 모두 전향하여 학계나 정계의 주류가 되었으니까요. 이전 세대의 운동권이 이른바 '사상 문제'로 보장된 지위를 포기했던 엘리트였던 반면 386세대의 운동권이 대중화되었던 것은 하향평준화 세대에 걸맞는 '출세의 지름길'(終南捷徑)이었기 때문이라는 생각이 들어요.

공포정치의 또 다른 유력한 수단은 물론 기요틴(斷頭臺)이었습니다. 영국의 런던탑처럼 국사범감옥(state prison)이기도 했던 바스티유요새를 철거하고 대신 기요틴으로 공개처형했던 것인데, 역시 베카리아-마라의 사법적 계몽주의에 의해 정당화되었지요. 기요틴에 의한 공개처형이야말로 '범죄의 억지(deterrence)'라는 형벌의 목적에 적합했는데, 이것이 나치 독일은 물론이고 소련·중국, 특히 북한에서 자행되는 국가테러의 기원이라고 할 수도 있겠지요. 반면 박원순 변호사와 조국 교수가 폐지를 주장했던 국가보안법은 처형 대신 전향을 유도했다는 측면에서 좀 더 문명적이었고요.

조국 교수의 전향의 길잡이였던 마라는 마라노(marrano, 기독교로 개종한 유다인) 출신으로 로베스피에르나 당통보다 훨씬 더 잔혹한 인물이었습니다. 처녀의 몸으로 그를 암살한 코르데는 비극작가 코르네유의 후손이자 지롱드 동조자였는데, 『르 몽드』의 온라인 인용사전에 따르면, 혁명재판에서 이렇게 진술했어요.

> 마라는 프랑스를 사악한 길[공포정치]로 이끌었다(pervertir). 나는 조국의 안녕을 위해 하나의 악당/범죄자(scélérat)이자 맹수(bête féroce)를 죽여 십만의 무고한 생명을 살렸던 것이다.

이 말은 '가학한 정치는 호랑이보다 사납다'(苛政猛於虎, 『예기』)라는 공자의 말씀과도 일치하는 것입니다. 가학(苛虐, 가혹과 잔학)은 잔혹(殘酷, 잔인과 가혹)과 같은 말이고, 영어로는 'cruelty'이지요. 마르크스의 노동권을 핵심으로 하는 발리바르의 '인권의 정치'는 결국 폭력 비판으로 발전했는데, 공포정치로서 가정(苛政)/혹정(酷政)에 대한 대안이 바로 '시빌리티(civility)의 정치', 즉 인애(仁愛)에 기반한 예치(禮治)였지요.

지난 25년 동안 과천연구실이 추구해온 마르크스주의의 일반화에서 역사과학으로서 경제학 비판과 짝이 되는 것이 이데올로기 비판이었는데, 그 핵심이 바로 인권의 정치와 시빌리티의 정치였습니다. 『알튀세르를 위한 강의: '마르크스주의의 일반화'를 위하여』(1996), 『일반화된 마르크스주의 개론』(2006; 개정판, 2008), 『일반화된 마르크스주의 세미나』(2014)를 참고하세요. 여유가 있다면 『역사적 마르크스주의: 이념과 운동』(2004), 『마르크스의 '자본'』(2009), 『한국사회성격 논쟁 세미나』(2020)도 참고하면 좋겠고요.

볼테르론

25년에 걸친 이즈리얼의 급진계몽주의 작업이 2019년 말에 전6권으로 완결되었습니다. 그는 프랑스의 급진계몽주의와 영국의 온건계몽주의를 대비하고 있지요. 또 급진계몽주의의 정점을 자코뱅이 아니라 지롱드로 설정하고 있고요. 디드로와 브리소에게 주목하면서 루소와 로베스피에르는 계몽주의가 아니라 오히려 계몽주의에 반대한 낭만주의, 나아가 '현대 파시즘의 원형인(prefigure) 권위주의적 인민주의'를 대표했다고 주장하는 것이에요.

이즈리얼의 급진계몽주의에 대한 비판자는 자코뱅적 '마르크스주의자'와 반(反)자코뱅적 '수정주의자'를 망라했는데, 주요 서평논문 50여편을 분석한 John Eigenauer, "A Meta-Analysis of Critiques of Jonathan Israel's Radical Enlightenment" (*The Historian*, 2019 No. 3)를 참고할 수 있습니다. 『위기와 비판』에서 제시된 바 있는 이즈리얼에 대한 저의 비판은 경제학적 계몽주의로 귀결된 영국의 온건계몽주의가 철학적 계몽주의로 귀결된 프랑스의 급진계몽주의보다 우월하다는 것이 핵심이지요.

프랑스에서 계몽주의적 공공지식인을 상징하는 'philosophe'는 문필가(homme de lettres) 내지 인문학자(litterateur)였습니다. 주로 철학자(드브레의 '교사')나 문학자('작가')였던 'philosophe'는 경제학자 같은 경세가나 전문가가 아니라 여론의 '중재자'(arbitre, 심판자)이자 '운전자'(dirigeant, 지휘·통제자)를 자임했는데, 그런 의미에서 '명망가'(célébrité, 드브레)의 선조였다고 할 수 있지요. 물론 경세가나 전문가를 흉내낸 사기꾼이나 돌팔이가 없지는 않았지만요.

포스트모더니즘을 추종하며 계몽주의가 표방한 보편적 이성·진리·과학·지식을 기각한 새로운 공공지식인도 여전히 'philosophe'라고 할 수 있습니다. 미국의 포스트모더니스트는 주로 문예비평가이고 프랑스의 포스트모더니스트는 주로 철학자라는 차이가 있지만요. 그러나 문예비평가와 철학자 사이에는 친화성이 있으므로 결합이

가능하지요. 나아가 중개자/중매자를 자임하는 사회학자도 있는데, 알다시피 프랑크푸르트학파가 그 선례였어요.

이즈리얼은 특히 볼테르를 폄하했는데, 뉴튼-로크의 온건계몽주의와 케네-튀르고의 중농주의를 매개했다는 것이 그 이유였습니다. 볼테르에 대해서는 옥스퍼드대학 볼테르재단(Voltaire Foundation) 이사장이면서 『볼테르 전집』 편찬위원장인 니컬러스 크롱크의 『인간 볼테르』(2017; 국역: 후마니타스, 2020)를 참고하세요.

사상의 자유를 천명한 것으로 유명한 볼테르는 1760년에 'Ecrasez l'Infâme'(약어 'Ecrlinf')이라는 구호를 제기했는데, 비루/야비를 분쇄하자는 의미였습니다. 비루/야비란 무지/미신 내지 광신(fanatisme, 열광)/독단(intolérance, 불관용)을 의미했고요. 『재론 위기와 비판』에서 지적한 것처럼, 밀은 로베스피에르를 독단적이고 무모하다고 비판했는데, 쉽게 말해서 '무지하면 용감하다'(Ignorance is bold, 투키디데스)는 것이었지요.

『근대문화사』(1927-31; 국역: 한국문화사, 2015)를 집필한 오스트리아의 유다계 지식인 프리델(Egon Friedell)은 '오늘 우리가 사는 세상에 불량배(Schurke)가 2/5, 멍청이(Idiot)가 3/8밖에 되지 않는 것은 대개 볼테르 덕택이다'라면서 사상의 자유를 강조한 바 있습니다. 파시즘을 '머슴(Hausknecht)에 의한 양반(Noblesse), 인애(仁愛), 교양, 이성의 박해'로 규정한 그는 1938년 나치돌격대(SA)에게 체포되기 직전에 아파트 4층의 자택에서 투신자살했는데, 한밤중이어서 혹시 밑에 있을지 모를 행인에게 조심하라고 외쳤다고 하지요.

프리델을 따라 『재론 위기와 비판』에서 소개한 치폴라의 지도를 수정·보완할 수 있을 것입니다. 불량배와 멍청이가 사는 지역의 인구밀도가 16/5(×1/8=2/5)과 3/2(×1/4=3/8)이라고 할 수 있거든요. 반면 영웅과 지식인이 사는 지역과 보통사람이 사는 지역의 밀도는 평균 9/25(×(1-1/8-1/4)=(1-2/5-3/8))인데, 아무래도 전자보다는 후자의 밀도가 훨씬 더 높겠지요. 이렇게 수정된 지도를 보면서 한국현대정치의 지형을 연상해볼 수도 있을 것 같아요.

사상의 자유를 천명하기 직전 볼테르는 중편 『캉디드』(*Candide*, 1759; 국역: 열린책들, 2009)를 출판했는데, 프랑스를 쇠망케 한 결정적 계기였던 7년전쟁이 배경이었습니다. 전쟁의 와중에 루이15세는 '나 죽은 다음에 대홍수가 나든 말든'(Après moi, le Déluge)이라는 망언을 했는데, 손자인 루이16세가 기요틴에서 처형될 것을 알았어도 그랬을지 궁금해지는 대목이에요.

1726-28년 런던 망명기에 『걸리버 여행기』(*Gulliver's Travels*, 1726)의 작가 스위프트와도 교류했던 볼테르의 작의(作意, 창작의도)는 주인공 캉디드의 스승인 팡글로스 교수의 낙관주의에 대한 풍자였습니다. 팡글로스가 옹호한 라이프니츠의 '변신론'(théodicée)에 대해 볼테르는 '비관케 하는'(désespérant) '잔혹한 철학'(philosophie cruelle)이라고 비판했어요.

그런데 루소의 전체의지론만큼이나 라이프니츠의 변신론도 로베스피에르의 공포정치를 예고하는 것이었습니다. '개별적 불행(maux particuliers, 사적 손해)이 전체적 행복(bien général, 공적 이익)을 낳는다', 따라서 '개별적 불행이 더 많아질수록 전체적 행복이 더 많아진다'는 것이 팡글로스의 지론이었거든요.

『캉디드』에서 볼테르는 프랑스의 민족성으로 질투를 지적하기도 했습니다. '비방'(médisance)과 '욕설'(sottises)을 좋아한다는 것이었어요. 또 경세가가 없다는 결함도 지적했는데, 파리의 상류층은 '가짜뉴스'(fausses nouvelles)와 '개똥철학'(mauvais raisonnements, 사이비 토론)을 좋아하기 때문이었지요.

구세계를 떠나 신세계를 거쳐 또다시 구세계로 돌아오면서 온갖 불행을 경험한 다음 캉디드는 '여전히 이것이 [가능한 세계 중에서] 최선의 세계라고 생각하세요'라고 질문했습니다. 팡글로스는 '내 생각은 아직도 예전과 같다네. 여하튼 나는 철학자이므로, 라이프니츠가 틀릴 수 없다(…)는 내 말을 고쳐서는 안 되는 것일세'라고 대답했고요. 다만 이제는 그 자신도 '이런 생각을 전혀 믿지 않는다'고 덧붙였는데, 역시 비(非)전향이 능사는 아닌 것 같아요.

질의와 응답

문화혁명론

— 386세대 운동권은 문화혁명에서도 영향을 받은 것이 아닐까요?
— 질문에 대답하기 전에 386세대의 문화혁명에 대한 이해에 많은 문제가 있다는 사실을 지적해두겠습니다. 민두기 교수에 대한 대안으로 이영희 교수를 존숭하는 중국학자가 많은 탓인데, 『위기와 비판』에서 개혁·개방 이후 중국지식인에 대해 소개하면서 참고했던 조경란 교수도 그런 경우라고 할 수 있지요.

신좌파에 경도된 조 교수는 막상 자유주의자에 대해서는 잘 모르는 것 같습니다. 그래서 리쩌허우에게 주목할 필요가 있다는 생각이 드는 것이기도 하고요. 그는 『고별혁명』(1996; 국역: 북로드, 2003)과 『중국철학이 등장할 때가 되었는가?』(2011; 국역: 글항아리, 2013)에서 '혁명에 이별을 고하면서도' 자신은 자유주의자는 물론이고 신좌파도 아니라고 주장한 바 있어요.

그러나 리쩌허우의 입장은 베른슈타인의 사민주의와 대동소이한 것입니다. 베른슈타인은 자유주의의 확장으로서 사회주의라는 수정주의와 개량의 축적으로서 혁명이라는 개량주의를 주창하면서 현대화된 자유주의인 페이비언주의를 수용했지요. 그러나 리쩌허우는 베른슈타인을 통해 문화혁명 내지 중국마르크스주의 일반에 대한 자기비판을 수행한다고 생각한 것 같아요.

그런 생각에도 일리가 없는 것은 아닙니다. 그의 주저 중 하나인 『중국현대사상사론』(1987; 국역: 한길사, 2005)을 보면, 군사적·봉건적 제국주의였던 러시아와 매판적·봉건적 국가독점자본주의였던 중국에서 마르크스주의의 발전에 차이가 있었다는 사실을 알 수 있는데, 가장 중요한 차이는 인민주의의 지양 여부였지요.

러시아에서는 인민주의자가 논파된 다음에 마르크스주의자 내부에서 '사회민주주의자'와 '합법마르크스주의자'가 수정주의와 개량주의를 둘러싸고 논쟁을 전개했습니다. 반면 합법마르크스주의가 취약한 중국에서는 그런 논쟁이 없었고, 나아가 인민주의도 지양되지 못했지요. 그러나 그럼에도 불구하고 리쩌허우처럼 베른슈타인을 매개로 마르크스주의에 대해 자기비판할 수는 없어요.

리쩌허우의 입장이 자유주의적 경향이라는 사실은 그가 설정하는 현대화의 논리적·역사적 순서에서 단적으로 드러나는 것입니다. 그는 현대화의 순서가 경제적 성장 → 개인적 자유 → 사회적 정의 → 정치적 민주일 수밖에 없다고 주장하는데, 이것은 로스토우 이래 현대경제학의 지론이에요. 아무리 철학자라고 해도 경제학을 너무 모른다는 생각이 드는 대목이지요.

문화혁명 자체에 대한 증언으로는 『집』(家, 1931; 국역: 해누리, 1994)과 『차가운 밤』(寒夜, 1946; 국역: 시공사, 2010)의 작가인 파금의 『수상록』에 주목할 수 있는데, 1979년부터 1986년까지 다섯 권이 출판되었고, 이어서 1987년에 합정본(合訂本), 2003년에 선집이 출판되었습니다. 국역본으로는 선집 중에서 선별한 『매의 노래』(황소자리, 2006)가 있고, 합정본에서 선별한 『파금 수상록』(학고방, 2005)이 있고요. 원문을 인터넷으로 찾아볼 수 있으니 한문을 읽을 줄 아는 사람은 대조해보면 좋겠지요.

파금의 목적은 4인방이 주도한 문화혁명이 '대사기극'(大騙局)이었음을 폭로하는 것입니다. 그러면서 '참말을 하자'(講眞話)를 화두로 삼았는데, 생각과 말이 일치하고, 나아가 말과 행동이 일치해야 한다는 의미였지요. 그 역시 말년의 알튀세르처럼 '거짓말을 하면'(講假話) 안 된다고 강조했던 것이에요.

발리바르처럼 말하자면 문화혁명에 대한 '항변과 고발'(protest and denunciation)일 따름이었지만, 그로서는 어쩔 수 없는 일이었습니다. 문화혁명에 대한 '비판'(critique)은 인문학자가 아니라 경제학자나 역사학자의 과제인데, 『역사학 비판』(공감, 2012)에서 설명한 것처럼, 일단 대약진운동의 부단혁명론과 문화혁명의 계속혁명론을 구별하는 데서 출발할 필요가 있겠지요.

게다가 '혁명적 폭력'이 지배한 문화혁명기 중국은 지옥도(地獄道)

였습니다. 『신곡』(국역: 열린책들, 2007)에서 단테가 '지옥문으로 들어오는 자는 모든 희망을 버려야 한다'고 썼던 것처럼, 홍오류(紅五類, 혁명세력인 노동자·농민·열사·간부·병사)가 아닌 흑구류(黑九類), 기존의 오류(반혁명세력인 지주·부농·반동분자·파괴분자·우파)와 추가된 사류(난동분자·첩자·주자파·지식인)에게는 희망이 없었거든요. 인간도(人間道)가 축생도(畜生道)를 거쳐 지옥도로 타락한다고 했는데, 고대중국에는 '태평시절의 개가 될지언정 난리통의 사람은 되지 말라'(寧爲太平犬, 莫作亂離人)는 시구까지 있었다고 하지요.

당연한 일이겠지만 파금은 특히 '아홉 번째 반혁명분자인 구린내 나는 늙은이'(臭老九)라고 불리던 지식인의 운명에 주목했습니다. 그 자신이 '소귀신'(牛鬼)으로 취급되어 '소외양간'(牛棚)에 수용되어 '사상개조'(洗腦)를 강요당했던 학술·문예계의 '반동권위'였거든요. 사상개조의 결과가 바로 '문화의 쇠망'(斯文掃地)이었는데, 지식을 무용하다고 경시한 것을 넘어 죄악시하기에 이르렀기 때문이에요.

청년 고리키의 「매의 노래」(Song of the Falcon, 1894)는 하늘을 사랑하는 매와 달리 땅을 사랑하는 뱀을 풍자한 단편/산문시였습니다. 파금은 '매의 노래'를 자신의 수상의 제목으로 차용하면서 생존이 아닌 자유의 추구를 망상/미망(delusion)으로 간주하던 세태를 야유했던 것이지요.

고리키의 「매의 노래」를 읽어보면 사이먼과 가펑클의 「독수리는 날아가고」(El Cóndor Pasa, 1970) 1절 첫 소절이 생각나는데, 이것이 「거친 강물[험한 세상]의 다리가 되어」(Bridge over Troubled Water, 1970)와 함께 그들의 마지막 듀오 포크였습니다.

달팽이가 되느니 차라리 참새가 되고 싶네.

I'd rather be a sparrow than a snail.

막상 제목과 달리 가사에는 (매보다 큰) 독수리, 그것도 (대왕독수리인) 콘도르가 아니라 참새가 나오고 또 뱀 대신 달팽이가 나오는데, 이렇게 자고자대(自高自大)하지 않는 것이 바로 포크의 정신이었지요. 그런데 「독수리는 날아가고」가 소련에서는 금지곡이었다니 중국이나 매한가지였던 것 같아요.

'참말을 하자'는 것은 '문혁박물관'을 건립하기 위한 전제조건이었습니다. '과거를 잊지 않아야만 비로소 미래의 주인이 될 수 있다'는 것인데, 1961년생 이후인 개혁·개방세대가 성년에 진입하던 문화혁명 20주년에 즈음하여 대사기극과 지옥도의 재연을 예상하고 그것을 예방하기 위한 파금의 복안이었던 셈이지요. 그러나 후진타오에서 시진핑으로 권력이 이양될 즈음에 이르러 결국 문화혁명이 부활되는 조짐이 분명해진 것 같아요.

노신 재론

— 문화혁명 중에도 노신은 존숭받지 않았나요?
— 그렇습니다. 지식인으로서 유일한 예외가 바로 노신이었는데, 그는 모택동과 함께 거의 신격화되었지요. 당시 홍위병의 교과서는 1966년에 편찬된 『모택동어록』이었는데, 이듬해 『노신어록』이 추가되었거든요. 그러나 파금은 모택동이나 노신을 비판하지는 않았어요. 문제는 4인방이었다고 생각한 것 같아요.

개혁·개방 이후 노신이 4인방에게 이용당했다는 주장이 제기되기도 했습니다. 심지어 노신이 모택동에 대한 대안이라는 엉뚱한 주장까지 제기되었는데, 『위기와 비판』에서 언급한 것처럼, 제가 노신에게 별로 관심을 갖지 않은 것은 이 때문이었지요. 물론 노신에게도 이용당할 여지가 없었는지 검토해볼 필요가 있었고요.

알튀세르의 절친이자 노신 연구자인 루아(Michelle Loi)가 1977년에 알튀세르의 '이론'(Théorie)총서로 출판한 『노신의 평론문과 풍자문, 1925-1936』(Luxun: Pamphlets et libelles, 1925-1936)에서 선별한 '마르크스주의자를 위한 노신 잡문 30선'을 참고할 수 있을 것입니다. 국역은 루쉰전집번역위원회의 『루쉰 전집』(그린비, 2010-17)을 참고할 수 있는데, 30편 중 † 표한 8편은 루쉰전집번역위원회가 『루쉰 잡문선』(엑스북스, 2018)으로 선별한 것이지요.

『루쉰 전집』 1권
　춘말(春末, 늦봄) 한담
　'페어플레이'는 아직 이르다 †

『루쉰 전집』 4권
　자그마한 비유

『루쉰 전집』 5권
　소리(聲, 말과 글) 없는 중국 †
　혁명시대의 문학 †
　상하이와 난징 수복 경축 저편 (『루쉰 전집』 10권)
　문학과 땀 흘림
　문예와 혁명 (1927년 집필 판본)
　혁명 커피숍

『루쉰 전집』 6권
　'경역'(硬譯, 직역)과 '문학의 계급성'
　좌익작가연맹에 대한 의견 †
　암흑 중국의 문예계의 현상
　'지식노동자' 만세
　우리는 더 이상 속지 않는다
　'제3종인'[중간파/중앙파]을 논함
　욕설과 공갈은 결코 전투가 아니다
　다시 '제3종인'을 논함
　여성해방에 관하여

『루쉰 전집』 7권
　「사람을 잘못 죽였다」에 대한 이의
　글과 화제(題目) †
　기어가기와 부딪히기 †
　예(禮)
　야수(野獸) 훈련법
　수성(水性)

『루쉰 전집』 8권
　가져오기(拿來)주의 †
　아이 사진을 보며 떠오르는 이야기 †
　고기맛을 모르다와 물맛을 모르다
　현대중국의 공자
　타이옌(章炳麟) 선생에 관한 두어 가지 일
　현재 우리의 문학운동을 논함

일단 저로서는 노신의 잡문을 높이 평가하는 데 찬성할 수 없습니다. 평론 자체가 아니라 평론과 풍자를 결합함으로써 정사(正邪) 내지 시비(是非)와 애증(愛憎) 내지 호오(好惡)가 혼재되어 있기 때문이지요. 게다가 노신 자신이 경고한 것처럼 풍자가 견책이나 흑막 폭로로 변질되는 경우도 있었고요. 풍자를 특징짓는 지적인 기지(wit)나 선의적인 해학(humor)이 아니라 악의적인 비방(invective)과 조소(sardonic)가 출현하기도 했거든요.

어쨌든 1927년 장개석의 쿠데타 이후에, 특히 장개석이 만주국을 사실상 승인한 1933년 이후에 노신은 잡문에 전념했습니다. 소설은 물론이고 중편이나 단편을 쓸 여유가 없었기 때문이지요. 시인이 아니었던 그로서는 별다른 길이 없었다고 할 수 있는데, 급변하는 정세에 즉각적으로 개입할 수 있는 유력한 수단이 바로 시와 잡문이었거든요. 노신을 롤 모델로 하는 운동권 출신 386세대에게는 물론 소셜미디어가 있지만요.

잡문가로서 노신이 필명을 떨친 것은 1925년 말의 「'페어플레이'는 아직 이르다」 때문이었는데, 루아와 루쉰전집번역위원회가 공통으로 선별한 가장 중요한 글이기도 했습니다. 이 글은 임어당이 주장한 '페어플레이'에 대한 반론으로, 임어당은 비판의 대상은 사상이지 인간이 아니라고 주장하면서 한유를 원용하여 '우물에 빠진 사람에게 돌을 던지는 것'(落井下石)은 안 될 일이라고 주장했지요.

그러나 노신은 우물에 빠진 것은 사람이 아니라 개, 그것도 나쁜 개라고 주장하면서 '물에 빠진 개를 힘껏 두둘겨패자'(痛打落水狗)고 주장했습니다. 노신이 말한 나쁜 개는 야수성이 남아 늑대와 닮은 사냥개가 아니라 야수성이 없어져 고양이를 닮은 발바리였는데, 양다리를 걸치느냐 여부에 차이가 있기도 했지요.

윤치호도 자신의 일기에서 몇 차례나 언급한 바 있듯이, 상하이 조계의 공원에는 '중국인과 개는 출입 금지'(華人與狗不准入內)라는 팻말이 있었다고 합니다. 그러나 언제나 그렇듯이 예외가 있었는데, 창녀와 그녀의 발바리는 출입을 허락했다는 것이지요. 게다가 발바리는 '개가 주인을 믿고 사람을 문다'(狗仗人勢)는 말처럼 아주 사납기도 했는데, 그래서 노신이 발바리라는 '완장 찬 졸개'를 더 미워했던 것 같아요.

어쨌든 노신은 페어플레이의 대안으로 '당동벌이'(黨同伐異, 옳고 그름을 떠나서 같은 패거리는 돕고 다른 패거리는 친다)를 주장했습니다. 상대방을 적으로 간주하면서 '너 죽고 나 살자'(你死我活), 심지어 '너 죽고 나도 죽자'(予及汝偕亡)라고 선언했던 셈인데, 이런 맥락에서 1925년 초 손문이 사망하자 국공합작이 와해되고 1927년 초 장개석 쿠데타로 귀결되는 과정에서 국공 쌍방의 적대적 태도를 짐작할 수 있겠지요.

당동벌이는 노무현 정부 2년차이자 정치의 사법화 원년인 2004년을 마무리하면서 『교수신문』이 올해의 사자성어로 선정하여 유명해졌습니다. 대통령 탄핵, 수도 이전, 국가보안법 대체법안을 비롯한 4대 개혁법안으로 1년 내내 혼란스러웠던 당시의 세태를 반영한 것이었지요. 그런데 운동권 출신 386세대가 채택한 적폐청산의 원칙은 여전히 당동벌이인 것 같아요. 하기야 조국 교수도 「'페어플레이'는 아직 이르다」의 애독자라고 하거든요.

— 운동권 출신 386세대는 결국 노신을 추종했다는 말씀인가요?
— 물론 노신은 그들처럼 독단적이고 무모하지 않았습니다. 「폭군의 신민」(1919)에서는 폭군(暴君)보다 폭민(暴民)이 '더 폭력적'(更暴)이라고 주장했고, 「문득 생각나는 것 5」(1925)에서는 참주정에서 사람들은 냉소적인 반면 인민정에서는 '죽어가는 모습'(死相)이라고 주장했거든요. 달리 말해서 아Q가 지배자가 되는 상황을 경계했던 것인데, 아Q는 머슴(雇農)만도 못했던 날품팔이(日雇)여서 불량배 기질이 있었기 때문이에요.

이 대목에서 왕후이의 『아Q 생명의 여섯 순간』(2012; 국역: 너머북스, 2015)에 주목해야 하는데, 2011년 신해혁명 100주년에 즈음하여 '대국굴기'(大國崛起), 즉 패권국으로의 흥성(rise and advance)에 부응한 『아Q정전』 새로 읽기라고 할 수 있습니다. 왕후이가 일당국가의 명을 받드는 '준명(遵命)지식인', 쉽게 말해서 어용지식인임을 고백하는 책이라는 것이에요.

신좌파를 대표하는 문학비평가로서 그는 서양의 다양한 이론을 원용합니다. 본래 노신이 추종했던 니체에 이어 프로이트에게도 관심을 갖거든요. 그러나 그가 특히 주목한 것은 '베이징 컨센서스'를 정당화할 수 있는 오리엔탈리즘 비판, 그 중에서도 특히 포스트식민주의적 하층민(subaltern) 개념인 것 같아요.

왕후이처럼 '주인이 된 노예' 아Q를 정당화하려면 '정신승리법'을 논외로 하더라도 그의 혁명관을 긍정해야만 합니다.

> 내가 갖고 싶은 재물은 모두 내 것이고, 내가 갖고 싶은 여자도 모두 내 것이다.
>
> 我要什麽就是什麽, 我歡喜誰就是誰.

그런데 『후기』에서 지적한 것처럼, 이런 혁명관은 북경에 입성한 다음 '재물과 여자를 탐하지 않는다'(不愛財, 不姦淫)는 군율을 위반한 이자성과 동일한 것이고, 모택동은 '우리는 결코 이자성처럼 되면 안된다'(我們決不當李自成)고 다짐한 바 있어요.

물론 불량배 기질이 있는 운동권 출신 386세대에게는 구미가 당기는 혁명관일 것입니다. 『아Q 생명의 여섯 순간』이 번역된 시점이 2014년 세월호 침몰사고와 2016년 최순실 국정농단사건의 와중이었다는 것은 의미심장한 일인데, 촛불혁명의 기원이 일국사적으로는 동학농민전쟁이고 세계사적으로는 프랑스혁명이라는 엉터리 주장을 남발하는 그들로서는 반가운 일이었을지도 모르겠어요.

하기야 황현이 동학농민전쟁을 동학도와 난민(亂民)의 결합, 일반화해서 말하자면 사이비 지식인과 폭민(暴民)의 결합으로 규정한 것처럼, 프랑스혁명도 자코뱅이라는 사이비 지식인과 상퀼로트라는 폭민의 결합으로 규정할 수 있습니다. 촛불혁명 역시 전향한 386세대 운동권과 호남인 및 X-Y세대 같은 깨시민의 결합이었으니 동학농민혁명과 프랑스혁명을 계승했다고 할 수도 있겠네요.

문화혁명기에 4인방은 홍위병의 혁명적 반란(造反)과 우파의 반혁명적 난동(翻天)을 구별했습니다. 그러나 마르크스주의적 의미에서 혁명이란 발리바르가 강조한 것처럼 해방(émancipation)과 변혁(transformation)의 결합이지요. 또 대항폭력(contre-violence)이 아니라 폭력에 대한 비판이고요. 따라서 해방과 변혁의 결합이 아니었고 폭력 비판도 아니었던 홍위병의 반란은 우파의 난동과 마찬가지로 반혁명적이었다고 할 수 있겠지요.

『고별혁명』에서 리쩌허우의 대담진행자(interviewer)였던 류짜이푸는 중국혁명이 일탈한 이유를 특히 '노예였던 아Q가 주인이 되었다'는 사실에서 발견했습니다. 그는 『얼굴을 찌푸리게 하는 25가지 인간유형』(1992; 국역: 예문서원, 2004)과 『인간농장』(2010; 국역: 글항아리, 2014)에서 아Q를 중심으로 다양한 인간유형에 대해 고발한 바 있는데, 아주 흥미진진한 잡문집이지요. 시간을 내 한번 읽어볼 만한 가치가 있는 책이에요.

류짜이푸의 가장 주목할 만한 주장은 개혁·개방을 전후로 지배적인 인간유형이 변화했다는 것이었습니다. 개혁·개방 이전의 '독재'에서는 불량배가 주변화되면서 '비굴한 자'(奴人, 노예처럼 주인에게 종속된 자)가 주류화되었지요. 아Q로 상징되는 비굴한 자는 '멍청한 자'(愚人)나 '개돼지 같은 자'(肉人, 짐승처럼 육체적 욕망에 충실한 자)이기도 했고요. 반면 개혁·개방 이후 '민주화'가 진전되자 불량배가 주류화되면서 비굴한 자도 합세하게 되었다는 것인데, 신해혁명에 참여하고 싶어 경거망동했던 아Q 역시 그런 경우였지요.

아Q의 혁명관이 마르크스주의적이 아니라 프루동주의적이라는 사실도 지적해두겠습니다. 『소유란 무엇인가』(1840)에서 프루동은 '일체의 소유는 도적질이다'(La propreté, c'est le vol)라는 테제를 제출한 바 있지요. 반면 마르크스에게 부르주아적 소유란 '잉여가치 형태로의 잉여노동의 축적'이었고요. 따라서 프루동주의적 혁명은 장물(臟物)의 환수일 뿐인 반면 마르크스주의적 혁명은 '노동자연합

(평의회)에 의한 잉여노동의 사회적 영유'일 수밖에 없는 것이지요. 자세한 설명은 『마르크스의 '자본'』을 참고하세요.

중국에서 불량배의 역사

— 불량배란 도대체 누구인가요?
— 한 마디로 말해서 '행동규범이 없는 자'입니다. 중국에서 불량배 연구를 개시한 사람이 바로 노신이었는데, 그의 연구를 계승한 성과가 바로 진보량의 『중국유맹사』(1993; 국역: 아카넷, 2001)라고 할 수 있지요. 유맹(流氓)이란 상하이 조계에서 사용되던 단어로 불량배라는 의미였어요.

유맹에는 깡패와 사기꾼이 있었는데, 깡패는 때리기(打)와 빼앗기(搶) 같은 수단을 사용한 반면 사기꾼의 수단은 거짓말(詐)과 속임수(欺=騙)였습니다. 깡패가 유가 급진파였던 묵가의 후예였다면, 사기꾼은 궤변을 일삼던 명가와 종횡가의 후예였다고 할 수 있지요. 한고조 유방과 명태조 주원장은 유맹 출신의 황제였고요.

『자본』에서 마르크스는 빈민을 상대적 과잉인구의 '최저의 침전물(Niederschlag)'이라고 불렀습니다. 빈민이 타락하면 남자와 여자는 각각 불량배(Vagabund)와 창녀가 되고, 거기서 더 타락하면 악당/범죄자(Verbrecher)가 되는데, 마르크스는 불량배·창녀와 악당/범죄자를 좁은 의미의 룸펜프롤레타리아라고 불렀지요.

그러나 유맹과 룸펜프롤레타리아는 동일한 것이 아닙니다. 유맹에는 예를 들어 권세가·재력가의 타락한 후손인 파락호(破落戶)가 있었거든요. 하기야 미국의 트로츠키주의자 드레이퍼(Hal Draper)가 강조한 것처럼, 마르크스도 빈민 출신으로 환원되지 않는 넓은 의미의 룸펜프롤레타리아, 즉 프롤레타리아와 부르주아지를 망라한 '모든 계급의 인간쓰레기'(Auswurf, Abfall, Abhub aller Klassen)로서 라보엠(la bohème, 보헤미안)의 존재를 인정했지만요.

명황조 말기에 여곤은 '난리가 나기를 바라는 백성'(幸亂之民)의

네 유형으로 빈민(無聊=無恥之民), 불량배(無行=無道之民), 사교도(邪說之民), 모반가(不軌之民)를 지적했습니다. 처음의 두 개가 난민이라면 나중의 두 개는 사이비 지식인이었지요. 방금 황현이 동학농민전쟁을 동학도라는 사이비 지식인과 난민의 결합으로 인식했다고 했는데, 대단한 장서가였던 그가 여곤을 읽었을지도 모르겠어요.

동림당과 가까웠던 여곤에 대해 보충해두겠습니다. 방금 인용한 것은 임진왜란 중에 올린 「천하의 위기를 걱정하는 상소」(憂危疏, 1597)에 나오는 구절이었는데, 이 상소 때문에 모함을 받아 결국 사직하고 낙향하게 되었어요. 후외로에 따르면, 그의 자찬 묘비명(1618)에는 다음과 같은 구절이 있었다고 하지요.

> 이제 다 끝났다. 말하고자 하는 바 있었으나 도리어 끝내 입을 다물었고, 행하고자 하는 바 있었으나 도리어 끝내 뜻을 못 이뤘다. 홀로 알게 된 일은 구멍에 묻어버렸고, 홀로 깨달은 글은 횃불에 태워버렸다.
>
> 今已矣. 欲有所言竟成結舌, 欲有所爲竟成賷志. 卷獨知之契于一腔, 付獨見之言于一炬.

낙향한 이후에 저술한 글의 원고를 모두 없앴다는 말인데, 그래서 낙향 이전의 글인 『신음어』(呻吟語, 세상을 걱정하는 앓는 소리)를 제외하면 거의 전하는 것이 없게 된 것이에요.

상하이에 존재한 유맹의 비밀결사(幫會)가 청방과 홍방이었습니다. '불량배는 고립을 두려워하여'(無賴怕光杆) '패거리를 짓고'(成群作黨) 당동벌이와 비슷한 '배공사당'(背公死黨, 공익을 버리고 죽기로 사익을 지킨다)을 추구했는데, 이런 것이 바로 '불량배의 의리'(不義之義, 정의롭지 않은 의리)였지요. 그래서 페어플레이 대신 당동벌이를 주장한 노신이 '문단의 불량배'(文氓)라고 불리기도 한 것인데, 그를 존숭한 운동권 출신 386세대도 역시 기질적으로 불량배인 것 같아요.

이은자 교수의 「중국비밀결사의 역사와 현재」(『중국학보』, 53집, 2006)에 따르면, 현대중국의 유맹은 상업을 비롯해서 정치·군사와 교육을 거쳐 심지어 혁명운동에도 개입했다고 합니다. 손문에 이어 장개석이 청방과 홍방을 활용했기 때문이지요. 장개석을 롤 모델로 삼았던 김구 주석에 이어 이승만 대통령이 해방정국에서 불량배를 활용했던 것도 마찬가지였고요.

— 한국사에서도 불량배에 대한 연구가 있나요?
— 아쉽게도 없는 것 같습니다. 전현대는 물론이고 현대에서 불량배의 역사를 정리한 논저를 발견하지 못했어요. 현대에 국한해서 말하자면 그 기원은 '장군의 아들'이라고 불렸던 김두한으로 소급하는데, 그는 이식자본주의의 불량배, 달리 말해서 이식야쿠자 출신이었지요. 김두한의 라이벌은 '하야시' 선우영빈이었고, 각자 북촌의 중심인 종로와 남촌의 중심인 명동을 지배했어요.

『한국의 불행』에서 정리한 것처럼, 1953년에 대한청년단이 해체된 이후 청년단체의 성원들은 조직폭력배로 변모했습니다. 먼저 선우영빈이 적산을 기반으로 건설사업가로 변신하자 서북청년회 출신인 이화룡과 그의 후배 '시라소니' 이성순이 명동파를 형성했지요. 또 김두한이 국회로 진출하면서 이정재가 동대문파를 형성했고요. 명동파와 달리 동대문파는 대한청년단을 대신하여 정치깡패로 활동하기도 했는데, 1954년의 이른바 '사사오입개헌'(초대대통령의 중임 제한을 철폐한 2차 개헌)이 그 계기였지요.

이승만 정부와 함께 동대문파가 몰락한 반면 명동파는 이화룡의 수하였던 신상현의 신상사파로 승계되었습니다. 그러나 곧 김태촌의 서방파와 조양은의 양은이파 같은 광주 출신 조폭에 의해 교체되었지요. 또 김대중 정부가 출범하자 광주 출신 조폭이 투기사업이나 도박사업으로 진출하면서 칠성파와 20세기파 같은 부산 출신 조폭이 부상했는데, 양자의 갈등을 소재로 한 것이 청소년관람불가영화 관객수 1위를 기록한 『친구』(2001)였어요.

『내부자들』에 대해서도 언급해두겠습니다. 나무위키에 따르자면, 일반판(2015)과 감독판(2016)을 합산할 때 이 영화가 청불영화 흥행 기록을 경신했는데, 호남 조폭 출신 사업가와 영남 지방대를 나온 경찰 출신 평검사가 합심하여 '적폐를 청산하고 정권을 교체한다'는 줄거리가 촛불혁명을 준비 중이던 깨시민을 감동시킨 덕분이었지요. 물론 깨시민에게 익숙한 『한겨레신문』 '훅'(hook)의 웹툰(2010-12)을 영화화한 덕분이기도 했겠고요.

— 그런데 386세대의 불량배 기질은 어디서 비롯되었을까요?
— 저도 궁금한데, 언젠가 '그것이 알고 싶다' 같은 탐사저널리즘의 취재대상이 될지도 모르겠습니다. 다만 386세대가 무협지를 너무 많이 읽은 탓일지도 모르겠다는 생각이 들어요. 저도 중학생 시절에 무협지를 읽은 적이 있는데, 그러나 고등학생 선배들에게 박정희 정부가 우민화정책의 일환으로 무협지를 보급한 것이니 읽지 말라는 꾸중을 들은 다음에는 가까이하지 않았어요.

천정환 교수와 정종현 교수는 2015년에 '광복[해방] 70년 책읽기 70년'이라는 시리즈를 『한겨레신문』에 연재하고 『대한민국독서사』(서해문집, 2018)로 출판한 바 있습니다. 그들은 2014년 세월호 침몰사고 1년여 후에도 박근혜 정부가 건재하던 상황에 대한 '분노' 속에서 시리즈를 시작했고 2016-17년 촛불혁명으로 노무현 정부 2기인 문재인 정부가 출범한 1년여 후에 '민주주의 문화의 저력'에 대한 자부 속에서 단행본으로 출판한다고 자화자찬한 바 있지요.

그런데 놀랍게도 그들은 1980년대의 하나의 특징을 '의협의 시대'로 규정하면서 광주항쟁 이후 한국사회를 '무협지적 세계의 형성'으로 특징짓고 있습니다. 하기야 김용의 '사조삼부곡'(射雕三部曲)을 고려원에서 해적출판한 『영웅문』이 공전의 베스트셀러가 되었고 과천연구실의 후배들까지도 열독할 정도였으니까요. 386세대는 역시 '박정희 키즈'라는 사실을 방증한다는 생각이 드는 대목이에요.

여기서도 류짜이푸에게 주목해볼 수 있을 것입니다. 그는 『쌍전』(2010; 국역: 글항아리, 2012)에서 역사소설 『삼국지연의』와 무협소설 『수호전』이라는 양대 고전(雙典)을 '지옥문'이라고 비판했는데, 이 책들의 영향으로 서로 속이고 서로 죽이려는 '나쁜 마음'(黑心)을 갖게 되기 때문이라는 것이었지요. 어른/지식인은 『삼국지연의』에서 모략과 간지를 배우고 아이/대중은 『수호전』에서 잔혹을 배운다는 것이에요. 물론 아이/대중과 달리 어른/지식인은 그런 영향에 저항할 수도 있겠지만요. 어쨌든 386세대가 잔혹의 정치에 익숙한 것은 역시 무협소설을 탐독했기 때문일지도 모르겠어요.

베이징과 상하이·광저우의 세태 비교

— 아까 이호철 작가의 『소시민』을 언급하면서 한국전쟁기 부산이 박정희 정부나 문재인 정부의 남한에 대한 알레고리라고 하셨는데요.

— 당대 중국을 대표하는 인문학자라고 할 수 있는 이중톈의 저서 중 최초로 번역된 것이 『중국도시, 중국사람』(1997; 국역: 풀빛, 2002)이었습니다. 여기서 그는 베이징과 상하이·광저우 같은 중국의 주요 도시와 그 주민에 대한 의견을 개진하고 있지요. 특히 베이징이라는 '都'와 상하이·광저우라는 '市'를 비교하는 것이 흥미로웠는데, 동일한 민족성 내부에서 지역적 세태의 차이가 존재하는 이유를 해명한 셈이기 때문이었지요.

'都'는 도성으로 세 등급이 있는데, 작은 성인 읍(邑, 채(采)의 중심으로 대부의 소재지), 큰 성인 도(都, 국(國)의 중심으로 제후의 소재지), 도 중에서도 으뜸(首)인 서울(京, 천하의 중심으로 천자의 소재지)이 그것입니다. 도성의 반대인 향촌(鄕, 시골)에도 세 등급이 있는데, 도성에서 멀리 떨어진 두메산골/바닷가(鄙), 도성 밖의 논밭인 들판(野), 도성에 가까운 변두리(郊)가 그것이지요. 또 도성과 향촌을 매개하는 시장(市, 상업도시)은 농수산물의 집산지이고요.

이중톈은 상하이 주민의 실용·실리주의를 상징하는 '소락혜'(小樂惠, 작은 즐거움과 이로움)에 주목했습니다. 소락은 맛있는 음식이라는 뜻이며 혜는 값이 싸다는 뜻이므로 소락혜는 결국 값싸고 맛있는 음식인데, '소소한 일상적 행복'(樂感, 리쩌허우)이나 '소소하지만 확실한 행복'(小確幸, 무라카미 하루키)이라고 할 수도 있겠지요. 조계

시절 상하이에는 '가난뱅이는 비웃어도 갈보는 비웃지 않는다'(笑貧不笑娼)는 속담까지 있었어요. 상류층으로 진입하려는 여성이 '몸이라는 밑천'(身上的本錢, 『자야』)을 이용하기도 했고요.

그런데 상하이와 달리 베이징의 주민은 이원화되었습니다. 서울이었으므로 전국의 사대부가 집결했고, 그들을 중심으로 정치와 문화를 지향하는 세태, 특히 우환(憂患, 천하의 환난에 대한 걱정)의식을 중시하는 세태가 형성되었지요. 그런데 상인이 아니라 농민 출신이어서 성향도 상인적이 아니라 농민적인 평민도 사대부에게 교화되어 정치나 문화에 대한 관심과 더불어 우환의식까지 있었어요.

한 마디로 말해서 베이징의 세태는 우환의식이었던 반면 상하이의 세태는 소락혜였다는 것입니다. 베이징에서 학력과 체면이 중시되었던 반면 상하이에서 재력과 요령이 중시되었던 것도 이런 세태와 관련되었던 것이고요. 학력과 체면이 능력주의를 상징한 반면 재력과 요령은 자연선택과 적자생존을 상징했지요.

그래서 두 도시 사이에 갈등이 많았는데, 노신(본명 주수인)의 동생 주작인은 상하이를 '매판·불량배·창녀의 도시'라고 부르기도 했습니다. 또 모순의 『자야』는 상하이의 매판과 불량배를 묘사하고 조우의 『일출』은 상하이/톈진의 창녀와 불량배를 묘사했고요. 상하이는 중국의 행동규범은 물론이고 서양의 행동규범도 적용되지 않는 천민부르주아지와 룸펜프롤레타리아의 '해방구'였던 셈이지요.

그런데 이중톈이 강조했듯이 더욱 중요한 것은 상하이의 소락혜가 베이징의 우환의식을 교체하지 못했다는 사실이라고 할 수 있습니다. 중국혁명 이전이든 이후이든 베이징과 상하이의 상이한 세태는 그대로 유지되었던 것인데, '맹모삼천지교'(孟母三遷之敎)를 논외로 하더라도, 거주·이전의 통제 덕분에 주민의 잡거(雜居)가 예방된 덕분이라고 할 수 있겠지요.

이런 관점에서 『소시민』을 새로 읽을 수 있을 것입니다. 박정희 정부 이후의 남한, 그 중에서도 특히 서울은 한국전쟁기 부산의 확대판이라고 할 수 있거든요. 프리델을 따라 수정한 치폴라의 지도에서 불량배와 멍청이가 밀집한 지역을 부산·경남과 호남으로 유추할 수도 있을 것인데, 문재인 대통령이 국정과제로 지시한 이른바 '가야사 복원'을 이런 맥락에서 이해할 수도 있을 것 같아요.

광저우에 대해서도 언급해두겠습니다. 광저우도 상하이처럼 시장이었는데, 그러나 차이가 있었지요. 광저우는 송황조 이래 해양실크로드의 기점이었던 반면 상하이는 아편전쟁 이후의 개항장이었거든요. 또 조계(concession, 불평등조약에 따른 치외법권의 외국인거류지)가 있었던 상하이와 달리 광저우에는 홍콩이라는 조차지(leased territory, 한시적 식민지)가 있었고요.

광저우가 속한 광둥성은 광시성과 함께 중국의 영남지방이었는데, 남령(南嶺)산맥 이남의 주강유역(華南)은 황하유역(華北)이나 장강유역(華中과 華東=江南)과 풍토 자체가 완전히 달랐습니다. 그래서 '말라리아의 땅'(煙瘴之地)이라는 별명이 있었던 것인데, 송황조가 수리사업을 통해 개발하기 시작했던 것이지요.

중학교 국어시간에 당황조의 유종원이 귀양지에서 지은 오언절구를 배웠는데, 그 기구(起句)와 승구(承句)를 인용해보겠습니다.

산이란 산에는 나는 새도 사라졌고,　　　　　　　　千山鳥飛絶,
길이란 길에는 사람 자취 끊겼구나.　　　　　　　　萬徑人蹤滅,

한유의 친구이기도 했던 유종원의 귀양지는 호남성과 영남지방의 접경지인 영주였는데, 남령산맥이 아닌데도 그 험준한 지세가 생생하게 전해지지요. 여말선초에 조령이 개척되기 이전 영남지방의 관문이었던 죽령을 넘어본 적이 있는데, 보기 드물게 험준하더군요. 물론 남령산맥과 비교할 수는 없겠지만요.

보통 부산을 상하이와 비교하는데, 부산에는 광저우 내지 홍콩과 비슷한 성격도 있습니다. 상하이의 조계와 달리, 초량의 왜관이 광복동 일대로 확대된 조계를 중심으로 부산을 형성하면서 진주의 경남도청을 이전시켰고 급기야 중일전쟁 전후에는 조선인 거주지였던 동래를 흡수·통합하여 온천지구로 전락시켰거든요. 부산에서 친일과 반일의 갈등이 존속할 뿐만 아니라 그런 갈등이 경남 일원으로 확대재생산된 데는 다 까닭이 있었던 것 같아요.

부산·경남에는 임진왜란 때 축성된 왜성이 아직도 많이 남아 있는데, 해방 70주년인 2015년에 부산·경남에서 활동하는 신동명 씨 등 '지역기자들'을 중심으로 『한겨레신문』에 왜성을 복권 내지 복원하자는 기획기사가 연재되기도 했습니다. 김영삼 정부가 왜성의 문화재등급을 하향 조정했던 것에 대한 반발이었지요.

단행본으로 출판된 『역사의 블랙박스, 왜성 재발견』(산지니, 2016)에 따르면, 남아 있는 왜성은 부산에 11개, 울산·김해 등 경남 일원에 19개 등 30개라고 합니다. 그밖에 유독 조정래 작가의 고향인 순천에 1개가 남아 있다고 하고요. 물론 왜성만이 아니라 왜군의 후예도 '토왜'(土倭), 즉 토착(naturalized, 귀화) 왜인으로 남아 있을 것입니다. 그래서 마치 광둥어가 보통화(普通話, 표준어)인 베이징어에 동화되지 않는 것처럼, 부산·경남 출신 중에는 표준어인 서울말을 배우지 않고 사투리를 고집하는 사람이 있는 것 같고요.

어쨌든 부산·경남 출신인 조국 교수나 윤미향 의원은 한국현대정치의 지형을 크게 왜곡했습니다. 인민주의자의 입장에서 자유주의자를 친일파로 매도했기 때문이지요. 그러나 그들에게 망국적(亡國賊, 나라를 해치는 자)에는 매국적(賣國賊, 나라를 팔아먹어서 나라를 해치는 자)만 있는 것이 아니라 애국적(愛國賊, 나라 사랑을 핑계로 나라를 해치는 자)도 있다는 사실을 가르쳐주고 싶어요.

양계초는 전통적 애국자와 현대적 애국자를 준별했습니다. 전통적 애국자가 '민족의 장점'(國粹)을 강조한 국수주의자였다면, 현대적 애국자는 '민족의 단점'을 개선하려던 자유주의자였기 때문이지요. 국수주의적 애국자와 달리 자유주의적 애국자는 민족의 기질을 개선하려는 계몽주의자였어요. 그래서 민도(民度, 민족의 능력)를 개선하기 위한 실력양성론(경제발전론)과 민족성(민족의 성격)을 개선하기 위한 민족개조론(문명개화론)이 자유주의적 애국계몽운동의 핵심이었던 것이고요.

― 아까 지방민의 난입이 서울의 난개발로 귀결되었다고 하신 것도 이런 문제와 관련이 있을까요?

― 김윤식 선생은 1939-40년에 발표된 이광수의 후기작 중에서 자전적이면서 불교적이기도 한 3대 단편 「무명」(無明, 멍청함 또는 망상/미망), 「육장기」(鬻庄記, 집을 판 이야기), 「난제오」(亂啼烏)에 주목한 바 있습니다. 그런데 「난제오」의 마지막에 이광수가 경복궁 인근 선학원에서 어느 노스님에게 서산대사의 오언절구 「독남화경」(讀南華經, 『장자』를 읽으며)을 배우는 장면이 나오지요.

아깝군 남화자여,	可惜南華子,
기린이 고양이가 되었으니.	祥麟作孼虎.
천지는 적막한데,	寥寥天地闊,
석양에 까마귀만 울부짖네.	斜日亂啼烏.

사교입선(捨敎入禪, 교종을 내버리고 선종을 받아들임)한 불교의 입장에서 도가의 수다를 풍자한 셈이었습니다. 스피노자처럼 말해서 '객설'(bavardage/chatter) 내지 '망상/미망'(délire/delusion)일 따름이라는 것이었지요. 서산대사는 조선 중기의 큰스님으로 그 제자인 사명대사는 임진왜란기의 승병장(僧兵長)이자 전후에는 포로쇄환사(捕虜刷還使)였는데, 두 분의 직계제자가 바로 성철스님이었어요.

이 선시(禪詩)를 배우고 나서 자신이야말로 석양에 울부짖는 까마귀임을 깨달은 이광수가 문득 금화산을 바라보니 겨울 해가 막 지고 있더라는 것이 「난제오」의 마지막 문장입니다. 『재론 위기와 비판』에서 어머니가 갓난 저를 업고 호반재에서 안산을 거쳐 인왕산까지 종주하셨다고 했는데, 북아현동의 호반재에서 연대 뒷산인 안산으로 가는 길목에 이대 뒷산인 금화산이 있지요.

얼마 전 세브란스에 갔던 길에 인왕산 범바위 부근까지 올라가본 적이 있습니다. 호반재에서 금화산을 거쳐 안산으로 가는 길은 서울에서도 유명한 트래킹 코스인데, 능선에 올라가보면 서울이 얼마나 아름다운 곳인지 알 수 있어요. 물론 호반재-금화산-안산 북녘 기슭과 인왕산 남녘 기슭의 판자촌을 재개발한 고층아파트촌은 목불인견이라고 할 수밖에 없지만요.

이해찬 대표의 '천박한 서울' 발언이야말로 적반하장입니다. 공유지 격인 서울의 약탈은 끝났으니 이제 고향을 '품위와 문화가 있는 새 서울'로 만들자는 도적 심보이거든요. 난개발되기 이전의 서울을 보려면 최완수 선생의 『겸재의 한양진경』(동아일보사, 2004)과 최열 씨의 『옛 그림으로 본 서울』(혜화1117, 2020)이 좋겠지요. 두 화집에 모두 실린 「안현석봉」(鞍峴夕烽)은 양천현 현령 시절 겸재 정선이 관아('양천향교')에서 안산의 저녁 봉홧불을 그리면서 안산-금화산-호반재의 능선도 그린 것이었지요.

이광수와는 반대로 금화산 전망대에서 경복궁을 바라보면 오른쪽이 호반재('호반어린이공원')이고 왼쪽이 안산입니다. 그런데 안산 봉수대 앞에서 길이 갈라져 오른쪽은 무악재('하늘다리')를 거쳐 인왕산으로 올라가고 왼쪽은 봉원사를 지나 이대 뒷길('북아현로')로 해서 호반재 밑 굴레방다리('아현역')로 내려가지요. 이런 지형에서도 왼쪽이 늘 오른쪽보다 나은 것은 아니라는 사실을 알 수 있어요. 하기야 단테가 지옥으로 내려간 길도 줄곧 왼쪽으로 돈다고 했지요. 자유주의가 호반재라고 하면 마르크스주의는 인왕산이고 인민주의는 굴레방다리로 빠지는 봉원사인 셈인데, 봉원사는 조정래 작가의 본가인 순천 선암사와 함께 친일 대처승의 총본산이었어요.

중국에서 사회주의적 리얼리즘

— 『자야』와 『일출』에 대해서도 설명해주세요.

— 중국문단의 사회주의적 리얼리즘을 대표하는 모순의 소설 『자야』(子夜, 1933; 국역: 한울, 1986; 개정판: 중앙일보사, 1989)는 매판적·봉건적 국가독점자본가로서 관료자본가에 대한 민족자본가의 투쟁을 묘사했습니다. 손문-왕조명의 노선을 따른 민족자본가는 산업건설을 지향한 반면 장개석의 노선을 따른 관료자본가는 금융투기

를 지향했거든요. 그러나 민족자본가는 결국 관료자본가 및 일본자본가와의 경쟁에서 패퇴하고 말았어요.

모순은 상하이의 지배자를 '선곤'(善棍)이라고 불렀는데, '공익을 빙자하여 사익을 추구하는 사기꾼'이라는 의미였습니다. 선곤은 물론 관료자본가였는데, 민족자본가 중에서 투항파도 선곤에 포함되었어요. 따라서 민족자본가 완고파와의 대표자인 '오손보의 고독'이『자야』의 주제라고 할 수도 있겠지요.

그러나 마르크스주의자인 모순이 아무리 완고파라고 해도 민족자본가인 오손보에게 공감할 수는 없었습니다. 그는 오손보를 '인색'(心狠)한 동시에 '멍청한'(笨) 인물로 묘사했지요. 마치 몰리에르의 풍자극에 단골로 나오는 벼락부자처럼 말이에요. 물론『천민귀족』(*Le Bourgeois gentilhomme*, 1670)에서는 멍청한 주르댕이 귀족이 되고 싶은 욕심에 흥청망청 낭비하기도 했지만요.

『자야』를 계승한『일출』(日出, 1936; 국역: 한국문화사, 1996)은 조우의 희곡이었습니다.『자야』의 주인공이 민족자본가와 관료자본가였다면,『일출』의 주인공은 전쟁·기근·질병이라는 환난으로부터 피난온 '인간쓰레기'(人類的渣滓)인 창녀와 불량배였지요. 또『자야』의 시대적 배경이 만주사변 전야의 '한밤중'(子時, 즉 12시 전후)이었다면,『일출』의 배경은 한밤중보다 더 어두운 '해 뜨기 직전'(寅時, 즉 4시 전후)인 중일전쟁 전야였는데, 혁명이라는 '멍청이짓'(傻事)은커녕 '먹으려면 힘써 일해야 한다'(要得吃飯, 可得做工)는 상식도 부재하던 세태 때문이었지요.

『일출』의 창녀가 두 부류였다는 사실도 지적해두겠습니다. 젊은 고급창녀는 사대부집안 출신의 지식인 여성이었고, 늙은 하급창녀는 나이를 먹어 고급창녀에서 전락한 여성이었지요. 그러나 두 여성 모두 '가난뱅이는 비웃어도 갈보는 비웃지 않는다'는 속담에 충실하기는 마찬가지였지요. 하기야 중국에는 난세에 농공상(農工商)과 양천(良賤)의 처지가 역전된다는 의미에서 '농은 공보다 못하고, 공은 상보다 못하며, 상은 창(娼, 문에 기대어 웃음을 파는 갈보)보다 못하다'(農不如工, 工不如商, 商不如依門賣笑)는 속담도 있었거든요.

이야기가 나온 김에 중국현대문학의 여섯 대가인 '노곽모파노조'라고 노신·곽말약에 이어 모순·파금·조우와 함께 거론되는 노사에 대해서도 언급해두겠습니다. 만주사변 전야의 베이징에서 농민 출신의 인력거꾼이 불량배로 전락하는 과정을 묘사한 소설 『낙타[라는 별명의] 샹즈』(駱駝詳子, 1937; 국역: 황소자리, 2008)로 유명한 노사는 혁명 이후에 희곡 『찻집』(茶館, 1957; 국역: 민음사, 2021)을 발표했어요. 혁명 이후 모순·파금·조우의 창작이 부진했던 반면 노사는 현대중국의 대표적 희곡을 창작했던 것이지요.

『찻집』에서 노사의 작의는 변법운동 직후, 신해혁명 직후, 중일전쟁 승전 직후라는 '세 시대를 장사지낸다'(葬送三個時代)는 것이었습니다. 베이징의 어느 찻집에 내걸린 '나랏일은 논하지 마시오'(莫談國事)라는 표어가 이 세 시대를 상징하고 있었지요. 게다가 시대가 변하면서 표어의 글자는 점점 더 커졌어요.

『찻집』에 나오는 주요 인물은 개량을 통해 시태(時態, 그때그때의 세태)에 적응해온 찻집 주인, 찻집의 건물주이자 오손보의 후예이기도 한 민족자본가, 그리고 만주족 기인(旗人, 팔기군(八旗軍)의 후예) 출신인 우국지사였습니다. 그런데 중일전쟁 승전 직후 찻집을 몰수당한 찻집 주인은 자살했고, 민족자본가도 면방직공장을 몰수당하여 몰락했으며, 우국지사는 이미 변법운동 직후에 '대청국을 사랑하여 망할까봐 걱정했던'(愛大淸國, 怕它完了) 말 때문에 기인에서 행상으로 전락했어요. 『찻집』에서 가장 유명한 대사는 우국지사의 것인데, 마치 노사 자신의 유언 같았기 때문이지요.

나는 우리나라를 사랑하오. 그렇지만 나는 누가 사랑해준단 말이오?

我愛咱們的國呀. 可是誰愛我呢?

노사 역시 만주족 기인 출신으로, 부친은 의화단사건에서 전사했습니다. 노사도 물론 애국자였는데, 성(姓)인 '舒'를 파자(破字)하여 '舍予'(나를 버린다)라는 자(字)를 만들 정도였다고 하거든요. 중국혁명 당시 미국에 체류하고 있었던 그가 주은래 총리의 초청으로 귀국한 것만 보아도 그의 애국심을 의심할 수는 없고요. 그러나 4인방은 그를 핍박하여 죽음에 이르게 했는데, 문화혁명의 가장 참혹한 희생자가 바로 작가 노사, 그리고 사학자 전백찬과 유학자 웅십력이었어요.

— 혁명 이후 세대의 주목할 만한 작품은 없나요?
— 물론 있습니다. 왕명의 『변신인형』(活動變人形, 1987; 국역: 중앙일보사, 1989; 개정판: 문학과지성사, 2004)이 그것이에요. 그의 자전소설이자 전향소설인 『변신인형』의 화두는 '난득호도'(難得糊塗, 시비를 가리지 않고 멍청하게 살아가기는 어렵다)였지요. 청황조 건륭제 시절의 서화가였던 정섭의 경구였는데, 그의 친필 편액을 인터넷으로 찾아볼 수 있어요.

변신인형은 머리와 몸과 다리의 조합을 변화시켜 다양한 인물을 표현할 수 있는 인형이라고 합니다. 머리와 몸, 즉 정신과 육체가 어울리지 않거나 아니면 머리/몸과 다리, 즉 인간과 환경이 어울리지 않으면 우스꽝스럽거나 무시무시한 인물이 표현되는데, 정신과 육체가 어울리지 않는 우스꽝스러운 인물이 아Q라면 인간과 환경이 어울리지 않아 무시무시한 인물은 마르크스주의자라는 것이에요.

변법유신파의 후손이었던 왕명은 우여곡절 끝에 중국혁명에 참여했다가 곧 우파로 몰려서 자의반타의반 신장위구르로 이주했습니다. 그러나 이것이 전화위복이 되어 문화혁명이라는 환난을 피할 수 있었는데, 그런 경험을 바탕으로 지식인을 특징짓는 '대도리(大道理, 보편원리)주의'와 '우환의식'을 포기하고 '멍청하게 살아가자'고 제안하려는 것이 작의였지요.

그런데 이런 태도는 유가에 대한 도가의 비판과도 상통하는 것입니다. 『재론 위기와 비판』에서 인용한 것처럼, 노자는 공자의 식견·학문·재능, 나아가 도량(실무능력)을 경계했어요. 또는 이런 태도가 계몽주의에 대한 낭만주의 내지 포스트모더니즘의 비판과 공명한다고 할 수도 있는데, 예를 들어 푸코는 '지식'(intelligence)에 반대하면서 '멍청함'(bêtise)의 복권을 요구하기도 했거든요.

에라스무스의 『우신 예찬』(1511; 국역: 열린책들, 2011)에도 주목할 수 있을 것입니다. 이 책은 노신적 의미에서 잡문, 즉 평론문인 동시에 풍자문으로, 종교개혁 전야의 가톨릭이 그 대상이었지요. 우신(愚神), 즉 신격화된 멍청함에 대한 예찬은 '난득호도'와 동일한 의미였는데, 다만 풍자를 위한 아이러니(反語)라는 데 차이가 있었지요. 에라스무스가 주목한 것은 특히 '상식에서 벗어난 이론(소피아)'(praepostera sapientia)과 '상도(常道)에서 벗어난 실천(프로네시스)'(perversa prudentia)이었습니다. 물론 이것도 풍자를 위한 아이러니였지요. 여론을 좇는 이론이나 세태를 좇는 실천이 제대로 된 이론이나 실천일 리 없거든요.

그러나 『변신인형』에서 배운 것도 있습니다. 지식인은 먼 사람을 즐겁게 해주려고 가까운 사람을 괴롭힐 수 있는데, 결국 먼 사람은 (즐겁게 해주지 못했으므로) 고마워하지 않게 되고 가까운 사람은 (괴롭혔으므로) 미워하게 될 수 있다는 것이에요. 물론 '정이 모자라기'(不及情) 때문에 '정을 버린'(忘情) 것이 아니라 '능히 나랏일에 힘을 쓰면서 능히 집안일에 힘을 아낀 것'(克勤於邦, 克儉於家, 『서경』에 나오는 순임금이 우임금에게 선양하면서 한 말)이지만요.

또 한 가지는 문화혁명이라는 '10년동란'을 겪으면서도 중국의 지식인이 유럽의 지식인처럼 자살하거나 광기에 빠지지 않은 이유를 알게 된 것입니다. 그만큼 중국공산당에 대한 믿음이 컸기 때문에 살아남을 수 있었다는 것이지요. 마치 단테가 기독교 신앙으로 지옥을 통과했던 것처럼요. 그렇다면 386세대 운동권, 특히 주사민족해방파가 전향했던 것은 조선노동당에 대한 믿음이 작았기 때문인가라는 의문이 들었어요.

그런데 파금의 『수상록』처럼 『변신인형』에서도 문화혁명 내지 중국혁명에 대한 반사(反思, 반성)의 주체는 지식인이었습니다. 반면 왕샤오보의 자전소설 『혁명시대의 연애』(1994; 국역: 창비, 2018)에서는 노동자가 주인공이었는데, 같은 책에 실려 있는 일종의 축약본인 중편「황금시대」(1991; 청년시대라는 의미)를 대신 읽을 수도 있지요. 운동권 출신 386세대를 보면『변신인형』보다는 오히려「황금시대」나『혁명시대의 연애』가 더욱 리얼리스틱할 것 같아요.

왕샤오보의 주인공은『수호전』의 '호걸'을 롤 모델로 생각한 불량청년이었습니다. 그(들)에게 문화혁명의 결함은 식욕과 성욕 같은 동물적 본능, 그 중에서도 식욕보다 성욕을 억압했다는 데 있었지요. 마치『데카메론』(국역: 민음사, 2012)에서 보카치오가 중세 가톨릭을 풍자했던 것처럼요. 어쨌든 왕멍과 달리 왕샤오보는 도가가 아니라 '생리적 욕구가 인간의 본성'(生之謂性)이라고 주장한 고불해와 친화성이 있었다고 할 수 있어요. 포스트모더니즘을 추종하면서도 수욕주의(animalism) 수용 여부에 차이가 있었다는 것이지요.

2021년 4·7보선 전후

4·7보선까지 ·· 82
　바이든 정부의 정책기조 · 82
　미일동맹에 관한 『아미티지-나이 5차 보고서』· 85
　『한미동맹을 위한 권고』· 88
　윤석열 검찰총장의 '별의 순간' · 93
　'LH 사태' · 97
　이른바 '동학개미'에 대하여 · 101
　'K방역의 피로감'과 감염위험의 감수 · 105
　4·7보선 · 110
　윤석열론 · 113
　김종인론 · 116

4·7보선 그 후 ·· 120
　5·21한미정상회담 · 120
　이른바 '이준석 현상' · 123
　윤석열 총장에 대한 정치공작의 재개 · 126
　윤석열 총장의 대권 도전 선언 · 129
　대만이라는 벤치마크 · 132
　이른바 '이준석 리스크' · 136
　윤석열 후보의 전격 입당 · 139
　윤석열 후보에 대한 정치공작의 새로운 단계 · 142
　그 밖의 다양한 사건·사고 · 147
　문재인 정부 '5년동란' · 153

러시아혁명과 중국혁명 ·· 155
　베틀렘의 『소련에서 계급투쟁』· 155
　'양은 적더라도 질이 좋은 것이 차라리 더 좋다' · 161
　체카와 '혁명적 테러' · 168
　메드베제프의 『역사가 판단하게 하라』· 171
　파스테르나크의 『닥터 지바고』· 178
　파이지스의 『속삭이는 사회』와 유르착의 『모든 것은 영원했다』· 181
　마이스너의 『모택동』과 와일리의 『모택동 사상의 출현』· 185
　'군사' 모택동과 '수재' 진백달 · 188
　문화혁명 '10년동란' · 197
　'바보배'와 '바라크 공산주의' · 203

질의와 응답 ·· 208
　푸틴 시대의 러시아 · 208
　시진핑 시대의 중국 · 217
　클렙토크라시란 무엇인가: 필리핀의 사례 · 219
　'이병주 역사소설의 3부작': 『관부연락선』· 226
　『산하』· 230
　『그해 5월』· 233
　이호철 작가의 『서울은 만원이다』· 241
　손장순 작가의 『한국인』과 『세화의 성』· 247
　츠바이크의 『조제프 푸셰』· 252
　위틀린의 『베리아 일대기』와 생스터의 『베리야』· 257

서문

> 그러나 결국 독일국민이 스스로 운명을 선택했다. 아무도 강요한 적이 없다. 독일국민이 그 자신의 자유의지로 우리를 임명한 것이다.

이 제사(題詞)는 히틀러의 '졸개들' 중 유일하게 벙커에서 운명을 같이 한 괴벨스가 자살하기 직전 최후의 참모회의에서 한 발언이다. 물론 독일국민은 동의하지 않았는데, 그들은 파시즘의 책임을 히틀러와 그 졸개들에게 전가함으로써 '죄의식'(guilt)이나 '수치심'(shame)에서 자유로울 수 있었다. 내년 3·9대선이 반년도 남지 않은 시점에 이 제사가 생각난 것은 민주당 유력 후보인 이재명 지사의 망언 때문이었다. 그는 국민의힘을 '도둑의힘'이라고 비난하면서 이준석 당대표는 '봉고파직'하겠고 김기현 원내대표는 그에 더해 '위리안치'하겠다고 협박했다. 페론의 인민정 아래 아르헨티나는 '도망 나치의 천국'(Eldorado of Nazis on the run)이었다는데, 만일 이 지사가 당선된다면 인민정이 파시즘으로 한 걸음 더 퇴보할 것은 자명하다. 그 역시 한국국민의 자발적 선택일 것이나, 다만 전후 '경제기적' 속의 독일국민처럼 그 책임을 전가할 수는 없을 것이다.

2021년 10월

윤 소 영

2021년 4·7보선 전후*⁾

4·7보선까지

바이든 정부의 정책기조

바이든 대통령은 2020년 8월 후보수락연설(acceptance speech)에서 코로나19의 대유행, 코로나19발 경제위기, 인종갈등, 기후변화라는 '네 개의 역사적 위기'(four historic crises)가 동시에 발생한 '최악의 상황'(perfect storm)에 주목했습니다. 나아가 2021년 1월 취임사(inaugural address)에서는 이런 상황 속에서 출현한 '정치적 극단주의'(political extremism) 내지 '국내테러리즘'(domestic terrorism)이라는 위험에도 주목한 바 있고요.

바이든 정부의 정책기조는 2021년 1월 말에 국회입법조사처가 발간한 특별보고서 『바이든 신행정부의 주요정책 전망과 시사점』을 참고할 수 있습니다. 『바이든 대선공약』(*Joe's Vision*)과 『민주당 정강』(*Democratic Party Platform*)을 정리한 것인데, 국내외 정치

---

*⁾ 이 글은 4·7보선 즈음에 작성한 노트에다 그 후의 상황과 몇 가지 논거를 보충한 것이다.

와 경제의 네 분야로 나누어 간단하게 소개해보겠어요.

먼저 국내정치와 관련해서는 인민주의의 척결과 민주주의의 재건을 강조하고 있습니다. 특히 '경찰의 무력 사용'(police use of force) 제한 등 경찰개혁이 쟁점인 반면 법집행에서 무력을 사용하지 않는 검찰이나 법원의 개혁은 전혀 거론되지 않고 있지요. 나아가 국제정치와 관련해서는 '미국우선주의'(America first)의 척결과 민주주의 동맹의 재건을 강조하고 있습니다. 특히 대중정책과 대북정책의 전환이 쟁점이지요.

국내경제와 관련해서는 중산층의 재건을 위해 '부가 아닌 노동에 대한 보상'(reward work not wealth)을 강조하고 있습니다. 달리 말해서 중산층에 대해서는 감세하는 동시에 부자에 대해서는 증세하겠다는 것이지요. 부자 증세는 재산세나 상속세 같은 이른바 부유세(wealth tax)의 인상이 아니라 소득세(income tax)의 인상인데, 먼저 고액 노동소득에 대한 개인소득세의 인상과 자본소득(이자·배당금)이나 자본이득(시세차익) 같은 불로소득에 대한 개인소득세, 즉 자본세(capital tax)의 인상이 있어요. 나아가 법인소득세의 인상은 국내의 중소기업이 아니라 해외로 이전한 대기업을 대상으로 하는 일종의 '징벌적 조세'(penalty tax)이고요.

동시에 중산층의 재건을 위해 4년간 3.9조달러의 재정지출을 약속하고 있는데, 인프라투자(사회기반시설 투자) 2.3조달러, 교육투자(2년제 전문대학 학비면제 등) 0.63조달러, 사회안전망투자(노동시간단축에 따른 임금삭감 보상 등) 0.36조달러, 보건의료투자(오바마케어의 부활·확대) 0.6조달러로 구성되어 있습니다. 여기서 인프라투자는 해외이전(offshoring) 제조업의 국내복귀(reshoring)를 유도하기 위한 목적이지요.

국제경제와 관련해서는 미국우선주의의 척결과 글로벌 스탠더드의 재건을 강조하고 있습니다. 특히 (중국이 아니라) '미국을 중심으로 하는 공급망의 구축'(Supply America)이 핵심이라고 할 수 있는데, 그러나 국내경제와 비교할 때 국제경제에 대해서는 아직 소략하다고 할 수밖에 없어요.

바이든 정부는 미중관계를 '전략적 경쟁'(strategic competition)으로 규정하고 있습니다. 따라서 '하나의 중국'(One China)과 미중간 '교류'(engagement) 같은 대중정책이 조정될 수밖에 없고, 동시에 대만에 대한 정책의 조정도 예고되고 있지요. 물론 북한비핵화에서 중국의 협력이 필요하다는 사실을 부정하는 것은 아니고요.

이런 맥락에서 볼 때 바이든 정부는 단순히 오바마 정부의 정책을 계승하는 것만이 아닙니다. 『후기』에서 이미 주목한 것처럼, 시진핑 주석은 '중국몽'과 '강군몽'을 추구해왔고, 그에 따른 정세의 변화로 인해 트럼프 정부의 정책도 부분적으로 계승할 필요가 있다는 것이에요. 다만 미중관계의 인식에서 '제로섬 게임'의 관점은 기각한다는 차이가 있겠지만요.

이런 정책 조정은 3월 초에 발표된 국가안보전략잠정지침인 『미국의 우위/장점을 쇄신하자』(Renewing America's Advantages)에서 부연되고 있습니다. 잠정지침에서 주목할 것은 민간자본주의와 국가자본주의의 경쟁을 자유주의와 권위주의(authoritarianism)라는 정치이념의 경쟁, 나아가 민주정과 'autocracy'라는 정치체제(정체)의 경쟁으로 특징짓는 관점이지요. 'autocracy'는 본래 비잔티움식 전제정/절대군주정을 의미하는데, 노스-와인개스트의 정치경제론에서는 '제한접근사회'를 특징짓는 권위주의적 질서로서 반(半)봉건적 독재정이라는 의미로 확대되고 있어요.

잠정지침은 자유민주정에 대한 두 가지 도전에 주목하고 있습니다. 먼저 기왕에 존재해왔던 내부로부터의 도전이 있는데, 부패, 불평등, 양극화, 인민주의/인민정, 법치에 대한 위협 등이 그것이지요. 그런데 최근에는 권위독재정이라는 외부로부터의 도전이 새로이 출현했다는 것이에요.

권위독재정 중에 세계적 차원의 행위자는 두 나라인데, 전략적 경쟁자로서 중국과 '파괴자/교란자'(disrupter)로서 러시아가 있습니다. 또 지역적 차원의 파괴자/교란자로서 이란과 북한도 있는데, 바이든 대통령은 북한을 클렙테스(kleptes, 도적)가 지배하는 클렙토크라시(kleptocracy)로 간주한 바 있지요.

잠정지침이 강조하고 있는 국가안보전략의 '근본적 진리'(a basic truth)에 대해서도 주목할 수 있습니다. 즉 대내정책과 대외정책의 구별이 무의미해지고 있는 '오늘의 세계에서는 경제안보(economic security)가 곧 국가안보(national security)'라는 것이에요. 또 경제안보는 '국가의 중추(the backbone of the nation)인 중산층'의 재건을 통한 민간자본주의의 재건이라는 것이고요.

마지막으로 취임사에서 주목된 정치적 극단주의 내지 국내테러리즘이라는 새로운 위험에 대해서도 설명해두겠습니다. 이것은 연방의회가 바이든 후보의 당선을 확정한 1월 6일에 트럼프 대통령의 선동에 따라 그 지지자들이 의사당에 '난입'한 사건을 가리키는 것이지요. 난입은 'storm'을 번역한 것인데, 침입 내지 점령을 목적으로 하는 공격을 의미하는 이 단어는 예를 들어 바스티유요새 '습격'이나 나치 '돌격'대 같은 경우에 사용되는 것이에요.

바이든 대통령의 취임식은 1월 20일 연방의사당 광장에서 거행되었는데, 트럼프 대통령은 152년 만에 처음으로 불참했다고 합니다. 취임사는 11월 7일의 승리연설(victory speech)과 동일한 논지였고, 다만 의사당 난입에 대한 언급이 추가되었지요. 바이든 대통령은 '보수주의자와 자유주의자를 개처럼 싸움 붙이는(pit) 이런 원시적·야만적 전쟁(uncivil war)을 종식시켜야 한다'고 호소했는데, 노신의 당동벌이(黨同伐異, 옳고 그름을 떠나서 같은 패거리는 돕고 다른 패거리는 친다)가 페어플레이의 대안은 아니기 때문이에요.

미일동맹에 관한 『아미티지-나이 5차 보고서』

바이든 정부의 안보전략에서 일본과 중국, 나아가 남한과 북한이 위치한 동북아시아가 사활적이라는 것은 당연한 일입니다. 여기서 전략국제문제연구소(CSIS)에 주목할 필요가 있는데, 2018년 10월에 발간된 미일동맹에 관한 『아미티지-나이 4차 보고서』는 『종합토론』에서 소개한 바 있지요. 또 아베 총리가 '난세의 유일한 희망'(the brightest spot in the globe)이라고 공언한 아미티지의 2019년 7월 인터뷰는 『후기』에서 소개한 바 있고요.

전략국제문제연구소는 2020년 12월에 '세계적 과제의 동등한 동맹'(*An Equal Alliance with a Global Agenda*)이라는 부제의 『아미티지-나이 5차 보고서』를 발간했는데, 대선 선거인투표일 꼭 1주일 전인 7일이었습니다. 보고서는 중국혁명과 한국전쟁 이후 70년이 지난 현재의 상황에서 아시아-태평양질서와 세계질서에 대한 '스트레스'가 최고조에 이르렀다는 판단을 전제하고 있지요.

그러면서 미일동맹에서 일본의 '동등한 역할'을 강조하고 있는데, 특히 미국 정부가 '불안정하고'(unsteady) '일관성 없는'(inconsistent) 상황에서는 미일동맹을 견지하는 역할을 일본 정부에 기대한다는 의미입니다. 트럼프 정부의 변덕에도 불구하고 아베 정부가 범태평양파트너십(TPP)을 유지하고 미국·일본·오스트레일리아·인도의 4자안보대화인 쿼드(Quad, Quadrilateral Security Dialogue)를 강화한 것이 가장 중요한 사례이고요.

그런데 일본에 대한 이런 기대는 미일동맹이 '가이아쓰'(外壓)에 대한 순응이 아니라 '이익과 가치'의 공유에 근거하고 있기 때문에 비로소 가능하다는 주장에 주목할 필요가 있습니다. 여기서 일본과 한국에 대한 미국의 평가에 차이가 있을 수밖에 없음을 알 수 있거든요. 아베 정부와 달리 문재인 정부는 트럼프 정부의 변덕에 편승함으로써 한미동맹을 훼손했다고 할 수 있지요. 미일동맹과 반대로 한미동맹에서는 공동의 이익과 가치보다는 오히려 외압이 중요하다는 방증이라고 할 수 있어요.

보고서는 서너 가지 영역의 '난제'(challenge)에 대해 주목하고 있습니다. 먼저 지리전략영역 내지 안보영역의 난제는 제1도련(島連)(inner island chain)에 위치한 대만의 안보 문제, 나아가 북한비핵화 문제이지요. 그런데 북한비핵화와 관련해서는 '외교와 교류'에서 '억지와 봉쇄'로 정책우선순위(policy priority)를 변경하면서 한미일의 안보협력을 강화하자고 제안하고 있어요.

외교영역의 난제는 지역적 지배구조(regional governance) 문제인데, '아시아의 나토'를 지향하는 쿼드를 그 핵심으로 간주하고 있습니다. 나아가 한미일의 안보협력을 강화하려면 한일관계에서 과거사적 안건을 미래지향적 안건으로 대체해야 하고, 이를 위해 2021년 도쿄올림픽을 활용해야 한다고 제안하고 있어요.

경제영역의 난제 및 첨단기술영역의 난제와 관련해서는 먼저 미국이 범태평양파트너십에 다시 가입하는 문제가 제기되고 있습니다. 중국이 주도하는 아르셉(RCEP, 역내포괄적경제파트너십)에서 배제된 미국으로서는 그 이외의 대안이 있을 수 없는데, 그래서 쿼드의 강화와 함께 범태평양파트너십의 유지가 아베 정부의 최대의 공헌이라고 평가한 것이지요.

관련해서 2021년 2월에 발간된 국제경제연구소(IIE)의 보고서 『세계경제의 재건』(*Rebuilding the Global Economy*)도 참고할 수 있습니다. 보고서는 2007-09년 금융위기 이후에 제고되어온 경제적 '불안'(insecurity)과 '배제'(exclusion)가 2020년 코로나19의 대유행과 코로나19발 경제위기로 가속화되었다고 주장하고 있지요.

보고서는 정책우선순위에 따라 실행가능한 계획(actionable plan)을 제시하고 있습니다. 그 기조는 트럼프 정부에 의해 폐기된 오바마 정부의 정책대응의 복원이라고 할 수 있는데, 대표적 사례로는 미국우선주의에 따른 중국과의 무역전쟁 대신 범태평양파트너십으로의 복귀를 들 수 있겠지요.

다만 인도, 나아가 영국 등의 참여를 유도하면서 개편을 시도할 수 있다는 것입니다. 그럴 경우 범태평양파트너십이 범태평양파트너십을위한포괄선진협정(CPTPP)을 거쳐 국제파트너십을위한포괄협정(CAIP)으로 변모하겠지요. 쿼드도 확대되면서 역시 영국 등이 참여할 것인데, 조금 이따가 설명하겠어요.

다시 『아미티지-나이 보고서』를 보면, 중국의 '일대일로'(一帶一路,

Belt and Road Initiative)에 대한 대안으로서 지역경제의 인프라를 건설하는 문제가 있습니다. 또 5세대이동통신(5G), 인공지능(AI) 등의 첨단기술과 관련된 글로벌 스탠더드를 설정하는 문제가 있는데, 중국의 '화웨이 모델' 등을 수용할 수는 없기 때문이지요.

첨단기술과 관련해서 가장 핵심적인 부품인 반도체에 주목해야 합니다. 『조선일보』에 따르면, 대만의 파운드리(foundry, 시스템반도체위탁생산기업)인 TSMC(대만반도체제조공사, 1987년에 설립되어 1992년에 민영화)는 일본에 반도체개발회사를 설립하는 동시에 미국에 반도체생산공장을 건설하는 계획을 추진하고 있지요. 세계 파운드리에서 TSMC의 비중이 56%인 반면 삼성전자의 비중은 그 1/3인 18%에 불과하고요. 또 시가총액 세계 9위(0.6조달러)인 TSMC도 삼성전자처럼 지분의 과반을 외국인이 소유하고 있어요.

마지막으로 『아미티지-나이 보고서』는 원자력 등 이른바 '청정에너지'를 통한 기후변화의 대응 문제에도 주목하고 있습니다. 일찍이 발리바르는 「평화를 향한 대장정」(1982; 국역: 『사회운동』, 2006년 1-2월호)에서 핵의 군사적 사용과 평화적 사용을 구별한 바 있지요. 프랑스적 상황을 고려한 주장이었는데, 그러나 핵무장과 원자력발전의 보편적 차이를 부정할 수는 없어요. 물론 선악을 전도시켜 북한의 핵무장을 용인하고 남한의 탈원전을 추진하는 문제인 정부 같은 황당한 사례도 있지만요. 다만 기후변화에 대해서는 얼마간 회의적 입장을 표명하지 않을 수는 없는데, 『2007-09년 금융위기 논쟁』의 '질의와 응답'을 참고하세요.

『한미동맹을 위한 권고』

이제 한미동맹에 대해 검토할 차례입니다. 전략국제문제연구소는 『아미티지-나이 5차 보고서』의 연장선에서 3월 말에 『한미동맹을 위한 권고』(*Recommendations for the U.S.-Korea Alliance*)라는 보고서를 발간하는 동시에 화상토론회(webinar, 웹세미나)를 개최한 바 있지요. 또 그 직후에는 보고서의 책임자이자 화상토론회의 사회자인 빅터 차 교수가 『조선일보』의 칼럼과 인터뷰를 통해서 그 논지를 소개한 바 있고요.

보고서는 미중간 전략적 경쟁의 지정학적 동역학에서 발생한 변화로 인한 한미동맹의 '역풍'(headwinds)과 '역류'(setbacks)에 주목하면서 특히 대북한 안보 문제와 대중국 안보 문제에서 이견이 표출되었다는 사실을 지적하고 있습니다. 민주당 비례대표의원 출신인 이수혁 주미대사의 수차에 걸친 '비미적'(非美的) 언동이 국내언론에 보도되었던 것은 그런 상황을 반영했던 것이고요.

보고서는 1953년 10월에 체결된 양자간 군사적 동맹에서 출발한 한미동맹이 70년 동안 지역적-세계적 범위에서 다자간 정치경제적 동맹으로 발전했다는 사실을 강조하고 있습니다. 그러나 지난 4년 동안 예상치 못한 문제가 발생했는데, 한미동맹이 '수렁에 빠져들게 된'(bogged down, 막다른 길에 이르게 된) 일차적 책임은 동맹을 '제로섬 게임'으로 이해하고 '거래'(transaction)의 관점에서 접근한 트럼프 정부에게 있었다는 것이지요.

동시에 미국의 잘못이 있었다는 사실도 솔직하게 인정하고 있습니다. 한국을 '버려두거나'(abandon) '저버린'(betray) 적이 있다는 것인데, 멀리는 미국의 필리핀 지배와 일본의 조선 지배를 교환한 1905년의 태프트-가쓰라협정이 있었고 가까이는 중국의 사드 보복에 대한 미국의 방관이 있었다고 할 수 있지요.

보고서는 한국과 미국이 '장애'(underbrush)를 제거하고 동맹의 '부활'(revitalization), '회복'(resiliency), '소생'(reinvigoration)을 시도해야 한다고 주장하고 있습니다. 먼저 중국의 도전에 맞서기 위해 한미동맹은 '민주주의와 시장경제', 좀 더 정확하게 말하자면 자유민주정과 민간자본주의라는 원칙을 견지해야 한다고 강조하고 있지요. 『아미티지-나이 5차 보고서』에서 알 수 있듯이, 바로 이것이 미일동맹과 비교할 때 한미동맹의 약점이라고 할 수 있거든요.

보고서는 한미동맹도 미일동맹처럼 자유민주정과 민간자본주의라는 원칙을 견지해야 한다고 반복해서 강조하고 있습니다. 그럴 경우 미국과의 동맹은 중국을 배제한다는 의미에서 '부정적'이고 '역행적'(reactive)인 것이 아니라 중국까지 포섭할 수 있다는 의미에서 '긍정적'이고 '순행적'(proactive)인 것이기 때문이에요. 물론 중국이 권위독재정-국가자본주의에서 자유민주정-민간자본주의로 이행한다는 조건이 있지만요.

나아가 자유민주정에 도전하는 권위독재정이 결국 '힘이 법이다'(might is/makes right, 힘이 시비(是非, 옳고 그름)를 판단한다)라는 강자(strongman)의 지배로 타락할 수 있음을 경고하고 있습니다. 강자의 상징인 크라테로스(Krateros, 알렉산드로스 대왕의 장군)가 지배하는 크라테로크라시(kraterocracy)는 파시즘과 군국주의의 별명이라고 할 수 있지요.

이런 맥락에서 보고서는 문재인 정부의 '전략적 모호성'(strategic ambiguity)에 주목하고 있습니다. 범태평양파트너십에 가입하지 않은 문재인 정부는 미국을 배제한 채 중국이 주도하는 아르셉에는 적극적으로 참여했지요. [9월에 중국이 범태평양파트너십 가입을 신청한 다음 한국도 가입을 추진하게 되었다.] 또 대중국 통일전선인 쿼드, 나아가 '선진7개국'(G7)에 오스트레일리아·인도·한국을 추가한 '민주주의동맹'(D10)에 대해서도 소극적/부정적이고요. 민주주의동맹은 2007-09년 금융위기에 대응하여 미국이 조직한 '주요20개국'(G20)에서 중국·러시아, 브라질·아르헨티나·멕시코 등을 제외한 것이에요.

동시에 이런 전략적 모호성에 대하여 미국은 중립이나 방관, 심지어 연중(聯中, 중국과의 연합)으로 오해할 수 있다고 경고하고 있습니다. 또 중국은 미국의 동맹국 중 한국을 '가장 약한 고리'로 간주할 수 있다는 것이고요. 보고서보다는 화상토론회에서 이런 경고가 좀 더 심각하게 제기되기도 했지요.

게다가 문재인 정부는 한일관계에서 위안부와 징용노동자 같은 과거사적 안건에 집착함으로써 갈등을 야기하기도 했습니다. 대신 일본이 주도하는 공급망과 첨단기술 등 다자간 구상과 관련된 미래

지향적 안건에서 소외를 자초했고요. 보고서에 따르자면, 이것이야 말로 문재인 정부가 안보전략적 이익과 국내정치적 필요를 교환한 사례라고 할 수 있겠지요.

보고서는 북한의 핵무장에 대해 단기적으로는 '나쁜'(lousy) 정책인 핵동결(nuclear freeze) 내지 '차선의'(suboptimal) 정책인 핵감축(nuclear reduction)을 선택할 수 있음을 인정하고 있습니다. 그러나 장기적으로 'CVID', 즉 '완전하고 검증가능하며 복구불가능한 [핵]폐기'(complete, verifiable and irreversible [nuclear] dismantlement)를 견지해야 한다고 강조하고 있는데, 그렇지 않을 경우에는 세계적으로 핵확산을 조장할 뿐만 아니라 지역적으로도 일본과 남한의 핵무장을 단념시킬 명분이 없기 때문이지요.

화상토론회에서는 김정은 위원장이 주장하고 시진핑 주석과 문재인 대통령이 지지하는 이른바 '한반도비핵화'에 대한 비판도 제기되고 있습니다. 남한 자체의 핵억지력 대신 미국이 남한에 제공하는 확장억지력(extended deterrence), 즉 핵무기 이외에 핵추진항공모함·핵추진잠수함·전략폭격기 등 전략자산과 미사일방어체계(MD)를 결합하는 억지력을 폐기하는 것이 북한비핵화의 조건이라는 주장이거든요. 좀 더 간단하게 말해서 북한비핵화의 조건은 '인계철선'(引繼鐵線, trip wire)으로서 주한미군의 철수를 포함하는 한미동맹의 폐기라는 주장이에요.

보고서는 북한비핵화와 관련하여 중국과의 협력에도 주목하고 있습니다. 다만 북한비핵화 정책을 중국에 '하청'(outsourcing)을 줄 수는 없다고 강조하고 있는데, 중국에게는 북한비핵화보다 오히려 남북분단 등 현상의 유지가 정책우선순위가 높기 때문이지요. 이 문제와 관련해서도 역시 한미간 이견이 표출될 수밖에 없어요.

관련해서 2019년 2월 이른바 '하노이 노딜' 이후 김정은 위원장이 6월의 북중 정상회담을 통해 미국의 경제제재 완화 대신 중국의 경제지원을 기대했다는 사실에 주목할 수 있을 것입니다. 그래서 문재인 대통령이 2018년 9·19공동선언을 구체화한 2019년 8·15경축사에 대해 '삶은 소대가리'도 웃을 '망발'(妄發, 거짓된 언행)이라고 비난했던 것이지요. 사실 2019년 북한의 경제성장률이 2017년의 −3.5%, 2018년의 −4.1%에서 0.4%로 회복하기도 했고요.

그러나 코로나19의 대유행으로 2020년에는 경제성장률이 또다시 −4.5%로 하락하면서 문재인 대통령에 대한 분노가 폭발했습니다. 2020년 6·15공동선언 20주년 기념사에 대해 '철면피한 궤변'이자 '오그랑수'(표리부동한 속임수)라고 비난하면서 '혐오감을 금할 수 없다'고 극언했던 것이지요. 게다가 대남 사업의 '대적(對敵) 사업' 전환을 예고하면서 개성공단의 남북공동연락사무소를 폭파했고요.

2021년에 들어와 김정은 위원장은 또다시 이른바 '핵무력건설과 경제건설의 병진노선'을 공언하면서 남한과 일본을 대상으로 하는 전술핵 개발과 선제적 사용까지 언급했습니다. 게다가 예고한 대로 대남 사업을 대적 사업으로 전환하여 '자위적 전쟁억지력 강화'를 '강력한 국방력에 의거한 조국통일'로 수정했고요.

마지막으로 화상토론회에서는 2021년 4·7보선과 2022년 3·9대선 사이의 1년이 한국에서 '정치의 계절'이라는 사실이 상기되기도 했습니다. 그러면서 야당이 집권에 성공할 경우 문재인 정부가 채택한 정책우선순위를 조정할 것이라고 예상하기도 했고요. 다만 박근혜 정부의 전례에 비추어 그런 예상이 자칫 빗나갈 수 있음을 인정하기도 했지만요.

미국의 국가안보에 기여할 새로운 정부의 등장에 대한 기대를 한국에 대한 '내정 간섭'으로 간주할 수만은 없을 것입니다. 보고서와 화상토론회의 행간에서 문재인 정부를 조선 말기 고종 시대에 유비하는 인상을 받지 않을 수 없었는데, 결국 청일전쟁과 러일전쟁에서 중일전쟁과 태평양전쟁에 이르는 과정에서 한국은 물론이고 중국도 단순한 피해자라고 할 수만은 없었기 때문이에요. 물론 이런 역사관은 일차적으로 '2차 대불황'과 '2차 태평양전쟁'에 대비하는 입장에서 제기된 것이겠지요.

윤석열 검찰총장의 '별의 순간'

2020년 10월 말 국정감사 이후 윤석열 검찰총장이 대선주자 선두 그룹에 합류하면서 '윤석열 대망론'이 출현하자 문재인 대통령이 추미애 장관을 내세워 그를 낙마시키려는 정치공작을 개시했던 것 같습니다. 그러나 윤 총장을 해임·구속하기 위해 추 장관이 감행했던 직무정지·징계청구가 실패하자 2021년 1월 말에 추 장관을 경질하고 박범계 의원을 신임장관으로 임명하면서 '검찰개혁의 속도조절'을 당부했던 것 같아요.

반면 추미애 장관은 퇴임사에서 검찰의 '계속개혁'('계속혁명'(?))을 위해서는 수사권을 완전히 박탈하고 '중수청'(중대범죄수사청)을 신설해야 한다고 주장했습니다. 황운하 등 민주당 강경파 의원들과 최강욱 등 열린민주당 의원들도 추 장관에게 동조하면서 2월 초에 중수청법을 발의했지요. 또 자신의 동일성은 '법무부 장관이기에 앞서 여당 국회의원'이라고 고백한 신임 박범계 장관도 검찰인사에서 이성윤 서울중앙지검장 등 추 장관 라인의 경질을 거부했고요.

조국 교수까지 뜬금없이 개입하여 중수청은 야당과 검찰에서 주장한 바 있는 한국형 연방수사국(FBI)으로서 '수사청'과 동일한 것이라는 엉터리 주장을 제기하기도 했습니다. 그러나 『후기』에서 이미 지적한 것처럼, 법무부 소속의 수사청은 공수처에 대한 대안으로 제시되었던 것이고, 이 경우에는 국정원(국가정보원)의 국내부서도 경찰청 대신 수사청으로 이전되어야 했던 것이지요.

그런 와중에 문재인 대통령이 최초로 발탁한 검찰 출신의 신현수 민정수석이 사의를 표명하자 레임덕 논란이 제기되었습니다. '완장 찬 졸개들'에 불과했던 추미애 장관 등의 반발은 퇴임 후 자신의 안전만 생각하는 것 같은 문 대통령에 대한 배신감 때문이었는데, 2019년 '조국 사태'에서 유포된 바 있는 '토사구팽'(兎死狗烹)을 두려워한 개가 주인을 물었다는 엉터리 사자성어 '구교주인'(狗咬主人)은 윤석열 총장 아닌 추미애 장관 등에게 적용할 수 있을 것 같아요.

문재인 대통령이 윤석열 총장과 호형호제한다는 신현수 수석을 매개로 타협을 시도했는지 여부는 물론 당장 알 수 있는 일이 아닙니다. 그러나 신 수석이 사의를 표명한 직후인 3월 초에 『국민일보』와 가진 최초의 인터뷰에서 윤 총장이 임기 전 사임가능성을 시사한 것을 보면 낭설은 아니었던 것 같은데, 그는 검찰에게 남겨진 부패·경제·선거범죄 등 이른바 '6대범죄'의 수사권을 박탈하는 중수청 신설은 '검찰 해체'를 통한 중대범죄의 '치외법권 제공'이라고 비판했지요. 또 '민주주의의 퇴보이자 헌법정신의 파괴'로 귀결될 것으로 경고했고요.

동시에 코로나19의 대유행으로 연기되었던 지방검찰청 순방의 마지막 일정으로 대구검찰청을 방문한 자리에서 윤석열 총장은 '검수완박(검찰 수사권의 완전한 박탈)은 부패완판(부패가 완전히 판치게 하는 짓)'이라고 비판했습니다. 그 결과 정치경제적 강자가 상대적 약자로서 국민을 '개돼지' 취급할 것이라고 경고했고요.

윤석열 총장이 주목한 '부패'(corruption)는 '사적 이익을 위한 공적 권력의 오남용'(misuse of public power for private benefit)으로 정의됩니다. 조국 사태의 와중에 열린 2019년 국정감사에서 윤 총장이 '이명박 정부 때(…)상당히 쿨했다'고 답변하여 질문자인 민주당 이철희 의원을 당황하게 만든 적이 있는데, 부패 척결과 관련하여 검찰의 정치적 독립성과 중립성을 보장한 것은 문재인 정부가 아닌 이명박 정부라는 취지의 발언이었거든요.

윤석열 총장의 판단에 대한 객관적 증거로 와인개스트와 모종린 교수도 주목한 바 있는 국제투명성기구(TI)의 부패인식지수(CPI)에 주목할 수 있습니다. 대만과의 격차를 축소한 것은 김영삼 정부였고, 김대중 정부에서 노태우 정부 수준으로 다시 확대된 격차를 김영삼 정부 수준으로 다시 축소시킨 것은 노무현 정부였지요. 또 대만과의 격차를 거의 소멸시킨 것은 이명박 정부였고, 박근혜-문재인 정부에서는 김영삼-노무현 정부 수준을 유지했고요.

결국 윤석열 총장은 사의를 표명했습니다. '오랜 세월 쌓아올린 상식과 정의가 무너지는' 상황에서 검찰총장으로서는 '자유민주주의와 국민'을 지키는 데 한계가 있으므로 대권에 도전해보겠다는 결의를 표명한 셈이었지요. 임기 만료 5개월 전에 사임할 수밖에 없었던 것은 열린민주당 최강욱 의원 등이 발의한 이른바 '윤석열 출마금지법'(판검사의 퇴직 1년 내 출마금지법)을 고려했기 때문일 것이고요. 문재인 대통령은 1시간 만에 윤 총장의 사의를 수용하면서 동시에 신현수 수석의 사의도 수용했어요.

윤석열 총장의 사임을 보고 미래통합당/국민의힘 김종인 비대위원장은 그가 드디어 '별의 순간'을 잡은 것 같다고 평가했습니다. 슈테판 츠바이크의 1927년 저서 제목에 나오는 독일어 'Sternstunde'를 번역한 이 단어는 '운명/영광의 순간'이라는 의미이지요. 방금 지적한 것처럼, 자유민주주의를 지키기 위해서는 법무부장관의 '부하' 취급을 받는 검찰총장으로는 역부족이고 대권주자로 변모해야 한다는 사실을 깨달았다는 의미이고요.

영어로는 'moment of truth'가 있는데, 뉘앙스에 차이가 있습니다. 투우사의 '최후의 일격'에서 온 이 표현은 '위기/시련의 순간'이라는 의미이거든요. 그래서 2005년에 제가 『일반화된 마르크스주의 개론』에서 2012-13년을 '진리의 순간'이라고 불렀던 것인데, 이윤율이 하락하면서 공산주의적 이행과 자본주의적 이행 사이에서 선택해야 할 때가 올 것이라는 의미였지요. 물론 2007-09년 금융위기를 기화로 프로토파시즘으로서 인민주의가 대두할 것은 당시로서는 미처 예상하지 못한 일이었고요.

어쨌든 취임 1개월 후부터 시작된 조국 사태 이래 1년 6개월 동안 문재인 대통령과의 갈등을 감내해온 윤석열 총장의 사임에 대해 제대로 분석하고 평가한 주요 일간지의 사설은 없었습니다. 『한겨레신문』은 비판했고 『조선일보』는 지지했는데, 둘 다 정론지가 아니라 정파지로서의 입장을 반영했던 것이지요. 또 정론지를 포기한 다음 정파지로 변신하지도 못한 『중앙일보』는 양비론을 제시했고요.

『조선일보』의 보도에 따르면, '경제·외교를 모른다'는 비판에 대한 윤석열 총장의 반론은 '어설프게 아는 게 더 문제'라면서 '모르면 모른다고 인정하는 게 필요하다'는 요지였습니다. 공자가 자로를 가르치면서 '아는 것을 안다고 하고 모르는 것을 모른다고 하는 것, 바로 이것이 아는 것이다'(知之爲知之, 不知爲不知, 是知也, 『논어』) 라고 하신 말씀처럼요.

경세가로서 대통령의 자격은 분명한 정치이념적 지향이지 경제와 외교에 대한 전문적 지식은 아닙니다. 그래서 행정고시나 외무고시처럼 대통령을 뽑는 국가고시는 없었던 것이에요. 안보는 물론 육군사관학교 출신에게 맡겨야 하는 것이고요. 김대중-노무현-문재인 대통령의 결함은 그 자신이 '경제·외교·안보를 모른다'는 것 이상으로 자유주의나 보수주의에 미달하는 인민주의라는 정치이념적 지향에 있었다고 할 수 있어요.

선거정치에서 제기되는 정책 논쟁이라는 문제와 관련해서 정치이념의 중요성을 강조해두겠습니다. 예를 들어 미국의 선거정치에서 민주당과 공화당의 정책 논쟁은 자유주의와 보수주의라는 정치이념, 나아가 그것을 근거짓는 경제이론을 전제하는 것이에요. 반면 남한에서는 인민주의라는 정치이념, 나아가 그것을 변명해주는 사이비 경제이론이 횡행하고 있는데, 문재인 대통령의 소득주도성장론이나 이재명 지사의 기본소득론이 그 사례이지요.

라틴아메리카에 이어 한국에서도 인민주의라는 정치이념이 난무하게 된 것은 결국 자유주의가 취약했기 때문입니다. 쉽게 말해서 미국에서는 중도파(moderate)가 사회주의자나 보수주의자라는 좌우의 급진파(radical) 내지 과격파(extreme)가 아닌 자유주의자를 의미하는 반면 한국에서 중도파는 사안에 따라서 좌우의 인민주의자와 보수주의자를 지지하는 부동층(swing voter)을 의미하거든요.

윤석열 총장이 정치적 야심을 채우려고 존망의 기로에 처한 검찰을 버리고 떠났다는 비난도 쉽게 반박할 수 있습니다. 1990년대를 대표한 서울방송(SBS)의 시대극 『모래시계』의 마지막 회에 나오는 '우리 검찰에 검사 아주 많아요'라는 유명한 대사처럼요. 정경유착을 수사하던 주인공인 평검사가 안기부(국정원 전신인 국가안전기획부)에 연행되자 그 상사인 서울지검장이 안기부장에게 한 항의성 발언인데, 저처럼 재방송을 본 검사가 꽤 있는 것 같아요.

'LH 사태'

국민의힘이 4·7보선에서 압승한 요인 중 하나는 3월 4일 윤석열 검찰총장의 사임과 대권 도전에 있었습니다. 「4·15총선 전후」에서 이미 지적한 것처럼, 2021년 4·7보선은 2022년 3·9대선의 '전초전'이었거든요. 전략국제문제연구소의 화상토론회에서도 주목된 바 있는 '정치의 계절'이 시작되고 국민의힘이 2020년 4·15총선의 패배에서 회복할 수 있다는 희망을 상징한 사람이 바로 윤 총장이에요. 그래서 김종인 비대위원장이 그가 '별의 순간'을 잡은 것 같다면서 기뻐했던 것이고요.

아울러 한국갤럽조사의 문재인 대통령에 대한 지지율이 2020년 11월 말부터 40% 수준을 유지하다가 2021년 3월에 들어와 30% 수준으로 급락했다는 사실에도 주목할 필요가 있습니다. 그래서 문재인 정부에서 '신흥명문대'로 부상한 경희대의 동창임을 자랑하면서 '문재인 보유국'이라는 철지난 유행어까지 부활시켰던 박영선 후보가 결국 '문재인 마케팅'을 포기할 수밖에 없었거든요. 2018년 남북정상회담을 계기로 '핵 보유'가 자랑인 북한에 대해 남한의 자랑은 '문재인 보유'라는 말이 잠시 유행했었지요.

윤석열 총장이 4·7보선에 직접 개입한 바도 있었습니다. 3월 말에 『조선일보』와의 인터뷰에서 '권력을 악용한 성범죄'로 인한 서울·부산시장 보궐선거에서 '다양한 방식의 2차 가해'가 자행되고 있다면서 야당 후보의 당선이 '상식과 정의를 되찾는 반격의 출발점'이라고 강조한 바 있거든요. 거의 동시에 미국 국무부도 『2020년 국가별 인권보고서』에서 조국-윤미향 사태와 박원순-오거돈 시장의 성추행 사건을 한국에서 인권침해의 주요 사례로 적시했고요.

물론 3·9대선과 달리 4·7보선에서 자유민주주의 그 자체가 쟁점으로 제기되지는 않았습니다. 대신 LH(한국토지주택공사) 전현직 직원들의 토지투기라는 부패사건을 계기로 부동산 문제가 쟁점으로 제기되었지요. 윤석열 총장 사퇴 직전에 LH 직원의 토지투기를 고발한 참여연대와 민변의 변호사들은 이재명 지사의 측근들인데, 이 때문에 민주당 내 친문-비문 갈등이 재연될지 두고볼 일이에요.

이렇게 'LH 사태'가 제기되자마자 문재인 대통령은 부동산 적폐일 따름이라고 강변했습니다. 이른바 '촛불혁명'의 핵심단어인 적폐(積弊)란 오랫동안 쌓이고 쌓인 과거의 폐단(弊端, 그릇된 사물)을 의미하는데, 그러나 LH 사태는 유재수·송철호 사건이나 신라젠·라임·옵티머스 사건 같은 권력형 비리처럼 시폐(時弊), 즉 이 시대에 속하는 현재의 폐단이었지요.

LH 사태가 적폐가 아니라 시폐라는 것은 문재인 정부가 추진한 3기 신도시 건설과 관련된 부패사건이었기 때문입니다. 이제까지 모두 세 차례의 신도시 건설이 있었는데, 노태우 정부가 1989년에 시작한 1기 신도시 건설, 노무현 정부가 2003년에 시작한 2기 신도시 건설, 그리고 문재인 정부가 2018-19년에 시작한 3기 신도시 건설이 바로 그것이에요.

시민운동에서 참여연대의 라이벌인 경실련(경제정의실천시민연합)은 2019년부터 문재인 정부의 부동산정책 실패를 비판해왔는데, 그 주인공이 바로 김헌동 부동산본부장이었습니다. 그는 3월 중순에 『조선일보』와의 인터뷰에서 『김헌동의 부동산 대폭로, 누가 집값을 끌어올렸나: 정권·관료·재벌에게 날리는 경고장』(시대의창, 2020)의 논지를 소개하고 있지요.

김헌동 본부장에 따르면, LH 사태의 본질은 토지수용권·독점개발권·용도변경권이라는 LH의 3대특권을 유지한 채 신도시 건설을 강행한 결과였습니다. 이명박 정부와 비교해보면 쉽게 알 수 있는데, 2009년에 토지공사와 주택공사를 합병하여 LH를 출범시킨 이명박 정부의 부동산 정책이 절반의 성공을 거둘 수 있었던 것은 신도시 건설이 아니라 보금자리주택사업을 추진했기 때문이라는 것이에요. 토지는 국가가 수용하고 건물만 개인에게 분양하는 보금자리주택사업으로 강남에서 반값아파트가 출현하면서 비로소 서울의 아파트값이 진정될 수 있었거든요.

문재인 대통령의 실패는 노무현 대통령의 실패를 확대재생산한 것이기도 합니다. 2기 신도시 건설을 시작한 직후에 노 대통령은 공공아파트의 분양원가를 공개하겠다는 자신의 공약을 번복했는데, 그 결과 아파트값이 급등했지요. 그리고 김헌동 본부장의 주도로 경실련이 아파트값거품빼기운동을 개시했던 것이고요.

LH 사태라는 부패사건에 대한 문재인 정부의 대응은 아무리 4·7 보선을 앞둔 것이었다고 해도 실로 황당한 것이었습니다. 감사원이 아니라 청와대와 총리실의 셀프조사로 시간을 번 다음 검찰이 아니라 경찰에게 수사를 맡겼거든요. 그러면서 내심 검경수사권 조정을 '신의 한 수'라고 생각했겠지요. 민심의 이반보다는 오히려 부패 실상이 드러나는 것을 훨씬 더 두려워했던 것 같아요.

LH 사태 이외에도 이른바 '임대차3법', 특히 '전월세상한제'와 관련된 비리가 있었습니다. 문재인 정부 초대 공정거래위원장으로 2년간 재임하다가 김수현 정책실장의 후임으로 발탁된 김상조 정책실장이 전셋값을 꼼수 인상했다는 사실이 발각되었거든요. 그러나 김 실장은 금방 탄로가 날 거짓말로 변명하다가 전격 경질되었지요. 나아가 '업무상 비밀 이용' 혐의로 고발까지 되었고요.

게다가 '세월호 변호사'로 유명한 박주민 의원까지 월셋값을 꼼수 인상했다는 사실이 발각되었습니다. 그런데 역시 박 의원도 금방 탄로가 날 거짓말로 변명했어요. 김 실장의 경우보다 더 충격적이었던 것은 박 의원이 21대 국회의 '1호 법안'으로 임대차3법을 대표발의한 당사자였기 때문이지요. '거지 갑(甲)'이라는 별명도 별로 인상이 좋지 않은데, 김춘삼 씨의 별명인 '거지 왕(王)'을 연상시키거든요. 김춘삼 씨의 실체에 대해서는 나무위키를 참고하세요.

사실 조국 교수나 윤미향 의원과 비교할 때 김상조 정책실장이나 박주민 의원의 소행이 대단한 비리라고 할 수는 없습니다. 그러나 문재인 정부의 정치인들이 보여온 '처벌만 면하면 수치는 모른다'(免而無恥, 『논어』)는 파렴치한 언동에 대한 여론이 이미 임계점에 도달한 것 같아요. 서양 속담처럼, '낙타의 등을 부러뜨리는 것이 바로 마지막 지푸라기'(It is the last straw that breaks the camel's back)라고 할 수 있거든요.

그래서인지 유은혜 교육부장관이 부산대에 조국 교수 딸의 입학 취소를 지시했습니다. 2020년 12월에 조 교수 부인이 사모펀드비리 및 딸입시비리와 관련된 1심 재판에서 4년 징역형을 선고받고 법정구속되었어도 2021년 1-2월에 조 교수 딸이 의사국가시험에 합격하고 한국전력공사 산하 한일병원에 인턴으로 채용되자 최순실 씨 딸과의 형평성 문제가 또다시 제기되었거든요. [2021년 8월의 2심 재판에서도 4년 징역형이 유지되자 부산대는 결국 입학을 취소했다.]

물론 민주당이 4·7보선을 쉽게 포기하지는 않았습니다. 먼저 2015년에 제정된 당헌을 개정했는데, 귀책사유가 있는 재·보궐선거에는 후보자를 공천하지 않는다는 조항이었지요. 당시 민주당 대표였던 문재인 대통령은 귀책사유가 있는 재선거에 후보자를 공천한 새누리당(국민의힘 전신)을 비난하기도 했고요. 그러니 '문재인 정부의 유전자엔 애초에 내로남불이 존재한다'고 할밖에요. '흑석 선생'이라는 별호를 얻은 열린민주당 김의겸 의원이 청와대 대변인 시절에 한 유명한 발언을 흉내내본 것이지요.

나아가 민주당은 4차재난지원금과 가덕도신공항을 통해 1960년대 박정희 대통령이 윤보선 대통령을 패퇴시켰던 '고무신·막걸리 선거'를 부활시켰습니다. 촛불혁명의 와중에 그 주역이 '깨시민'(깨어있는 시민) 사이에서 유행했던 구호가 '욜로'(yolo, you only live once)였거든요. 그러나 코로나19발 경제위기와 함께 부동산가격이 급등하면서 문득 자신만 '벼락거지'가 되었음을 깨달은 깨시민도 있었다는 사실에는 주목하지 못했던 것 같아요.

그래서 선거 막판에는 결국 1970년대 유신시대의 재야운동권에게 배운 대로 유언비어를 유포했는데, 내곡동 땅 특혜보상과 엘시티 아파트 특혜분양 같은 부동산비리 의혹을 제기하는 네거티브 프레임이 핵심이었습니다. 쉽게 말해서 여야 후보 중 누가 최악이고 누가 차악인가를 가려보자는 주장이었던 셈이지요. 윤석열 총장이 지적한 것처럼, 민주당은 역시 깨시민을 비롯해서 국민 전체를 '개돼지'로 생각해온 것 같아요.

이른바 '동학개미'에 대하여

부동산 문제 정도는 아니더라도 증시 문제도 역시 중요했으므로 간단하게 정리해두겠습니다. 먼저 다우존스를 중심으로 코로나19발 경제위기 속에서 주가 상승세를 살펴볼 필요가 있겠지요. 2020년 3월 하순에 19,000으로 하락했던 다우존스는 바이든 후보가 승리연설을 한 11월 초순에 2019년 말의 역사적 고점인 29,000을 회복했어요. 11월 하순에 드디어 30,000을 돌파한 다우존스는 그 후로도 상승세를 지속했고요.

다우존스가 상승세를 지속한 것은 기업의 수익성 개선 때문이 아니라 완화적 경제정책 때문이었습니다. 먼저 연준(Fed, 연방준비제도)이 완화적 통화정책을 채택했지요. 2018년에 발발한 미중간 무역전쟁으로 인해 2015년 말에 시작된 출구전략이 종료되어 2019년 말에 연방기금리는 1.50-1.75%였고 연준의 자산은 3.8조달러였는데, 2020년 초 코로나19발 경제위기로 인해 제로금리정책(ZIRP)에 이어 수량완화정책(QE)이 부활하면서 연말에 연준의 자산이 7.4조달러로 배증되었지요. 연준의 자산은 2021년에도 계속 증가하겠고요.

나아가 재무부는 2020년에 2.2조달러의 '코로나지원·구제·경제안보법'(CARES Act)을 비롯해 네 번에 걸친 1.4조달러의 중소규모 재정정책 등 모두 3.6조달러의 완화적 재정정책을 실행했습니다. 또 2021년에는 1.9조달러의 '미국구제계획'(American Rescue Plan)을 비롯해 2.2조달러의 '미국일자리계획'(American Jobs Plan)과 1.8조달러의 '미국가족계획'(American Family Plan) 등 모두 5.9조달러의 완화적 재정정책을 실행할 예정이고요.

반면 높은 수익성을 누리는 극소수의 첨단기술기업과 달리 상당수의 기업은 이자비용도 부담할 수 없는 낮은 수익성으로 '좀비화'되었는데, 그 비중이 약 20%라고 합니다. 고수익기업 빅4는 'FAAG', 즉 페이스북(3월 말 현재 시가총액 0.8조달러), 아마존(1.6조달러), 애플(2.1조달러), 구글(알파벳, 1.4조달러)이지요. 인터넷 빅4인 'FANG'에서 넷플릭스(0.2조달러) 대신 애플이 들어간 것이에요. 고수익기업 빅5는 'FAAMG', 즉 빅4와 마이크로소프트(1.8조달러)인데, 전 세계 상장기업 4만여개 시가총액의 8%를 차지하지요. 마이크로소프트는 1999년부터, 애플은 2015년부터 다우존스에 포함되기도 했고요.

[4월 하순에 다우존스가 34,000을 돌파하자 5월에 들어와 파월 연준의장은 현재의 상황을 '광란의 20년대'(Roaring Twenties)에 비유하면서 거품붕괴의 위험에 대해 경고했다. 또한 옐런 재무부장관도 금리 인상의 가능성을 예고했다. 물론 마르크스주의의 관점에서 볼 때 현재의 상황은 1920년대와는 다른데, 정보통신을 중심으로 한 이른바 '3차 산업혁명'은 물론이고 인공지능을 중심으로 한 이른바 '4차 산업혁명'을 자동차와 가전을 중심으로 한 2차 산업혁명에 비견할 수는 없기 때문이다.]

그런데 다우존스의 운동과 코스피의 운동은 별로 관계가 없습니다. 1983년에 122(1980년 1월 1일의 100 기준)에서 출발한 코스피는 보합세를 유지하다가 1986-88년의 이른바 '3저호황'으로 1000을 돌파했으나 곧 하락 조정되었지요. 또 1993-95년 1차 반도체호황으로 1000을 돌파했으나 곧 하락 조정되었고, 게다가 1997-98년 경제위기 때문에 300 이하로 폭락했어요.

코스피가 상승하기 시작한 것은 2007년 한미자유무역협정 협상이 계기였는데, 7월에 2000을 돌파했고 그 여세를 몰아 10월에는 역사적 고점에 도달했습니다. 그러나 결국 2007-09년 금융위기 때문에 반토막이 나서 1년 만에 1000 이하로 폭락했고, 금융위기가 진정된 다음인 2010년 말 이후에야 2000을 회복했지요.

2007-09년 금융위기를 계기로 한국증시는 세계경제의 '자동현금인출기'(ATM)라는 설이 제기되었는데, 외국인의 투자와 회수에 따라 코스피의 등락이 결정된다는 주장이었습니다. 실제로 한미자유무역협정 이후 한국경제가 '노동자민족'(worker nation)으로 전락하자 코스피와 다우존스의 운동은 완전히 탈동조화(decoupling)되었는데, 자세한 설명은 『종합토론』을 참고하세요.

2020년 코로나19발 경제위기의 와중에 코스피가 급락한 것도 물론 외국인이 자금을 회수했기 때문입니다. 그런데 이번에는 외국인의 투자 없이도 코스피가 상승하여 2020년 3월의 1500에서 2020년 5월의 2000을 거쳐 2021년 1월에는 3000을 돌파하고 그 후 3000과 3200 사이에서 운동했지요. [6월 중에 잠시 3200을 돌파하기도 했다.] 그러자 이른바 '동학개미'가 주목되었는데, 개인투자자가 동학농민군처럼 외국인으로부터 국내증시를 지켰다는 것이에요.

그러나 죽창을 든 동학농민군이 일본군과 관군에게 이길 수 없었던 것처럼 스마트폰을 든 동학개미도 외국인(외국기관투자자)과 기관투자자에게 이길 수 없습니다. 동학개미란 코로나19발 경제위기 속에서 문득 자신만 벼락거지가 되었음을 깨닫고 아파트 투자자금을 벌기 위해 주식시장에 뛰어든 깨시민 같아요. 그래서 '문프'(문재인 대통령)께서도 공매도금지 연장, 주식양도소득세 유예, 국민연금의 국내주식투자비율 상향 같은 격려를 아끼지 않았던 것이고요.

『머니투데이』가 창간 20주년 기념 특집에서 외국증시에 투자하는 국내개인투자자, 이른바 '서학개미' 덕분에 투자소득수지의 흑자가 급증했다는 사실에 주목한 바 있습니다. 경상수지 중에서 상품수지는 1998년 이후 흑자로 반전된 반면 투자소득수지는 2011년 이후 비로소 흑자로 반전되었지요. 그러나 상품수지흑자에 대한 투자소득수지흑자의 비중은 10% 안팎에 머물렀는데, 2021년 1분기에 와서 30%까지 상승했다는 것이에요.

그런데 이런 현상만 보고 조만간 한국이 노동자민족을 탈피하여

'금리생활자민족'(rentier nation)으로 이행할 수 있다고 해석할 수는 없을 것입니다. 역시 『머니투데이』가 주목하고 있듯이, 금리생활자민족의 대표적 사례라고 할 수 있는 일본의 경우는 상품수지흑자에 대한 투자소득수지흑자의 비중이 2020년에 무려 6.7배에 이르렀기 때문이지요. [또 서학개미의 실적도 저조한데, 『조선일보』에 따르면, 2021년 상반기 수익률은 외국인 6.3%, 국내기관투자자 5.0%, 동학개미 -0.3%, 서학개미 -5.4%였다고 한다.]

    2021년에 들어와 동학개미가 코인으로 이동한 것 같습니다. 2017년에 민주당 박용진 의원이 제출한 규제법안이 별다른 논의도 없이 폐기되면서 미국이나 중국과 달리 코인거래가 방치된 탓이었지요. 하기야 그해 미국의 코인데스크와 합작하여 코인데스크코리아를 설립한 『한겨레신문』은 2009년에 비트코인을 발명한 '나카모토'의 주장을 수용하여 코인이 '권력과 자본으로부터 독립된' 경제를 지향한다고 강변했었거든요.

    어쨌든 실물경제적 펀더멘털과 아무런 관련도 없는 희대의 투기자산인 코인, 그것도 비트코인(거래 비중 6%)보다 고위험·고수익인 알트코인(94%), 심지어 한국산 'K코인'(30%)에 투자하면서 동학개미가 '일진회개미'로 변모한 셈입니다. 물론 깨시민 중에서도 세대간 차이가 있어서 밑천이 두둑한 40-50대는 부동산에 투자하고 밑천이 달리는 20-30대만 주식과 코인에 투자하지만요.

    세계에서 한국이 차지하는 국민소득의 비중은 2% 미만에 머무는 반면 코인거래의 비중은 20%를 초과하고 있다니 더 이상 할 말이 없습니다. 아마도 그래서 코인이 내년 대선의 '시한폭탄'일 것이라는 예상이 제기되는 것이겠지요. [결국 대선 직후에 K코인을 상징하는 '루나'와 '테라'의 폭락으로 전세계 코인시장의 거품이 붕괴하기 시작했다.] 튤립거품과 원숭이를 풍자한 손자 브뢰걸(Jan Bruegel the Younger)의 「튤립거품의 우화」(Allegory of the Tulipomania)처럼 언젠가 코인거품과 개미를 풍자하는 '코인거품의 우화'라는 그림이 나올지도 모르겠어요.

'K방역의 피로감'과 감염위험의 감수

 마지막으로 4·7보선에는 별로 영향이 없었지만, 코로나19에 대해서도 언급해두겠습니다. 2021년 2월 중순에 시작된 백신 접종은 경제협력개발기구(OECD) 37개국 중 꼴찌인 데다 접종된 백신도 효능에서 논란과 우려가 큰 아스트라제네카였지요. '3T'(검사·추적·치료) 중심의 이른바 'K방역', 나아가 학교·직장폐쇄(shutdown)와 통행금지(lockdown) 같은 사회적 거리두기가 아니라 결국에는 백신(예방약)이 문제라는 사실을 잘 몰랐던 문재인 정부 보건의료참모의 실체가 돌팔이였음이 이렇게 폭로된 셈이에요.
 방역의 모델이 대만인 것처럼, 백신 접종의 모델은 이스라엘이었습니다. 『중앙일보』에 따르면, 이스라엘은 한국보다 두 달이나 먼저 시작하여 2월 중순에는 이미 국민의 46%가 1회 이상의 접종을 마쳤지요. 그 밖에 미국은 12%, 영국은 23%가 1회 이상의 접종을 마쳤어요. 그 결과 이스라엘을 비롯해서 미국과 영국에서도 신규확진자가 급감했다고 하고요.
 『조선일보』에 따르면, 접종이 막 시작된 한국에서는 설 연휴가 지난 2월 중순부터 3-4월 중으로 예상되는 4차 유행을 걱정하고 있는 실정인데, 이제까지의 세 차례 유행은 다음과 같습니다.

 1차 유행의 정점: 2020년 2월 말 신규확진자 910명
 2차 유행의 정점: 2020년 8월 말 신규확진자 440명
 3차 유행의 정점: 2020년 12월 말 신규확진자 1240명

유행의 정점을 지나 휴지기가 시작되어도 이전의 상황으로 회복되지 않는다는 특징에 주목할 수 있겠지요. 그래서 재확산과 유행이 반복되었던 것이고, 그 결과 'K방역의 피로감'이 축적되면서 점차 감염위험을 감수하게 되었던 것 같아요.
 K방역의 피로감에 따른 감염위험의 감수를 보건의료위기와 경제위기의 교환(trade-off)을 표현하는 그래프로 설명할 수 있을 것입

니다. 예를 들어 경제적 고통과 감염의 위험을 x와 y라고 하고 그래프를 $x+y=4$라고 할 때, (2, 2)에서 (1, 3)으로 이동한 것처럼요. 또는 (1, 4)로 이동할 수도 있는데, K방역의 피로감 때문에 그래프가 $x+y=5$로 변화했을 경우이지요. 미국이나 유럽처럼 인권침해에 대한 감수성으로 인해 그래프가 변화한 것은 아닌데, 중국이나 북한 정도의 침해는 없었고 게다가 2020년 여름에는 '한숨 돌리나 했더니 아니었다'고 문프께 꾸중까지 들었던 탓도 있었지요.

이 대목에서 방역과 백신 사이에서 코로나19에 대한 정책대응의 분기가 발생했다는 사실에 주목해두겠습니다. 미국·영국·유럽연합처럼 인권침해에 대한 감수성이 높아서 사회적 거리두기를 강제하는 것이 어려워 사망률이 높았던 자유민주정에서는 백신 위주로 대응한 반면 중국·북한처럼 인권침해에 대한 감수성이 낮아서 사회적 거리두기를 강제하는 것이 쉬워 사망률이 낮았던 권위독재정에서는 방역 위주로 대응했다는 것이지요. 하기야 서양에는 '치료보다 예방이 훨씬 낫다'(An ounce of prevention is worth a pound of cure)는 격언이 있다고도 하고요.

K방역과 사회적 거리두기에 치중하면서 백신을 외면했던 남한은 중간적이면서도 미국보다는 오히려 중국에 가까웠던 것 같습니다. 그러나 문재인 대통령은 여전히 반성할 줄 모르는데, K방역에 치료약만 포함한 채 예방약, 즉 백신은 배제하고 백신도 화이자·모더나 대신 아스트라제네카를 선호했던 기모란 국립암센터 교수를 초대 방역기획관으로 임명하는 오기를 부렸거든요.

물론 K방역론자인 기모란 교수의 등용을 당동벌이로 해석할 수도 있습니다. 문재인 대통령이 소득주도성장론자인 홍장표 교수를 한국개발연구원(KDI) 원장으로 발탁하고 또 한반도비핵화론자인 문정인 교수를 세종연구소 이사장으로 발탁한 것과 마찬가지 행태라는 것이에요. 하기야 검찰개혁론자인 조국 교수는 아직까지 서울법대 로스쿨 교수직을 유지하고 있는데, 노신이라고 해도 이 정도의 당동벌이는 옹호하지 못할 것 같아요.

영국·남아프리카공화국 등지에서 발생한 변이바이러스의 위험이 상존한다는 사실에도 물론 주목해야 할 것입니다. 관련해서 국제경제연구소가 4월 초에 발간한 『대유행 시대의 경제정책』(*Economic Policy for a Pandemic Age*)을 참고할 수 있는데, 코로나19의 '토착화' 등 감염성질병의 세계적 대유행에 대비하여 주요20개국 중심의 세계적 '백신인프라' 건설을 제안하는 것이 핵심이지요.

보고서는 특히 백신의 '외부성'(externality)에 주목하고 있습니다. 그런데 『현대경제학 비판』에서 설명한 것처럼, 외부성 중에서도 '경합성'(rivalry)의 유무에 따라서 환경 같은 '공유지'(the commons)와 인프라 같은 '공공재'(public goods)가 구별되어야 하지요. 그럴 경우 백신인프라라는 개념이 부적절하다는 사실을 알 수 있고요.

『문재인 정부 비판』에서 지적한 것처럼, 코로나19 같은 감염성질병은 사회생태적으로 분석해야 할 문제입니다. 달리 말해서 기후변화를 비롯한 환경오염 내지 파괴와 유사한 문제라는 것이에요. 따라서 기후변화의 경우처럼 코로나19의 대유행과 관련해서도 미중간 협력 이상으로 갈등이 불가피할 것이고, 그 결과 반도체처럼 백신의 생산과 분배도 두 나라의 전략적 경쟁의 대상이 되겠지요.

물론 백신의 생산기술을 공공재로 인식할 수도 있습니다. 2020년 말에 남아공과 인도가 세계무역기구(WTO)에 백신에 대한 지식재산권 보호를 유예해달라고 요청한 것처럼요. 그러나 164개 회원국 전체가 만장일치로 동의해야 하는데, 유럽연합·스위스·영국·오스트레일리아·일본 등은 반대하고 있지요. 게다가 지재권이 유예된다고 하더라도, 당장 대량생산이 가능한 것은 아닌데, 화이자와 모더나가 기술이전에 찬성해야 하고, 나아가 생산과 물류를 위한 인력과 설비, 그리고 자금도 필요하기 때문이에요.

이 때문에 3월 중순에 열린 1차 쿼드정상회의의 주요 안건이 '백신 외교'였다는 사실에 주목할 필요가 있습니다. 미국의 기술, 일본의 자금, 오스트레일리아의 물류를 백신위탁생산의 60%를 차지하는 인도에 제공한다는 것이에요. 한미정상회담을 앞둔 문재인 대통령은 바이든 대통령에게 '백신 스왑'을 요청했다가 거절당했다고 하는데, 캐나다·멕시코 등 인접국과 일본·오스트레일리아·인도 같은 쿼드 회원국이 일반 동맹국보다 우선이라는 원칙 때문이었지요.

이런 상황에서 문재인 대통령은 러시아제 스푸트니크V의 수입을 지시하기도 했습니다. 중국제 시노팜·시노백의 수입은 왜 지시하지 않는지 모르겠고요. 또 화이자를 추가로 구매할 예정이고 다만 접종 일정은 미정이라고 발표했는데, 계약과 도입은 별개 문제이기 때문이에요. [6월 중순의 선진7개국 정상회의를 앞둔 바이든 대통령은 1년 동안 코백스를 통해 화이자 백신 2억5천만명분을 기증할 것이고, 모더나 백신 2억5천만명분 기증도 추가하겠다고 발표했다.]

나아가 후쿠시마원전 오염처리수의 태평양 방류에 대해 캐나다와 함께 최대의 피해국이 될 미국은 일본의 입장을 지지하고 있습니다. 반면 한국은 중국·북한과 함께 일본을 비판하고 있는데, 중국은 물론이고 남북한에 대한 피해는 무시할 정도라고 하지요. 그러나 이미 북한이 도쿄올림픽 불참을 발표한 상황에서 문재인 대통령은 국제해양법재판소에 제소하라고 지시하기도 했어요. 물론 '까마귀 날자 배 떨어진다'(烏飛梨落)는 격일지도 모르겠지만요.

방역의 모델인 대만에 대해서도 주목해두겠습니다. 대만의 방역 실적은 2021년 2월 중순에 900여명의 누적확진자와 9명의 사망자였지요. 또 한국에서 누적확진자 10만명과 사망자 1700명을 돌파한 3월 말에 누적확진자 1000여명과 사망자 10명에 불과했고요. 이렇게 방역에 성공하여 사회적 거리두기를 대폭 완화할 수 있었던 대만의 2020년 경제성장률은 3.1%였는데, 이는 한국의 −1.0%는 물론이고 중국의 2.1%도 능가하는 실적이었어요.

이렇게 놀라운 경제성장은 중소기업을 중심으로 하는 대만경제가 대체불가능한 첨단기술을 보유하고 있다는 현실을 반영한 것이기도 했습니다. 코로나19발 경제위기의 와중에 주목을 받은 시스템반도체위탁생산기업인 TSMC가 대표적이었고, 또 애플제품위탁생산기업인 폭스콘(Foxconn, 훙하이정밀공업)도 있었어요. 그런데 『중앙일보』에 따르면, 2021년에 들어와 차량용반도체의 세계적 공급부족이 발생하자 한국정부가 대만정부와 TSMC에 협력을 요청했다고 하지요. 차량용반도체의 98%를 수입하는 입장에서 염치를 따지거나 눈치를 볼 겨를이 없었던 것 같아요.

「4·15총선 전후」에서 소개한 것처럼, 총자산에서 부동산이 차지하는 비중은 대만이 미국이나 일본과 비슷한 34%인 반면 한국은 거의 두 배인 63%나 됩니다. 대만에서 부동산 비중이 낮은 것은 재벌이 존재하지 않고 또 토지공개념도 확립되어 있기 때문이지요. 물론 한국처럼 노동자민족으로 전락한 것도 아니어서 증시가 세계경제의 자동현금인출기가 아니라는 사실도 중요하겠고요.

마지막으로 폭스콘에 이어 TSMC와 경쟁해야 하는 삼성의 이재용 부회장에 대해서도 언급해두겠습니다. 2021년 1월에 이미 4년을 복역한 박근혜 대통령에 대해 32년의 무기징역형을 22년형으로 감형해주는 동시에 이 부회장에 대해 이른바 '준법감시위원회' 설치를 구실로 집행유예형을 유도하려던 문재인 대통령의 구상이 좌절되고 집행유예 없는 2년 6개월 징역형이 확정되었지요.

촛불혁명 이후 더욱 심화된 '정치의 사법화'가 한일간 외교의 파탄에 이어 경제의 파탄을 초래할지도 모르는 긴급한 상황에서 이 부회장은 2022년 여름까지 남은 형기 1년 6개월을 복역하게 되었습니다. 또 출감 이후에도 5년간 취업이 제한되어 경영에 복귀할 수 없게 되었고요. 이건희 회장이 남긴 시가 10조원의 미술품을 국가에 헌납하고 아울러 12조원의 상속세를 납부한다는 결정은 결국 이재용 부회장의 사면·복권을 추진하려는 목적인 것 같아요.

현금 등 7조원의 상속 비율은 미공개인 반면 19조원에 이르는 삼성지분의 상속 비율은 공개되었습니다. 국정농단사건과 관련하여 이재용 부회장과 갈등설이 있었던 모친의 상속 비율이 관심의 초점이었는데, 결국 삼성생명지분의 상속을 포기했지요. 그 결과 이재용 부회장이 삼성물산(지분 18.1%)과 삼성생명(10.4%)을 통해 삼성전자를 직·간접으로 지배할 수 있게 되었고요.

『조선일보』의 보도에 따르면, 이건희 회장의 유언장이 없는 상황에서 공정거래위원회를 통해 이재용 부회장을 삼성 총수로 지정해 준 문재인 대통령의 지원이 작용한 것 같습니다. 문 대통령으로서는 삼성전자지분의 과반수를 소유한 외국인이 총수 일가의 내분으로 인한 경영권의 혼란을 묵과하지 않을 것이라는 사실도 역시 무시할 수만은 없었을 것이고요.

그러나 이재용 부회장이 사면·복권된다고 해서 문제가 쉽게 풀릴 수는 없습니다. 『중앙일보』에 따르면, TSMC의 매출은 미국 67%와 중국 6%인 반면 삼성전자의 매출은 미국 8%와 중국 41%이거든요. 게다가 TSMC와 달리 삼성전자는 중국 현지생산의 비중이 높고요. 또 2021년 3월 말 기준으로 시가총액에서는 TSMC가 삼성전자의 1.4배이고 반도체 매출과 영업이익에서는 0.8배와 1.8배라고 하지요. [이재용 부회장은 결국 8·15 가석방에 포함되었다. 사면·복권이 아닌 것은 박근혜 대통령과의 형평성 때문이라는 변명인데, 내년 대선을 위한 마지막 카드를 미리 써버릴 수는 없기 때문일 수도 있다.]

4·7보선

보궐선거 최초로 투표율이 50%를 넘은 이번 선거의 결과는 국민의힘의 압승이었습니다. 서울은 25개 자치구 전체, 부산은 16개 자치구 전체에서 승리했고, 표차도 서울은 18%포인트 이상, 부산은 28%포인트 이상이었어요. 민주당의 입장에서는 2020년 4·15총선의 '대박'이 1년 만에 4·7보선의 '쪽박'으로 돌변한 날벼락이었겠지요. 전통적으로 약세였던 부산은 어려울지 몰라도 서울은 자신만만했었거든요. '선거가 아주 어려울 줄 알았는데, 요새 돌아가는 것을 보니 거의 이긴 것 같다'는 이해찬 대표의 말은 빈말이 아니었어요.

「4·15총선 전후」에서 지적한 것처럼, 선거제란 본래 이성적 시비(是非, 옳고 그름)가 아닌 감정적 호오(好惡, 좋고 싫음)를 반영하는 결함을 가진 제도입니다. 그런데 이번에는 특히 선거정치의 오작동을 초래하는 '부동층'(swing voter)의 존재가 새삼 주목되었어요. 부동층이란 사안별로 좌우의 인민주의자와 보수주의자라는 '고정층'(core voter)을 지지하는 중도파, 달리 말하자면 정치이념이 아니라 경제이익을 중시하는 '기회주의적' 중간파이지요.

  부동층에 대한 본격적인 분석은 정치학자에게 맡기고 간단하게 설명해보겠습니다. 서울의 경우 2018년과 2021년 선거에서 여당과 야당의 득표율(%) 변화는 다음과 같아요. 다만 야당의 후보단일화가 불발했던 2018년 선거에서는 김문수 후보와 안철수 후보의 득표율을 합산한 것이지요.

20대	60:29	→ 34:55
30대	69:27	→ 39:57
40대	70:27	→ 49:48
50대	54:43	→ 42:56
60대~	35:64	→ 27:72

2018년과 2021년의 투표율은 60%와 58%로 거의 같고요.

  모든 연령대에서 부동표가 관찰되는데, 다만 그 비중에서는 차이가 있어서 표심의 역전 여부가 결정되었습니다. 일반적으로 말해서 $a:(1-a)$(단, $1/2 < a < 1$)에서 표차 $2a-1$의 $100x\%$가 부동표일 때 표심의 역전이 나타날 조건은 다음과 같아요.

$$(1-a) + x(2a-1) > a - x(2a-1),$$
$$2x(2a-1) > 2a-1,$$
$$x > 1/2.$$

  먼저 2018년의 표차를 기준으로 해서 부동표의 비중을 계산하면 대략 다음과 같습니다.

20대	80%
30대	70%
40대	50%
50대	100%
60대~	30%

60대 이상은 부동표가 1/2이 안 되었고, 50대와 20-30대는 부동표가 1/2이 넘었으며, 40대는 부동표가 1/2이었지요. 그 결과 60대 이상은 표심의 역전이 없었고, 50대와 20-30대는 표심이 역전되었으며, 40대의 표심은 비등해졌던 것이에요.

그러나 『조선일보』에 따르면, 가장 극적인 현상은 40대의 부동층이었다고 할 수 있습니다. 그들은 20대였던 2002년 대선에서 노무현 후보, 30대였던 2012년 대선에서 문재인 후보, 40대였던 2020년 총선에서 민주당 후보를 상대 후보보다 2배 내지 그 이상으로 지지해왔거든요. 그러던 그들이 부동층화한 것은 결국 50대와 비슷한 '주류교체'에 따른 '전리품'을 기다리다 지쳐버려서일지도 모르겠다는 생각이 들어요.

2018년과 2021년 선거에서 부동표를 제외하고 고정표를 계산해보면 다음과 같습니다.

```
20대      34:29
30대      39:27
40대      49:27
50대      42:43
60대~     27:64
```

60대 이상은 야당을 지지하는 보수주의자가 2배를 훨씬 초과하는 반면 여당을 지지하는 인민주의자가 40대는 거의 2배이고 30대는 거의 1.5배이지요. 또 50대와 20대는 인민주의자와 보수주의자가 비등하고요. 문재인 정부의 지지기반이 호남 지역과 함께 30-40대라는 증거라고 할 수 있겠지요.

2021년 선거에서는 성별 차이도 주목되었습니다. 그 결과 인민주의의 확산에 여성주의가 기여한 정도를 알 수 있게 되었지요. 아쉬운 것은 인민주의의 확산에 대한 노동자주의의 기여를 알려줄 만한 통계가 없다는 사실이에요. 노동자의 투표행위에 대한 설문조사가 필요한데, 민주노총은 물론이고 한국노총도 그런 돈 되지 않는 일을 할 리가 없거든요.

어쨌든 40대 이상의 여성은 보수주의자의 비중이 조금 컸는데, 30대 이하의 여성은 인민주의자의 비중이 훨씬 컸고, 30대 여성에 비해서도 20대 여성의 비중이 압도적으로 컸습니다. 20-30대에서 인민주의의 확산에 여성주의가 기여했다는 증거이겠지요. 그런데 인민주의로서 여성주의가 성폭력에 대한 감수성과는 별로 상관이 없는 것 같아요. 여당에 대한 여성의 지지율은 20대부터 50대까지 40%대로 대동소이하거든요.

윤석열론

4·7보선에서 국민의힘이 압승하고 윤석열 총장 개인에 대한 관심도 높아지자 그에 대한 책이 출판되기 시작했습니다. 연합뉴스 기자 출신인 이경욱 씨의 『윤석열의 진심』(체리M&B, 2021)과 최불암 배우가 진행하는 한국방송공사(KBS)의 『한국인의 밥상』에도 참여한 바 있다는 김연우 작가의 『구수한 윤석열』(리딩라이프, 2021)이 그것이지요.

중암고등학교 동기이면서도 별로 친하지는 않았던 이경욱 기자는 윤석열 총장을 40여년 만에 처음 만나 2-3시간 환담하고 나서 책을 썼다고 하는데, 당연하게 내용이 전혀 없습니다. 그래서 윤 총장이 출판에 반대했고 출판 이후 이 기자에게 항의했다는 『중앙일보』의 보도가 있었지요. 아마 이 기자가 은퇴 후 개업한 출판사에서 '1호 출판'으로 기획했던 것 같아요.

반면 김연우 작가는 윤석열 총장의 서울법대 79학번 동기들을 취재하여 윤 총장의 인간적 면모를 알려주는 다양한 일화들을 소개하고 있습니다. 친구들 사이에서 인간미 없다는 소문이 많은 문재인 대통령과 대비하려는 의도일지 모르겠는데, '구수한'은 사법시험을 '9수' 만에 합격했다는 의미이자 '좋은 맛'이라는 의미이기도 하지요. 74학번까지의 구세대와 81학번부터의 386세대의 과도기에 속하는

79학번 중에서도 윤 총장은 특히 구세대에 가까운 것 같아요.

그런데 더욱 중요한 것은 윤석열 총장이 위법·부당에 저항하고 정의·상식을 수호하는 까닭을 알려주는 일화가 많다는 사실입니다. 법을 지키지 않아 정의를 무너뜨리는 위법에 대해서는 별도의 설명이 필요 없을 것인데, 윤 총장이 대권주자로 부상한 것이 바로 살아 있는 권력과 싸운 경력 때문이었거든요.

그러나 그 전에 행동규범을 지키지 않아 상식을 무너뜨리는 부당이라는 문제가 있고, 이와 관련해서 초등학교 시절부터 만능 스포츠맨이었던 윤 총장이 페어플레이를 중시했다는 일화들에 주목할 수 있습니다. 달리 말해서 선수는 반칙을 일삼고 심판은 그것을 눈감아주는 파울플레이 내지 더티플레이를 참지 못했다는 것이지요. 그가 말하는 상식이 페어플레이라는 의미에서 공정이라는 사실을 알 수 있는 대목이에요.

영어에 'habits and customs', 즉 '습관과 관습'이라는 표현이 있습니다. 여기서 습관은 반복을 통해 기질화된 행동을 의미하고, 관습은 규범으로 승격된 습관을 의미하지요. 윤보선 대통령은 유학 경험을 통해 영국의 교육에서 스포츠맨십의 중요성을 깨달았음을 강조하곤 했는데, 윤석열 총장은 유학을 가지 않고서도 깨달은 셈이에요. 이케다 기요시의 『자유와 규율: 영국의 사립학교생활』(1949; 국역: AK커뮤니케이션즈, 2016)을 한번 읽어보세요.

윤석열 총장은 별도로 퇴임식을 갖지 않았으므로 정식 퇴임사도 없었습니다. 대신 2019년 7월의 취임사를 보면, '헌법의 핵심 가치인 자유와 평등을 조화시키는 정의'로서 정치·경제분야의 '공정한 경쟁질서'를 확립하기 위해 그러한 질서를 무너뜨리는 '중대범죄'에 대해 단호히 대응하여 '헌법체제의 두 축인 자유민주주의와 시장경제질서'를 지키겠다고 약속했지요.

정의와 공정 또는 상식을 지키겠다는 이런 약속은 윤석열 총장의 '뿌리'와 관련된다고 할 수 있습니다. 그래서 김연우 작가가 윤 총장이 윤증의 방계 후손이라는 사실에 주목하는 것 같아요. 파평(파주

윤씨를 대표하는 사대부인 윤증은 스승인 송시열에 맞섰던 것으로 유명했지요. 그 때문에 서인이 송시열의 노론 정통파와 윤증의 소론 이단파로 분화했던 것이고요.

송시열은 충북 괴산에 터를 잡은 반면 윤증은 충남 논산에 터를 잡았는데, 윤 총장의 부친인 윤기중 교수의 고향이 바로 논산입니다. 몇 번 언급한 적이 있지만, 해평(선산) 윤씨인 저희 집안은 노론의 후예였고, 제 부친의 고향은 괴산이지요. 제가 윤석열 총장을 지지하는 데 학연은 물론 혈연이나 지연 같은 것은 없다는 말이에요.

김 작가는 윤기중 교수에게도 주목하고 있습니다. 연세대 경제학과에 재직했던 윤 교수는 소득불평등에 대한 통계학적 분석을 전공한 것으로 유명했고, 그 공적으로 학술원 회원에도 피선되었어요. 독서광으로 유명한 윤석열 총장은 부친의 영향을 받아 경제학에도 관심이 컸다고 하지요. 윤 총장은 시카고학파와 오스트리아학파의 경제학에 공감한다고 하는데, 보수주의적 법조인다운 입장이에요.

윤석열 총장이 '정치적 야심' 때문에 자신을 발탁한 문재인 대통령을 배신했다는 주장이 있습니다. 그러나 문 대통령 자신의 언급과 달리 윤 총장은 '문재인 정부의 검찰총장'이 아닌 '대한민국의 검찰총장'이었으므로 배신이라는 주장은 어불성설이지요. 오히려 검찰의 독립성과 중립성에 대한 무지의 발로일 따름이에요.

윤석열 총장을 '조폭 두목' 같다고 비하한 경우조차 있었습니다. 광주 출신 조폭의 원조이자 서방파의 두목이었던 김태촌 씨에 비유하여 '윤서방파 두목'이라고 부른 것이지요. 사법시험이 하향평준화되고 그나마 로스쿨로 대체된 결과로 지사(志士, 뜻있는 선비) 같은 판검사가 멸종 위기에 처한 사실을 반영한다고 해야 할 것 같아요. 하기야 저를 '사이비 종교 교주'라고 욕하는 사람도 있지만요.

김연우 작가는 김대중 정부 이래 윤석열 총장이 살아 있는 권력에 대해 수사해온 일화들도 소개하고 있습니다. 20여년에 걸쳐 윤 총장이 지켜왔던 기준은 정의와 상식/공정, 좀 더 일반화해보자면 자유민주주의였지요. 문재인 대통령이 박근혜 대통령에 대한 수사를 보고서 윤 총장을 자신 같은 인민주의자로 오해했다면, 그만큼 자유민주주의에 대해 무지했기 때문일 것 같아요.

2007-16년 유엔사무총장으로 재직하던 시절에 반기문 총장에 대한 책이 수십 권 출판되었다고 합니다. 더구나 2014-17년에 이른바 '반기문 대망론'이 제기되자 10여권이 추가되었고요. 윤석열 총장에 대한 책도 많이 출판될 것인데, 자유민주주의의 입장에서 경제·외교·안보 등을 거론하는 『윤석열의 생각』 같은 책도 나올지 모르지요.

김종인론

윤석열 총장과 함께 김종인 비대위원장도 주목할 필요가 있습니다. 4·7보선 이튿날 비대위원장에서 퇴임하면서 그는 '정권 교체와 민생 회복을 위한 최소한의 기반을 만들었다'고 자부하면서 '낡은 이념과 특정한 지역'에서 벗어나 '자기혁신 노력을 계속해야 한다'고 당부했지요. 또 그 직후에는 『조선일보』와의 인터뷰를 통해 박근혜 대통령과 문재인 대통령을 도운 일에 대해서 국민에게 사과한다는 입장을 밝히기도 했고요.

그러나 김종인 위원장이 사퇴하자마자 국민의힘은 정권 교체라는 목표는 차치하고서 당권 경쟁에 몰두하기 시작했습니다. 또 지도부가 공백인 상황에서 지역구의원의 70%를 차지하는 영남계 의원이 준동하기 시작했는데, 서병수 의원(부산)은 박근혜 대통령이 '탄핵당할 만큼의 위법'을 저지르지 않았다고 강변했고, 김용판 의원(대구)은 '적폐청산의 행동대장'이던 윤석열 총장에게 사과를 요구했어요.

박원순 시장이 자살하자 김종인 위원장이 '보선 승리가 독이 될 수도 있다'고 경계했다던데, 저 역시 그런 생각이었습니다. 대통령은 못되어도 국회의원이나 시장·도지사만 하면 된다는 영남계 의원의 토호 기질을 걱정하지 않을 수 없었거든요. 그런 토호 기질은 임진왜란까지 소급하는 난치의 '풍토병'이에요.

영남계 의원 중 자유부르주아적 정치인을 찾는 것은 맹자의 말씀처럼 '나무에 올라가서 물고기를 잡으려는'(緣木求魚) 격인 것 같습니다. 수정주의적 소련역사가 쉴라 피츠패트릭은 자유부르주아적 정치인 알렉산드르 구치코프가 1차 세계전쟁 중의 러시아를 비판한 연설에 주목한 바 있지요.

> [니콜라이 2세라는] 미친 운전자가 벼랑길(the edge of a precipice)을 따라 운전하고 있는 자동차에서 겁에 질린 승객들은 그에게서 운전대를 빼앗기 위해 감수해야 할 위험에 대해 논쟁하고 있다.

또 다른 자유부르주아적 정치인 파벨 밀류코프는 연설 중 실정들을 나열하고 나서 매번 '이것은 멍청함인가 아니면 반역인가?'(Is this stupidity or treason?)라고 반문했다는 것이고요.

김종인 비대위원장은 2021년 1월에 동아일보사에서 『대화』를 출판했습니다. 2020년 3월 비대위원장으로 취임하는 것과 동시에 시공사에서 출판한 회고록 『영원한 권력은 없다』의 후속편으로 기획된 것이라는데, 경제정책 위주의 회고록보다 오히려 포괄적이어서 경세가로서 그의 면목이 잘 드러나 있어요.

『대화』에서 김종인 위원장은 조부인 김병로 선생에 대한 추억을 소개하고 있는데, 초대 대법원장인 김 선생은 '사법부의 아버지'라고 불리기도 합니다. 고등문관시험 사법과에 합격했던 부친은 조부의 만류로 판사 임관 대신 변호사 개업을 준비하다가 해방을 한 해 앞두고 요절했다고 하고요. 그러니 당시 5살짜리였던 김 위원장에게 부친에 대한 추억은 있을 수 없겠지요.

김병로 선생과 김성수 선생은 기호사림의 거유이자 영남사림의 태두 이황의 동료인 김인후의 15대손과 13대손이었습니다. 4년 연상인 김병로 선생은 김성수 선생과 거의 같은 시기에 도쿄에서 함께 유학했지요. 김성수 선생은 와세다대학에서 정치학을 전공한 자유주의자였고 김병로 선생은 메이지대학에서 법학을 전공한 진보주의자였어요. 김성수 선생의 한국민주당 창당에 동참했던 김병로 선생은 결국 한민당에서 탈당했고요.

김종인 위원장은 독일에서 보수주의 경제학을 공부했습니다. 그가 말하는 '경제민주화'는 비스마르크의 '국가적 코퍼러티즘'부터 에르하르트의 '사회적 시장경제론'까지 독일 모델론을 지칭하는 것이지요. 헌법 119조 2항을 '김종인 조항'이라고 부르기도 하는데, 균형성장· 안정, 적정분배, 독점방지는 자유주의적인 것이므로, 그것에 추가된 '경제주체간의 조화를 통한 경제의 민주화', 즉 사회가 아닌 국가를 중심으로 하는 코퍼러티즘이 그 조항의 핵심이에요.

김병로 선생과 김종인 위원장을 보면 조손간에 전도가 있었음을 알 수 있습니다. 김 위원장은 조부의 소망과는 달리 법학이 아니라 경제학을 전공했고 또 조부의 성향과는 달리 진보주의자가 아니라 보수주의자가 되었어요. 그런데 법조인으로서 판검사는 본래 보수주의적이어야 하고 경세가로서 경제학자는 본래 자유주의적이거나 진보주의적이어야 하는 것이지요. 자유주의적/진보주의적 판검사나 보수주의적 경제학자는 '형용모순'이라고 할 수밖에 없어요.

김종인 위원장은 이승만 대통령과 박정희 대통령의 업적을 긍정하고 있습니다. 말하자면 '공칠과삼'(功七過三, 공적이 70% 과오가 30%)이라는 것인데, 낙성대학파처럼 건국(建國)과 부국(富國)이라는 두 대통령의 공적을 인정해야 한다는 입장이에요. 하기야 낙성대학파도 1997-98년 경제위기를 전후로 잠시 사회적 시장경제론에 관심을 가졌었지요. 다만 김 위원장은 이 대통령의 과오가 의원내각제 대신 대통령제를 채택한 것이고, 박 대통령의 과오가 유신과 중화학공업화를 통해 재벌을 육성한 것임을 지적한다는 차이가 있지만요.

팔순이 지난 김종인 위원장이 윤석열 총장을 돕고자 하는 까닭은 무슨 '정치적 야심' 때문은 아닐 것 같습니다. 그 자신의 말처럼, 문재인 대통령을 도운 일에 대해 국민에게 속죄하기 위한 것 같아요. 그리고 문재인 대통령을 도운 것은 박근혜 대통령을 도운 일에 대해 속죄하려던 것 같고요.

결국 박근혜 대통령을 도운 일을 설명해야 하는데, 박정희 대통령에 대한 평가를 논외로 한다면, 명예롭지 못한 정계 은퇴 20년 만에 경제민주화를 통해 경세가로서 자신의 능력을 증명해보고 싶었던 것 같습니다. 2012년 대선 직전에 최초의 저서라고 해야 할 『지금 왜 경제민주화인가』(동화출판사)를 출판했는데, 이 책은 2017년 대선 직전에 『결국 다시 경제민주화다』(박영사)라는 개정판으로 또다시 출판되었지요.

김종인 위원장은 이승만 대통령과 박정희 대통령에 대해 한민당과 민주당 구파가 제시했던 자유주의적 대안은 인정하지 않습니다. 그래서 미국-일본 모델론이나 대만 모델론을 주장하는 대신 독일 모델론을 주장하는 것이지요. 또 김성수 선생과 김병로 선생 사이의 괴리도 작용할지 모르고요. 물론 제가 한민당과 민주당 구파의 자유주의적 대안에 대해 주목하는 데도 윤보선 대통령과의 혈연이 아주 없다고는 할 수 없겠고요.

나아가 민주당 구파의 후예인 김영삼 정부 이래 문민화가 실패했다면서도 신파의 후예인 김대중 정부와 김대중 정부에서 분기한 노무현 정부보다 김영삼 정부에 대해 더욱 비판적입니다. 1997-98년 경제위기를 자초하여 노태우 정부가 '건네준 밑천까지 다 까먹었다'는 것이에요. 1993년에 자신이 수뢰죄로 실형을 선고받은 것이 김영삼 대통령의 정치보복 때문이라는 판단이 작용한 것 같아요. 반면 지연이 있는 김대중 대통령이나 소소한 인연이 있는 노무현 대통령에 대한 비판은 좀 더 관대한 것 같고요.

한국자본주의의 역사에 대한 김 위원장의 설명에서 논란이 될 것은 전두환 정부의 정책실패를 노태우 정부가 만회했다는 평가입니다. 경제학계의 통설과 반대이기 때문인데, 전두환 정부와 달리 노태우 정부의 경제정책은 별로 성과가 없었다는 것이 중론이거든요. 보건사회부 장관을 거쳐 경제수석으로 참여한 노태우 정부에 대한 애정 때문인 것 같고, 미국 모델을 주장한 김재익 수석이나 그 후임자인 사공일 수석과의 경쟁심도 작용한 것 같아요.

어쨌든 김종인 위원장의 입장도 '민주주의와 시장경제'로 집약할 수 있습니다. 또 민주주의를 위해서 의원내각제 개헌이 필요하고 시장경제를 위해서 경제민주화가 필요하다는 것이고요. 이 점에서 윤석열 총장과 김종인 위원장 사이의 친화성을 발견할 수 있는데, 시카고학파/오스트리아학파는 사회적 시장경제론자와 함께 모두 몽페를랭 협회에 속하기 때문이지요. 물론 윤 총장이 아직까지 의원내각제에 대한 입장을 밝힌 적은 없지만요.

4·7보선 그 후

5·21한미정상회담

『조선일보』의 보도에 따르면, 4·7보선 직후 미국 상원외교위원회가 '전략적 경쟁법 2021'에 대한 초당적 합의를 발표했습니다. 반면 『한겨레신문』은 보도하지 않았고요. 이 법안에 따르면, 첨단기술과 지역인프라 영역에서 한국의 지위는 일본·오스트레일리아의 지위에 미달하지요. 미국과의 동맹국(조약을 체결한 우호국)이면서도 쿼드에 참여하지 않아서인데, 심지어 쿼드에 참여한 제휴국(조약을 체결하지 않은 우호국)인 인도의 지위에도 미달하는 것 같아요.

『중앙일보』에 따르면, (미국+일본)과 (중국+북한)에 대한 호감도에는 50대 이하에서도 세대별로 큰 차이가 있습니다.

```
20대    66(=53+13) : 16(= 8+ 8)
30대    61(=52+ 9) : 20(=10+10)
40대    44(=39+ 5) : 25(=14+11)
50대    52(=42+10) : 29(=15+14)
```

역시 40대가 인민주의의 보루라는 사실을 알 수 있습니다. 386세대인 50대에 비해서도 미국, 특히 일본의 호감도가 낮거든요. 또 50대에 비해 30대는 미국의 호감도는 높은 대신 일본의 호감도는 비슷하고, 20대는 미국과 일본의 호감도가 모두 높아요. 반면 중국과 북한의 호감도는 50대가 가장 높고 40대, 30대, 20대 순으로 낮지요. 아울러 20대에서만 일본의 호감도가 중국이나 북한의 호감도보다 높다는 사실에도 주목할 필요가 있고요.

이미 설명한 것처럼, 4·7보선에서 국민의힘이 압승한 것은 부동층의 표심 역전에 따른 정권심판론 때문이고 정권교체론 때문은 아닐 것입니다. 국민의힘이 정권심판론을 정권교체론으로 심화하여 대선에서도 승리하려면 시진핑 주석의 '일국양제론'(One country, two systems)을 비판하여 2020년 재선에 성공한 차이잉원 총통을 벤치마킹할 필요가 있겠지요. 달리 말해서 친북-연중-비미-반일 성향인 문재인 정부의 안보전략에 대한 비판을 본격적으로 전개할 필요가 있다는 것이에요.

나아가 미중간 전략적 경쟁에서 부각된 자유민주정-민간자본주의인가 아니면 권위독재정-국가자본주의인가라는 쟁점도 적극적으로 제기할 필요가 있습니다. 문재인 정부의 친북-연중-비미-반일이라는 안보전략은 우연이 아니라고 할 수 있거든요. 물론 자식은 미국으로 유학을 보내고 자신은 일본에서 휴가를 즐기는 분열증적 행동을 보여주기도 했지만요. 하기야 러시아혁명 당시 '나는 러시아의 애국자다.(…)그러나 그곳에서 살고 싶지는 않다'는 동조자(fellow traveler) 링컨 스테펀즈의 고백도 있기는 했었어요.

그런 상황에서 드디어 5·21한미정상회담이 개최되었습니다. 정상회담의 성과로 문재인 대통령은 2018년 4월의 '판문점 선언'과 6월의 '싱가포르 공동성명'에 대한 존중을 들 수 있겠고, 바이든 대통령은 대만해협 및 남중국해에서 평화와 안정의 중요성에 대한 확인을 들 수 있겠지요. 반면 문 대통령은 대북제재 완화 대신에 북한인권 문제가 추가되면서 2019년 2월 하노이 노딜 이전 상황으로의 복귀가 불발한 것이 불만이겠고, 바이든 대통령은 한국이 쿼드의 중요성을 확인하면서도 여전히 불참 의지를 고수한 것이 불만이겠고요.

대신 4대 재벌이 반도체·전기차 등과 관련하여 400억달러의 대미 투자를 약속하면서 '안미경중'(안보는 미국, 경제는 중국)이라는 문재인 정부의 정책기조에서 이탈하여 '경제안보가 곧 국가안보'라는 바이든 정부의 정책기조에 화답했습니다. 1997-98년 경제위기 이후 중국에 대한 경제종속을 심화해온 재벌로서는 과감한 선택이었지요. 물론 미국에 대한 경제종속이 완화되어온 것은 아닌데, 노무현 정부가 한미자유무역협상을 타결했기 때문이에요.

　막대한 대미투자에도 불구하고 백신 스왑이 불발된 데 대한 논란이 국내에서 제기되기도 했습니다. 그러나 이미 정상회담 이전부터 바이든 정부는 쿼드 참여가 백신 협력의 조건이라는 사실을 분명히 했었어요. 스가 총리가 화이자 백신 5천만명분을 추가로 확보할 수 있었던 반면 문재인 대통령은 한국군 55만명분(실제로는 예비군과 군속 등까지 포함한 101만명분) 얀센 백신만 확보할 수 있었던 것은 이렇게 이해해야 할 문제이지요.

　코로나19와 관련된 문재인 정부의 최대의 실책이 백신과 관련된다는 사실의 방증으로 대만 문제에 주목할 수 있을 것입니다. 한국보다도 백신 접종률이 낮은 대만에서 5월 중순부터 누적확진자와 사망자가 급증했거든요. 물론 한국보다 사정이 양호하여 6월 초에도 1/10 수준에 불과했지만요. 미국 정부와 일본 정부가 대만 정부에게 백신을 기증했다는 사실은 백신 문제를 안보의 관점에서 접근하는 또 다른 증거라고 할 수도 있고요. 『조선일보』와 달리 『한겨레신문』이 대만 문제에 대해 보도하지 않는 것은 우연이 아니에요.

　결국 이번 한미정상회담이 문재인 정부의 친북-연중-비미-반일 정책의 변화를 시사하는 것은 아니라고 할 수 있습니다. 예를 들어 『한겨레신문』의 특별대담에서 문정인 교수 등이 '한미동맹과 한중파트너십[제휴] 병행'을 견지함으로써 '역대 한미정상회담 중에서 가장 성공적이었다'고 상찬한 것은 이런 의미였지요. 쉽게 말해서 바이든 대통령의 공세에 대해 문재인 대통령이 선방했다는 것이에요.

　중국이 '넘지 말아야 할 선을 지켰다'면서 '불장난은 하지 말라'고 촉구했던 것도 역시 같은 맥락으로 해석할 수 있을 것입니다. 물론 북한만은 막무가내로 억지를 부렸는데, 바이든 대통령의 대북정책을

'한갓 권모술수'라고 폄훼하면서 문재인 대통령에 대해서는 '비루한 꼴이 실로 역겹다'고 욕설을 퍼부었어요. 친북-연중-비미-반일 정책의 변화를 위해서는 역시 정권교체가 필수적이라고 할밖에요.

이른바 '이준석 현상'

그 와중에 국민의힘 당대표 경선이 치러졌고, 중진 의원들에 대한 반발로 이른바 '이준석 현상'이 발생했습니다. 1985년생 0선의 이 최고위원이 원내대표를 역임한 1960년생 5선의 주호영 의원과 1963년생 4선의 나경원 의원을 물리치고 국가의전서열 8위(부총리급)인 제1야당 대표로 당선된 것이지요. 4·7보선에서 오세훈 후보 캠프의 뉴미디어본부장으로 20-30대 부동표를 흡수하는 데 기여한 덕분인 것 같아요. 박근혜 대통령 탄핵에서 이 위원이 추종한 유승민 의원의 후원도 있었고요.

이준석 위원이 당선될 수 있었던 것은 일차적으로 나경원 의원과 주호영 의원의 후보단일화가 성사되지 못했기 때문입니다. 게다가 나 의원을 지지한 수도권 당원과 달리 영남권 당원은 주 의원 대신 이 위원을 지지한 것 같은데, 경선과정에서 이 위원 부친이 유승민 의원과 경북고 동기동창이라는 사실이 밝혀졌고, 나아가 이 위원의 조부가 대구에서 세무공무원 노릇을 한 사실도 밝혀졌던 탓이 컸던 것 같아요.

그러나 이준석 대표가 과연 내년 3·9대선에서 정권교체를 실현할 만한 역량을 갖추었는지에 대해서는 의문의 여지가 많을 수밖에 없습니다. 서울과학고를 졸업하자마자 하버드대학에서 유학한 까닭에 사회화에 문제가 있었던 것 같고, 게다가 정치인으로서 적절치 못한 오만방자한 언행도 문제가 될 수밖에 없기 때문이지요. 자칫하면 '길 닦아 놓으니 원님보다 개가 먼저 지나간다'는 격이 될지도 모르겠다는 걱정이 들었어요.

이준석 대표가 말하는 '공정한 경쟁'에 문제가 있다는 사실도 지적해두겠습니다. 그는 자신이 미국 유학에서 배운 '자유의 가치'로서 '정글의 법칙, 약육강식의 원리'를 강조하곤 했는데, 윤석열 총장이 생각하는 페어플레이와는 전혀 다른 것이지요. 게다가 하버드대학에서 경제학을 복수전공했다는 것도 의심스러운 대목인데, 이 대표가 말하는 공정한 경쟁은 하버드대학 경제학과 스타 교수인 맨큐의 신자유주의 경제학보다는 오히려 19세기 말 영국 사회학자 스펜서의 사회진화론과 친화성이 있기 때문이에요.

그가 말하는 정치인의 능력이라는 것도 그저 황당할 따름입니다. 정치이념이나 경제·외교·안보에 대한 식견보다는 오히려 컴퓨터나 스마트폰을 활용하는 기술적 능력이라는 의미 같거든요. 기술만능주의를 맹신하는 컴퓨터 프로그래머인 이 대표가 볼 때는 스마트폰커녕 핸드폰도 사용한 적이 없는 저 같은 사람은 '1도 배울 게 없는 꼰대'의 표본이겠지요.

그나마 다행스런 것은 이준석 현상이 계기가 되어 윤석열 총장의 정계 입문이 본격화되었다는 것입니다. 정진석 의원(공주), 권성동 의원(강릉) 등과 연쇄 회동하면서 정권교체 의지를 천명했지요. 또 국민의힘 입당을 시사했다는 설도 있는데, 만약 사실이면, 국민의힘 당원들에게 세대교체가 아니라 정권교체가 당면목표임을 망각하지 말라고 당부했던 셈이에요. 이준석 대표가 당선된 것을 보면 결국 '쇠귀에 경 읽기' 격이었지만요.

윤석열 총장이 연세대학교 국제학대학원의 모종린 교수를 만난 사실도 지적해두겠습니다. 와인개스트와의 공동 작업으로 유명한 모 교수는 『골목길 자본론』(다산3.0, 2017) 등에서 소득주도성장론과 K방역의 최대의 피해자인 자영업자와 소상공인을 지원할 수 있는 '골목길 경제학'을 제창한 바 있지요.

윤석열 총장은 국민의힘 당대표 선거 직전인 6월 초에 우당 이회영 기념관 개관식에 참석했습니다. 검찰총장에서 사퇴하고 3개월 만의 공개일정이었는데, 특히 우당 형제분을 빗대어 '곤혹한 망국(亡國, 나라가 쇠망의 위기에 처함)의 상황에서 노블레스 오블리주(Noblesse oblige, 엘리트의 책임)'를 거론했지요. 내년 3·9대선을 정권교체를 넘어 구망(救亡, 쇠망의 위기에 처한 나라를 구함)의 관점에서 바라본다는 취지였던 것 같아요.

이준석 대표는 취임하자마자 윤석열 총장에 대한 공세를 이어갔습니다. 이해찬 대표를 비롯한 여권 인사들이 애용하던 '발광체'가 아닌 '반사체', 쉽게 말해서 해가 아닌 달이라는 비유를 원용하여 윤 총장을 폄훼하면서 그 대신 경남 진해의 해군 집안 출신인 최재형 감사원장을 야권 대선후보로 영입할 수 있음을 시사한 셈이었지요. 나아가 우당 기념관 개관식에 참석한 것을 '아마추어 같은 티가 났던 기획'으로 비하하기도 했는데, 도대체 무슨 말을 하고 싶은 것인지 알다가도 모르겠어요.

이준석 대표의 공세에 대해 윤석열 총장은 즉각 '여야의 협공에는 일절 대응하지 않겠다'고 선언했습니다. 하기야 가족이나 학교에서 노블레스 오블리주나 구망에 대해 배운 적이 없을 이 대표에게 윤 총장이 무슨 할 말이 있겠어요. 또 학교를 졸업하고 사회에 나와서는 강용석 변호사와 이철희 의원을 따라다니며 종편에서 정치평론을 배운 이 대표에게 윤 총장이 무슨 할 말이 있겠어요.

이준석 대표의 언행을 보고 또다시 『사기』의 한신 장군 고사에서 나온 '척구폐요'(跖狗吠堯, 도척이 기른 개가 요임금을 보고 짖는다, 즉 악당의 졸개가 의인을 공격한다)라는 사자성어가 생각났습니다. 유승민 의원이 후원한 이준석 대표로 인해 정권교체에 실패할 것 같다는 생각이 들었기 때문인데, 사실 유 의원을 발탁한 사람이 바로 이회창 대표였지요. 민주자유당에서 민정계가 민주계를 견제하기 위해 이회창 대표를 영입하면서 문민화가 실패했다는 설명에 대해서는 『후기』를 참고하세요.

이준석 대표의 당선과 당선 직후의 언행을 보면서 국민의힘, 특히 영남권 의원과 당원은 정권교체를 바라지 않는다는 생각까지 들었습니다. 윤석열 총장이 당선되어 당의 중심이 기호권으로 이동하면 영남권의 기득권이 훼손될 수도 있다는 걱정이 앞서는 것 같아요.

선진7개국 정상회의 옵저버로 초청받은 문재인 대통령이 출국 직전 아마도 희색이 만면하여 '아주 큰 일을 하셨다. 우리 정치사에 길이 남을 일이다'라고 이 대표를 극찬한 것은 우연이 아니에요.

윤석열 총장에 대한 정치공작의 재개

윤석열 총장에 대한 여야 협공은 장성철 평론가가 이른바 '윤석열 X파일'을 공론화하는 지경에까지 이르렀습니다. 장 평론가는 25년 전 김영삼 대통령이 민자당을 개편한 신한국당의 당직자로 정계에 입문한 386세대 정치인이에요. 이부영 의원과 김무성 의원의 보좌관을 역임했던 그는 4·7보선에서는 비전전략실 위원으로 활동했지요. 그런 그가 X파일에 실체가 있다고 주장한 것이에요.

김무성 의원이 장성철 평론가와의 관련을 전면 부정하는 가운데 이준석 대표는 X파일 논란에 대해서 '아직 경거망동하기 어렵다'는 묘한 반응을 보였습니다. 윤 총장을 구할 수 있는 '금낭(비단주머니) 묘계'(錦囊妙計)가 있기는 한데, 그러나 윤 총장이 먼저 입당 조건을 수락해야 한다는 것 같아요. 조건이 무엇인지 알 수는 없으나 아마 20-30대나 영남인의 이익을 보장하라는 것이겠지요.

국민의힘 상임고문단과의 간담회에서 이준석 대표에 대한 비판이 제기되었다는 사실도 지적해두겠습니다. 이른바 '신민주계'(민정계 출신의 민주계)로 분류되기도 한 김종하 의원이 윤석열 총장에 대한 '삼고초려'(三顧草廬)의 필요성을 제기하고, 나아가 윤 총장에 대한 공세는 '자멸'이라면서 '자만과 경거망동'에 대해 경고했던 것이지요. 『한겨레신문』은 자세하게 보도한 반면 『조선일보』는 간략하게 보도했고 『중앙일보』는 전혀 보도하지 않았는데, 『조선일보』는 윤 총장과 이 대표에 대해 중립적인 반면 『중앙일보』는 윤 총장이 아니라 이 대표에게 친화적인 것 같아요.

이준석 대표는 『삼국지연의』의 애독자라고 하는데, 이과생답게 오독한 것 같습니다. 류짜이푸의 지적처럼, 간지와 모략만 배운 것 같거든요. 그가 아는 제갈량은 유비의 삼고초려에 대한 보답으로 그 아들 유선에게도 충성했던 '출사표의 제갈량'이 아닌 미리 앞을 내다보는 '금낭묘계의 제갈량'인데, 노신의 『중국소설사략』에 따르면, 이런 제갈량은 '지모가 많아 요괴에 가깝다'고 할 수 있지요. 또 이 대표가 말한 공정한 경쟁도 간웅(奸雄) 조조가 말한 '유재시거'(唯才是擧, 오로지 재능만 있으면 기용한다)와 대동소이한 것 같고요.

윤석열 X파일이 주로 장모와 부인 등 처가의 의혹과 관련된 출처 불명의 마타도어를 집성한 괴문서인 반면 검찰과 법원 등 사법부가 총동원된 일련의 수사와 재판도 진행되었습니다. 최강욱 대표 등의 고발과 추미애 장관의 수사지휘로 시작된 일련의 사건인데, 박범계 장관은 여전히 추 장관의 수사지휘를 고수하여 김오수 검찰총장을 '배제'하고 있어요. 또 송영길 대표는 윤석열 총장도 '경제공동체'의 일원으로서 연대책임을 져야 한다고 강변했고요. 마치 최순실 씨의 비리에 대해 박근혜 대통령이 연대책임을 졌던 것처럼요.

굳이 미국이나 프랑스의 관행을 언급하지 않더라도 대선을 앞둔 상황에서는 대권 주자에 대한 일체의 수사와 재판을 허용하지 않는 것이 공정과 상식에 부합하는 일일 것입니다. 그런 수사와 재판이 야당에 대한 여당의 정치공작에서 비롯된 것일 가능성이 농후하기 때문이지요. 윤석열 총장 일가에 대한 수사와 재판은 문재인 정부에 와서 정치문화가 소멸했다는 방증이기도 하고요.

윤석열 X파일과 윤석열 일가에 대한 수사와 재판을 둘러싼 논란이 제기되는 와중에 최재형 감사원장이 결국 임기 만료 6개월 전의 중도사퇴를 선언했습니다. 아직까지 대권 도전과 국민의힘 입당을 표명한 것은 아니었는데, 그러나 대통령 임기 2년 안에 의원내각제 내지 이원정부제 개헌을 추진하는 공약을 제시할 것이라는 관측이 제기되기도 했지요. 김무성 의원과 함께 민주계로 분류되는 정의화 의원이 최 원장의 영입을 추진했기 때문이라는 설이 있어요.

그런데 문재인 정부에 대한 비판에서 최재형 원장을 윤석열 총장과 비교하는 것이 어불성설이라는 사실은 아주 자명합니다. 문재인 정부 3년차 정책인 검찰개혁에 대한 비판에서 출발한 윤 총장은 1-2년차 정책인 소득주도성장과 북한비핵화, 좀 더 일반적으로 말해서 경제정책과 외교·안보정책으로 소급하여 자신의 비판을 심화하고 있는 중이지요.

반면 탈원전은 소득주도성장 등과 비견될 만한 실정은 아니었고, 최재형 원장은 탈원전 정책이 아니라 탈원전을 강행하기 위한 원전 경제성 평가 조작을 감사한 것이었으며, 나아가 윤석열 총장이 감사결과를 수사하는 과정에서 오히려 직접적 피해를 입었던 것입니다. 그래서 최 원장이 대권 도전을 위한 명분으로 뜬금없이 개헌이라는 새로운 쟁점을 제기하려는 것 같은데, 의원내각제 내지 이원정부제도 제왕적 대통령제에 대한 비판일 수 있어도 문재인 정부에 대한 비판일 수는 없어요.

마지막으로 문재인 정부의 정치공작에서 윤석열 총장의 부인이 '쥴리'라는 별명의 성매매여성이었다는 야만적 무고는 그런 '성적 폭력'(violence against women) 내지 '성적 괴롭힘'(sexual harassment)에 침묵한 여성운동권의 '의문의 1패'라는 사실도 지적해두겠습니다. 일본군위안부와 미군·국군·국민위안부, 안희정 지사의 성폭력피해자와 박원순 시장의 성폭력피해호소인을 구별하는 것에 그치지 않고, 이번에는 국민위안부보다 못한 쥴리는 아예 성폭력피해호소인 자격조차 없다는 셈이거든요.

『역사적 마르크스주의』에서 강조한 것처럼, 페미니즘의 시금석은 결혼의 뒷면인 성매매에 대한 인식인데, 여성주의를 페미니즘으로 혼동하는 여성운동권으로서는 이런 입장을 선택할 수 없을 것입니다. 그렇다면 『조선일보』 김윤덕 부장이 칼럼에서 전한 것처럼, '쥴리면 워떻고 캔디면 또 워떠서?(…)대통령 마누라는 뭐 성녀(聖女)로만 뽑는답디까?'라는 어떤 노파의 항변은 어떨까요. 사이비 기자였던 김의겸 의원이 주장한 것처럼, '그럼 아내를 버리란 말입니까?'라는 노무현 대통령의 항변과 구별해야 할까요. 윤 총장의 아내 사랑은 노 대통령의 아내 사랑과 품격이 다르다는 듯이 말이에요.

윤석열 총장의 대권 도전 선언

이런 상황에서 윤석열 총장이 대권 도전을 선언하게 되었습니다. 그가 선택한 날은 6월 29일이었는데, 현행 헌법에 의해 6공화국이 출범하게 된 계기라고 할 수 있는 6·29선언 기념일이었지요. '검찰에서의 제 역할은 [여기]까지입니다'라고 하면서 총장직을 사임한 지 4개월 만이었고요.

윤석열 총장이 선택한 장소는 매헌 윤봉길 기념관이었는데, 윤 의사와는 충남 출신 파평 윤씨 종친이라는 연고가 있습니다. 동시에 23세의 청년 윤 의사가 모친에게 보낸 편지가 새삼 주목될 수 있었는데, 광주항쟁 전후까지 노동자운동과 학생운동을 지도한 바 있던 이태복 선배가 발굴한 편지로 '부모에 대한 사랑보다 더 한층 강의(剛毅, 굳셈)한 사랑'인 '나라와 겨레에 바치는 뜨거운 사랑'이라는 구절이 특히 심금을 울렸지요. 또 윤 의사가 『백범일지』에서 비롯된 '행동대원 프레임'에서 벗어나 노블레스 오블리주를 실천한 사대부의 후예로 부활하는 계기가 되었고요.

윤석열 총장은 보름 동안 퇴고를 거듭한 3000여자의 선언문과 50여분 동안 기자들과의 질의·응답을 통해서 자신의 정치이념 내지 정책기조를 공표했습니다. 그는 소득주도성장을 비롯한 문제인 정부 4년의 실정을 총체적으로 비판하는 동시에 '부패하고 무능한 세력'의 '이권카르텔'과 '국민약탈', '기만과 거짓선동'으로 규정했지요. 또 자유민주주의와 국민을 지키려면 '법치/정의'와 '공정/상식'이 필수 불가결하다고 강조했고요.

윤석열 총장은 문재인 정부가 견지해온 안미경중도 비판했습니다. '외교·안보와 경제가 분리될 수 없는 하나가 되었다'는 것인데, 트럼프 정부가 바이든 정부로 교체된 이상 경제·외교·안보정책에서 친미인가 아니면 친중인가 양자택일이 불가피하기 때문이에요. 또한 위안부·징용노동자 문제와 경제·외교·안보 문제를 '교환'(grand bargain)하여 전자를 양보하는 대신 후자를 보장받자고 제안하기도 했습니다. 한미관계까지 악화시킬 요량이 아니면, 한일관계를 개선해야 하기 때문이에요.

나아가 성장과 복지의 관계에 대해서는 '지속가능성'의 관점에서 양자를 결합해야만 한다고 주장했습니다. 이준석 대표와는 달리 '연대와 책임'을 무시하는 '승자독식'에는 반대한다고 할 수 있는데, 아마도 아제몰루(애쓰모글루)가 주장하는 '포용적(inclusive) 자본주의'를 염두에 두고 있는 것 같아요. [실제로 9월 말 '대선 주자들의 내 인생의 책'에 대한 『조선일보』의 조사에서 윤석열 총장은 『국가는 왜 실패하는가』(2012; 국역: 시공사, 2012)를 꼽았다.]

이 날 국민의힘 비례대표 1번이자 윤봉길 의사의 손녀인 윤주경 의원을 비롯해서 정진석·권성동·태영호 의원 등 24명이 참석했는데, 윤석열 총장은 그들에게 '망가진 나라를 함께 바로 세우자'고 화답했습니다. 지도부의 만류로 불참한 의원도 있다고 하므로, 상당수의 국민의힘 의원이 윤석열 총장과 친화적이라고 할 수 있지요. 이준석 대표는 불참했는데, 그 직전에 '차도살인'(借刀殺人, 남을 이용하여 사람을 해친다), 쉽게 말해서 청부살인 격으로 입당을 허용한 '윤석열 저격수' 홍준표 의원(대구)의 행사에 참석해야 한다는 것이 그의 평계라면 평계였어요.

친이명박계 의원뿐만 아니라 친박근혜계 의원 일부조차 윤석열 총장을 지원하고 있는 중이라는 설도 있었습니다. 그렇다면 박근혜 대통령 탄핵에 찬성한 유승민 의원 등이 이준석 대표라는 천둥벌거숭이를 앞세워서 윤 총장을 반대한 셈인데, 정치판이 아무리 개판(狗咬狗, dog eat dog)이라고 해도 그 속내를 알 수가 없어요. 그러나 한두 가지 어림짐작을 해볼 수 없는 것도 아니겠지요.

먼저 윤석열 총장은 국민의힘 입당보다는 오히려 자유민주주의를 공약수로 한 반(反)민주당 '국민전선' 형성이 중요하다는 것이 지론이었습니다. 국민의힘 지지자뿐만 아니라 민주당에서 이탈한 진보층과 호남인 중에서도 지지자를 규합해야만 한다는 것이었지요. 그런 국민전선을 형성하지 못한 채 국민의힘에 입당한다면, 정권교체에 성공하더라도 단순히 집권당이 민주당에서 국민의힘으로 교체되고 지역기반이 호남에서 영남으로 교체되는 보수정권의 창출에 그칠 따름이거든요.

윤석열 총장은 물론 생각치도 않겠지만, 그의 지지표 중에는 제 한 표도 있을 것입니다. 언젠가도 고백한 것처럼, 단 한 번 선거정치에 참여한 적이 있는데, 1987년 대선에서 김대중 후보를 지지했던 것이지요. 그 후 김대중-노무현-문재인 정부로 이어지는 인민주의의 광풍에 휩쓸리지는 않았지만, 그러나 언젠가는 김대중 대통령을 지지한 데 대해 마르크스주의자로서 역사 앞에 사죄해야 한다고 생각해왔거든요.

반면 이준석 대표의 구상은 윤석열 총장과는 전혀 다른 것 같습니다. 먼저 정권교체보다는 오히려 세대교체를 강조하면서 20-30대 부동표의 흡수에 치중하는 것 같아요. 또 영남에서도 호남에서처럼 정치이념보다는 경제이익을 중시하는 이른바 '전략적 투표' 현상이 확산되고 있다는 사실에 주목하여 그런 부동표의 흡수에 주목하는 것 같고요. 물론 저로서는 이 대표가 염두에 두고 있을 유승민 의원이나 최재형 원장을 지지할 생각은 전혀 없어요.

윤석열 총장의 총장직 사임과 마찬가지로 대권 도전에 대해서도 제대로 분석하고 평가한 주요 일간지는 없는 것 같습니다. 『한겨레신문』은 '국정비전은 빈약'한 채 '표현은 듣기만 해도 섬뜩하다'고 폄훼하며 오히려 X파일에 대해 상세하게 보도했지요. 또 사설에서 '증오의 정치'를 부추길 따름이라고 규정했고요. 반면 『조선일보』는 역시 윤석열 총장과 이준석 대표 사이에서 중립을 고수하는 기사와 사설을 게재했어요.

그런데 『중앙일보』는 이준석 대표에 대한 지지를 분명히 하면서 「아이젠하워를 꿈꾸는가」라는 칼럼을 통해 윤석열 총장을 우회적으로 비판했습니다. 자회사인 JTBC를 통해서 박근혜 대통령 탄핵과 문재인 대통령 당선에 적극 협력한 전력에다 홍석현 회장이 최재형 원장의 경기고 선배라는 사실이 작용한 것이 아닌가 하는 생각까지

드는 대목이지요.

중앙일보의 칼럼은 윤석열 총장이 총장직을 사임한 직후에 『주간조선』의 칼럼에서 신지호 평론가가 제안한 바 있는 '아이젠하워 모델', 즉 미국판 삼고초려 모델을 비판한 것입니다. 위키피디아에 따르면, 아이젠하워의 대선 출마를 독려하기 위한 '영입운동'(draft campaign)이 전개되면서 '나와라 아이젠하워'(Draft Eisenhower)라는 구호가 채택되었다고 하지요. 이준석 대표가 당선되면서 아이젠하워 모델 내지 삼고초려 모델은 폐기된 것 같은데, 물론 최재형 원장에 대해 그렇다는 것은 아니고요.

윤석열 총장의 측근에서도 '마크롱 모델'을 고려하는 것 같습니다. 6월에 윤 총장에 대한 책이 두 권 더 출간되었는데, 연세대 경영학 박사 출신의 칼럼니스트인 천준 씨의 『별의 순간은 오는가』(서울문화사, 2021)의 결론이 그렇거든요. 윤석열 총장을 지지하는 전문가 포럼 '공정과 상식' 상임대표인 정용상 교수가 추천사를 쓴 이 책은 거의 30년에 걸친 윤 총장의 검사생활을 지인·친척의 취재를 통해 다양하고 충실하게 정리한 것으로 『구수한 윤석열』을 보완했다고 할 수 있겠지요.

또 한 권은 김창영 씨의 『윤석열을 부르는 대한민국』(따뜻한손, 2021)인데, 그는 『한국일보』와 그 자매지인 『코리아 타임스』의 기자 출신인 정치인입니다. 그런데 이 책은 DJP연합이 본래 자신의 구상이었다고 주장하는 노(老)정객이 자신의 정치평론을 위주로 하면서 윤석열 총장에 대해 논평을 한 것으로 내용은 별로 없어요. 물론 『윤석열의 진심』보다는 낫다고 할 수 있지만요.

대만이라는 벤치마크

윤석열 총장의 정치이념 내지 정책기조는 분명 시의적절한 것이었습니다. 7월 1일의 건당(建黨, 중국공산당 창건) 100주년 기념사에서 시진핑 주석이 '외세가 업신여긴다면, 머리가 깨져 피를 흘릴 것이다'

(外勢欺負, 頭破血流)라는 협박성 경고를 했거든요. 바이든 대통령에 맞서 자유민주정-민간자본주의에 대한 권위독재정-국가자본주의의 도전을 공언한 셈이었지요.

그런데 중국이 업신여김을 받았다고 해도 자업자득이라고 할 수밖에 없습니다. 『논어』에서 공자는 '삼가면 업신여김을 받지 않는다'(恭則不侮)라고 했는데, 『후기』에서 설명한 것처럼, 시진핑 주석은 등소평의 '도광양회'(韜光養晦, 힘을 기르면서 드러내지 않는다)를 폐기하고 중국몽, 특히 그 핵심으로 강군몽을 주창했어요.

김정은 위원장이 시진핑 주석에게 보낸 기념축전에서 북중동맹을 강조하면서 제국주의의 '단말마적 발악'에 함께 맞서자고 호응한 사실도 지적해두겠습니다. 제국주의를 '사멸하는 자본주의'(moribund capitalism)로 규정한 레닌을 흉내낸 것인데, 단말마란 임종의 고통을 의미하지요. 계급투쟁을 '머리를 때린다'(hit one on the head)고 비유한 레닌을 흉내낸 시진핑 주석을 따라서요.

『중앙일보』의 보도에 따르면, 하노이 노딜 이후 문재인 대통령에 대한 김정은 위원장의 분노에는 일리가 있는 것 같습니다. 외무성의 반대에도 불구하고 노동당 통일전선부가 문재인 대통령의 '중재자' 역할을 신뢰할 수 있다고 주장하여 김 위원장이 하노이 회담을 강행했다고 하거든요. 그런데 하노이 노딜 이후에 문 대통령은 '중개자'처럼 한 발을 뺐다는 것이에요. 하기야 문정인 교수조차도 중재자와 중개자를 혼동했던 것 같지만요.

말하자면 김정은 위원장은 문재인 대통령에게 반일에 버금가는 반미를 기대한 것 같습니다. 반면 마르크스주의도 주체사상도 공부한 적이 없는 문 대통령에게 혁명이란 '촛불혁명'처럼 서양의 카니발 같은 난장(亂場)이에요. 군대에도 갔다온 적이 없는 밀덕(밀리터리 덕후(おたく))인 이준석 대표에게 전쟁이나 '배틀'이 컴퓨터 게임인 것처럼요. 그래서 문 대통령과 이 대표는 '머리가 깨져 피를 흘리는' 혁명이나 전쟁·전투에 대해서는 잘 모르는 것 같아요.

아까 국민의힘이 정권교체에 성공하려면 시진핑 주석의 일국양제론을 비판한 대만의 차이잉원 총통을 벤치마킹하여 문재인 정부의 안보전략을 비판할 필요가 있다는 사실을 지적했습니다. 그러나 문제가 대외적 측면에 국한되는 것은 아닌데, 역시 7월 1일에 발표된 시론 Syaru Shirley Lin, "It Is Not Just China" (*China Leadership Monitor*, Summer 2021)를 참고하면서 대만에 대한 설명을 보충해 두겠어요.

린은 대만의 '실존적 위기'(existential threat)로 중국의 존재뿐만 아니라 대만 국내의 구조적 위기도 강조하고 있습니다. 구조적 위기의 사회경제적 측면은 저출산·고령화, 에너지과잉소비 등과 관련된 것이고, 그 정치적 측면은 정치적 양극화, 고립주의(parochialism) 등과 관련된 것이지요.

대만과 남한의 실존적 위기의 유사성은 자명한 것입니다. 중국의 존재와 북한의 존재가 유사하고, 저출산·고령화, 에너지과잉소비, 정치적 양극화가 유사하거든요. 그 중에서도 정치적 양극화란 문민화 이후 선거정치의 오작동으로 인한 컨센서스의 결여를 의미하는데, 대만보다 한국이 훨씬 더 심각하지요. '대만판 민족해방파' 같은 것은 존재하지 않기 때문이에요.

물론 차이도 있습니다. 대만에서 고립주의는 수동적 측면에서는 '하나의 중국'에 따른 외교적 배제의 귀결이면서 능동적 측면에서는 문민화 이후에 추진된 '본토화'(localization)의 귀결이지요. 그런데 고립주의가 중국의 존재와 상호 작용함으로써 대만의 실존적 위기를 더욱 심화시킨다고 할 수 있어요.

홍콩의 사례를 반면교사로 삼아 차이잉원 총통이 추구하는 안보전략의 핵심은 미-일과의 관계를 개선하여 고립주의를 국제주의로 대체하는 것입니다. 일차적 과제는 미국과 자유무역협정을 체결하고, 나아가 그 동맹국들과도 자유무역협정을 체결하는 것이지요. 반면 문재인 대통령은 친북-연중과 반일-비미를 추구해온 것이고요.

린이 바이든 정부에 제안하는 정책에서 백신 공급이 시발이라는 사실에 주목할 수 있습니다. 대만에서는 5월 중순부터 6월 중순까지 누적확진자와 사망자가 급증하여 7월 초에는 각각 15,000명과 700명을 돌파했고, 한국에서는 4차 유행이 시작되기 직전인 6월 중순에 누적확진자 15만명, 사망자 2000명이었지요. 한국과 비교할 때 대만에서 누적확진자는 여전히 1/10인 반면 사망자는 1/3로 급증한 데 주목할 수 있는데, 대만에 비해 한국의 보건의료체계가 그만큼 더 우수하기 때문이겠지요.

어쨌든 린은 백신 공급과 아울러 미국이 세계보건기구(WHO)의 최고의결기관인 세계보건총회(WHA)에 대만이 옵저버로서 참여할 수 있도록 지원해야 한다고 주장합니다. 나아가 자유무역협정 체결, 범태평양파트너십 가입, 인도-태평양전략 참여를 통해 국제적 지위를 복원할 수 있도록 지원해야 한다는 것이고요.

7월부터 코로나19의 4차 유행이 시작되었는데, 델타(인도형) 변이 바이러스가 확산되는 중에 백신이 부족하여 접종률이 낮았기 때문이라는 사실을 지적해두겠습니다. 활동적인 20-50대의 1차 접종률이 10%대(30대만 21%)였거든요. 신규확진자가 800명에 도달한 4월 말을 4차 유행의 정점으로 규정하지 않았던 이유는 분명치 않은데, 그러나 여러 가지로 한국과 유사한 일본은 올림픽을 두 달쯤 앞둔 5월 중순을 4차 유행의 정점으로 규정한 바 있어요.

4차 유행이 진행 중인 8월 초에 한국의 백신접종완료율은 15%로 경제협력개발기구 38개국 중 꼴찌였습니다. 5월에 가입한 코스타리카조차 16.7%였거든요. 게다가 세계평균치인 15.3%에도 미달했고요. 그러나 문재인 대통령은 선진국 제약사에 '휘둘리지 않게' 2022년에는 K백신을 상용화하고 2025년에는 백신생산 세계 5위를 달성하겠다는 뜬금없는 발언만 계속하고 있지요. [4차 유행이 세 달째 지속된 9월 말에 K방역의 피로감이 임계점에 이르면서 K방역을 단계적으로 해제하는 이른바 '위드코로나'가 공론화되기 시작했다.]

8월 15일 탈레반의 카불 입성은 린의 주장에 대한 방증이라고 할 수 있을 것입니다. 『2010-12년 정세분석』에서 지적했듯이, 2011년에 오바마 정부는 '태평양으로의 선회'(pivot toward/to the Pacific)를 선언하면서 2011년에는 이라크 철군을 완료하는 동시에 2014년에는 아프가니스탄 철군도 완료하겠다고 약속한 바 있지요.

그런데 2011년 이른바 '아랍의 봄'과 함께 부활한 이슬람근본주의의 도전에 대한 두 나라의 대응에는 차이가 있었습니다. 이라크는 시리아 내전을 기화로 득세한 이슬람국가(IS)를 패퇴시킨 반면 아프간은 결국 탈레반에게 굴복했기 때문이지요. 아프간의 탈레반정부도 미얀마의 군사정부처럼 친중이자 반미이므로, 대만과 한국도 아프간과 비슷한 처지인가라는 질문이 제기될 수밖에 없어요.

오바마 대통령에 이어 바이든 대통령에 와서도 미국은 더 이상 '세계경찰'(world's police)을 자임하지 않습니다. 그렇다고 트럼프 대통령처럼 미국우선주의를 주장하는 것은 물론 아니고요. 그래서 '동지적 국가들과의 연합'(coalition of like-minded nations)이라는 구호 아래 동맹·제휴관계의 개편을 추진하고, 그 토대로서 쿼드와 민주주의동맹을 설정하는 것이에요. 차이잉원 총통과 달리 문재인 대통령은 바이든 대통령의 구상에 대해서 거리를 두는 것 같은데, 5·21한미정상회담이 그 증거이겠지요.

이른바 '이준석 리스크'

이준석 대표가 20-30대를 대변한답시고 여성가족부·통일부 폐지, 5차재난지원금 전국민지급 등을 주장하자 한 달 만에 이준석 현상이 '이준석 리스크'로 반전되었습니다. 대선 국면에서 당대표의 역할을 망각하거나 아니면 이번 대선을 차기 대권 도전을 준비하기 위한 발판으로 삼으려는 계산인 것 같아요.

동시에 최재형 원장의 정치행보도 빨라졌습니다. 특히 부친 장례식의 다음날 상황실장으로 발탁된 김영우 의원은 최 원장이 '플랜 B가 아니라 A였어야 된다'고 주장했지요. '최재형 대세론'을 주장하면서 조기 입당을 주선하려던 것 같아요. 그러나 아무리 군인 집안에다가 개신교도라고 해도 삼우제를 지내고 3일 만에 그것도 대권 도전을 위한 그럴 듯한 명분도 없이 입당을 감행한 것은 결국 '이준석 일병 구하기' 때문이라는 생각이 들어요.

이준석 대표가 쌍수로 최재형 원장을 환영한 것은 물론입니다. 국민의힘 대통령후보 경선을 '비빔밥'에 비유한 바 있는 이 대표는 윤석열 총장을 고명인 '당근'으로 비하했는데, 최 원장이 '밥'이라고 강변한 셈이었어요. 또 윤 총장을 간접적으로 비판했던 서병수 의원을 경선준비위원장으로 임명했는데, 초선으로서 당대표 비서실장에 발탁된 서범수 의원이 그의 친동생이지요. 김용판 의원이 최초로 최 원장 지지를 선언했다는 사실도 아울러 지적해두겠어요.

이런 상황에서 윤석열 총장은 중앙선거관리위원회에 대선예비후보로 등록했습니다. 그 직전에 윤 총장은 『경향신문』과 장장 5시간에 걸친 인터뷰를 가졌는데, 개별 정책보다는 정치이념과 정책기조 같은 철학이 중요하다고 주장하면서 자유민주주의, 인권, 법치 등을 강조했지요. 물론 조국 사태, 추-윤 갈등, X파일 등에 대한 입장도 상세하게 설명했고요.

아울러 고등학교까지는 물리학이나 수학, 아니면 경제학을 공부하고 싶었고, 법대 진학 후에도 경제법이나 법경제론을 공부하여 교수가 되고 싶었다고 회고했습니다. 그러나 사법시험에 합격하지 못한 실력 없는 법대 교수가 되기는 싫어 사시를 준비했는데, 결국 9수를 한 탓에 교수의 꿈을 포기했다는 것이에요. 법대 교수도 사시에 합격해야 하는 것은 법학이 경제학 같은 에피스테메(이론적 지식)가 아니라 프로네시스(실천적 지식)이기 때문이지요.

송영길 대표는 자신은 한 번에 합격했다고 자랑하는데, 황당한 짓입니다. 사시 정원이 급증하지 않은 1970년대까지 서울법대에서는 수석입학과 달리 수석졸업은 별로 중요하지 않았고, 재학 중에 합격하는 이른바 '소년급제'나 졸업 후에는 수석으로 합격하는 '장원급제'가 자랑거리였지요. 최연소 합격자였던 고승덕 변호사나 여성 최초의 수석합격자였던 이영애 판사가 그 대표자였어요. 게다가 두 사람 모두 수석입학자는 아니었어도 수석졸업자였고요.

반면 윤석열 총장의 9수는 제퍼슨처럼 '경세가적' 법률가를 지향했기 때문이라고 해석할 수 있습니다. 제퍼슨은 1년이면 붙을 시험을 5년이나 공부했는데, 그 동안 법학 공부와 함께 정치학·역사학·문학, 심지어 물리학 공부를 병행했고, 나아가 바이올린도 연습했기 때문이에요. 윤 총장이 9수를 하게 된 자세한 사정은 역시 『구수한 윤석열』을 참고하는 것이 좋겠지요.

윤석열 총장은 광주와 대구를 방문하여 호남과 영남의 공약수로서 자유민주주의를 강조하기도 했습니다. 5·18민주묘지를 참배하고 '광주의 한을 자유민주주의[라는 국민적 가치]와 [광주·전남 지역의] 경제번영으로 승화시켜야 한다'고 주장했지요. 또 4·19의 도화선이 된 2·28민주운동을 위한 기념탑을 참배하고 대구는 본래 '[지역적] 기득권을 타파하고 국민의 권리를 중시하며 나라의 미래를 더 많이 생각하는 리버럴하고 진보적인 도시'라고 주장했고요.

반면 이준석 대표는 윤석열 총장에 대한 비판을 지속했습니다. 윤 총장도 안철수 대표처럼 '여의도 정치를 거부하는(…)잘못된 조언'을 따르고 있다는 것이었지요. 그러나 윤 총장은 '여의도 정치가 따로 있고 국민의 정치가 따로 있나'라고 반박했는데, 국민의 정치와 괴리된 여의도 정치, 특히 이준석 대표가 지향하는 특정 세대와 지역에 기반하는 정치를 비판하려는 의도였어요.

동시에 정진석 의원은 정권교체 투쟁의 '선봉'으로서 4·7보선 승리의 제일 요인은 윤석열 총장이라고 역설했습니다. 또 권성동 의원은 이 대표가 친여 성향의 '정치평론가' 같은 발언을 한다고 비판했고, 장제원 의원은 이준석 리스크를 우려하며 '자기정치'를 중단하라고 요구했고요.

지난 대선에서 드루킹을 사주하여 여론을 조작한 혐의가 유죄로 인정되어 김경수 지사의 징역 2년형이 확정되었다는 사실도 지적해 두겠습니다. 네이버와 다음 같은 대형 포털사이트를 대상으로 할 때 김경수-드루킹 여론조작은 국정원 여론조작의 100배에 달하는 규모였지요. 특검에서 기소한 지 3년 만에 형이 확정되었는데, 1년 안에 확정하는 것이 원칙이었으므로 김명수 대법원장 산하 법원으로서도 더 이상 사정을 봐줄 수만은 없었던 것 같아요.

김경수-드루킹 여론조작은 문재인 대통령의 '정통성'을 훼손하는 일대 사건이었습니다. 그래서 윤석열 총장이 특검 연장과 수사 재개를 주장한 것이었지요. 그러나 이준석 대표는 '특검을 특검하라'는 주장일 따름이라는 엉뚱한 논리로 반대를 했는데, 윤 총장과 비교할 때 문 대통령에 대해서만은 유독 비판을 자제하는 것이 이 대표의 특징이라면 특징이에요.

김경수 지사의 유죄가 확정되자 '안이박김'이 아니라 '안오박김'이 완성되었다는 주장이 제기되기도 했습니다. 이재명 지사 대신 오거돈 시장이 들어가야 한다는 것인데, 그러나 여전히 안이박김이 맞을 수 있지요. 사자성어 흥망성쇠에서 그 순서가 흥(rise)-성(advance)-쇠(decline)-망(fall)인 것처럼 안이박김에서도 안희정-박원순-김경수-이재명의 순서일지 모르거든요. 게다가 오거돈 시장이 민주당 대권주자로 거론된 적도 없고요.

윤석열 후보의 전격 입당

비대위 시절 김종인 위원장의 측근으로 활동하다가 윤석열 후보 '국민캠프' 대변인으로 발탁된 김병민 위원에 따르면, 이준석 대표와 윤석열 후보의 갈등은 결국 추미애 장관과의 갈등에 비유되는 지경에 이르렀습니다. 이 대표도 추 장관처럼 윤 후보를 자신의 '부하'로 간주한다는 것 같아요. 하기야 자기는 부총리급이므로 장관급이던 윤 후보를 그렇게 하대할 수도 있겠지요.

그런 와중에 국민의힘 현역의원 103명 중 40명과 원외당협위원장 142명 중 72명이 윤석열 후보의 입당을 촉구한다는 형식으로 그를 지지하는 성명을 발표하게 되었습니다. 이렇게 당심의 거의 절반에 가까운 지지를 확보하고서 대권 도전 한 달 만에 윤 후보가 캠프의 상황실장인 장제원 의원을 대동하고 전격적으로 입당을 결행했지요.

윤석열 후보의 입당 직후에 최재형 원장도 대권에 도전했습니다. 그러나 문재인 정부를 비판한 윤 후보와 달리 '국민통합'을 강조했다는 점을 빼고는 별다른 내용이 없었어요. 그 대신 군부독재 시절의 전통에 따라 애국가를 4절까지 제창하는 가풍을 고수한다는 군인 집안 출신답게 대권 도전을 선언하면서 애국가를 독창하는 모습이 이채로웠지요. 민주당 일각에서 제기된 '국가주의자'가 아닌가라는 비판에 대해서는 아랑곳없는 것 같았고요.

    입당 직후 한국갤럽조사에서 윤석열 후보의 지지율이 하락했다는 사실에도 주목할 필요가 있습니다. 윤 후보의 지지율은 2020년 10월 말 국정감사 이후 10% 안팎을 유지하다가 2021년 3월 초 검찰총장 사퇴 직후 25% 수준으로 급등했지요. 5월 초와 6월 초에 20% 수준으로 하락한 지지율은 대권 도전 직후인 7월 초에 25% 수준을 회복했다가 입당 직후인 8월 초에 또다시 20% 수준으로 하락했고요.

    5-6월에 윤석열 후보의 지지율이 하락한 것은 문재인 대통령의 지지율 상승과 관련이 있습니다. 4월에 30% 안팎을 유지하던 문 대통령 지지율이 5월부터 회복하면서 6월 이후에는 40% 안팎을 유지했거든요. 또 8월의 하락은 민주당 경선의 컨벤션 효과, 최재형 원장의 입당 등과 관련이 있었고요.

    그런데 8월 윤석열 후보의 지지율 하락이 대체로 이낙연 총리의 지지율 상승과 관련된다는 사실에 주목할 필요가 있습니다. 윤 후보와 이 총리의 지지층이 상당 부분 중복된다는 방증이기도 한데, 윤 후보의 지지자 중에 민주당에서 이탈한 진보층과 호남인의 일부가 이 총리 지지로 복귀했기 때문이겠지요. 또 국민의힘 지지자 중에서 최재형 원장 지지로 변심했던 경우도 있을 것인데, 다만 그 비중은 대단치 않아요.

    이미 지적한 것처럼, 윤석열 후보가 대선에서 승리하려면 국민의힘만으로는 부족하고 진보층과 호남인을 포함하는 국민전선을 형성할 수 있어야 할 것입니다. 입당 직전 윤 후보에 대한 후원금 27여억 원 모금이 단 20시간 만에 마감되었다는 것은 우연이 아니었는데,

당시 거의 한 달이 지난 이낙연 총리나 보름이 지난 이재명 지사는 모금을 마감하지 못했거든요. 저도 생전 처음 정치인을 후원했는데, 국민의힘 전격 입당에 실망했으면서도 여전히 윤 후보가 국민전선 형성을 포기하지 않으리라는 기대는 남아 있어요.

윤석열 후보 캠프에 측근 몇 명을 보내준 김종인 위원장도 국민의힘 전격 입당은 찬성하지 않았던 것 같습니다. 물론 김 위원장도 윤 후보에 대한 기대를 버리지는 않았을 것 같은데, 박근혜 대통령과 문재인 대통령의 당선을 도운 일을 속죄할 수 있는 길은 윤 후보의 당선을 돕는 것밖에 없거든요.

4·7보선 직후에 장제원 의원이 김종인 위원장을 '거간정치인'이라고 비판한 적이 있는데, 어폐가 있습니다. 'political entrepreneur'를 번역한 말인 것 같은데, '정치기획자'라고 하는 것이 더 낫겠지요. 내년 3·9대선이 정치기획자 내지 킹메이커로서 김 위원장의 능력이 발휘될 수 있는 마지막 기회이겠고요.

그런데 이준석 대표는 윤석열 후보의 지지율 하락을 자기정치를 지속할 수 있는 절호의 기회로 간주하는 것 같습니다. 당장 대선이 실시되면 '5%포인트 차이로 패배'할 것이라고 발언했거든요. 20-30대의 지지가 필수적이고 영남에서의 지지도 회복해야 한다는 취지였는데, 쉽게 말해서 자신의 역할이 결정적이라는 주장이에요.

그런 와중에 지난 3월 윤석열 후보가 검찰총장을 사임한 직후에 유튜브채널 '매일신문프레스18'에서 이준석 대표의 발언이 종편에 공개되었습니다.

> 나는 대통령 만들어야 될 사람이 있다니까. 유승민!(…)내가 당권을 잡을거야. (…)[그런데 김태현 변호사가] 너 이러다가 윤석열 대통령 되면 어떡하냐 이렇게 얘기하더라고. 지구를 떠야지!(폭소)

물론 당대표에 당선된 직후부터의 언행이 모두 윤석열 후보의 낙마와 유승민 의원의 당선을 위한 것만은 아니고 이번 대선의 승패와는 무관하게 차기 대권 도전을 준비하는 것이기도 하겠지만요.

급기야『중앙일보』도 이 발언을 공개하고「이준석의 목표는 정권교체인가 자기장사인가」라는 사설로 이준석 리스크에 주목했습니다. 문재인 대통령 아닌 윤석열 후보의 비판에 몰두해온 이 대표에 대한 지지를 철회하려는 것 같은데, 최재형 원장에 대한 지지율이 답보상태라는 사실과도 무관하지만은 않겠지요.

게다가 원희룡 지사도 개입했는데, 최재형 원장과 함께 '이이제이'(以夷制夷) 격으로 이준석 대표에게 이용당했음을 뒤늦게 깨달았기 때문이었습니다. 『중앙일보』의 인터뷰에 따르면, 이 대표가 윤석열 후보에 대한 불만을 토로하면서 '곧 정리된다'고 발언했는데, 발언의 맥락으로 볼 때 홍준표·유승민 의원 등과의 토론을 통해 낙마할 것이라는 의미로 해석할 수밖에 없다는 것이었지요.

『조선일보』는 여전히 중립을 지키는 상황에서『한겨레신문』조차 이준석 대표에 대한 비판을 제기하기 시작했습니다. 이준석 위기의 원인은 이준석이라면서 조연 아닌 주연이 되려는 '자기정치의 과잉', 달리 말해서 대선 이후 입지까지 염두에 둔 '발광체 행보'가 위기의 원인이라는 것이었지요.

결국 이준석 대표는 경선준비위원장 서병수 의원을 선거관리위원장으로 임명하려던 계획을 포기하고서 정홍원 총리를 추대할 수밖에 없었습니다. 물론 '[경선버스의] 운전대를 뽑아가고, 페인트로 낙서하고, 의자를 부수는 상황'이라면서 앙앙불락하기도 했지만요. 내년 3·9대선에서 운전자(driver, 지휘·통제자) 내지 중재자(arbiter, 심판자), 즉 헤게몬의 역할을 하지 못하게 된 것이 못내 분한 것 같아요.

윤석열 후보에 대한 정치공작의 새로운 단계

이준석 대표가 이선으로 물러나자마자 이른바 '역선택'(adverse selection) 방지 조항을 둘러싸고 논란이 제기되었습니다. 경준위는 그런 조항을 도입하지 않겠다는 입장이었던 반면 선관위는 도입을 검토하겠다는 입장이었지요. 물론 이준석 대표와 친화적인 홍준표·

유승민 의원이 경준위 입장을 지지했던 반면 윤석열 후보가 선관위 입장을 지지했고요.

역선택이란 본래 경제학적 개념으로 '악화가 양화를 구축한다'는 그레샴의 법칙을 일반화한 것입니다. 시장에서 판매자가 구매자를 속이는 '부정행위'(misbehavior) 때문에 불량품이 선택되고 우량품이 도태되어 '불량품만 유통되는 시장'(lemon market)이 형성되면, 결국 시장 자체가 붕괴할 수밖에 없다는 개념이에요.

역선택 개념을 안다면, 역선택을 둘러싼 논란이 곧 정권 교체를 둘러싼 논란임을 알 수 있습니다. 쉽게 말하자면 윤석열 후보로도 정권 교체가 역부족일 수 있는 상황에서 유승민 의원은 물론 홍준표 의원으로 정권 교체가 가능할 리 없거든요. 역선택을 인정하고 홍 의원이나 유 의원을 후보로 선택하는 것은 정권 교체 대신에 정권 유지 또는 기득권 유지를 선택하는 것이라고 할 수밖에 없어요.

따라서 역선택을 민주당 지지자가 국민의힘 경선에 개입하는 현상으로 국한할 수는 없습니다. 국민의힘 지지자 중에서도 역선택을 할 수 있거든요. 이준석 대표 지지자가 홍준표·유승민 의원을 지지할 수 있다는 것인데, 그럴 경우 3·9대선에서 국민의힘은 양두구육(羊頭狗肉, 양머리를 내걸고 개고기를 판다) 전략을 구사하게 되는 셈이지요. 달리 말해서 정권 교체를 내걸고 기득권 유지를 꾀한다는 것이에요.

이런 맥락에서 역선택을 역진화(reverse evolution)로 해석할 수 있습니다. 진화에 적합한 적자(the fittest)를 선택하는 것이 아니라 오히려 도태시킴으로써 퇴화(devolution)가 발생한다는 것이에요. 자연계에서는 물론 역선택과 역진화란 존재할 수 없는데, 자연선택이 작용한 결과가 곧 적자생존이거든요. 반면 인간계에서는 역선택과 역진화가 발생할 수 있는데, 예를 들어 선거정치의 오작동으로 인해 민주정이 인민정으로 타락할 수 있기 때문이에요.

역선택 논란의 와중에 윤석열 후보가 전태일 열사의 분신 장소에 세워진 동상을 참배한 사실도 지적해두겠습니다. 열사의 어머니인

이소선 여사가 열사가 찾던 그 '대학생 친구'였다고 인정한 바 있는 장기표 선배와 함께였는데, 그는 '민주노총의 기득권'을 비판하면서 '민주노총의 혁파 등을 위한 노동개혁'이라는 점에서 '윤석열 후보에 대한 기대가 크다'고 역설했지요.

역선택 문제와 함께 윤석열 후보에 대한 정치공작이 새로운 단계로 접어들었다는 사실에도 주목할 수 있습니다. 친유승민계인 김웅 의원발 이른바 '고발 사주' 의혹이 그것인데, 작년 4·15총선 직전에 검찰총장이었던 윤석열 후보가 검찰 출신으로 국민의힘 후보였던 김 의원을 통해 국민의힘으로 하여금 최강욱 대표 등 여권인사들을 고발하도록 사주했다는 황당한 내용이었지요.

9월 초에 신생 인터넷신문 『뉴스버스』가 이런 의혹을 보도하자 사건이 일파만파로 확대되었습니다. 마치 김대업 씨가 신생 인터넷신문 『오마이뉴스』를 통해 2002년 대선에 개입하여 노무현 대통령의 당선에 기여했던 정치공작을 연상시킬 수밖에 없었거든요. 다만 김 씨는 처음부터 공개적으로 의혹을 제기했다는 차이가 있었지만요. 사건의 복잡다단한 전개과정에 대해서는 나무위키를 참고하세요.

『뉴스버스』에 이어 예의 『한겨레신문』도 개입하여 고발장 전문을 보도했습니다. 그런 와중에 김웅 의원이 기자회견을 통해 제보자의 신원을 밝히려 하자 대검이 개입하여 제보자를 공익신고자로 인정하여 신원을 밝힐 수 없도록 조처했고요. 그러나 국민권익위원회가 대검의 조처를 월권이라고 비판하면서 제보자로 추정·지목되었던 조성은 씨가 예의 JTBC와의 인터뷰에서 스스로 신원을 밝혔는데, 첫 보도부터 불과 8일 만이었어요.

1988년생으로 대구 출신 여성 정치인인 제보자 조성은 씨는 2년 주기로 계보를 바꾼 전력이 있습니다.

2014년 지방선거에서 박원순 시장에 의해 발탁되어 민주당에서 활동
2016년 국민의당에서 천정배 의원 계보로 활동
2018년 민주평화당에서 박지원 의원 계보로 활동
2020년 4·15총선에서 유승민 의원 계보로 국민의힘에 입당

이번 제보가 2022년 3·9대선을 계기로 민주당으로 복당하기 위한 준비작업이라는 설이 제기되는 것은 이런 전력 때문이겠지요.

어쨌든 이런 상황에서 공수처가 수사에 착수하여 윤석열 후보를 직권남용 등 4개 혐의로 전격 입건하는 동시에 참고인 김웅 의원에 대한 압수수색을 강행했습니다. 곧이어 검찰과 경찰도 수사에 개입했고요. 대선 6개월을 앞둔 시점에 윤석열 후보에 대한 기존 6건의 수사가 10여건으로 확대되어 공수처·검찰·경찰 등 관계기관 전체가 총동원되는 헌정사상 초유의 사태가 발생한 것이에요.

압권은 물론 국가정보원의 개입 의혹입니다. JTBC 인터뷰 1시간 후에 TV CHOSUN이 조성은 씨가 박지원 국정원장과 8월 중순에 롯데호텔의 일본식당에서 만났다는 사실을 보도했던 것이지요. 조 씨가 페이스북에서 '역사와 대화하는 순간(들), moment(s) talking to history'라면서 박 원장과 1인당 20만원짜리 식사를 했다고 자랑한 사실이 취재를 통해 밝혀졌던 것이에요.

조성은 씨와 공적·사적으로 밀접한 '특수관계인'이라고 할 수 있는 박지원 원장이 개입했다는 의혹이 제기되면서 '고발 사주' 의혹이 '제보 사주' 의혹으로 반전되는 동시에 정치공작이 새로운 단계로 발전했다는 의혹이 제기된 아주 극적인 순간이었습니다. 전날 김여정 당중앙이 한미연합훈련을 비판하며 남북통신연락선을 차단한 상황인데도 박 원장이 국정원의 안가가 있는 롯데호텔에서 조 씨를 만나 한가로이 정담만을 나눴다는 것을 믿을 멍청이는 없거든요. 게다가 제보를 상의한 정황 증거는 차고 넘치고요.

조성은 씨가 『뉴스버스』 보도 직전 미국으로 출국할 계획이었고, 이 문제도 재차 롯데호텔에서 박지원 원장과 상의했던 것 같습니다. 그래서 조 씨가 윤지오 씨를 연상시킨다는 비판이 제기되기도 하는 것인데, 알다시피 윤 씨는 문재인 대통령을 비롯해서 민주당 안민석 의원, JTBC 손석희 앵커의 후원으로 이른바 '장자연 사건'의 증인을 자처하면서 사기행각을 벌이다가 그 정체가 탄로나기 직전 캐나다로 도주한 고 장자연 씨의 동료 연예인이지요.

'고발 사주' 의혹이 '제보 사주' 의혹으로 반전되자 박지원 원장은 '잠자는 호랑이 꼬리를 밟지 말라'고 협박했습니다. 그러나 국민의힘 최고위원인 김재원 의원은 '겁먹은 개가 짖는 법'이라고 반박했지요. 또 홍준표 의원은 '고발 사주' 의혹이든 '제보 사주' 의혹이든 '후보 개인의 문제에 당이 말려들어서는 안 된다'는 입장을 견지했고, 홍 의원과 비슷한 입장이었던 유승민 의원은 '고발 사주' 의혹이 '제보 사주' 의혹으로 반전되자 그런 입장을 철회했고요.

민주당 지지층과 이준석 대표 지지층의 역선택 덕택으로 윤석열 후보의 추격에 성공할 수 있다고 자만한 홍준표 의원은 TV CHOSUN 에서 열린 첫 토론회에서 윤 후보가 '조국만 처벌하면 되는데 조국 일가를 도륙했다'는 등 '보수 진영을 궤멸시키는 데 앞장섰다'는 등 억지를 부렸는데, 진영에 상관없이 법을 집행하는 법치주의에 대한 몰이해를 고백한 셈이었지요. [원희룡 지사와 달리 이준석 대표에게 끝까지 충실했던 최재형 원장은 결국 2차 컷오프에서 탈락한 다음 홍준표 의원에 대한 지지를 선언했다.]

토론회를 통해 이준석 현상의 원인이었던 국민의힘 중진의원의 실체가 드러났습니다. 홍준표·유승민 의원 등에 대한 '비호감'(dislike) 을 넘어서 '역겨움'(disgust)을 실감할 수 있었거든요. 물론 대안으로 부상한 이준석 대표가 그들보다 낫다고 할 수도 없겠지만요. 조국 교수와 윤석열 후보만 없었더라면 이해찬 대표가 장담했듯이 50년 장기집권을 통한 북한과의 연방제통일은 '따놓은 당상'이었어요.

마지막으로 윤석열 후보를 꼰대로 오해하는 20-30대에게는 혹시 SBS의 『집사부일체』가 도움이 될지도 모를 것 같습니다. 추석 연휴 직전에 '인생의 물음표가 많은 청춘들이 사부님의 라이프스타일대로 (…)살아보는 인생과외'라는 캐치프레이즈를 내건 예능프로그램에 출연한 윤 후보가 이승기 씨 등의 출연진에게 김치찌개, 달걀말이, 불고기를 직접 요리해 대접하면서 랩을 하고 노래도 부르는 소탈한 모습을 보여줘 윤 후보에 대한 선입견을 깨는 데 크게 기여했지요. 그래서인지 『오마이뉴스』조차 상세하게 보도했고요.

그 밖의 다양한 사건·사고

윤석열 후보의 이른바 '설화'도 논란이 되었는데, 실은 말꼬리를 잡거나 말귀를 못 알아들어 트집을 부리는 짓이라고 할 수 있습니다. 먼저 『매일경제』와의 인터뷰에서 나온 '한 주에 52시간이 아니라 120시간이라도 일해야 한다'는 발언과 '없는 사람은 부정식품이라도 먹어야 한다'는 발언이 문제였는데, 전자는 예외적으로 변형근로제를 인정해달라는 스타트업(신생벤처기업) 청년들의 요구를 전달하려는 취지였고, 후자는 저소득층을 위해서는 불량식품이 아닌 한 식품에 대한 규제를 완화해야 한다는 취지였지요.

또 『부산일보』와의 인터뷰에서 나온 '후쿠시마 원전 자체가 붕괴된 것은 아니다. 그러니까 방사능 유출은 기본적으로 안 됐다'는 발언의 취지는 방사능 유출이 인재가 아닌 자연재해라는 데 있었습니다. 단적으로 말해서 후쿠시마 원전사고와 체르노빌 원전사고에서 결과가 아닌 원인의 차이를 지적했다는 것이에요. 결과적으로는 당연히 방사능이 유출되었고, 만일 유출되지 않았다면 원전사고라고 부를 필요도 없었겠지요.

국민의힘 초선의원들과의 간담회에서는 '건강한 페미니즘'이라는 발언이 있었는데, 그 취지는 페미니즘을 인민주의적으로 악용해서는 안 된다는 것이었습니다. 특히 페미니즘을 여성주의와 혼동하면서 남녀간 갈등과 결혼 회피를 조장함으로써 심지어 저출산의 원인이 될 수도 있다는 경고였지요.

마지막으로 경북 안동대학 학생들과의 간담회에서 '손발노동은 아프리카나 하는 것'이라고 발언했는데, 단순노동을 통한 수출산업은 한국에서 중국과 인도를 거쳐 아프리카로 넘어가고 있다는 취지였습니다. 20-30대 일각에서 후진국에서 중진국을 지나 선진국으로 진입하고 있다는 K경제에 대한 자신이 지나쳐 한국이 일본은 물론이고 유럽마저 추월하고 있다는 망발까지 횡행하는 상황을 고려한 '영합성' 발언이기도 한 것 같고요.

윤석열 후보의 설화를 직업병이라고 생각할 수도 있을 것입니다. 본인이 해명한 것처럼 판검사나 변호사, 아니면 그에 준하는 지식인 같은 엘리트를 상대로 논쟁하고 설득하던 윤 후보가 갑자기 대중을 상대로 발언하는 것이 어려울 것은 사실 당연한 일이에요. 비유하면 대학생을 가르치다가 초등학생은 물론이고 중고등학생을 가르치는 것이 쉬운 일은 아닌 것처럼요.

하기야 요즘은 대학생을 가르치는 것도 쉬운 일은 아닙니다. 1980년대에는 제 강의를 정리해서『한신학보』에 기고하는 학생도 있었는데, 아깝게 요절한 철학과 이병준 군이 그런 경우였지요. 이 군의 논문을 이병천 교수에게 보여주었더니 정식으로 잡지에 발표해도 좋겠다고 격찬했지요. 그러던 제가 정년을 앞두고 자칭 노동자의힘/변혁당 계열이라는 총학생회 때문에 학내외적으로 망신을 당할 줄은 꿈에도 몰랐어요.

제가 35년을 봉직해온 한신대의 명예교수직을 사양한 데는 이런 사정이 있었습니다. 나아가 서울대 조교직을 포함 42년의 교원 경력에 대한 근정훈장을 사양하면서 이렇게 사유를 소명했지요.

> 40여년 동안 교직에 있으면서 교육의 발전을 위해 기여한 바가 없습니다. 그렇다고 해서 사회와 국가의 발전을 위해 기여한 바가 있는 것도 아닙니다. 따라서 정부포상을 사양하는 것이 지식인으로서 최소한의 양식이라고 판단하였습니다.

지난 봄에 타계한 일본의 저널리스트 겸 평론가 다치바나 다카시 등의『스무 살, 젊은이에게 고함』(2011; 말글빛냄, 2012)에도 잠시 주목하겠습니다. 2010년의 도쿄대 특강록 등을 수록한 것인데, 이 책을 읽고서 이런 강사와 학생이 존재하고 이런 저자와 독자가 존재한다는 사실이 30년 장기불황을 견뎌낸 일본의 저력을 상징한다는 생각이 들었거든요.

다치바나는 '내 죽음이 보이기 시작하고' '내 인생을 되돌아보고 싶은' 70세에 '세상물정을 모르고' '아이들처럼 욕구불만을 폭발시키는'

20대에게 '어드바이스와 힌트'를 줍니다. 나아가 일본정치를 특징짓는 '세계의 역사와 지리의 중요성에 대한 무지'를 개탄하면서 마치 2차 세계전쟁 전야처럼 '복잡하고 기괴하기까지 한' 국제정세에 직면한 일본의 국민에게 1945년의 원폭투하와 패전 같은 '국가적 대재앙'이 임박했다고 경고하고 있고요.

일본에서 베토벤의 9번 교향곡 『합창』이 '다이쿠'(第九)로 대중화된 사실에도 주목해두겠습니다. 『일반화된 마르크스주의 개론』에서 '베토벤의 세계음악'을 설명하면서 일본에서는 『합창』 교향곡 연주를 위해 아마추어 오케스트라를 조직한다고 했는데, 그런 것까지는 아니고 아마추어 합창단을 조직한다고 하네요. 자세한 설명은 이경분 교수의 「베토벤 9번 교향곡의 일본화」(『음악과 문화』, 38호, 2018)를 참고하세요.

1980년대 일본에서 대중이 단순한 청중이 아니라 합창에 참여하면서 '듣는 다이쿠'에서 '부르는 다이쿠'로 진화한 배경은 경제성장이었습니다. 포스트모더니즘의 광풍에 휩쓸리는 대신 교양과 문화를 통한 자기실현을 추구한 셈이지요. 이경분 교수처럼 '순복음교회나 통일교 같은 사이비 종교' 현상이라고 비판할 수는 없다는 것이에요. 굳이 비교한다면 '시민종교'(religion civile, 루소) 현상이라고 해야겠지요. 이 교수의 편견은 고전주의적 대중음악을 모더니즘적 전위음악이 대체했다는 부당전제 때문인 것 같은데, 양자의 관계에 대한 자세한 설명은 『문학 비판』을 참고하세요.

예를 들어 도쿄 인근의 중소도시 후나바시의 경우 10-20대와 30-40대가 합창단을 반분했다고 합니다. 이것을 평균적 사례로 간주한다면, 30년이 지난 2011년에 동일본 대진재(大震災)가 발생했을 때 40-50대와 60-70대가 된 그들이 일본사회의 붕괴를 막는 지주 역할을 했다고 할 수 있겠지요. 역시 30년 장기불황을 견뎌낸 일본의 저력에 대한 철저한 연구가 필요하다는 생각이 들어요.

어쨌든 일본과 비교할 때 한국과 대만은 '실존적 위기'에 당면한 처지입니다. 또 윤석열 후보가 차이잉원 총통 같이 국민의 지지를 받아 대권 도전에 성공할지도 아직까지 불확실한 상황이고요. 먹는 것과 노래하는 것 말고는 일류가 있다는 사실을 인정하지 않는 풍속과 세태 때문인데, 법조계나 의료계에도 돌팔이 내지 사기꾼이 출몰하는 차에 '현대경세학으로서 경제학'이 존재이유를 인정받는 것이 쉬운 일은 아니겠지요.

『한겨레신문』 칼럼에서 문정인 교수는 아프간 군대와 달리 한국 군대는 '유령군대'나 '깡통군대'가 아니라고 주장했습니다. 그러나 문 교수가 한국 군대에 대해 언급하는 것 자체가 파렴치한 짓이에요. 이중국적자였던 아들이 노무현 정부 시절에 병역을 기피하기 위해 한국국적을 포기하고 미국국적을 선택한 전력이 있거든요. 게다가 문 교수는 아프간 정부와 달리 한국 정부에는 투항파가 존재한다는 사실을 무시하고 있고요. 가니 정부는 친탈레반-반미 성향은 아닌 반면 문재인 정부는 친북-연중-비미-반일 성향이거든요.

반면 란코프 교수는 『매일경제』 칼럼에서 '소총밖에 없는 탈레반'과 달리 '핵·대륙간탄도미사일로 무장한 북한'에 주목하면서 '머나먼 카불에서 울리는 알람'은 '한미동맹 강화 외 대안 없음'을 알려주고 있다고 역설하고 있습니다. 한국에 거주하는 러시아 국적자 란코프 교수와는 정반대로 노르웨이에 거주하는 한국 국적자 블라디미르 티호노프(박노자) 교수는 아직 입장을 밝히지 않고 있는데, 아마도 평소의 친북-연중-비미-반일 성향을 고수하고 있겠지요.

아울러 '항미원조 70주년' 기념대작인 중국영화 『1953 금성대전투』의 상영 허가를 둘러싼 논란이 제기되었다는 사실도 지적해두겠습니다. 『후기』에서 소개했듯이, 한국전쟁 최후의 고지전인 금성지구 전투는 황순원 선생의 『나무들 비탈에 서다』(1960; 『카인의 후예』, 문학과지성사, 2006에 실림)의 배경이기도 했는데, 한국전쟁 70주년인 작년에 그곳에 가보려고 했었으나 코로나19 때문에 미룰 수밖에 없었지요.

그런데 『한겨레신문』은 이 논란에 대해 일절 보도하지 않았습니다. 『조선일보』나 『중앙일보』처럼 상영 허가를 비판할 수는 없었기 때문인 것 같아요. 그렇다고 해서 이준석 대표가 이른바 '토론 배틀'을 통해 발탁한 양준우 대변인 같이 '이게 자유로운 사회라고 생각한다'고 상영 허가를 옹호할 수도 없는 일이었고요. 만약의 경우 1995년생인 양 대변인은 사회경험이 전혀 없는 철부지 애송이라고 변명할 수 있거든요.

어쨌든 윤석열 후보가 대중에게 영합하는 인민주의적 경쟁에서 이재명 지사보다 열세인 것은 사실입니다. 2002년 대선에서 이회창 후보가 노무현 후보와의 경쟁에서 열세였던 것처럼요. 게다가 이 지사는 노 대통령을 능가하는 인민주의자라고 할 수 있지요. 기본소득, 기본자산(기본주택), 기본금융(기본대출)의 기본시리즈를 핵심으로 하는 정책기조와 정치이념이 프로토파시즘으로서 인민주의를 심화하여 한국정치가 인민주의에서 파시즘으로 한 걸음 더 퇴보할 것이 자명하거든요.

이재명 지사 덕분에 국가혁명당 허경영 대표가 복권될지도 모르겠습니다. 경상도를 무사 통과한 왜군을 행주산성에서 격파한 권율 장군을 흉내내면서 기본소득 150만원, 기본자산 1억원과 결혼자금 3억원, 출산자금 5천만원과 10세까지의 육아수당 100만원을 공약했는데, 이 모든 것은 결국 영남 '토착왜구'의 후예로서 인민주의자에 대한 풍자와 야유로 해석될 수도 있겠다는 생각이 들거든요.

아울러 김대중 대통령의 18번이었고 이재명 지사가 부활시키려고 시도한 호남=백제론의 허구성에 대해서도 지적해두겠습니다. 백제의 중심은 서울과 인천이었고, 호서를 거쳐 호남으로 점차 그 강역을 확대했다가, 나당연합군에게 패망한 후에 그 지배층은 일본으로 이주했다는 사실을 두 분은 잘 모르는 것 같아요.

나아가 임영진 교수의 『우리가 몰랐던 마한』(홀리데이북스, 2021)을 보면, 마한 54부족 중 백제의 통합에 저항했던 25부족의 소재지가 호남이었다는 사실을 알 수 있습니다. 전북의 10부족은 백제의 전성기인 근초고왕 때 통합되었고, 전남의 15부족은 그 말기인 성왕 때 통합되었으므로, 700년의 백제사 중에 전북과 전남은 각각 300년과 100년을 공유했을 따름이에요.

그나마 다행은 이재명 지사가 낙마할 조짐도 보인다는 것입니다. 아까 안이박김의 순서가 안희정-박원순-김경수-이재명의 순서일지 모른다고 했는데, '고발 사주'인가 '제보 사주'인가 논란의 와중에 『조선일보』가 성남시장 시절의 대장동개발사업과 관련된 프로젝트 파이낸스 특수목적회사(SPC) 성남의뜰에 참여한 자산관리회사(AMC) 화천대유와 그 자회사인 천화동인을 둘러싼 의혹을 제기하면서 이 지사에 대한 최대의 악재로 부상했지요.

3.5억원 자본금의 1200배 배당수익(추정 분양수익은 1300배)을 올린 '화천대유/천화동인은 누구 겁니까?'라는 질문이 제기되었는데, 김만배 씨가 핵심고리임이 밝혀졌습니다. 성균관대학 동양철학과 출신으로 386세대인 그는 『머니투데이』 편집부국장인데, 경제기자가 아닌 법조기자 출신이지요. 그런데 워렌 버핏조차 울고 갈 그런 '투자의 귀재'가 『머니투데이』라는 마이너 신문에 숨어 있는 까닭은 알다가도 모를 일이에요. 막후에서 이재명 지사의 대선용 정치자금을 조달하는 역할을 위장하기 위한 것이 아니라면 말이에요.

『조선일보』 등에 따르면, 천화동인과 화천대유는 『역경』 64괘 중 13번째 ☰ 괘와 14번째 ☰ 괘라고 합니다. '하늘(☰)을 불(☲, 해)로 밝히려고 사람이 모인다'는 천화동인(天火同人)은 '천하를 얻으려고 사람이 모인다'는 뜻이고, '불(☲)이 하늘(☰) 위에 떠서 크게 갖는다'는 화천대유(火天大有)는 '하늘의 도움으로 천하를 얻는다'는 뜻이라고 하지요. '사람이 모인다'는 천화동인과 '천하를 얻는다'는 화천대유는 역시 대선용 프로젝트다운 작명이라고 할 수 있겠지요.

그런데 작명법에서 천화동인과 화천대유라는 괘는 인생 전반기에 운이 좋다가 후반기에는 운이 나빠질 수 있다는 뜻이라고도 합니다. 천화동인과 화천대유라는 이름을 지은 까닭은 이 두 괘를 좋아했던 정조를 따른 것이라고도 하는데, 불길하기 이를 데 없는 일이에요. 정조 개인도 말년 운이 나빴을 뿐만 아니라 정조의 유훈인 외척세도 정치가 조선의 쇠망을 재촉했거든요.

문재인 정부 '5년동란'

이른바 '촛불혁명'으로 출범한 문재인 정부 5년 동안 저는 드레퓌스 사건의 와중에 에밀 졸라가 한 말처럼 '나는 고발한다'(J'accuse)는 심정이었습니다. 그래서 『위기와 비판』(2017), 『재론 위기와 비판』(2018), 『종합토론』(2018), 『후기: '인민의 벗이란 무엇인가'』(2020), 「4·15총선 전후」(2020)에 이어 이번에 「4·7보선 전후」를 쓴 것인데, 논문집 『마르크스를 위하여』(*Pour Marx*, 1965)의 서문 「오늘」에서 알튀세르가 말했던 것처럼, 이 글들은 '일정한 정세에서 태어났다'(né de quelque conjoncture)고 할 수 있지요.

『위기와 비판』에서 이미 언급한 것처럼, 문재인 정부 '5년동란'에 대한 의분(義憤)이 그만큼 컸기 때문입니다. 보불전쟁 초기에 엥겔스는 프랑스혁명기 '공포정치'를 상기하면서 그 책임자를 '애국자연하면서 사익을 추구한 자'로 규정했는데, 「4·15총선 전후」에서 지적했듯이, 마르크스처럼 프롤레타리아와 부르주아지를 망라한 '모든 계급의 인간쓰레기'(Auswurf, Abfall, Abhub aller Klassen)로서 라 보엠(la bohème, 보헤미안) 내지 불량배라고 부를 수도 있겠지요. 이런 맥락에서 386세대를 주축으로 한 문재인 정부는 결국 '불량정부'(rogue government)였다고 할 수 있겠고요.

「4·7보선 전후」를 마무리하면서 『고타강령 비판』의 마지막에서 다음과 같이 말한 마르크스가 생각났습니다.

나는 고백했다. 그리하여 나의 영혼을 구원했다.

Dixi et salvavi animam meam.

말년의 알튀세르가 주목한 것처럼, 마르크스가 가톨릭 고해성사의 라틴어 성구를 인용한 것은 독일사민당을 지도하는 사이비 제자들이 스승의 비판을 무시할 것을 이미 알고 있었기 때문이지요.

그렇지만 사대부의 후예임을 자부하는 저로서는 마르크스보다는 오히려 사마천, 나아가 왕부지와 고염무를 인용하는 것이 더욱 적합하다는 생각이 듭니다. 사마천은 『사기』 '열전'(列傳)의 마지막으로 「자서」(自序)를 싣고 '발분저서'(發憤著書, 의분이 북받쳐 책을 쓰다)하는 동기에 대해 다음과 같이 말했지요.

이 사람들[문왕과 공자 등]은 모두 가슴속에 결실이 풍성한 바 있었으나, 그 뜻을 실현할 방도를 찾지 못했다. 그래서 과거를 서술하여 그 뜻을 밝히면서 미래를 기대한 것이다.

此人皆意有所鬱結, 不得通其道也. 故述往事, 思來者.

또 「자서」를 마무리하면서 다음과 같이 말했고요.

원본은 이름난 산의 사고(史庫)에 간직하고 그 사본은 서울의 서고(書庫)에 남겨두어 후세에 식견 있는 선비가 읽어주길 기다린다.

藏之名山, 副在京師, 俟後世聖人君子.

나아가 당대에는 자신의 사상이 수용될 수 없음을 안 왕부지는 다음과 같이 말했습니다.

나는 [내 사상을 비판적으로 발전시킬] 독자를 아침부터 저녁까지 기다린다.

此解者, 吾旦暮俟之.

고염무의 말도 역시 왕부지의 말과 일맥상통하는 것이었고요.

왕도로 천하를 다스릴 사람이 다시 나타난다면, 바라건대 [내 책에서] 여러 지난 일들을 되돌아봄으로써, 이 세상을 융성했던 옛날의 치세로 올려놓을 것인데, 그러나 [내 책이] 감히 요즘 사람의 치도가 될 수는 없을 것이다.

有王者起, 將以見諸行事, 以躋斯世於治古之隆, 而未敢爲今人道也.

러시아혁명과 중국혁명

베틀렘의 『소련에서 계급투쟁』

이른바 '촛불혁명'으로 문재인 정부가 출범한 2017년은 러시아혁명 100주년이었고 이른바 '조국 사태'로 문재인 정부에 대한 회의가 확산되기 시작한 2019년은 중국혁명 70주년이었습니다. 러시아혁명과 중국혁명이 현대지식인사의 분수령이었다는 것은 이론의 여지가 없는 사실인데, 한국에서도 마찬가지였지요. 신식민지국가독점자본주의론과 민중민주주의론은 러시아혁명과 중국혁명에 대한 반성에서 비롯되었거든요.

러시아혁명과 중국혁명이 중요했던 것은 국제주의적 관점에서는 '이념이 곧 조국'이었기 때문입니다. 『공산주의자 선언』에서 마르크스와 엥겔스는 '노동자에게는 조국이 없다'(Die Arbeiter haben kein Vaterland)고 갈파한 바 있는데, 그 말을 마르크스주의자의 조국은 소련과 중국이라는 뜻으로 해석했던 것이지요. 자본가와 자유주의자가 미국과 일본을 조국으로 생각했던 것처럼요.

박사논문인 『에티엔 발리바르의 '정치경제(학) 비판'』(한울, 1987)의 「서문」에서 이미 밝혔듯이, 1982년부터 알튀세르에 대한 공부를 시작하면서 처음에 만난 사람은 직계인 발리바르가 아니라 방계인 베틀렘(그리고 풀란차스)이었습니다. 그러나 베틀렘을 통해 레닌과 모택동의 사회주의혁명론과 사회주의건설론을 공부했고, 그 덕분에 박현채 선생이 제기한 한국사회성격 논쟁을 러시아사회성격 논쟁과 중국사회성격 논쟁에 결합시킬 수 있었지요.

러시아혁명과 레닌에 대한 베틀렘의 주저는 『소련에서 계급투쟁』(*Class Struggles in the USSR*)입니다. 이 책은 혁명 이후 레닌의 말년을 다룬 1917–23, 스탈린의 부상기를 다룬 1923–30년, 독일의 소련 침공 이전까지 스탈린의 집권기를 다룬 1930–41년 세 권으로 구성되었는데, 1974년과 1977년에 마스페로(Maspero)에서 출판된 1권과 2권은 스위지의 월간평론사(Monthly Review Press)에서 1976년과 1978년에 영역되었지요. 또 1권은 문화혁명이 공식적으로 종료되기 한 해 전인 1975년에 중국에서도 번역되었고요.

그런데 2권이 출판된 1977년에 알튀세르가 '마침내 마르크스주의의 위기가 폭발했다!'(Enfin la crise du marxisme!)고 선언했습니다. 그런 와중에 베틀렘은 결국 마르크스주의를 포기했는데, 이 때문에 1982년에 역시 마스페로에서 출판된 3권(2책)과 1-2권 사이에 단절이 발생한 것이지요. 그래서 월간평론사가 3권은 영역하지 않은 것 같아요. 본래는 스탈린 사후도 계획했었는데, 스탈린 시대에 대한 작업이 대폭 확대되면서 중도반단되었던 것이고요.

베틀렘은 『소련에서 계급투쟁』을 집필한 목적이 스탈린주의에 대한 '반대와 유죄선고'(deploration and condemnation)가 아닌 '설명'(explanation)이 필요하기 때문이라고 강조한 바 있습니다. "October 1917 after One Century" (*Crisis & Critique*, 2017 No. 2)에서 발리바르가 러시아혁명(및 중국혁명)에 대한 '항변과 고소·고발'(protest and denunciation)이 아니라 '비판'(critique)이 필요하다고 한 것도 비슷한 의미였고요.

'역사적 개인'으로서 레닌의 예외성에 대한 두 사람의 평가도 역시 동일합니다. 발리바르가 말하는 정세의 변화에 대응하는 이론적 역량과 정치적 용기를 베틀렘은 '반조류'(反潮流, go against the tide)라고 불러요. '궁벽한 처지에서도 원칙을 지키고 시류에 편승하지 않는다'는 뜻이므로, '원칙을 버리고 시류에 편승하는'(順應潮流, go with the tide) '시파'(時派)가 아니라 '벽파'(僻派)라는 것인데, 이 둘은 물론 정조의 탕평정치에 대한 찬반으로 발생했던 노론 분파의 명칭이기도 했지요.

『소련에서 계급투쟁』에서 베틀렘은 마오주의, 좀 더 정확하게 말하자면 모택동 사상의 관점에서 스탈린주의를 비판하고 있습니다. 스탈린주의에 대한 흐루쇼프의 '우익적 비판'에 대한 대안을 모택동의

'좌익적 비판'에서 발견하려던 알튀세르의 시도에 호응한 것이지요. 또 『소련에서 계급투쟁』의 분석을 수용하여 프랑스에 적용하려던 발리바르의 시도가 『프롤레타리아 독재에 대하여』(Sur la dictature du prolétariat, Maspero, 1976; 영역: NLB, 1977)라고 할 수 있고요. 알튀세르의 또 다른 제자인 르쿠르의 베틀렘에 대한 서평은 『맑스주의의 역사』(민맥, 1991)를 참고하세요.

스탈린주의에 대한 마오주의적 비판은 스탈린주의에 대한 하나의 '반증'(反證, une preuve a contrario), 즉 그릇됨을 보여주는 반대증거가 곧 모택동 사상이라는 입장입니다. 그래서 알튀세르가 스탈린주의 철학을 비판한 모택동의 강연록 「모순론」(1937)에서 출발하여 「모순과 과잉결정」(1962)과 「유물변증법에 대하여」(1963)를 집필한 것인데, 이 두 논문이 『마르크스를 위하여』의 핵심이었지요.

스탈린주의에 대한 알튀세르-베틀렘-발리바르의 마오주의적 비판에서 핵심은 경제주의 비판과 생산력주의 비판입니다. 그러나 이것이 반(反)경제와 반(反)생산력으로 귀결되는 것은 아닌데, 마르크스에게 변증법적 비판이란 반대 내지 거부가 아니라 헤겔적 의미에서 지양이기 때문이지요. 경제학 비판과 자유주의 비판이 반(反)경제학과 반(反)자유가 아닌 것처럼요.

알튀세르가 스탈린주의 대신 '스탈린적 편향'(déviation stalinienne)이라는 표현을 사용했던 이유도 설명해두겠습니다. 스탈린주의란 본래 트로츠키가 애용하던 용어였고, 흐루쇼프의 스탈린 비판 이후에는 부르주아들도 광범하게 채택했던 용어로, 스탈린주의는 스탈린에 대한 공산주의적 비판이 아니라 반공주의적 비판을 함의했기 때문이지요. 그러나 마르크스주의의 위기가 폭발하고 소련이 붕괴한 다음에는 이런 구별이 별 의미가 없다고 할 수 있어요.

문화혁명에 심취한 '철학소설가'(romancier philosophe) 사르트르의 제자인 바디우에 대해서도 언급해두겠습니다. 즈다노프-리센코의 '프롤레타리아 과학'을 넘어서 '프롤레타리아 수학'을 주창한 바 있는 그는 프랑스의 대표적 마오주의자로 생산양식론보다 계급투쟁론을 중시하면서 공산주의의 원형으로서 농민의 '종교적' 공산주의를 중시한 바 있었지요. 『루이 알튀세르, 1918-1990』(민맥, 1991)에 실린 바디우에 대한 발리바르의 서평을 참고하세요.

물론 베틀렘만으로 러시아혁명사를 정리할 수는 없습니다. 에드워드 카의 『러시아혁명: 레닌에서 스탈린까지, 1917-1929』(1979; 국역: 나남출판, 1983, 1997(개정판))와 그 제자이자 수정주의의 대표자인 쉴라 피츠패트릭의 『러시아혁명, 1917-1938』(1982; 4판(2017)의 국역: 사계절, 2017)도 참고할 필요가 있어요.

베틀렘과 카가 대상으로 하는 시기는 완전히 동일한 것입니다. 1928년에 시작된 1차 5개년계획으로 야기된 '신경제정책의 전반적 위기'를 종결하는 농업집단화가 본격화되면서 스탈린주의가 확립되는 것이 1929-30년 겨울의 '대전환'이거든요. 또 피츠패트릭은 스탈린주의가 더욱 강화되는 1936-38년 '대숙청'까지 시기를 연장하여 1928-32년의 1차 5개년계획과 '문화혁명'도 대상으로 삼은 것이고요.

그 밖에도 소련에서 나온 성과를 참고할 수 있는데, 『볼셰비키와 러시아혁명』(1977; 국역: 거름, 1985-86)과 『레닌』(1983; 국역: 백산, 1986)이 대표적입니다. 또 최신의 연구성과로는 올랜드 파이지스의 『혁명의 러시아, 1891-1991』(2014; 국역: 어크로스, 2017)이 있는데, 러시아혁명은 인민이 그 주인공, 즉 승리자인 동시에 희생자인 '인민의 비극'(people's tragedy)이었다는 입장이지요.

『소련에서 계급투쟁』에서 베틀렘은 「공산주의의 '좌익' 소아병」 (1920)의 레닌을 따라 유럽과 비교할 때 러시아에서 '사회주의 혁명을 시작하는 것'은 쉬운 반면 '혁명을 계속하여 완수하는 것'은 어렵다는 '일반적 진리'(the general truth)에 주목하고 있습니다. 군사적·봉건적 제국주의였던 러시아가 그럴 정도이니 반(半)식민지반(半)봉건사회였던 중국이나 식민지반봉건사회였던 조선에서 사회주의혁명에 비해 사회주의건설이 지난한 과정일 수밖에 없었던 것은 당연한 일이었겠지요.

방금 한국사회성격 논쟁에 러시아사회성격 논쟁과 중국사회성격 논쟁을 결합시킬 수 있었다고 했습니다. 그런데 사회성격 논쟁에서 사회주의 혁명의 시작과 계속·완수, 달리 말하자면 사회주의혁명과 사회주의건설의 결합은 사실 제가 처음으로 시도해본 것이었지요. 레닌이나 모택동은 물론이고, 베틀렘이나 박현채 선생에게도 그런 시도는 없었거든요.

레닌의 경우 군봉제국주의론과 「4월 테제」가 어떻게 연결되는지 불명확했습니다. 그런 것을 제가 모택동과 진백달의 관료자본주의론과 신민주주의론을 참고하여 신식민지국가독점자본주의론과 민중민주주의론으로 정리했던 것이지요. 민중민주주의란 부르주아 민주주의가 아닌 프롤레타리아 민주주의라는 의미인데, 레닌은 부르주아 민주주의혁명의 새로운 단계 아니면 프롤레타리아혁명과 결합되는 부르주아 민주주의혁명이라고 부름으로써 오해를 야기했어요.

베틀렘과 발리바르가 강조한 바 있듯이, 민중민주주의혁명으로 시작된 사회주의혁명이 계속되어 완수되는 과정을 자본주의의 '사멸'(Absterben)로서 '프롤레타리아 독재 아래 국가자본주의'로 인식한 것이 곧 레닌의 사회주의관입니다. 나아가 이런 사회주의관은 마르크스의 자본주의관과 짝이 될 수 있는데, 자세한 설명은 『마르크스의 '자본'』과 『역사적 마르크스주의: 이념과 운동』을 참고하세요. 또 그런 관점에서 분석될 수 있는 소련경제사의 개요는 『역사학 비판』을 참고할 수 있고요.

베틀렘은 레닌의 이런 사회주의관이 정립되는 과정을 세 단계로 나누어 설명하고 있습니다.

> 1917년 11월(구력 10월)부터 1918년 6월까지의 '최초의 8개월'
> 1918년 6월부터 1921년 3월까지의 '전시공산주의'
> 1921년 3월부터 1929-30년 겨울까지의 '신경제정책'

먼저 최초의 8개월에는 레닌 본래의 구상에 따라 국유화보다는 노동자통제가 강조되었고 노농동맹의 중요성 역시 간과되지 않았지요. 반면 전시공산주의에서는 노동자통제보다 국유화가 강조되는 동시에 노농동맹도 희생되었는데, '좌익 공산주의자' 그룹의 핵심인 부하린과 프레오브라젠스키는 이것을 자본주의의 '폐지'(Abschaffung)인 '공산주의로의 직접 이행'으로 이론화했어요.

레닌의 신경제정책(NEP)은 전시공산주의에 대한 반성으로 출발한 것입니다. 독일혁명이 승리할 때까지 농민에게 일시적으로 양보하는 '전술적 제휴'라는 것이었지요. 그렇지만 레닌은 곧 농민과의 '전략적 동맹'을 복원하려는 것이 신경제정책의 핵심이라는 사실을 강조하기 시작했어요.

반면 노동자통제의 복원은 유보할 수밖에 없었는데, 내전기에 노동자의 'déclassement'이 발생했기 때문입니다. 'déclassement'이란 실업과 농촌이주로 인한 낙오와 자격상실이라는 의미였지요. 물론 전사나 기근·질병으로 인한 사망도 무시할 수는 없었고요. 따라서 국가는 물론이고 기업의 관리를 위해서 부르주아지(자본가·경영자·기술자) 출신을 '전문가'로 기용할 수밖에 없었지요.

레닌은 1922년 3월 11차 당대회의 보고에서 이런 상황에 대해 설명한 바 있는데, 신경제정책 1년 후에 열린 이 당대회가 레닌이 참석한 마지막 당대회였습니다. 여기서 레닌은 '정복민족'이 오히려 '피정복민족'에게 종속될 수도 있다는 사실에 주목하면서 그 원인이 바로 문화적 격차라고 강조했어요. 중국사에서 그런 일은 비일비재했는데, 이것이 백수이가 말한 이민족의 '중국화'(sinification)였지요. 자세한 설명은 『봉건제론: 역사학 비판』을 참고하세요.

신경제정책에 대한 인식이 심화되면서 레닌이 독일을 비롯한 유럽의 혁명보다는 오히려 중국을 비롯한 아시아의 혁명에 주목하기 시작했다는 사실도 지적해두겠습니다. 이른바 '동방정책'에 대한 레닌의 관심은 1920년 중반에 시작되었는데, 그래서 1920년 말에 이동휘 선생에게 거액을 지원하기도 했던 것이지요. 또 독일혁명이 혼란을 거듭하자 그런 관심이 지속적으로 심화되어 1922년 후반에는 손문과의 국공합작으로 결실을 맺었던 것이고요.

이런 맥락에서 레닌은 스탈린의 '대(大)러시아 국수주의'를 비판하면서 그를 대신하여 '러시아 노동자들에게 진정으로 사죄한다'고 고백했습니다. 스탈린은 사실 러시아인도 아니었는데, 아마도 그런 열등감으로 인한 '반사작용'(reflex)이 과잉애국주의로 표출된 것 같아요. 그러나 적반하장으로 스탈린은 레닌의 국제주의를 '민족자유주의'(national liberalism)로 폄훼하기도 했지요. 이런 맥락에서 조국 교수나 윤미향 의원, 나아가 조정래 작가는 노무현 정부의 홍보수석이었던 조기숙 교수를 보면서 자신의 뿌리에 대해 좀 더 자세하게 살펴볼 필요가 있을 것 같아요.

'양은 적더라도 질이 좋은 것이 차라리 더 좋다'

40년 만에 베틀렘을 다시 읽으면서 1980년대 초에 처음 읽었을 때는 별로 관심을 갖지 않았던 몇 가지 문제에 대해 새삼 주목할 수 있게 되었습니다. 문재인 정부의 '5년동란'과 386세대의 '주류화' 덕분이라고 할 수 있겠는데, 사실 2012년에 『역사학 비판』을 쓸 때도 여전히 간과했던 문제들이거든요.

먼저 '피정복민족'으로서 부르주아지와 '정복민족'으로서 프롤레타리아의 문화적 격차와 관련하여 베틀렘은 공산당원, 즉 볼셰비키의 구성의 변화라는 문제를 제기하고 있습니다. 쉽게 말해서 양적 확대와 질적 하락이 나타났다는 것이지요. 이것이 문제일 수밖에 없는 것은, 다른 맥락에서 레닌이 강조한 것처럼, '양은 적더라도 질이 좋은 것이 차라리 더 좋다'(better fewer, but better), 간단하게 말해서 소수정예를 '규칙'(the rule)으로 삼아야 하기 때문이에요.

베틀렘에 따르면, 혁명 직전부터 신경제정책 직전까지 4년 동안 볼셰비키의 숫자는 다음과 같이 급증했습니다.

```
1917년 1월    24,000
1919년 3월   350,000
1920년 3월   612,000
1921년 3월   732,000
```

1916년까지 입당한 24,000명을 '고참 볼셰비키'(old Bolsheviks)라고 불렀지요. 이것은 존경의 표현이었고, 아직까지 '꼰대' 볼셰비키나 '라떼'(나 때) 볼셰비키 같은 비하는 없었어요. 반면 2월혁명과 10월혁명, 나아가 전시공산주의를 계기로 폭증한 신입 당원은 볼셰비키의 역사에 대해 무지한 이른바 '탯줄 없이 태어난 세대'(아서 쾨슬러)였지요. 또 정세의 영향으로 군사적 관점에서 혁명을 인식했는데, '동지는 곧 전우'라는 것이었어요. 게다가 '출세주의자'(careerist)와 '투기꾼'(adventurer)도 많았고요.

레닌이 신입 당원에 대한 숙청의 필요성을 제기한 것은 이런 상황을 더 이상 묵과할 수 없었기 때문입니다. 그는 1917년 혁명과정에서 대중의 열광에 감염되어 부화뇌동하던 볼셰비키를 비판한 바 있었지요. 열광에는 무지로 인한 열광(craze)과 미신으로 인한 열광(fanaticism)이 있는데, 『자본』의 「서문」에서 마르크스가 강조한 것처럼, 이런 열광이 사익(私益) 추구와 결합하면 분노와 복수로 폭발하는 법이에요.

레닌이 볼 때, 볼셰비키는 대중의 열광에 부화뇌동하면 안 되고, 과학에 근거한 이데올로기로서 '과학적 세계관'에 충실한 정치노선, 즉 정강(政綱, 정치의 줄거리 내지 정책기조)으로 대중을 지도해야만 했습니다. 모택동처럼 말하자면 '당의 영도권은 구호가 아니라 정책, 명령이 아니라 모범'이라는 것이었지요.

최초의 숙청은 1919년에 시작되었습니다. 1919년 8차 당대회의 보고에서 레닌은 이렇게 경고했습니다.

모든 혁명에는 인간쓰레기가 있기 마련이다. 왜 우리만 예외이겠는가?

Every revolution has its scum. Why should we be any exception?

그러면서 혁명 이후 공산주의자에게 '거머리처럼 달라붙어온' 출세주의자와 투기꾼이라는 '이질분자'(alien elements)에 대한 숙청을

호소했던 것이지요. 그러나 전황이 불리해지면서 숙청은 중도반단되고 당원은 또다시 증가했습니다. 1921년 10차 당대회에서 레닌이 신경제정책을 제안하는 것과 동시에 '과다한'(excessive) 당원수를 절반으로 줄이는 것을 목표로 숙청의 재개를 제안했던 것은 이 때문이에요.

레닌에게 공산주의란 '이데오크라시'(ideocracy, 이념정)였습니다. 1922년에 당원의 0.6%와 6.4%가 고등교육과 중등교육을 이수했고, 나머지는 '기능적 문맹'(functionally illiterate)이었지요. 달리 말해서 이데올로그로 기능할 수는 없는 '무지렁이 시골뜨기'(bunglers and slobs)였다는 것이에요. 그들을 방치할 경우에는 '시골살이의 어리석음'(Idiotismus des Landlebens, 『공산주의자 선언』)이 이데올로기를 대체할 수밖에 없었던 것이고요. 마르크스주의자와 유가의 친화성을 확인할 수 있는 대목이라는 생각이 들어요.

이런 맥락에서 1920년에 러셀이 볼셰비키의 종교적 기질을 지적한 까닭을 알 수 있습니다. 그는 볼셰비키의 이론이 아닌 실천에서 '객관적으로 의심스런 사태에 대한 전투적 확신'(militant certainty about objectively doubtful matters)을 발견했지요. 포퍼처럼 말해서 '반증가능성'(falsifiability/refutability)을 기각하는 볼셰비즘과 '믿음은 이성을 초월한다'(credo quia absurdum, 불합리하므로 믿는다)는 테르툴리아누스의 호교론은 대동소이하다는 것이었어요.

그러나 1923년 초부터 뇌졸중으로 활동을 중지한 레닌이 1924년 초에 사망하자 '레닌 입당'(Lenin enrollment) 또는 '레닌 소집'(Lenin levy)을 명분으로 해서 신입 당원이 또다시 폭증했습니다.

```
1923년 1월   499,000
1924년       860,000
```

결국 1927년에는 당원이 100만명을 넘었는데, 그 중 고참 볼셰비키가 1/100이었고, 내전기까지의 입당자가 1/3이었어요.

그런데 레닌이 고참 볼셰비키의 15배 안팎인 30-40만명의 당원이 적정한 수준이라고 판단한 것은 이미 당의 구조가 변화했기 때문이었습니다. 더 이상 당대회가 아닌 중앙위원회와 정치국이 중요하게 되었거든요. 그래서 수정주의 역사학자인 피츠패트릭의 남편이기도 했던 수정주의 정치학자인 허프가 중앙위원회와 정치국이 의회와 내각의 역할을 대행했다고 해석한 것이고요.

당원의 폭증은 결국 스탈린의 집권으로 연결되는 것이었습니다. 피츠패트릭은 스탈린이 '대중적 토대'를 확보하기 위해 '능력주의' 대신 노동자에 대한 '우대정책'(affirmative action)을 채택했다고 주장하면서 생활수준 향상과 함께 '신분 상승'에도 주목한 바 있는데, 그 출발점이 바로 입당이었지요. 당원이 되어야 당과 국가와 기업의 간부로서 당료와 관료와 경영자가 될 수 있었거든요.

이 대목에서 '노동자주의'(workerism)가 스탈린주의의 본질임을 알 수 있습니다. 정치노선으로서 노동자주의는 노농동맹 같은 정치적 역할을 포기하고 노동자의 경제적 이익을 추구하는데, 레닌처럼 말하자면, 노동자가 '계급적 이익'(class interest) 대신 '직업적 이익'(craft interest)을 추구한다고 할 수 있어요. 이런 의미에서 노동자주의는 독일사민당으로 소급하는 것으로 스탈린주의와 독일사민당은 국가주의와 애국주의를 공유하기도 했지요. 알튀세르처럼 말해서, 스탈린주의는 제2 인터내셔널의 '사후 복수'(revenge posthume)라고 할 수 있다는 것이에요.

스탈린주의의 대중적 토대에는 여성도 포함되었습니다. 동일노동-동일임금 실행과 선거권-피선거권 부여 같은 남녀평등정책을 채택했거든요. 1차 세계전쟁과 내전에서 수많은 남성이 전사하여 1920년대 중반에 여성이 500만명이나 초과한 상태여서 1차 5개년계획과 농업집단화를 위해서는 여성을 동원할 필요가 있었기 때문이지요. 스탈린이 '여성주의자'(womanist)였는지는 몰라도 페미니스트였던 것은 아닌데, 노동자주의자가 마르크스주의자가 아닌 것과 마찬가지 이치라고 할 수 있어요.

스탈린이 중앙위원회와 정치국을 서기국(Secretariat, 사무국)으로 대체했다는 사실에도 주목해야 합니다. 그 결과 서기국의 수장인 서기장(중국의 총서기, 북한의 총비서)이 중앙위원회와 정치국을 통제했던 것이고요. 또 서기국의 부상은 아파라치키(apparatchiki, 당료를 비롯한 관료와 경영자)의 등장을 상징했는데, 그 상층이 이른바 '노멘클라투라'(nomenklatura)였지요.

스탈린은 레닌의 신경제정책과 자신의 '일국사회주의'(socialism in one country) 사이에서 친화성을 발견한 부하린과의 동맹을 통해 반대파를 순차적으로 숙청할 수 있었는데, 자세한 설명은 역시 카의 『러시아혁명』을 참고할 수 있습니다.

1923-24년 트로츠키 반대파 숙청
1924-25년 지노비예프-카메네프 반대파 숙청
1926-27년 트로츠키-지노비예프-카메네프 연합반대파 숙청

마지막으로 1928-29년에 부하린을 '우익반대파'라는 명목으로 숙청하면서 결국 농업집단화를 통해 신경제정책을 폐기했던 것이고요.

레닌과 달리 스탈린에게는 정치노선이나 그것을 근거짓는 이론은 크게 중요하지 않았습니다. 대신 막후 협상으로 다수파를 형성하여 투표에서 승리하는 것이 중요했다는 것이지요. 레닌이 이론가이자 정치가였던 반면 스탈린은 심판자로서 중재자였다고 할 수 있어요. 달리 말해서 레닌이 벽파였던 반면 스탈린은 시파였다는 것이에요. 트로츠키도 벽파는 아니었는데, 레닌의 기질을 '자코뱅적 불관용의 모방'으로서 '악의적 불신'으로 폄훼했거든요. 쉽게 말해서 레닌은 의심이 많은 교조주의자였을 따름이라는 것이에요.

후계자 경쟁에서 스탈린의 주적은 트로츠키였습니다. 트로츠키가 재승박덕한 지식인이었던 반면 스탈린은 '특성 없는 회색인'(a grey blur)이었지요. 스탈린 자신은 '무교양인'(a crude man, 상놈)을 자처하기도 했고요. 물론 공통점도 있었는데, 레닌이 볼 때, 둘 다 정치가보다는 오히려 행정가였거든요. 어쨌든 트로츠키를 숙청한 다음에는 트로츠키에 비해 능력이 부족한 지노비예프와 카메네프나 이

론가였을 따름인 부하린은 별로 어려운 상대가 아니었어요.

1922년 말부터 1923년 초까지 작성된 「유언」 등에서 레닌은 자신이 사망한 다음 집단지도체제의 형성에 장애가 될 것으로 예상되는 스탈린 등의 성격에 주목한 바 있습니다. 농민의 후예인 스탈린의 성격은 '너무 조야하다'(too rude)고 했는데, 스미스처럼 말하자면, 공감이라는 도덕감정과 정의와 인애(仁愛, benevolence)라는 덕성이 결여되었다는 것이지요. 게다가 스탈린은 반대자에게 '원한'(spite)을 품는 버릇이 있었는데, '정치에서 원한은 일반적으로 가장 야비한 (base) 역할을 한다', 달리 말해서 원한은 정치를 가장 야비하게 만든다는 것이 레닌의 판단이었지요.

레닌이 'careerist'와 'adventurer'에 대해 언급했다고 했는데, 전자의 극단적 경우인 후자는 모험주의자보다는 투기꾼, 심지어 범죄자/악당(scoundrel)으로 번역하는 것이 정확할 것입니다. 자신의 능력과는 무관하게 온갖 수단과 방법을 가리지 않고 출세에 혈안이 된 자가 'adventurer'인데, 사실 그 대표자는 스탈린이에요. 조금 이따가 소개할 메드베제프는 스탈린의 '무한한 야망과 유한한 능력의 모순'에 주목하면서 그런 모순이 열등감으로 발전하고 또 열등감이 질투와 원한이 많은 그의 성격을 강화했다고 강조한 바 있지요.

또 레닌은 지주의 후예인 트로츠키의 성격을 '지나친 자기만족' (excessive self-assurance)으로 특징지었는데, 여기에 권위주의를 추가할 수도 있을 것입니다. 메드베제프에 따르면, 독불장군이라고 할 수밖에 없는 그런 성격적 결함이 망명기에는 '편향적 교조주의' (tendentious dogmatism)로 심화되었어요.

북조선노동당의 경우에도 주목할 수 있습니다. 『후기』에서 지적한 것처럼, 1946년 창당대회의 당원 37만명이 1948년 2차 당대회에서는 73만명으로 배증했거든요. 그래서 국내파의 수장인 박헌영 선생과 막역했던 소련파의 수장인 허가이가 1951년 초에 숙청을 단행했던 것인데, 한국전쟁 초기의 실패 책임을 물어 생존 당원 60만명 중 45만명을 책벌했지요. 그러나 이를 용납하지 못한 김일성 주석이

1951년 말에 허가이를 숙청하면서 1952년에는 결국 당원이 100만명을 돌파하게 되었어요.

나아가 김일성 주석은 '바보'를 자처하면서 '이론가' 박헌영 선생도 숙청할 수 있었습니다. 국내파를 숙청한 다음에는 그에 미달하는 연안파와 소련파를 숙청하는 것은 쉬운 일이었지요. 또 마지막에는 자신을 지지해왔던 갑산파까지 숙청했고요. 그 결과 김일성 주석이 스탈린을 능가하는 개인숭배를 통해 부자세습에 성공할 수 있었던 것이에요. 그런데 레닌은 '지도자'(leader)는 문명적인 반면 '수령'(head)은 야만적이라고 비판한 적이 있어요.

결국 문화 내지 지식이 중요하다는 것인데, 이와 관련하여 '무지는 곧 범죄다'라는 문제에 주목해보겠습니다. 2007-09년 금융위기의 와중에 진행된 사회진보연대에서의 강의 『금융위기와 사회운동노조』에서 강조한 바 있었는데, 그 후 사회진보연대의 행태를 보면 '한 귀로 듣고 한 귀로 흘린' 것 같아요.

여기서 무지는 역사적 식견과 정세적 판단에서의 결함, 또 그런 결함으로 인한 과오입니다. 그런 과오가 'blunder'인데, 무지로 인한 과오이므로 '멍청한 짓'(stupidity)이기도 하지요. 'blunder'는 'blind'에서 온 말이므로 '눈먼 길잡이', 즉 사이비 지식인의 소행이라고도 할 수 있고요. 동시에 범죄는 『고타강령 비판』에서 마르크스가 말한 'Frevel'인데, 영어로는 'sin'이라고 할 수 있습니다. 본래 'sin'은 도덕적 범죄인데, 정치적 범죄도 역시 'sin'이라고 할 수 있거든요.

제가 문재인 정부에 대해 의분을 갖지 않을 수 없었던 것은, 이미 『위기와 비판』에서 설명한 것처럼, 그들의 과오가 단지 무지로 인한 것이 아니기 때문입니다. 그래서 역사가 '비극'(tragedy)에서 '광대극'(farce, 소극)을 거쳐 '사기극'(imposture)으로 반복된다고 고발했던 것이지요. 사기꾼의 과오는 단지 멍청한 짓이 아니므로 그들의 범죄는 'sin'이 아니라 'crime', 즉 형법상의 범죄일 수 있겠지요. 문재인 대통령이나 조국 교수는 'sin'이 아닌 'crime'만 아는데, 형법만 알고 도덕률이나 정치윤리 내지 정치문화는 모르기 때문이에요.

체카와 '혁명적 테러'

숙청의 필요성은 부르주아지나 프티부르주아지 출신 볼셰비키가 급증하면서 '계급의 적'(class enemy)이 당 내부로 침투했다는 의혹과도 관련되었습니다. 그러면서 체카(Cheka, 반혁명파괴분자숙청을 위한전러시아비상위원회)가 당생활에 개입하기 시작했던 것이지요. 이 문제도 별로 주목하지 못했었는데, 역시 문재인 대통령과 조국 교수의 검찰개혁 덕분에 그 중요성을 깨닫게 되었어요.

혁명 초기에 레닌은 부르주아나 프티부르주아 정당과 언론에게 이데올로기투쟁, 나아가 체제내 정치투쟁을 허용했습니다. 10월혁명은 2월혁명이 '성장·전화'(growing over into)한 것으로 무장봉기나 쿠데타에 불과한 것은 아니었거든요. 그러나 계급투쟁이 격화되자 부르주아지나 프티부르주아지에 대한 관용이 포기되고 혁명적 폭력이 허용되었어요.

형사범(criminal, 常事犯)에 대해서는 교육과 교정, 쉽게 말해서 설득이 중요한데, 정치범(political, 國事犯)에 대해서는 '혁명적 테러'라는 억압이 중요하게 된 것은 이런 맥락이었습니다. 그래서 정치범을 설득하여 전향시키려는 '국가보안법' 대신 형법에 정치범에 대한 별도의 조항을 포함시키게 된 것이고요. 물론 혁명적 테러는 '가장 강력하게, 그러나 가장 단기적으로 행사해야 하는' 것으로 '영구적'(permanent) 폭력이 아니라 '임시적'(temporary) 폭력이라는 단서가 붙어 있었지만요.

'법률외적'(extralegal)·'사법외적'(extrajudicial) 정의로서 '행정적'(administrative) 정의를 위한 비밀경찰 체카의 역할이 부상한 것도 이 때문이었습니다. 체카는 본래 10월혁명 직전에 결성된 군사혁명위원회의 일부였어요. 군사혁명위원회와 달리 체카는 혁명 이후에도 존속하게 되었고 전시공산주의에서 급성장했는데, 프랑스혁명기 공안위원회에 의한 공포정치를 모방하는 동시에 짜르의 비밀경찰을 계승했던 셈이에요. 급기야 체카는 혁명재판소에서 독립하여 수사권은 물론 재판권까지 확보하게 되었어요. 그 결과 '특별혁명재판소' (트로이카)와 '교정노동수용소'(굴라크)를 운영했던 것이고요.

체카의 경쟁자가 바로 검찰이었습니다. 그래서 프랑스혁명기처럼 혁명재판소로 개편된 법원과 달리 검찰은 지속적으로 쇠퇴할 수밖에 없었어요. 그러다가 신경제정책을 계기로 검찰이 잠시 부활할 수 있었지요. 그러나 신경제정책기에도 체카가 약화된 것은 아니에요. 오히려 (오)게페우((O)GPU, 국가정치(총)국)로 체계화된 체카는 당 생활에도 개입할 수 있게 되었고, 결국 1936-38년의 대숙청을 통해 고참 볼셰비키를 '절멸'시킬 수 있었거든요.

오웰이 『동물농장』(Animal Farm, 1945; 국역: 비채, 2010)의 모델로 설정한 쾨슬러의 『한낮의 어둠』(Darkness at Noon, 1940; 국역: 한길사, 1982)은 부하린 재판에 대한 알레고리였습니다. 지주 출신 고참 볼셰비키 루바쇼프는 감옥의 일기에서 이렇게 고백하고 있지요.

> 우리는 ['페어플레이'라는 자유주의적 정치윤리 대신 목적(결과)이 수단(과정)을 정당화하는 네오마키아벨리적 혁명윤리에 따라 외상(credit)으로 사고하고 행동함으로써] 마치 바닥짐(ballast) 없이 항해하고 있는 것 같아 키를 조종할 때마다 [혹시라도 배가 침몰한다면] 생사가 갈릴 수 있다.

또 스탈린의 알레고리인 '1인자'(No. 1)를 맹신하면서 고문과 처형을 선호한 빈농 출신 신참 볼셰비키 글레트킨을 '군복을 입은 인비인 (人非人, brute)' 내지 '네안데르탈인'이라고 부르기도 하고요.

피츠패트릭은 볼셰비키와 자코뱅의 차이가 있었다고 주장합니다. 자코뱅과 달리 볼셰비키는 (오)게페우를 통해 혁명 동지에게 테러를 사용했다는 것인데, 논란의 여지가 있어요. 오히려 모택동처럼 말해서 '인민 내부의 모순'을 '적대화'했다고 하는 것이 옳겠지요. 아니면 무고한 사람의 처형을 최소화하려는 자기고소·고발(self-incrimination, 자백) 금지, 즉 미란다 원칙을 거부했다고 할 수도 있고요.

흐루쇼프가 스탈린을 비판하면서 '개인숭배'의 결과로 주목한 것이 바로 준법성의 파괴였습니다. 또 준법성의 파괴자가 (오)게페우였다면, 수호자는 검찰이었던 것이고요. 사회주의에서 정의에 대해 정리해두자면, 아리스토텔레스가 말하는 '보편적 정의'는 준법성이고, '특수한 정의'는 분배정의로서 능력주의인데, 『고타강령 비판』에서 마르크스는 그것을 '불평등의 권리'(ein Recht der Ungleichheit)라고 불렀습니다. 불평등한 능력과 노동에 '비례하는'(proportionell) 보수는 불평등할 수밖에 없다는 것이지요.

마지막으로 사회주의의 건설이라는 관점에서 스탈린을 비판한 베틀렘과 달리 카는 현대화라는 관점에서 스탈린을 비롯한 볼셰비키를 평가했다는 사실도 지적해두겠습니다. 트로츠키주의자 도이처가 서평에서 말한 것처럼, '돈키호테식 망상/미망(delusions)을 버리고 힘들게 애써서 경세학(statecraft)의 기초를 배움으로써 결국 러시아를 구했다'는 것으로, 레닌과 트로츠키의 사회주의 관념을 실현할 수 있었던 사람이 바로 스탈린이었다고 주장한 셈이에요.

카의 후계자이기도 한 데이비스에 따르면, 카는 '역사적 개인'으로서 스탈린이라는 문제를 제기했다고 합니다. 홉스봄과 발리바르가 영웅으로서 레닌에 주목했던 반면 카는 비(非)영웅 내지 반(反)영웅으로서 스탈린에 관심을 가졌던 것이지요. 그러나 카 자신도 지적한 것처럼, 레닌이 53세인 1924년이 아니라 73세인 1944년까지 살았고 반면 스탈린이 73세인 1953년이 아니라 53세인 1933년에 죽었다면, 소련사회주의의 역사는 분명 달라질 수 있었겠지요.

피츠패트릭에 따르면, 옐친 대통령은 소련사를 전면적으로 부정하여 '망각의 피안'(dustheap of history, 트로츠키)으로 내던졌다고 합니다. 반면 푸틴 대통령은 소련사를 부분적으로 복원했는데, 다만 '혁명가 레닌'이 아니라 '국부(nation-builder) 스탈린'을 주인공으로 격상시켰지요. 하기야 푸틴 시대에는 전두환 대통령의 '5공'을 추격의 모델로 삼자는 쿠르바노프 같은 역사학자도 출현했는데, 자세한 설명은 『한국의 불행』을 참고하세요.

푸틴 대통령이 2017년 11월 7일 러시아혁명 100주년 기념식을 거부했다는 사실도 지적해두겠습니다. 혁명이 아니라 '진화'(evolution)가 옳았다는 것이고, 게다가 혁명도 아니고 '동란'(prevorot)이었을 따름이라는 것이에요. 프랑스혁명 200주년을 전후해서 수정주의적 입장이 제기된 것 같은 상황도 없었는데, 그만큼 러시아 역사학계가 침체했다는 방증이라고 할 수 있겠지요.

그런데 파이지스에 따르면, 소련이 해체된 이듬해인 1992년에 옐친 대통령이 신설된 헌법재판소에 소련공산당을 고발했다고 합니다. 소련공산당이 범죄자/악당(scoundrel)이라면 '일당국가'(party-state)인 소련은 클렙토크라시(kleptocracy)였던 셈이지요. 그래서 고르바초프의 페레스트로이카와 글라스노스치를 이론화했던 야코블레프가 '우리는 당이 아니라 우리 자신을 재판하고 있는 중이다'라고 공개적으로 비판했던 것이고요.

이런 맥락에서 헌재는 '정치의 사법화'를 훨씬 초과하여 '과거사'를 심판할 수 있는 권한은 없다는 입장에서 소련공산당을 해산하되 러시아연방공산당 결성을 허용한다고 판결했습니다. 결국 소련이 러시아연방으로 재편됨에 따라 소련공산당도 러시아연방공산당으로 재편되었던 셈이지요. 푸틴 대통령이 러시아혁명 100주년 기념식을 거부한 것은 이듬해 3월 대선을 앞두고 제1야당 러시아연방공산당을 지원하는 셈이었기 때문이고요.

메드베제프의 『역사가 판단하게 하라』

로이 메드베제프의 『역사가 판단하게 하라』(*Let History Judge: The Origins and Consequences of Stalinism*, Columbia University Press, 1989; 국역: 새물결, 1991)에 대해서도 보론 삼아 소개해두겠습니다. 『역사학 비판』에서도 지적한 것처럼, 로이는 소련의 유명한 반체제 역사학자였는데, 반체제 생물학자인 쌍둥이 동생 조레스는 리센코 비판으로 유명했지요.

『역사가 판단하게 하라』는 스탈린주의의 역사를 분석한 1부 '당내에서 스탈린의 부상'과 2부 '스탈린의 권력 찬탈과 대숙청'만 번역되고, 3부 '스탈린주의의 본성과 원인들'과 4부 '스탈린주의의 결과들'

은 생략되었습니다.『레닌주의와 현대사회주의의 제문제』(*Leninism and Western Socialism*, Verso, 1981; 국역: 새물결, 1990)에 이어 번역에 착수했다가 소련이 붕괴하자 중도에 포기했던 것 같아요.

흐루쇼프의 지지자였던 메드베제프는 1968년 이른바 '프라하의 봄'을 계기로 시작된 스탈린 복권운동에 반발하여『역사가 판단하게 하라』의 초판을 1972년 미국에서 출판하면서 가택연금되었습니다. 영역과 국역의 원본은 페레스트로이카의 절정기인 1989년의 증보개정판이었는데, 페레스트로이카 실패 이후 메드베제프는 우여곡절을 거쳐 푸틴 지지자로 전향했다고 하지요.

『역사가 판단하게 하라』중의 압권은 고참 볼셰비키를 절멸시킨 대숙청의 분석입니다. 고참볼셰비키협회(Society of Old Bolsheviks)의 가입 조건은 18년의 당활동 경력이었지요. 그래서 1922년 창립 시에는 1905년 혁명 이전 입당이 조건이었고, 1935년 해산 직전에는 1917년 혁명 이전 입당이 조건이었어요.

베틀렘도 인용한 바 있듯이, 레닌은 고참볼셰비키협회 창립 직후 고참 볼셰비키를 다음과 같이 정의한 바 있습니다.

> 현재 당의 프롤레타리아적 정책은(…)당의 고참 호위병(the old guard)이라 부를 수 있는 소집단에 의해 향유되는 거대하고 통일된 권위(the enormous undivided prestige)에 의해 결정된다.

달리 말해서 공산당의 프롤레타리아적 본질을 담보하는 것이 바로 고참 볼셰비키의 권위였다는 것인데, 1921년 10차 당대회에서 분파 형성을 금지한 정세적 이유를 상기시키려는 의도도 있었지요.

스탈린은 자신의 권력 찬탈에 장애가 되는 고참 볼셰비키에 대해 적대적이었습니다. 그래서 1934년의 키로프 암살 직후에 고참볼셰비키협회를 해산하고 1936-38년의 대숙청을 통해 고참 볼셰비키를 절멸시켰던 것이에요. 물론 스탈린에게 위협이 되지 않은 고참 볼셰비키는 일부 생존할 수 있었는데, 마치 '참새로 살아남은 공룡' 격이었다고 할 수 있겠지요.

스탈린이 레닌보다 위대하다는 아첨으로 유명했던 카가노비치가 대표자였는데, 그는 1991년에 98세로 사망한 최장수 고참 볼셰비키였습니다. 카가노비치는 대숙청 이후 몰로토프·미코얀·보로실로프와 함께 스탈린의 '4인방'을 형성하여 정치국을 대체했던 인물이지요. 어쨌든 스탈린 저작집의 분량을 레닌 저작집의 2.5배, 마르크스-엥겔스 저작집의 10배로 조정하려는 소극까지 연출되었는데, 교황이 바울로는 물론이고 예수보다도 위대하다는 격이었어요.

스탈린을 이론가로 데뷔시킨 계기는 강의록 『레닌주의의 기초』(1924)였는데, 여기서 레닌의 공적은 마르크스주의의 '러시아화'가 아닌 제국주의와 프롤레타리아 혁명의 시대에 마르크스주의를 한층 발전시킨 마르크스주의의 '레닌적 단계'라는 테제가 제시되었지요. 달리 말해서 '레닌 사상'이 아니라 '레닌주의'라는 것이에요. 그러나 문제는 『레닌주의의 기초』가 20대 초반의 청년 저널리스트 출신의 이론비서 크세노폰토프(Ksenofontov)의 『레닌의 혁명학설』(1925)을 표절했다는 것이 메드베제프의 주장이에요.

그 밖에 스탈린의 유명한 저작으로는 14년 터울로 발표된 『소련공산당사: 단기교정』(1938)과 『소련에서 사회주의의 경제적 문제』(1952)가 있습니다. 이것들에 대해서는 표절 시비가 없었던 대신 집단 작업의 결과를 대표 집필했다는 것이 메드베제프의 평가이지요. 물론 표절 시비를 제기할 수 있는 상황도 아니었겠지만요.

1917년 8월(신력)에 뒤늦게 볼셰비키에 가담한 트로츠키도 역시 고참 볼셰비키에 대해서는 호의적이지 않았습니다. 메드베제프에 따르면, 소련과 우호관계에 있었던 터키로 추방된 직후인 1930년에 레닌의 '무서운 농담'(grim jest)을 소개하며 은연중 고참 볼셰비키에 대한 자신의 적개심도 드러냈거든요.

50세가 된 혁명가는 저승(hereafter)으로 보내야 한다.

트로츠키의 전언을 액면 그대로 받아들이면, 결국 스탈린은 레닌의 '유언'을 집행한 셈이 되겠지요.

메드베제프에 따르면, 일국사회주의론이 레닌과 무관한 스탈린의 발명품이라는 트로츠키의 주장은 근거가 없습니다. 일국에서 사회주의혁명이 가능하다는 데서 출발한 레닌이 일국에서 사회주의건설도 가능하다는 결론에 도달했기 때문이지요. 그리고 그런 과정에서 핵심적 역할을 한 것이 바로 신경제정책론이었고요.

쉽게 말해서 일국사회주의론은 신경제정책론의 필요조건이었고 신경제정책론은 일국사회주의론의 충분조건이었다고 할 수 있습니다. 레닌의 일국사회주의론에 대한 최근의 연구성과는 Erik van Ree, "Socialism in One Country: A Reassessment" (*Studies in East European Thought*, June 1998)를 참고하세요.

신경제정책이야말로 '사회주의운동의 이론과 실천에서 레닌의 가장 본질적(most vital) 기여'였고 그런 기여를 계승한 사람이 바로 부하린이었다는 메드베제프의 주장은 『역사학 비판』에서 소개한 코언이나 레빈 같은 수정주의자의 주장과 일치하는 것입니다. 반면 스탈린은 신경제정책론 없는 일국사회주의론을 추진했고, 트로츠키는 일국사회주의론을 부정함으로써 신경제정책론도 기각했던 것이지요.

대숙청의 특징은 스탈린에 대한 반대자와 함께 지지자도 숙청한 데 있습니다. 이른바 '승리자들의 대회'였던 1934년 17차 당대회에서 선출된 중앙위원과 후보위원 139명에서 110명(흐루쇼프에 따르면 98명)이 처형되었지요. 1939년 18차 당대회에서 선출된 중앙위원과 후보위원 84명에서 24명만이 '승리자들' 중의 생존자였고, 나머지는 초선이었고요.

1980년대 운동권 일각에서는 스탈린시대보다 모택동시대에 사람이 더 많이 죽었다면서 중국사회주의가 소련사회주의보다 열등하다는 주장이 제기되기도 했었습니다. 그러나 스탈린과 달리 모택동은 자신의 동지를 처형한 적이 없는데, '병을 치료하여 사람을 구한다'(治病求人)는 것이 세뇌를 중시한 그의 모토였지요. 대표적 사례로 유소기는 병사했고 임표는 사고사였어요. 게다가 등소평은 '오뚝이'(不倒翁)처럼 살아남아 결국 개혁·개방을 추진할 수 있었고요.

대숙청을 주도한 것은 1934년에 엔카베데(NKVD, 내무인민위원회)로 개편된 (오)게페우였습니다. 대숙청 전후 비밀경찰은 '온갖 종류의 투기꾼과 출세주의자의 집결지(a rallying point)'였지요. 베틀렘은 출세주의자에게 주목했고, 메드베제프는 투기꾼에게 주목했는데, 스탈린주의의 심화에 따라 볼셰비키도 더욱 타락했기 때문이에요.

그런데 아이러니한 것은 당료와 관료에 대한 숙청의 전제조건이 바로 비밀경찰 자체에 대한 숙청이었다는 것입니다. 비밀경찰조차 자신의 동지였던 당료와 관료에 대한 숙청에 주저했기 때문이에요. 그 결과 레닌의 동지이자 체카의 창설자였던 제르진스키가 1926년에 요절한 다음 줄곧 비밀경찰을 지배해온 야고다 자신이 숙청되고 그 대신 예조프가 대숙청을 주도했던 것이지요.

제르진스키가 자유주의를 지양하려는 공산주의자였다고 한다면, 예조프는 자유주의에 반대하는 인민주의자였다고 할 수 있습니다. '무고한 한 사람을 유형 보내는 것보다는 천 번이라도 자유주의로 길을 잘못 드는 것이 낫다'는 것이 제르진스키의 지론이었던 반면 '스파이 한 명이 달아나는 것보다는 무고한 인민 열 명이 죽는 것이 낫다'는 것이 예조프의 지론이었거든요.

예조프는 콜론타이와 함께 노동자반대파를 지도한 쉴랴프니코프의 양자였습니다. 쉴랴프니코프는 물론 대숙청기에 처형되었는데, 예조프 자신도 역시 대숙청 말기에 숙청되었어요. 과유불급(過猶不及, 지나침은 모자람과 같다)이라는 말처럼, 지나친 예조프는 모자란 야고다와 같았다고 할 수 있겠지요. 예조프를 대체한 사람이 1917년 2월혁명 직후에 볼셰비키에 입당한 대표적 투기꾼인 베리야였는데, 그는 스탈린 사후 흐루쇼프에 의해 숙청되었지요.

대숙청에 개입한 법률가로는 예조프와 베리야에 비견되는 인물인 검찰총장 비신스키가 있는데, 그는 내전기에 입당한 멘셰비키였습니다. '법은 [정치범에 대한] 계급투쟁의 수단이다', 따라서 '시대에 뒤지게 된 법은 무시해야 한다'는 것이 그의 지론이었지요. 쉽게 말해서 자유주의적 법치인 '법의 지배'(rule of law)를 기각하고 인민주의적 법치인 '법에 의한 지배'(rule by law)를 주장했던 것이에요.

그런 상황에서 희생된 사람이 바로 신경제정책기에 마르크스주의 법학을 정초한 파슈카니스였는데, 그는 그로스만의 사질(師姪) 격인 루빈과 비견되던 전도유망한 소장 마르크스주의자였습니다. 1980년 5월 마르크스주의로 전향하고 제가 처음으로 공부한 사람이 바로 루빈과 파슈카니스, 그리고 그들의 후예인 서독 '형태분석가'였지요. 형태분석이란 상품-화폐형태에서 출발하여 자본형태를 거쳐서 국가형태를 도출하려는 시도였고요.

파슈카니스의 출발점은 『고타강령 비판』에서 마르크스가 제시한 다음과 같은 테제였습니다.

> 법(Recht, 권리)은 사회의 경제적 구조와 그것이 조건짓는 문화적 발전을 초과할 수 없다.

또 『국가와 혁명』에서 레닌이 제시한 다음과 같은 테제였지요.

> 부르주아 법은 물론 불가피하게 부르주아 국가도 전제한다.

이미 설명한 것처럼, 신경제정책기에 레닌은 '프롤레타리아 독재 아래 사멸 중인 자본주의로서 국가자본주의'라는 사회주의관을 제시한 바 있습니다. 레닌을 따라 파슈카니스가 사회주의에서 국가와 법이란 '프롤레타리아 독재 아래 사멸 중인 부르주아 국가와 부르주아 법'에 다름 아니라고 주장했던 것이에요. 이런 주장은 혁명 직후에 레닌이 강조한 바 있는 혁명적 '법의식'(pravosoznanie)과 '양심'을 대체하는 것이기도 했는데, 부르주아적 정의와 도덕감정에 미달할 가능성이 농후했기 때문이지요.

요컨대 레닌과 파슈카니스는 이렇게 사회주의 자체를 과도기로 인식했던 것입니다. 반면 스탈린은 과도기로서 사회주의관을 '허무주의적'이라고 비판하면서 사회주의는 독자적 생산양식이라고 주장했지요. 달리 말해서 '사회주의적 자본'(le capital socialiste, 샤방스)과 함께 '사회주의적 국가와 사회주의적 법'이 존재한다는 것인데,

사회주의적 자본·국가·법은 마르크스주의적 관점에서 형용모순일 수밖에 없어요.

『반뒤링』에서 엥겔스는 '광의의 경제'와 '협의의 경제'를 구별한 바 있습니다. 달리 말해서 초역사적 의미에서 경제 일반이 존재하는 동시에 봉건제 또는 자본주의에 고유한 역사적으로 특수한 경제도 존재한다는 것이지요. 그러나 광의의 국가·법과 협의의 국가·법을 구별할 수는 없어요. 국가는 계급사회에 고유하고 (서유럽에서) 법은 자본주의에 고유하기 때문이지요. 달리 말해서 무계급사회에 국가는 존재하지 않고 (서유럽의) 봉건제에 법은 존재하지 않아요.

『후기』에서 지적한 것처럼, 페레스트로이카를 계기로 김도균 교수는 자유주의로 전향한 반면 조국 교수는 인민주의로 전향했습니다. 흐루쇼프가 스탈린주의를 '사회주의적 준법성(socialist legality)의 침해'라고 비판한 것에서 한 걸음 더 나아가 고르바초프는 '전인류적 가치'(universal human value, 인류보편적 가치)로서 '법의 지배 내지 법치국가(Rechtsstaat)의 침해'라고 비판했는데, 석사논문에서 파슈카니스를 연구한 바 있는 김 교수는 고르바초프의 비판을 수용했던 반면 조 교수는 거부했기 때문이지요. 하기야 조 교수는 주체사상파에 버금가는 극단적 스탈린주의자였던 사노맹(남한사회주의노동자동맹)의 이론가를 자임하기도 했었고요.

메드베제프는 대숙청 직후 브레히트가 쓴 「인민은 잘못이 없는가?」 (Ist das Volk unfehlbar?, 1939)라는 시를 소개했는데, 마지막 6연과 7연만 인용해보겠습니다.

6
오천 명이 건설한 것을 한 사람이 파괴할 수 있다.
유죄선고된 오십 명 중
한 사람은 무죄일 수 있다.
가령 그가 무죄라면?

7
가령 그가 무죄라면,
그는 어떻게 죽음을 맞이할까?

브레히트의 시는 '인민의 적'이라는 사이비 개념에 대한 통렬한 비판이었습니다. 공포정치기에 '자유롭도록 강제한다'(forcer d'être libre)는 루소를 좇아 로베스피에르가 발명한 'ennemi du peuple'로 소급하는 인민의 적은 '인민 내부의 모순'을 적대화함으로써 대숙청을 상징한 구호였어요. 이 구호가 인민주의적이었던 증거가 바로 그것에 호응한 인민이 많았다는 사실이지요. '구차하게 목숨을 부지하기 위해 기꺼이 충성스런 [고참] 볼셰비키들의 시체의 산을 기어 올라갔던' 인민 말이에요.

마지막으로 대숙청으로 인해 코민테른의 중국·인도부서와 함께 조선부서가 와해되었다는 사실도 지적해두겠습니다. 그래서 김단야 선생이 희생되었던 것인데, 박헌영 선생과 동갑인 그 역시 국제레닌학교(ILS)에서 수학했었지요. 박 선생이 1933년에 상해에서 체포된 반면 그는 소련으로 탈출할 수 있었는데, 임경석 교수에 따르면, 결국 ML파의 고발로 인해 '일제의 고용간첩'으로 숙청되었던 것이에요. 물론 박 선생도 결국에는 ML파의 후예인 장안파의 협력으로 인해 '미제의 고용간첩'으로 숙청되었고요. 영남인이 중심인 ML파-장안파에 대한 설명은 『종합토론』을 참고하세요.

파스테르나크의 『닥터 지바고』

메드베제프와도 인연이 있었다는 시인 파스테르나크의 자전소설 『닥터 지바고』(1957; 국역: 문학동네, 2018)에 대해서도 언급해두겠습니다. 1917년부터 1921년까지 혁명과 내전을 배경으로 한 『닥터 지바고』는 복잡다단한 플롯으로 유명한데, 저 역시 이번에 처음으로 읽었지요. 저를 포함해서 대부분의 사람에게 『닥터 지바고』는 사실 데이비드 린이 감독하고 오마 샤리프와 줄리 크리스티가 주연했던 영화(1965)인 셈이에요.

위키피디아나 나무위키에서는 『닥터 지바고』가 1978년에 개봉되었다고 하는데, 잘못입니다. 1968년 크리스마스에 1차로 수입되어 개봉된 이후 1971년까지 매년 두세 차례나 재상영되었다가 1978년 신정에 2차로 수입되어 1981년까지 또 거의 매년 재상영되었거든요. 제가 처음으로 본 것은 고등학교 2학년 때인 1971년이었는데, 너무 감동하여 이튿날 또 한 번 볼 정도였어요. 중학교 시절 도서관에서 국역본을 발견했지만, 읽어볼 엄두를 내지는 못했고요.

『닥터 지바고』는 1958년에 노벨문학상을 수상했는데, 흐루쇼프 시대였음에도 수상을 포기할 수밖에 없었던 파스테르나크는 1년 반 후에 사망했습니다. 그러나 페레스트로이카가 진행 중이던 1988년에 소련에서도 출판이 허가되면서 1989년에 아들이 대리 수상할 수 있었지요. 또 소련이 붕괴한 직후인 1994년에는 영화도 개봉이 허가되었고요. 스탈린주의의 대중적 토대가 그만큼 강고했다고 할 수도 있고 소련사회주의가 그만큼 취약했다고 할 수도 있겠지요.

『닥터 지바고』의 13장에는 스탈린주의의 본질이라고 할 수 있는 전시공산주의를 비판하는 다음과 같은 구절이 나옵니다.

> '인간은 인간에게 늑대'라는 옛말을 실증한 시대였다.(…)인간이 만든 문명의 법칙은 자취를 감췄다. 야수의 법칙이 세상을 지배했다. 인간은 선사시대 혈거인(穴居人)의 꿈을 꾸고 있었다.

또 15장에서는 1929년 대전환 전야의 소련에서 '불행을 가져다주는 것에 기뻐하는' '체제순응주의'(conformism) 내지 '정치적 신비주의'(political mysticism, 이론적 근거 없는 정치적 신념)를 비판하고 있고요. 16장 에필로그에서는 결국 '러시아계몽운동이 러시아혁명으로 타락했다'고 결론짓는데, 마치 프랑스계몽운동이 프랑스혁명으로 타락한 것과 마찬가지였다고 한 셈이에요.

영화는 지바고와 라라의 사랑을 중심으로 플롯을 단순화하면서 '이념보다 인간/개인'이라는 주제를 부각시켰다는 장점이 있습니다. 영화는 1966년에 오스카 각색상과 함께 음악상도 수상했는데, 관현악곡의 라이트모티프(Leitmotiv)였던 「라라의 테마」에 가사를 붙인

팝송이 레이 카니프의 합창단에 의해 취입되어 1967년 그래미상에서 비틀즈의 「미셸」과 경합하기도 했지요.
 우리나라에서는 송창식-윤형주의 듀오인 트윈폴리오가 번안하여 「내 사랑 어디로」(Somewhere, my love, 1970)라는 제목으로 소개한 바 있는데, 그러나 제목부터 너무나 엉뚱하게 번역한 것 같아 새로 번역해보겠어요.

　　어딘가엔 노래가 있다오,
　　여긴 아직 눈 덮여 있어도.
　　어딘가엔 언덕에 꽃 피고,
　　가슴 깊이 꾼 꿈도 있다오.

　　다~시~만나요, 내 사랑,
　　봄~이~또다시 오면은.

　　Somewhere, my love, there will be songs to sing,
　　Although the snow covers the hope of spring.
　　Somewhere a hill blossoms in green and gold,
　　And there are dreams all that your heart can hold.

　　Someday we'll meet again, my love,
　　Someday whenever the spring breaks through.

 조금 이따가 소개할 중국영화 『푸른색 연』의 주제가 「까마귀노래」는 '사람이 사람이기 위해 마지막으로 기댈 곳(最後の據所)'(후지이 쇼조)은 바로 모자(母子)의 사랑이라는 주제를 표현한 것입니다. 반면 『닥터 지바고』의 「라라의 테마」는 연인의 사랑이 최후의 지주(last resort)라는 주제를 표현한 것이고요. 역시 동서양의 문화적 차이를 무시할 수는 없다는 생각이 드는 대목이라고 할 수 있겠지요.
 그러나 라라를 모국 러시아의 알레고리로 해석해야 한다고 주장하는 문학비평가도 있습니다. 그래서 지식인 지바고와 함께 혁명가 파샤와 자본가 코바롭스키가 모두 라라를 사랑했던 것이고요. 노벨문학상을 둘러싼 스캔들의 와중에 '반역자'의 국적을 박탈하라는 비난에 맞서 몇몇 친구의 도움을 받아 파스테르나크는 다음과 같이 항의했는데, 지바고도 라라를 코마롭스키와 함께 연해주로 떠나보낸 다음 모스크바로 돌아오지요.

> 태어난 이래 나의 삶과 일은 러시아와 결부되어 있다. 러시아와 분리되어 러시아의 외부에 존재하는 내 운명이란 상상할 수조차 없는 것이다.
>
> I am bound to Russia by my birth, my life, and my work. I cannot imagine my fate separated from and outside Russia.

'나는 우리나라를 사랑하오. 그렇지만 나는 누가 사랑해준단 말이오?' (我愛咱們的國呀. 可是誰愛我呢?)라는 노사의 유언을 연상시키기도 하는 이 말이 파스테르나크의 유언이었어요.

파이지스의 『속삭이는 사회』와 유르착의 『모든 것은 영원했다』

메드베제프의 『역사가 판단하게 하라』와 대조되는 책이 파이지스의 『속삭이는 사회』(*The Whisperers: Private Life in Stalin's Russia*, Allen Lane, 2007; 국역: 교양인, 2013)입니다. 반체제적(dissident) 지식인으로서 메드베제프가 스탈린주의를 비판한다면, 파이지스는 파스테르나크가 말한 체제순응주의자 내지 정치적 신비주의자로서 대중의 '방관자적'(spectatorial) 태도 내지 '협력자적'(collaborationist) 태도에 주목하기 때문이지요.

파이지스의 작업은 1917-25년생 세대, 좀 더 간단하게 말해서 '17세대'(the generation of 1917)의 구술사(oral history)를 활용하여 소련에서 '주체로서 시민'(citoyen sujet, 발리바르)이 국민(nation)을 형성하는 역사적 과정을 묘사하는 것입니다. 17세대란 스탈린주의의 절정기인 1930-40년대에 청년기를 보낸 세대인데, 반체제적 지식인의 대표자였던 사하로프(1921-89)와 메드베제프(1925-), 그리고 솔제니친(1918-2008)도 17세대이지요.

세대 분석을 창시한 만하임은 청년기를 17-25세로 정의한 바 있습니다. 물론 청년기를 좀 더 연장할 수 있는데, 예를 들어 콤소몰

(Komsomol, 공산주의청년동맹)의 가입자격은 14-28세였거든요. 또 공자처럼 '열다섯 살에 학문에 뜻을 두고 서른 살에 자신의 입장을 세운다'(十有五而志于學, 三十而立)고 하면, 청년기는 15-29세였고요. 따라서 최대한 17-29세를 청년기로 간주할 수 있겠지요.

17세대를 특징짓는 것이 바로 볼셰비키의 교육정책이었습니다. 그 핵심은 '가족의 유해한 영향력'과 '학교의 유익한 영향력'을 대조하면서 '공산주의 세대'를 육성하려면 '어머니가 자신의 아이를 소비에트 국가에게 바치는 어린이의 국유화'가 필요하다는 것이었지요. 이렇게 국유화된 '1917년의 어린이'(the children of 1917)가 자라서 17세대가 되었던 것이에요.

가족을 학교로 대체하여 어린이를 국유화한다는 교육정책이 그 자체로 문제는 아닙니다. 오히려 마르크스주의의 교육이념이 유가의 교육이념과 친화성을 갖는다는 증거라고 할 수 있거든요. '세상을 다스리는' 군자가 되려면 혈연과 지연을 학연과 진리로 지양할 수 있어야 하는 법이에요. 그런데 레닌도 볼셰비키를 귀족에 비유하곤 했다고 하지요. 볼셰비키도 노블레스 오블리주(Noblesse oblige, 귀족/엘리트의 책임)가 있어야 하는 것인데, 유가에서는 그런 사람을 군자라고 부른 바 있어요.

문제는 공산주의의 타락이었습니다. 그리고 그 절정이 대숙청이었는데, 그 결과 '속삭이는 사람'(whisperer)이 출현했던 것이지요. 속삭이는 사람이란 '남이 엿들을까 봐 속삭이는 사람'인 동시에 '남의 말을 엿듣고 밀고하는 사람'이라는 이중적 의미를 갖고 있어요. 전자가 스탈린주의의 방관자였던 반면 후자는 스탈린주의의 협력자였다고 할 수 있지요.

파이지스에 따르면, 소련의 시민 주체는 정치적으로 무관심하거나 정치를 의식적으로 회피한다는 의미에서 조병옥 선생이 말했던 '묵종'(默從, acquiescence)하는 수동적 협력자였거나 최소한 방관자였습니다. 물론 능동적 협력자도 있었는데, 1935년에 '형사책임연령'(age of criminal responsibility)을 12세로 하향 조정하면서 아버지를 밀고한 14세 소년 모조로프에 대한 숭배를 조장했기 때문이지요.

그래서 대숙청기인 1936-38년에 형사책임연령에 도달한 1917-25년생부터 부모나 선생을 밀고하는 풍조가 출현했던 것입니다. 『후기』에서 소개한 것처럼, 히틀러와 스탈린은 밀고를 통해 적을 발명했는데, 그 최고 형태가 바로 청소년이 자신의 부모와 선생을 고발하는 것이었지요. Sheila Fitzpatrick and Robert Gellately, "Introduction to the Practices of Denunciation in Modern European History"(*Journal of Modern History*, Dec. 1996)를 참고하세요.

이것은 공산주의의 타락에 대한 방증이기도 합니다. 부모와 선생에 대한 사랑과 국가에 대한 사랑의 관계는 지양이지 대립이 아니거든요. 『후기』에서 소개했듯이, 공자와 맹자는 '아들이 아버지의 범죄를 숨겨준다'(子爲父隱)고 했는데, 효를 부정하는 인(仁, 타인에 대한 사랑)이란 존재할 수 없기 때문이에요. 마르크스주의도 미움이 아닌 사랑을 추구한다면, 예외일 수 없는 것이고요.

흐루쇼프의 스탈린 비판 이후 밀고자 같은 가해자에 대해 피해자가 용서하는 것이 일반적이었다는 사실도 지적해두겠습니다. '과거에 대한 무관심이나 과거를 망각하려는 욕망' 때문이 아니라 '체제가 인민에게 한 추잡한 짓이라는 자각' 때문이었지요. 누구든 밀고자가 될 수 있었거든요. 물론 비밀경찰이나 굴라크요원 같은 '투기꾼'은 또 다른 문제였고요.

나아가 알렉세이 유르착은 『모든 것은 영원했다, 사라지기 전까지는』(*Everything Was Forever, Until It Was No More*, Princeton University Press, 2005; 국역: 문학과지성사, 2019)에서 '소련 마지막 세대'(the last Soviet generation)에 주목하고 있습니다. 이 책을 파이지스의 『속삭이는 사회』의 속편으로 간주할 수 있겠지요.

1950년대부터 1970년대 초까지 출생한 소련 마지막 세대는 대체로 브레즈네프가 집권한 1964년부터 고르바초프가 집권한 1985년까지의 시기에 청년기를 보낸 세대였습니다. 유르착은 17세대와 마지막 세대 사이에 '60세대'(Sixtiers)를 설정하는데, 그들은 흐루쇼프의 집권기인 1953-64년에 청년기를 보낸 세대였지요. 다만 흐루쇼프가 실각한 1964년과 스탈린 복권의 계기가 된 1968년 프라하의 봄 사이는 과도기라고 할 수도 있고요.

유르착의 '영원하다'는 말은 '소멸하지 않는다', 좀 더 일반적으로 말해서 '변화하지 않는다'는 뜻입니다. 저자도 속하는 마지막 세대는 소련사회의 '역사동역학'(historical dynamics), 특히 '흥성'(rise and advance)보다는 오히려 '쇠망'(decline and fall)의 동역학에 대해 무지했는데, 스탈린주의에서 비롯된 무지몽매한 대중을 위한 도식적 마르크스주의, 즉 과학적 근거가 없는 속류화된 이데올로기의 귀결이라고 할 수 있겠지요.

하기야 마지막 세대의 특징은 그런 속류화로 인해 이데올로기가 오작동하거나 심지어 소멸했다는 사실일 것입니다. 유르착에 따르면, 마지막 세대는 열성분자(activist)나 반체제분자(dissident)를 모두 '정상적'(normal)이지 않은 사람으로 간주했거든요. 달리 말해서 마르크스주의 이론을 둘러싼 그들의 논쟁 자체에 무관심했다는 것인데, 그래서 유르착도 마르크스주의 이론의 대안을 자임하던 푸코-들뢰즈-데리다의 포스트모더니즘을 원용한 것이지요.

『위기와 비판』을 집필하면서 관심을 가졌던 세대 분석을 유르착의 책을 읽으면서 좀 더 정리할 수 있었습니다. 세대에는 혈연이나 학연 같은 수직적 유대로서 '계보'(lineage)의 측면과 동일 연령 같은 수평적 유대로서 '동년배'(cohort)의 측면이 존재하는데, 세대별로 양자의 비중에 차이가 있다고 할 수 있지요.

예를 들어 동년배의 유대가 계보의 유대를 압도하면 '부모를 닮지 않은 귀신의 자식'이라는 의미에서 '이태'(異胎)/'귀태'(鬼胎)가 출현하고 심지어 부모와는 아무런 관련도 없는 '에일리언'이 출현한다고 할 수 있습니다. 소련의 17세대와 한국의 386세대가 이태/귀태라면 마지막 세대와 '바링허우'(八零后, 1980년대생) 세대는 에일리언이라고 할 수 있겠지요. 60세대와 X세대는 과도기라고 할 수 있고요.

1997-98년 경제위기가 포스트모더니즘을 소멸시키기는커녕 그

수명을 연장해주었던 까닭도 유르착을 읽으면서 깨달을 수 있었습니다. 1980년생이 17세가 된 것은 1997년이었고 1989년생이 29세가 된 것은 2018년이었지요. 그런데 2000년대 이후 이데올로기가 오작동 내지 소멸하면서 포스트모더니즘이 확산된 것이에요. 그 결과 포스트모더니즘으로 전향한 386세대가 포획했던 바링허우 세대가 386세대를 대체하려던 X세대를 '패싱'할 조짐이 나타난 것이고요.

물론 에일리언의 출현이 진화이고 발전일 수도 있습니다. 그래서 바링허우 세대가 부모와 선생을 배울 것 없는 꼰대라고 비하하는 것인데, 이것은 386세대가 주류 교체를 표방하면서 적폐라고 고발하던 것과도 전혀 차원이 다른 일이지요. 다만 문제는 에일리언의 출현을 계기로 쇠망의 동역학이 흥성의 동역학으로 반전될 수 있는가라는 것이에요. 하기야 에일리언에게 역사동역학이 있을 리 없겠지만요.

마이스너의 『모택동』과 와일리의 『모택동 사상의 출현』

아쉽게도 베틀렘의 『소련에서 계급투쟁』에 해당하는 중국혁명사는 없습니다. 베틀렘의 『중국에서 문화혁명과 산업조직: 경영과 분업의 변화』(*Cultural Revolution and Industrial Organization in China: Changes in Management and the Division of Labor* (1973; 영역: MRP, 1974; 중역: 2009)와 『모택동 이후의 중국』(*China after Mao* (1978; 영역: MRP, 1978)은 결함이 있는데, 문화혁명을 대약진운동의 계속으로 간주하기 때문이지요. 아마도 4인방과의 교류 때문인 것 같은데, 조금 이따가 설명하겠어요.

발리바르는 문화혁명 20주년이자 모택동 사망 10주기인 1986년에 발표한 논문 「마오: 스탈린주의의 내재적 비판?」(국역: 『맑스주의의 역사』에 실림)에서 대약진운동과 문화혁명의 구별을 시도했습니다. 문화혁명기 모택동에게 '반역은 정당하다'(造反有理)는 구호 이외에 정치노선이나 그것을 근거짓는 이론이 없었다는 것이지요. 그러나 결국에는 '혁명적 위험'(risque révolutionnaire) 또는 모택동 자신의 말처럼 '대중의 공포'(害怕群衆, la crainte des masses)라는 식으로 문화혁명을 옹호했는데, 다만 1989년 천안문사건 이전이었던 사정을 고려해줄 수는 있겠지요.

대신 마이스너의 책이 있는데, 1977년에 초판인 『마오의 중국』(*Mao's China*, Free Press), 1986년과 1999년에 개정판인 『마오의 중국과 그 이후』(*Mao's China and After*, Free Press)가 출판되었고, 최종3판이 2004년에 이산에서 국역되었습니다. 그도 대약진운동의 계속으로서 문화혁명이라는 관점을 채택했는데, 그러나 신민주주의의 조기 종식이라는 측면에서 비판적 입장이었지요. 모택동의 농민적 인민주의 내지 유토피아적 의지주의에 주목하는 마이스너에 대한 발리바르의 서평은 역시 『맑스주의의 역사』를 참고하세요.

마이스너는 2007년에 『모택동: 정치·사상적 평전』(*Mao Zedong: A Political and Intellectual Portrait*, Polity)을 출판했는데, 국역본은 아직 없습니다. 앞의 책에서 혁명 이후의 모택동에 집중한 반면 여기서는 혁명 이전의 모택동에도 주목했지요. 박사논문 『이대교와 중국마르크스주의의 기원』(*Li Ta-chao and the Origins of Chinese Marxism*, Harvard University Press, 1967; 국역: 지식산업사, 1992)과 짝인 셈인데, 이대교는 중국 최초의 마르크스주의자이자 모택동의 스승 격이었거든요.

그러나 '마르크스주의의 중국화'에 대해서는 소략하다는 결함이 있었습니다. 레이먼드 와일리(Raymond Wylie)의 박사논문 『모택동 사상의 출현: 모택동·진백달과 중국적 이론의 탐구, 1935-1945』(*The Emergence of Maoism: Mao Tse-tung, Chen Po-ta, and the Search for Chinese Theory, 1935-1945*, Stanford University Press, 1980)가 여전히 최선의 연구서인데, 한국사회성격 논쟁에서 베틀렘의 『소련에서 계급투쟁』과 함께 제가 참고한 주요 문헌이었어요.

와일리는 모택동에 대한 비판적 연구의 개척자인 슈람(Stuart Schram)의 제자였는데, 그의 기념비적 저작이 바로 『모택동』(*Mao Tse-tung*, 1967; 국역: 두레, 1979)입니다. 마르크스주의를 중국화한 모택동 사상의 배후 인물인 진백달에 대해 최초로 주목한 와일리는 「에필로그」에서 혁명 이후, 특히 문화혁명기 진백달의 역할이라는 문제를 제기하기도 했지요. 대약진운동과 문화혁명의 관계, 나아가 문화혁명이라는 '10년동란'의 과오를 모택동과 진백달 사이의 관계를 통해 해명할 수 있는데, 역시 차차 설명하겠어요.

마이스너가 신민주주의의 조기 종식이라는 관점에서 대약진운동과 문화혁명을 비판했다고 했는데, 신민주주의를 '중국식 신경제정책'으로 해석했기 때문입니다. 혁명 직후의 중국사는 다음과 같이 시기 구분할 수 있지요.

    1949~52년   신민주주의
    1953~57년   1차 5개년계획
    1958~60년   대약진운동

자세한 설명은 허척신 감수의 『중국자본주의의 변혁과정』(1958~61; 국역: 지평, 1989)을 참고할 수 있는데, 진백달과 동년배의 경제학자인 그는 관료자본론을 이론화한 공적이 있어요. 또 윤정분 교수 등이 번역한 북경대 경제사 주임교수 리떠삔(이덕빈)의 『중화인민공화국 경제사』(1987; 국역: 교보문고, 1989)도 참고할 수 있고요.

신민주주의의 핵심은 국가자본주의와 토지개혁이었는데, 반제국주의적 혁명으로서 국가자본주의는 외국자본과 관료자본을 국유화하면서 민족자본 내지 민간자본을 육성한 것이었고, 반봉건적 혁명으로서 토지개혁은 지주의 토지 전체와 부농의 토지 중 상한 초과분을 몰수·분배함으로써 빈농을 중농화한 것이었지요. 또 1차 5개년계획은 소련처럼 중화학공업화를 추진하는 동시에 농업합작화/협동조합화를 추진했다가 결국 농업집단화/집단농장화를 추진한 것입니다. 그 결과 민족/민간자본이 소멸했고 중농화도 중도반단되었지요.

반면 대약진운동은 1차 5개년계획의 반성으로 시작된 것이었습니다. 중화학공업화와 농업집단화가 노동자와 농민의 모순을 심화시켰다는 입장에서 소련식 사회주의에 대한 비판이 시도되었는데, 가장 중요한 시도가 바로 인민공사, 즉 농촌코뮌을 채택한 것이었어요.

또 인민공사를 중심으로 중화학공업화에 대한 대안으로 경공업화를 추진하기도 했고요.

그러나 중소분쟁으로 인한 경제·기술원조 중단, 나아가 기상이변으로 인한 자연재해 등으로 대약진운동은 조기 중단될 수밖에 없었습니다. 또 대약진운동 자체의 결함도 있었는데, 인민공사화를 통해 농장의 규모가 오히려 점차 확대되었거든요. 그래서 농업집단화를 '소약진운동'이라고 불렀던 것이고요. 협동조합이 집단농장을 거쳐 인민공사로 대규모화되었는데, 농업도 기계제대공업을 모방해야 한다는 잘못된 이론 때문이었어요.

협동조합   26가구
집단농장   250가구 (곧 170가구로 하향 조정)
인민공사   5000가구

그런데 모택동과 진백달이 추진한 문화혁명이 대약진운동의 계속인 것은 아니었습니다. 자세한 설명은 뒤로 미루고, 일단 문화혁명이 유소기와 등소평이 중심인 '주자파'(走資派)와의 이데올로기투쟁이었음을 지적할 수 있지요. 이런 맥락에서 문화혁명은 농업집단화가 추진되는 것과 동시에 제기된 1956-57년의 쌍백운동(인문학적 사상의 자유를 위한 백화제방운동과 자연과학적 사상의 자유를 위한 백가쟁명운동)의 반전으로서 1957년의 반(反)우파투쟁의 부활이라고 할 수도 있어요. 여기서 반우파투쟁과 문화혁명의 공통점으로 반(反)지식인주의를 발견할 수도 있고요.

'군사' 모택동과 '수재' 진백달

일반 독자를 위한 평전으로 유명한 『마오쩌둥』(1999; 국역: 푸른숲, 2003)에서 조너선 스펜스는 모택동을 'Lord of Misrule'이라고 불렀습니다. 이것은 가톨릭축제인 '멍청이들의 축제'(Festum Stultorum)의 주재자, 즉 '멍청이들의 대장'(Praecentor Stultorum)이라는 의미이지요. 또 'misrule'에는 'unreason'이라는 의미도 있으므로 '무질서의 지배자'나 '미친 지배자'를 의미한다고 할 수도 있고요.

또 중국어로 번역되어 베스트셀러가 된 방대한 평전 『마오쩌둥』(1980; 증보개정판(1999)의 국역: 이룸, 2008)에서 로스 테릴은 모택동의 기질적 이중성에 주목했습니다. 문화혁명 초기에 모택동이 자신의 부인 강청에게 보낸 편지에서 '나라의 큰 어지러움을 거쳐 나라의 큰 다스림에 이른다'(天下大亂達到天下大治)고 말하면서 자신은 크게 다스리는 '호랑이기질'(虎氣)과 크게 어지럽히는 '원숭이기질'(猴氣)을 갖고 있는데, 앞의 기질이 주요한 반면 뒤의 기질은 부차적이라고 언급한 바 있거든요.

사실 레닌과 달리 모택동은 문자 그대로 '모순적 인간'이었습니다. 그 때문에 마이스너가 사회경제적 해방을 실행한 혁명가인 동시에 정치적 독재를 자행한 '폭군'(tyrant)이라고 불렀던 것이에요. 마치 진시황이 노예제를 변혁한 다음 폭정을 펼친 것처럼 모택동도 역시 반식민지반봉건사회를 변혁한 다음 폭정을 펼쳤다는 것이지요.

이런 맥락에서 1935-36년 겨울 연안에서 모택동이 창작한 사(詞)인 「눈」(雪)에 주목할 수 있습니다. 진시황, 한무제, 당태종, 송태조, 칭기스칸의 문재(文才)를 비판하면서 이렇게 마무리하거든요.

모두가 지난 일이니,	俱往矣,
정녕 문무겸전의 영웅을 찾으려면,	數風流人物,
역시 오늘을 보아야 하리라.	還看今朝.

1945년 8월부터 45일간 중경에서 장개석과 회담하고 10월 10일 쌍십협정에 조인한 모택동이 11월 4일에 중경의 『신민보』에 「눈」을 발표하자마자 작의(作意, 창작의도)를 둘러싼 논란이 분분했습니다. 1946년 3월에 쌍십협정이 번복되고 만주에서 무력충돌이 시작되면서 6월에 전면 내전이 재개되는 과정에서 중요한 일화였는데, 자세한 설명은 치크(Timothy Cheek)가 편집한 *A Critical Introduction to Mao* (Cambridge University Press, 2010)에 실린 바르메(Geremie Barmé)

의 논문을 참고하세요.

모택동은 자신의 사상감정을 표현하는 사와 시(詩)의 창작에 집착한 바 있습니다. 시에 비해 사는 좀 더 자유로운 형식인데, 모택동은 예를 들어 곽말약과 달리 자신이 시에는 조예가 깊지 못하다는 콤플렉스가 있었어요. 『모택동 시집』(중국외문출판사, 1979; 복각판: 실천문학사, 1989), 『모택동 시집』(문원북, 2000), 『노래하듯 이야기하고 춤추듯 정복하라』(다산책방, 2007) 등을 참고하세요.

모택동의 시사에는 주자파에 대한 비판도 있는데, 사람이 아니라 벌레, 그것도 쉬파리와 말개미 같은 해충(害人蟲)으로 비유하거나 붕새(鯤鵬)의 뜻을 알 수가 없는 안작새(蓬間雀, 쑥덤불 속 참새)로 비유하기도 했습니다. 또 원숭이를 칭송하기도 했는데, 삼장법사를 유혹하려고 인간으로 둔갑한 백골요괴를 물리친 손오공, 즉 공산주의 건설을 위해 주자파를 물리치려고 문화혁명이라는 동란을 야기한 자신을 가리키는 것이었겠지요.

그런데 아이러니한 사실은 모택동 사후 강청에게 붙여진 별명이 바로 백골요괴였다는 것입니다. 따라서 모택동은 손오공이 아니라 삼장법사였던 셈인데, 하기야 모택동은 백골요괴가 유혹한 삼장법사에 대한 곽말약의 비판을 수용하지 않았지요. 게다가 강청의 취미 중 하나가 원숭이를 기르는 것이었다고 하고요. 테릴의 평전『장칭』(1984; 증보개정판(1999)의 국역: 교양인, 2012)의 부제가 바로 백골요괴인데, 그는 강청에 대해 얼마간 동정적이에요.

중국의 신좌파는 문화혁명기의 모택동을 중시하는데, 모택동을 문무겸비의 영웅, 즉 군사(君師, 군주이자 스승)로 추앙하는 셈입니다. 하기야 모택동의 거처는 자금성 서쪽 인공호수인 중남해의 근정전(勤政殿), 즉 강희제의 정전(正殿)이었지요. 그런데 군사란 곧 간군(奸君, 나라를 어지럽히는 임금)이었고, 왕권을 최대화하고 신권을 최소화함으로써 외척의 세도와 조선의 망국을 예비했던 정조가 그 대표적 사례였다고 할 수 있어요.

물론 모택동이 '경애하는 지도자 겸 교사'(the beloved leader and

teacher)라는 스탈린의 호칭을 선망했을 수도 있습니다. 발리바르가 지적했듯이, 마르크스주의의 역사를 특징지어온 '정치의 중심'과 '이론의 중심'을 결합한 전위당과 그것을 대표하는 마르크스와 레닌 같이 '모든 것을 다 아는'(omniscient, 全知的) '지도자 겸 이론가'(dirigeant-théoricien)라는 개념 때문이었지요. 물론 이런 개념은 그 시효가 이미 만료되었는데, 자세한 설명은 『역사적 마르크스주의』를 참고하세요.

어쨌든 모택동은 스스로 지식인이면서 지식인에 대한 콤플렉스를 갖고 있었던 것 같습니다. 그런 콤플렉스는 진백달과의 관계에서도 드러난다고 할 수 있고요. 진백달에 대해서는 앞서 인용한 와일리의 박사논문 외에 전기작가 예융례(엽영열)의 『모택동과 그의 비서들』(1994; 국역: 화산문화, 1995)을 부족한 대로 일부 참고할 수 있는데, 그는 『진백달 전(傳)』을 집필하기도 했지요.

모택동보다 11세 연하인 진백달은 국학대사(國學大師) 장병린의 손(孫)제자였습니다. 1927년에 입당하여 1927-30년에 모스크바중산대학에서 유학한 그는 1937년에 중일전쟁이 발발하자 연안에 합류하여 간부의 이론교육을 담당하던 마르크스레닌주의학원 등에 소속되었지요. 그러다가 1939년에 모택동의 이론비서로 발탁되어 1970년에 숙청될 때까지 30여년 동안 그의 최측근으로 활동했어요.

레닌과 달리 모택동의 경우에는 개인저작이 아니라 집단저작이 많았습니다. 그래서 그 주위에 '수재'(秀才)가 많았는데, 비서로 활동하는 지식인이라는 의미였지요. 여기서 비서는 공산당 중앙위원회 서기국 소속의 서기가 아닌 개인비서, 즉 서생이라는 의미였고요. 그런데 수재란 본래 과거제에서 대학입시 격인 원시(院試)에 합격한 선비라는 의미였어요. 따라서 군사를 자부한 모택동이 자신의 수하로 수재를 육성한 것은 마치 정조가 규장각에서 초계문신(抄啓文臣)을 육성한 것과 비슷했다고 할 수도 있겠지요.

수재 중에서도 물론 진백달이 가장 중요했습니다. 그런데 모택동 자신의 생각도 있었고 진백달 이외의 기여도 있어 사태가 복잡해질 수밖에 없었지요. 예를 들어 진백달이 제안했던 쌍백운동이 반우파 투쟁으로 변질된 데는 등소평의 기여가 있었고, 진백달이 중시했던 '인민 내부의 (비적대적) 모순'이 '자본주의적 길과 공산주의적 길의 (적대적) 모순'으로 변질된 데는 모택동의 생각은 물론이고 4인방의 기여가 있었던 것처럼요.

게다가 진백달에 대한 모택동의 콤플렉스도 있었습니다. 모택동은 철학과 역사학과 문학에 대한 인문학적 식견은 있었으나 경제학에 대해서는 문외한이었던 반면 진백달은 이대교처럼 경제학에 조예가 깊었다고 할 수 있거든요. 모택동이 진백달을 숙청하면서 다음과 같이 비판한 것이 그 증거라고 할 수 있겠지요.

> 항상 경제[학]를 제일로 생각하고 계속혁명론을 제일로 생각하지 않는다.
> 總是把經濟放在首位而不是把繼續革命論放在首位.

모택동이 강조한 바 있는 '정치가 지휘권을 갖는다'(政治掛帥)는 테제에 대해서도 주목해두겠습니다. 이것은 본래 레닌의 'politics in command'를 번역한 것으로 '정치는 경제의 집중적 표현이다'(Politics is concentrated economics)라는 레닌의 또 다른 테제에 배치되는 것은 아니었어요. 엥겔스의 말처럼 정치는 '최종심(the last instance, 대법원)인 경제'에 의해 결정되고, 또 발리바르의 말처럼 '정치의 진리 (la vérité)'는 경제이거든요.

그러나 모택동은 결국 정치의 지휘를 정치적 지배로 오해했습니다. 게다가 정치적 지배를 군사적 지배로 환원하기도 했는데, 그는 종종 혁명을 전쟁에 유비하여 '우리의 혁명은 전쟁과 같다'(我們的革命和 打仗一樣)고 주장했거든요. 문화혁명에서 모택동의 후계자를 자임한 임표가 계속혁명론을 인민전쟁론으로 해석한 것은 우연이 아니었는데, 그러나 인도네시아판 여순사건과 4·3사건이라고 할 수 있는 1965년 9·30사건과 1967년 칼리만탄사건처럼 결과는 처참한 것이었지요. 바바 기미히코, 『세계사 속의 중국 문화대혁명』(2018; 국역: AK커뮤니케이션즈, 2020)을 참고하세요.

역사에 대한 모택동의 관심도 예를 들어 전백찬과 달리 경세학이 아니라 전쟁, 그것도 농민전쟁에 편향되었습니다. 하기야 사마천의 6가와 반고의 10가에 포함되지 않았던 병가를 제자백가의 일원으로 격상시킨 장본인이 곧 모택동이었어요. 또 농민전쟁에서 승리하여 창업에 성공한 유맹(流氓, 불량배) 출신 황제 한고조 유방과 명태조 주원장을 옹호하기도 했고요.

모택동은 '권력은 총에서 나온다'(槍杆子裏面出政權)고 주장한 바 있습니다. 그런데 리쩌허우는 '정치의 계속으로서 전쟁'이라는 클라우제비츠의 전쟁관을 전도시킨 '전쟁의 계속으로서 정치'를 법가의 정치관으로 특징지은 바 있어요. 모택동은 유가보다는 오히려 법가의 후예라는 것이었지요.

동시에 역사소설 『삼국지연의』와 무협소설 『수호전』, 특히 전자가 아닌 후자가 청소년시절부터 모택동의 애독서였다는 사실도 간과할 수만은 없습니다. 여기서 류짜이푸가 『쌍전』(雙典, 2010; 국역: 글항아리, 2012)을 통해 『삼국지연의』와 『수호전』이 '지옥문'이라고 비판했던 까닭을 비로소 깨달을 수 있거든요.

예융례에 따르면, 문화혁명 전야에 진백달은 모택동과 유소기 사이의 '좁은 길'을 걷고 있었던 것 같습니다. 유소기보다는 모택동 쪽에 더 가깝기는 했지만요. 문화혁명을 시작할 때 모택동은 진백달의 '투기'(投機)를 의심하면서도 중용할 수밖에 없었는데, 대신 강청 등 4인방을 통해 견제했지요. 4인방 세력이 확립될 때까지 한시적으로 진백달을 활용할 생각이었던 것인지도 모르고요.

1967년 초에 유소기가 실각하자 진백달과 4인방의 갈등이 본격화되었습니다. 진백달이 볼 때 4인방은 자격 미달이었는데, 그들 중에서 그나마 지식인이라고 할 수 있는 장춘교는 고참 저널리스트였고 요문원은 신예 문학비평가였을 따름이거든요. 그래서 임표와 연대하여 4인방과의 대결을 선택한 것인데, 1968년 여름에 최종적으로 패배했지요. 결국 강청을 비롯한 4인방을 선택한 모택동은 진백달이

유소기에 대해 타협적이었다는 의심을 버리지 못한 것 같고, 그래서 계속혁명론자보다는 경제학자라고 비판했던 것이에요.

진백달이 걸었던 좁은 길이 실은 '벼랑길'이었다는 대목에서 이백의 악부시 「촉도난」(蜀道難, 촉나라 가는 험한 길) 마지막 세 구가 생각났습니다.

> 촉나라 가는 길이 험하기는 蜀道之難
> 푸른 하늘 오르는 것보다 어려우니 難於上靑天
> 몸을 돌려 서쪽 바라보며 길게 한숨짓는다네. 側身西望長咨嗟

한 쪽은 높은 벼랑이고 다른 쪽은 빠른 여울인 잔도(棧道)라는 것이에요. 1950년 2월 중소우호조약을 체결할 때 모택동이 소련과 미국이라는 양대국 사이의 처지를 빗대 「촉도난」을 읊었다고 하지요.

모택동은 두보의 리얼리즘 시보다 오히려 이백의 낭만주의 시를 좋아했는데, 두보의 칠언율시 「촉상」(蜀相, 촉나라 승상 제갈량)의 전·결에 해당하는 마지막 두 연도 소개해두겠습니다.

> 번거로이 세 번 찾음은 나라를 위함이고, 三顧頻煩天下計,
> 대를 이은 충성은 늙은 신하의 마음일세. 兩朝開濟老臣心.
> 군사를 내어 못 이기고 몸이 먼저 죽으니, 出師未捷身先死,
> 길이 영웅이 눈물 흘려 소매자락 적시네. 長使英雄淚滿襟.

진백달이 장병린의 손제자였다고 했는데, 와일리처럼 1936-37년에 그가 발의한 '신계몽운동'에 주목할 수 있을 것입니다. 1934년에 장개석이 발의했던 '신생활운동'에 대응한 것인데, 장개석이 유가의 예의염치라는 덕목에 주목한 반면 진백달은 유가 경세학의 비판적 계승으로서 마르크스주의에 주목했거든요.

유가사상과 마르크스주의의 친화성을 주장한 것은 사실 곽말약도 마찬가지였습니다. 노신의 『고사신편』(故事新編, 1936; 국역: 『루쉰소설전집』, 을유문화사, 2008에 실림)에 대항하는 『족발』(豕蹄, 1936; 국역: 사회평론, 1995)은 '역사적 개인'에 대한 콩트집이었지요. 그중에 「마르크스가 공자를 방문하다」(馬克思進文廟, 1925)가 실려 있는데, 공자와 마르크스의 대화를 통해 유가사상과 마르크스주의의 공통점으로서 경세학적 관심을 부각시키는 것이 작의였어요. 알다시피 노신은 유가사상과 마르크스주의에 대해 반감이 컸거든요.

문화혁명기의 '비림비공'(批林批孔, 임표와 공자를 비판하자)이라는 구호는 진백달(그리고 곽말약)을 목표로 했던 것이기도 합니다. 또 4인방의 '평법비유'(評法批儒, 법가를 칭찬하고 유가를 질책하자)라는 구호는 1915년에 진독수가 '신문화운동'에서 제기했던 '타도공가점'(打倒孔家店, 공자네 가게, 즉 유가를 쳐부수자)이라는 구호를 계승한 것이었고요.

모택동이 진백달을 숙청한 것을 농민군 수령 이자성이 수재 이암을 숙청한 것에 비유할 수 있습니다.『후기』에서 소개했던 다음과 같은 다짐을 저버림으로써『중국의 운명』(1943)에서 모택동을 이자성에 유비한 장개석의 판단을 정당화한 셈이거든요.

> 오늘이 과거 보러 서울 가는 날이군. 우리는 결코 이자성처럼 되면 안 된다네.

> 今天是進京赶考的日子. 我們決不當李自成.

역시『후기』에서 소개했던 드 포지(Roger V. Des Forges)의 *The Mythistorical Chinese Scholar-Rebel-Advisor Li Yan: A Global Perspective, 1606-2018* (Brill, 2020)도 참고하세요.

예융례는 진백달이 어용지식인이었다는 증거로 그가 고향 친구에게 했다는 말을 인용하고 있습니다.

> 가장 중요한 일은 사람을 따르는 것, 한 사람만을 어김없이 따르는 것이다.

> 最要緊的是跟人, 跟准一個人.

그런데 사람을 가르침으로 해석하면, 진백달의 말은 유가에서 말하는 사승(師承, 스승의 학문을 이어받음)의 도리를 가리키는 것이에요.

한 학파의 이론과 방법을 견지하려면, 스승 한 분을 정해놓고 따라야지 다른 스승으로 옮겨서는 안 된다.

墨守(…)家法, 定從一師而不敢他徙.

마르크스주의도 마찬가지인데, 그래서 제가 40년을 줄곧 알튀세르와 박현채 선생이라는 두 분 스승을 따르는 것이지요. 하기야 마르크스도 헤겔과 리카도라는 두 분 스승을 따랐던 것이고요.

사승의 도리를 상징한 사례는 중국보다 오히려 조선에 더 많았다는 사실을 지적해두겠습니다. 정몽주-길재의 경우가 그런데, 정몽주가 죽고 고려가 패망한 다음 낙향한 길재의 오언절구「한거」(閑居, 속세를 떠난 한가한 삶)에서 전구과 결구를 보면,

어른 아이 찾아와 글을 배우니	冠童來問字
애오라지 한가한 즐거움일세.	聊可與逍遙

조광조는 사림파의 도통(道統)을 정몽주와 연결해줄 전도(傳道)의 '잃어버린 고리'로 길재에 주목한 바 있습니다. 그가 안처순에게 준 오언배율의 1-4구를 보면,

정통이 오래 적막하니	大道久寂寞
이단이 오늘 험준하네.	異議今崢嶸
도도한 천 길의 물줄기	渾渾千丈波
탁류가 청류를 덮치네.	黃流欲拚清.

또 제 12대조인 월정(윤근수)이 경상감사 시절 선산(해평)의 길재 묘지를 정비하고 바친 제문을 보면,

직접 포은께 가르침 받아	親承圃隱
깊은 도리를 들을 수 있어	得聞道蘊
더욱 소중히 지켜냈다네.	持守益謹.

사림파의 후예가 왕권을 중시한 동인-남인이 아니라 신권을 중시한 서인-노론-벽파였다는 사실은 이런 맥락에서 자명한 것이지요.

문화혁명 '10년동란'

문화혁명기의 모택동은 노망은 아니더라도 정상이 아니었습니다. 대약진운동이 시작되기 이전인 1956년에 64세의 모택동은 공자가 말한 '70세에는 마음 내키는 대로 해도 어긋남이 없었다'(七十而從心所欲不踰矩)는 말을 '허풍'(吹牛皮)으로 간주했습니다. 또 대약진운동기인 1959년에는 성인(聖人)이 아니므로 과오가 없을 수 없었고, 외국어를 전혀 몰라서 마르크스주의에 대해서도 잘 몰랐으며, '경제건설사업은 이제 막 학습을 시작했다'(經濟工作現在剛剛開始學習)는 등의 고백도 했다고 하는데, 더 자세한 내용은 김승일, 『마오쩌둥의 인물관』(경지출판사, 2018)을 참고하세요.

그러나 문화혁명이 시작되던 1966년에 74세의 모택동은 스스로 공자에 비견되는 성인의 경지에 이르렀다고 생각한 것 같습니다. 또 여러 가지 비정상적 행태를 보이기도 했지요. 예컨대 1966년 여름에 학생조반파인 홍위병이 출현하자 노익장을 과시하려고 우한에서 65분 동안 15km를 수영한—실은 강물을 따라 떠내려간(順流漂浮)—다음 천안문광장에서 홍위병운동을 승인했어요. 그러나 육체만큼 정신도 건강한 것은 아니었는데, 1967년 이후 공식발언이 거의 없었다는 것이 증거이지요. https://www.marxists.org/reference/archive/mao/의 저작 목록을 보면 1966년과 1967-76년이 18건으로 동일하거든요.

나아가 강청을 비롯한 4인방이 그를 보필해온 측근 지식인들을 제거하는 것을 방조하기도 했습니다. 예융례는 이론비서 진백달과 더불어 정치비서 호교목과 일상(日常)비서 전가영에게도 주목하고 있는데, 그들이 바로 모택동의 3대 비서였지요. 3대 비서 말고 기요(機要, 비밀)비서 엽자룡과 생활비서 강청을 더해 5대 비서라고도 하는데, 그들은 논외로 하겠어요.

진백달과 달리 호교목과 전가영은 대약진운동부터 모택동과 소원해졌다고 합니다. 대약진운동을 '기차의 탈선·전복'으로 간주한 호교목은 그 와중에 실질적으로 '면직'되었어요. 그러나 아직 실각한 것은 아니었는데, 문화혁명이 시작되자마자 본래 호교목과 소원했던 강청이 개입했지요. 강청이 호교목을 오함의 역사극 『해서의 파면』(海瑞罷官, 1961)과 연루시킴으로써 모택동으로 하여금 실각시키도록 설득한 것이에요. 그런데 호교목을 통해 오함에게 『해서의 파면』을 창작하도록 지시한 장본인이 바로 모택동이었어요.

전가영의 경우는 더욱 비극적이었습니다. 대약진운동부터 모택동과 거리가 생긴 그에게 모택동이 '비교적 우경'이라고 공개 비판하기도 했지요. 그러나 역시 강청과의 갈등이 더 크게 작용했는데, 문화혁명이 시작되자마자 강청이 정직반성(停職反省, 직무정지·징계청구) 처분을 내린 데 대해 자살로써 저항했던 것이에요. 그런데 모택동은 당원의 자살을 엄금한 바 있지요.

물론 문화혁명은 평범한 지식인 대중에게는 더욱 처참한 비극이었습니다. 그래서 「마오: 스탈린주의의 내재적 비판?」에서 발리바르도 지식인에 대한 탄압이 '파시즘화 경향'(tendance fascisante)으로 귀결되었음을 인정하지 않을 수는 없었던 것이지요. 이론을 구호로 대체하는 반(反)이론주의가 반(反)지식인주의와 결합한 것이 바로 파시즘의 특징이었기 때문이에요.

중국영화에 『푸른색 연』(藍風箏, 1993)이 있는데, 「4·15총선 전후」에서 소개한 노사의 희곡 『찻집』(茶館, 1957; 국역: 민음사, 2021)의 후예라고 할 만합니다. 북경 내 가상의 후퉁(胡同, 골목)에서 태어난 문혁세대의 막내 격인 1954년생 주인공의 성장과정을 역시 세 개의 에피소드로 묘사했는데, 1956-57년의 쌍백운동과 반우파투쟁, 1958-60년의 대약진운동, 1966-68년의 문화혁명이 그것이에요.

주인공은 지식인 부모의 외아들로 태어났습니다. 아버지가 반우파투쟁으로 희생되자 어머니가 재혼과 삼혼을 거듭하며 그를 키웠는데, 상황은 점점 악화되기만 했지요. 제목에 나오는 푸른색 연은 아버지가 만들어준 장난감으로 희망을 상징한 것인데, 찢겨진 연이 나무에 걸려 있는 것이 마지막 장면이에요.

처음부터 끝까지 8번이나 「까마귀노래」(烏鴉歌)가 나오는데, 어린주인공이 엄마에게 배웠던 동요였습니다.

나무 위에 까마귀 잘~도~난다네.	烏鴉烏鴉在樹上, 烏~鴉~眞能飛.
날지 못해 엄마는 울~기~만 하네.	烏鴉老了不能飛, 圍~着~小鴉叫.
까마귀가 먹이를 엄마 먼저 먹이네.	小鴉每天打食回, 打食回來先喂母.
이미 전에 먹어서 저는 참고 안 먹네.	自己不吃忍耐着, 母親曾經喂過我.

'반포지효'(反哺之孝, 되갚아 먹이는 효도)라는 말이 있듯이 까마귀는 '효조'(孝鳥)이지요. 반면 부엉이는 불효조로 어미를 잡아먹어요. 역시 동서양의 차이가 있는데, 서양에서는 부엉이가 까마귀를 대신하여 지혜의 여신 미네르바(아테나)의 상징이 되었거든요.

발리바르가 지적한 것처럼, 문화혁명기 모택동의 최대의 문제는 이론에 근거한 정책 대신 구호만 있었다는 것입니다. 그러나 이미 지적한 것처럼, 모택동은 '당의 영도권은 구호가 아니라 정책이다'라고 선언한 적이 있는데, 이것은 항일전쟁 중인 1940년에 근거지에서 내린 「지시」였지요. 이런 반전은 모순 이상의 것으로 역시 설명과 비판이 필요한 것이에요.

마이스너가 신민주주의의 조기 종결을 문제삼았다고 했는데, 이 문제부터 설명해보겠습니다. 개혁·개방을 신민주주의로의 복귀로 해석하는 시도에 대해서는 이남주, 「마오쩌둥 시기 급진주의의 기원: 신민주주의론의 폐기와 그 함의」(『동향과 전망』, 78호, 2010)와 유용태, 「현대중국의 혼합경제 구상과 실천, 1940-56」(『중국근현대사 연구』, 74집, 2017) 등을 참고할 수 있지요.

신경제정책에 대한 인식이 심화되면서 레닌의 동방정책도 심화되어 결국 손문과의 국공합작으로 결실을 맺었다고 했습니다. 그런데 손문 역시 '러시아를 스승으로 삼자'(以俄爲師)고 하면서 신경제정책을 모방한 절제자본론과 평균지권론을 채택했지요. 그 핵심은 민간자본을 조절·제어하여 국가자본을 발전시키고, 토지를 국유화하되 '경자유전'(耕者有田, 농민이 토지의 사용권으로서 경작권을 갖는다)으로 중농을 육성한다는 것이었지요.

모택동은 레닌의 신경제정책과 손문의 절제자본론을 계승한다는 입장에서 신민주주의론을 채택하고 국공합작을 다시 추진했던 것입니다. 그래서 손문의 부인 송경령이 모택동을 지지했던 것이고요. 반면 손문의 후계자를 자임했던 장개석은 절제자본론과 정반대인 관료자본론을 실천했던 셈이지요. 물론 대만으로 패주한 다음에는 절제자본론을 실천했다고 할 수 있겠지만요.

장개석에 대한 비판의 선봉은 물론 진백달이었습니다. 1943년에 장개석의 『중국의 운명』을 비판하여 전국에 필명을 떨친 그는 1946년에 『중국 4대가족』을 출판하여 장개석에 대한 비판을 집대성했지요. 비판의 핵심은 반식민지반봉건사회가 실은 매판적·봉건적 국가독점자본주의이고 그 핵심이 관료자본이라는 주장이었고요.

물론 신경제정책과 절제자본론 사이의 차이는 엄존했는데, 그것이 바로 프롤레타리아 독재와 부르주아 독재의 차이였습니다. 그래서 마르크스주의적 입장에서는 손문이 옳았다거나 심지어 대만으로 패주한 이후의 장개석이 옳았다고 할 수는 없는 것이지요. 그러나 모택동이 신민주주의를 조기 종결한 것도 사실이었는데, '3년 회복, 10년 발전'이라는 구호 아래 중일전쟁 이전의 공업과 농업 생산이 회복되자마자 5개년계획을 개시했거든요.

신민주주의가 조기 종결된 데는 한국전쟁의 영향도 작용했다고 합니다. 최초의 8개월에서 전시공산주의로 이행할 수밖에 없었던 소련처럼 중국에서도 내우외환이 발생할지 모른다는 우려가 컸었던 것이지요. 그래서 한국전쟁 중인 1951-52년에 관료의 부패·낭비·관료주의에 반대하는 3반운동과 그것이 발전한 민간자본가의 뇌물공여·세금포탈·부실생산·국가재산절취편취·국가경제정보절취에 반대하는 5반운동을 통해 민간자본의 국유화를 유도했던 것이고요.

그러나 당시 모택동이 스탈린을 추종했다는 것은 이론의 여지가 없습니다. 스탈린이 1928-37년의 1·2차 5개년계획을 통해 확립한 이른바 '사회주의적 생산양식'을 모택동도 역시 1953-1962년의 1·2차 5개년계획을 통해 추구했다고 할 수 있거든요. 물론 모택동은 금방 사회주의적 생산양식의 본질인 중화학공업화와 농업집단화의 결함을 인식했고 그것을 해결하기 위해 신민주주의로 복귀하는 대신에 대약진운동을 추진했지만요.

대약진운동기에 모택동이 '경제건설사업은 이제 막 학습을 시작했다'고 했는데, 이것은 진백달 등과 함께 소련과학원 경제연구소의 『경제학 교과서』 독서소조를 결성한 사실을 가리키는 말이었습니다. 그 결과가 바로 A Critique of Soviet Economics (1958-60; 영역: MRP, 1977)였는데, 독서소조에서 모택동이 한 담화를 기록한 것이었지요.

스탈린주의와 소련경제학에 대한 모택동의 비판은 마이스너의 "Stalinism in the History of the Chinese Communist Party" (in *Critical Perspectives on Mao Zedong's Thought*, Humanities Press, 1997)와 레비(Richard Levy)의 "Mao, Marx, Political Economy and the Chinese Revolution: Good Questions, Poor Answers" (in *ibid.*)를 참고할 수 있습니다.

*A Critique of Soviet Economics*의 출판에도 참여한 바 있는 레비의 입장은 베틀렘과 친화성이 있습니다. 그는 특히 4인방의 이론적 무능력에 주목하고 있는데, 그래서 '훌륭한 질문과 서투른 대답'이라고 한 것이지요. 자세한 설명은 Peer Christensen and Jorgen Delman, "A Theory of Transitional Society: Mao Zedong and the Shanghai School" (*Bulletin of Concerned Asian Scholars*, 1981 No. 2)을 참고하세요.

1970-71년에 임표와 진백달을 숙청한 다음 장춘교를 중심으로 한 4인방은 복단대학 경제연구소를 동원하여 소련과학원 경제연구소의 『경제학 교과서』에 대한 대안으로 문화혁명의 『경제학 교과서』를 집필하기 시작했습니다. 그렇지만 1972년의 원고는 소련 교과서와 본질적으로 동일했지요. 달리 말해서 문화혁명에는 이론적 근거가 없었을 뿐만 아니라 오히려 대약진운동보다도 이론적으로 후퇴했고, 레닌이 강조한 것처럼, '혁명적 이론 없이 혁명적 운동은 있을 수 없다'(Without revolutionary theory there can be no revolutionary movement, 『무엇을 할 것인가?』)는 것이에요.

장춘교는 결국 베틀렘과 교류하면서 큰 도움을 받을 수밖에 없었습니다. 이미 언급한 것처럼, 1975년에는 『소련에서 계급투쟁』 1권을 번역하기도 했던 것이고요. 그러나 너무 늦었고 게다가 이론적 수준도 베틀렘에게는 미달했던 것이지요. 베틀렘 역시 잘 모르면서 먼 나라의 일에 개입했던 셈인데, 문화혁명과 관련하여 발리바르가 고백한 것처럼, 이것은 1968년 학생운동 전후로 프랑스 좌파지식인 모두에게 해당한 일이었어요. 바디우처럼 여전히 반성할 줄 모르는 경우도 있지만요.

또 소련의 반비판은 A Critique of Mao Tse-tung's Theoretical Conceptions (Progress, 1972)를 참고할 수 있습니다. 모택동 사상을 인민주의와 의지주의로 특징짓고, 나아가 혁명 이전으로 소급하는 이 경향이 혁명 이후에 강화되어 대약진운동과 문화혁명으로 귀결되었다는 것이 비판의 핵심이에요. 마이스너와 비슷한 입장이면서도 그와는 달리 스탈린주의에 대한 비판은 미약할 수밖에 없었지요. 마이스너에게 스탈린주의는 '슬프고 괴로운'(regretful) 역사였거든요.

알렉산더 판초프의 『마오쩌둥 평전』(2007; 국역: 민음사, 2017)은 소련의 모택동 연구를 집대성한 것입니다. 유소영 교수와 중국문학 내지 인문학을 번역·소개한 것으로 유명한 심규호 교수가 번역한 것인데, 이번에는 중국어 아닌 영어를 번역한 탓인지 오역이 간간이 눈에 띄어 아쉬워요. 물론 심 교수가 중국마르크스주의나 중국혁명의 전공자인 것도 아니고요.

판초프는 인민주의자이자 의지주의자로서 모택동이라는 소련의 전통적 입장을 고수하고 있습니다. 그래서 대장정 이전의 모택동에 책의 절반을 할애하면서 토비주의(banditism)와의 관계를 천착하고 있지요. 토비(土匪)/토적(土賊)/토구(土寇)는 산속의 근거지에 정주하는 산적(stationary bandit)과 근거지 없이 유랑하는 유구(roving bandit)로 구별되는데, 모택동은 후자가 아니라 전자라는 것이에요. 이 때문에 그가 빈농과 고농, 또 객가(客家) 출신 농민을 중시했다는 것이고요. 장개석이 비판한 것처럼, 모택동의 공산당이란 결국 빈농·고농·객가 출신의 토비, 즉 공비(共匪, 공산비적)일 따름이라는 것이 판초프의 주장이지요.

나아가 대장정 이후에도 마르크스주의의 중국화에 대한 설명은 소략합니다. 모택동의 신민주주의란 코민테른 7차대회 이후 스탈린의 인민민주주의와 본질적으로 동일했기 때문이라는 것이고, 게다가 모택동 자신이 혁명 이후에 곧 신민주주의를 포기했기 때문이라는 것이지요. 모택동의 중국이 스탈린과 흐루쇼프의 소련에 대한 대안일 수 없다는 예단 탓인 것 같아요. 판초프가 볼 때 모택동의 중국은 '빈농·고농·객가가 주인이 된 나라'일 따름이거든요. 마치 김일성 주석의 북한이 '머슴이 주인이 된 나라'인 것과 비슷한데, 이재명 지사가 대통령이 되면, '중인이 주인이 된 나라'인 박정희 대통령의 남한도 곧 그렇게 될 수 있겠지요.

'바보배'와 '바라크 공산주의'

알다시피 박근혜 대통령 탄핵과 문재인 대통령 당선의 발단이 된 것이 바로 세월호의 침몰 사고였습니다. 2016년 12월의 민주당 대선 후보 경선 중에 박원순 시장은 팽목항에 들려 방명록에 다음과 같은 글을 남겼지요.

> 아이들아 너희들이 대한민국을 다시 세웠다.
> 참 고맙다.

그리고 2017년 3월에 헌법재판소가 박 대통령의 탄핵을 결정한 날 문재인 후보도 역시 팽목항에 들려 방명록에 박 시장과 비슷한 글을 남겼고요.

> 애들아 너희들이 촛불광장의 별빛이었다. 너희들의 혼이 천만 촛불이 되었다.
> 미안하다. 고맙다.

그런데 침몰하는 것은 세월호만이 아니라는 데 문제가 있습니다. 세월호 침몰을 기화로 집권에 성공한 문재인 정부 때문에 '대한민국호'도 침몰할 지경이거든요. 서양에서는 국가를 배에 비유해왔는데, 플라톤이 그 효시라고 할 수 있지요. 동양에는 없는 그런 전통에서 배울 것이 많다는 생각이 들어요.

『후기』에서 설명했듯이, 아리스토파네스의 희극은 펠로폰네소스 전쟁기 아테나이의 인민정에 대한 풍자였습니다. 그런데 플라톤은 '소크라테스의 대화' 중 하나인 『국가』(*Politeia*, 폴리스의 관리)에서 아리스토파네스의 희극적 풍자를 대체할 철학적 대안을 모색했지요. 키를 조종하는 조타술(操舵術)을 배운 적이 없는 선원, 즉 데마고그를 철학자로 대체해야 한다는 것이 그의 주장이었어요.

물론 철학자도 조타술을 배운 경세가는 아닌 만큼 데마고그의 대안일 수는 없습니다. 데마고그가 반비판한 것처럼, 철학자는 '몽상가'(stargazer)나 '공론가'(chatterer)였을 따름인데, 스피노자도 철학자의 사변을 '망상'(délire, 미망)이나 '객설'(bavardage)로 간주했지요. 동양과 달리 서양에서는 기축시대가 경세학의 출현으로 귀결되지 못했다는 결함에 대한 설명은 『봉건제론』을 참고하세요.

인민정에 대한 대안은 플라톤의 '철인왕'(philosopher king)이 아니라 『위기와 비판』에서 소개한 바 있는 폴리비오스의 로마 공화정이었습니다. 원로원(senate, 상원)을 중심으로 한 공화정은 본질적으로 귀족정이면서도 군주정적 요소인 집정관(consul, 통령)과 민주정적 요소인 민회(popular assembly, 하원)를 결합한 혼합정체(mixed constitution)였지요.

또 『재론 위기와 비판』에서 소개한 것처럼, 몽테스키외가 영국의 입헌군주정에서 혼합정체의 현대적 부활을 발견한 다음, 우여곡절을 거쳐 현대경세학으로서 경제학을 '항해학'(science of navigation)에 비유한 사람이 바로 마셜이었습니다. 경제학자라는 현대경세가는 국가라는 배의 선장으로서 '[물리학자처럼] 정확한 지식을 제공하는 것이 아니라 더 큰 재난을 회피하는 가능한 한 최선의 방법을 제공해야 한다는 것이 마셜의 주장이었지요.

어쨌든 플라톤의 비유에서 '바보문학'(Fool's literature), 즉 바보가 주인공인 풍자문학이 유래했다는 사실에도 주목할 수 있습니다. 그 효시가 바로 제바스티안 브란트의 『바보배』(*Das Narrenschiff*, 1494; 국역: 안티쿠스, 2006)였는데, 그 뒤를 이었던 에라스무스의 『우신 예찬』(*Moriae Encomium*, 1511; 국역: 열린책들, 2011)처럼 『바보배』도 역시 종교개혁 전야의 가톨릭을 풍자했지요.

바보나라(Narragonia)로 가는 바보배에 탈 수 있는 자격이 바로 '무지와 범죄'였는데, 브란트가 장장 114장에 걸쳐 묘사한 바보에는 멍청이와 함께 온갖 불량배가 포함되었습니다. 『재론 위기와 비판』에서 주목한 바 있는 *The Basic Laws of Human Stupidity* (1976; Mulino, 2011)에서 치폴라(Carlo Cipolla)가 멍청이(stupid)의 일종인 불량배에게 주목한 것처럼요. 물론 바보배는 목적지에 도착하지 못하고 침몰하고 말았지만요.

바보나라, 즉 일은 하지 않고 놀고 먹을 수 있는 '게으름뱅이 천국'(Schlaraffenland)에 대한 풍자화로는 브뢰걸의 그림이 유명합니다. 『바보배』를 번역한 노성두 작가가 번역한 닐스 요켈의 『브뢰겔』(1995; 국역: 랜덤하우스중앙, 2006)이 그 그림의 해설이지요. 브뢰걸에 대한 전반적 소개는 월터 기브슨의 『브뢰겔』(1977; 국역: 시공아트, 2001)을 참고할 수 있고요.

브란트가 주목했던 바보의 성격 중 하나가 질투와 원한이었는데, 롤프 하우블의 『시기심』(2001; 국역: 에코리브르, 2002)을 참고할 수 있습니다. 하우블은 타인의 소유에 대한 'envy'(독일어 'Neid')를 건설적인 것과 파괴적인 것으로 분류하는데, 건설적 'envy'는 경쟁을 자극하는 선망(부러움), 파괴적 'envy'는 원한을 자극하는 질투(시새움)로 번역할 수 있지요. 역자는 'envy'를 시기, 파괴적 'envy'를 질투로 번역하는데, 그러나 시기와 질투는 같은 말이거든요. 시기나 질투는 원한과 짝이 되는데, 그래서 시원(猜怨)이나 투한(妬恨) 같은 말도 있는 것이에요.

하우블에 따르면, 라이프니츠는 타인의 소유 중에 '프레스코 벽화처럼 과연 파괴할 수는 있어도 결코 탈취할 수는 없는' 것이 질투와 원한의 대상이라고 갈파한 바 있습니다. 그런 소유를 대표하는 것이 바로 자유주의자 로크가 말하는 '자기소유'와 공산주의자 마르크스가 말하는 '개인적 소유', 곧 능력이라고 할 수 있는데, 라이프니츠는 여기에 외모도 추가하고 있어요.

니체는 그런 파괴적 질투와 원한에 사로잡힌 사람을 '세계절멸자'(Welt-Vernichter)라고 불렀습니다.

> 내가 가질 수 없는 어떤 것이 있으므로, 전세계는 아무것도 가지면 안 되고, 전세계는 소멸해야만 한다.

반면 헤겔에 따르면,

> 위대하고 탁월한 인간[역사적 개인] 때문에 슬퍼져서 질투하는 인간은 그를 왜소하게 만들 결함을 찾기 위해 노력한다.(…)그러나 자유로운 인간은 질투하지 않고, 위대하고 탁월한 인간을 기꺼이 인정하면서 그의 존재를 기뻐한다.

나아가 쇼펜하우어는 바보의 질투와 원한이 잔혹을 초래한다는 사실에 주목하기도 했습니다. 그런데 잔혹에는 세 가지 종류가 있고, 발리바르가 말하는 잔혹에도 이 세 가지 종류가 혼재한다고 할 수 있어요.

> cruelty: 일반적 질투와 원한, 즉 타인의 고통에 대한 무관심 내지 쾌락
> savagery/barbarity: 시빌리티(civility)의 결여로 인한 원시적/야만적 잔혹
> brutality: 인간성(humanity)의 결여로 인한 동물적 잔혹

또 'cruelty'의 심화로 인해 원시인/야만인으로 퇴화하고, 'savagery/barbarity'의 심화로 인해 짐승으로 퇴화하며, 'brutality'의 심화로 인해 벌레로 퇴화한다고 할 수도 있겠지요.

질투와 원한을 현실의 차원에서 설명할 수도 있을 것입니다. 예를 들자면, 중상주의적 국제관계의 '민족간 원한'(national animosity)을

홉즈는 '국가의 질투'(jealousy of state)로 설명하고 흄은 '무역의 질투'(jealousy of trade)로 설명했지요. 전기중상주의와 후기중상주의의 차이에도 불구하고 공통점이 존재하는데, '목적이 수단을 정당화'하는 질투는 모두 불공정하고 파괴적이기 때문이에요. 쉽게 말해서 질투는 열전이든 냉전이든 전쟁으로 귀결된다는 것이지요. 그래서 배링턴 무어가 '수단이 목적을 소진시키고 왜곡시킨다(swallow up and distort)'고 비판한 것이고요.

중상주의적 전쟁에 대해 자유주의적 평화라는 대안을 제시한 것이 스미스가 정초한 경제학이라고 할 수 있습니다. 아리스토텔레스를 따라 질투의 대안으로 경쟁(emulation)을 제안한 것이 바로 스미스 경제학의 핵심이었는데, '페어플레이'를 지향하는 경쟁은 공정하고 건설적인 것이어서 전쟁이 아니라 평화를 통한 경제성장을 의미한다는 것이에요.

이 대목에서 자유주의의 구호가 '기회의 평등'인 반면 공리주의 내지 인민주의의 구호는 '결과의 평등'이라는 사실에 주목해야 합니다. 양자의 차이가 바로 능력주의(meritocracy)를 인정하는가 여부인데, 결과의 평등이란 결국 능력에 대한 질투와 원한을 전제하는 동시에 능력/기여와는 무관한 분배를 요구하는 것이기 때문이지요.

마르크스주의는 공리주의나 인민주의보다는 오히려 자유주의와 친화성이 있다고 할 수 있습니다. 마르크스와 엥겔스는 자유주의에 미달하는 '조야한'(crude) '바라크 공산주의'(barracks communism)를 명시적으로 비판한 바 있는데, '하향평준화'(leveling down) 내지 '바보만들기'(dumbing down)를 통해서 무능력주의(mediocracy)를 지향하기 때문이지요. 반면 마르크스의 지론은 『공산주의자 선언』이래 '개인의 [능력의] 자유로운 발전'이었어요. 『자본』에서 말하는 '자유인들의 연합'으로서 노동자연합이란 '각자의 자유로운 발전이 모두의 자유로운 발전의 조건이 되는 [개인들의] 연합'이에요.

질의와 응답

푸틴 시대의 러시아

— 소련의 반체제운동에 대해서 설명해주세요.
— 제가 소련의 반체제운동에 대해 알게 된 것은 『혁명 이후의 사회에서 권력과 반체제』(*Power and Opposition in Post-revolutionary Societies*, Ink Links, 1979)를 읽은 다음이었습니다. 이미 언급했던 알튀세르의 강연록 「마침내 마르크스주의의 위기가 폭발했다!」가 실린 것이 바로 이 책이었거든요.

1978년에 이탈리아어로 출판된 다음 즉각 9개 언어로 번역된 이 책은 알튀세르의 친구였던 로산다의 '마니페스토 그룹'이 러시아혁명 60주년 기념주간이던 1977년 11월 11-13일에 베네치아에서 주최한 회의의 결과였습니다. 알튀세르와 로산다를 비롯해 프랑스 마르크스주의자와 이탈리아 마르크스주의자의 관계에 대한 설명은 『역사적 마르크스주의』를 참고하세요.

이 회의가 개최된 이유는 그 다음 주로 예정된 베네치아 비엔날레가 채택한 주제가 소련의 반체제운동이었기 때문입니다. 비엔날레의 그런 결정에는 1976년에 이탈리아사회당(PSI)의 당권을 장악한 신자유주의자 크락시의 작용이 있었지요. 그래서 이탈리아공산당(PCI)이나 프랑스공산당(PCF)과 관련이 있는 비판적 마르크스주의자들이 결집했던 것이에요.

기조발제에서 로산다는 소련사회성격 논쟁을 촉구했는데, 역시 소련사회에 대한 고소·고발이나 유죄선고가 아니라 비판과 설명이 필요하다는 취지였습니다. 회의에 참석한 베틀렘은 「소련사회의 성격」(The Nature of Soviet Society)이라는 제목의 발제에서 『소련에서 계급투쟁』의 논지를 소개했고요.

'conformist'의 반대말이 'dissident'인데, 본래 영국의 국교도와 비국교도라는 의미였다가 체제순응자와 체제반대자라는 의미로 일반화되었다는 사실에도 주목해두겠습니다. 이탈리아어 원본과 영역본은 'opposition'이라고 했는데, 불역본에서는 'dissident'라고 했지요. 소련에서 반체제인사를 'dissident'라고 불렸기 때문인데, 'opposition'이 1920년대의 다양한 반대파를 연상시켰기 때문이에요. 정당정치가 존재할 경우에 'opposition'은 물론 야당을 의미하고요.

1968년 프라하의 봄을 계기로 본격화된 소련 반체제운동을 상징한 인물은 역시 사하로프였습니다. 소련을 대표하는 물리학자였던 그는 마르크스주의에서 자유주의로 전향하면서 반체제운동을 주도했지요. 물론 반체제운동에는 메드베제프 형제가 대표하는 마르크스주의자도 있었고, 솔제니친이 대표하는 슬라브주의자도 있었지만요.

소련의 반체제운동은 본질적으로 인권운동이었는데, 인권은 영국의 관습법에서 유래한 '신체의 자유에 대한 보호'(habeas corpus)와 '정신의 자유에 대한 보호'(habeas animam)라는 의미였습니다. 양자를 상징하는 것이 '개인의 생명과 자유와 안전에 대한 권리'(right to life, liberty and security of person)와 '사상의 자유'(intellectual freedom), 즉 '양심과 표현의 자유'(freedom of conscience/thought and expression/speech)에 대한 권리였고요.

소련의 반체제운동과 한국의 재야운동을 비교하면서 그 차이점에 주목해볼 수 있을 것입니다. 일단 한국에는 사하로프나 메드베제프 형제 같이 학문적 권위까지 갖춘 자유주의자나 마르크스주의자가 없었지요. 대신 솔제니친 같은 문학가와 예술가가 많았고 특이하게도 개신교 목회자나 신학자도 많았는데, 그래서 재야운동이 인민주의의 온상이 되었던 것 같아요. 물론 김대중 대통령처럼 '권력의지'의 화신인 정치적 야심가가 재야운동에 투신한 문학예술가 등을 지배했다는 사실이 더 큰 원인이라고 해야겠지만요.

소련의 반체제운동과 한국의 재야운동의 유사점도 있습니다. 인권운동의 외곽에 인권침해에 항의하면서 법치를 요구한 인권변호사가 존재했기 때문이지요. 그래서 반체제/재야운동(dissident movement)

을 민주화운동(democratic movement)이라고 불렀던 것인데, 인권과 법치를 통칭한 것이 민주화였어요. 서울대 경제학과 출신인 김근태 의원의 민청련(1983)이 민통련(1985)으로 발전하면서 그와 경기고 동기동창이었던 서울대 법학과 출신의 조영래 변호사가 민변(1988)을 조직한 것이 민주화운동의 상징적 사건이었습니다. 물론 노무현 대통령이라는 또 다른 정치적 야심가로 인해 민변이 정치화되면서 아이러니하게도 민주화를 부정하기에 이르렀지만요.

소련의 반체제운동과 한국의 재야운동의 또 다른 유사점은 사미즈다트(samizdat, 자가출판)라고 불리던 '지하'(검열받지 않은) 출판물이었습니다. 예를 들어 이호열 씨와 조희연 교육감 같은 서울대 사회학과 75학번들이 1980년 광주항쟁 직후 관악캠퍼스 입구에서 시작한 복사점이 출판사로 발전한 것이 한울이었고, 1980년대 후반에 한울이 변질되자 조 교육감과 그의 사회학과 2년 후배인 고훈석 씨가 새길을 창업한 것이지요. 또 1990년대 초반에 새길이 변질되자 과천연구실이 공감을 창업할 수밖에 없었던 것이고요.

사미즈다트와 비견되는 것은 마그니티즈다트(magnitizdat, 녹음출판)라고 불리던 '지하' 음반이었습니다. 2016년에 노벨문학상을 수상한 밥 딜런 같은 싱어-송라이터, 러시아어로는 바르트(bard, 음유시인)의 포크 음반이었는데, 김민기 선배를 추종하던 서울대 노래패 메아리와 그것이 발전한 민문연(민중문화운동연합)/노문연(노동자문화예술운동연합)의 노래패 새벽이 있었지요. 새벽이 흔적도 없이 소멸해버린 것이 늘 아쉬웠는데, 조국 교수가 뜬금없이 상기시킨 「죽창가」는 새벽의 레퍼토리에서 주변적이었어요. 관심이 있으시면 베토벤의 관점에서 새벽의 레퍼토리를 설명한 『일반화된 마르크스주의 개론』을 참고하세요.

요즘 베토벤보다 발자크에게 관심을 갖는 까닭도 설명해두겠습니다. 베토벤에게 주목한 것은 1997-98년 경제위기 직전이었는데, 그 결과 '영웅 없는 영웅주의'라는 관점에서 베토벤을 해석한 솔로몬의 『베토벤』을 번역하여 소개하기도 했지요. 그러나 촛불혁명과 문재인 정부를 계기로 일체의 영웅주의가 소멸했음을 문득 깨닫고 영웅이라는 '최선의 인간'이 아니라 반영웅/비영웅이라는 '최악/차악의 인간'에게 관심을 갖게 되었어요. 물론 제가 베토벤에게 관심을 가졌을 때는 40대여서 아직 이상주의적이었고 발자크에게 관심을 가졌을 때는 60대여서 현실주의적이 될 수밖에 없었다고 할 수도 있겠지만요.

북한인권 문제에 대해서도 한 마디만 해두겠습니다. 이 문제를 둘러싼 논쟁에 대한 정리는 서보혁 박사의 『코리아 인권: 북한 인권과 한반도 평화』(책세상, 2011)를 참고할 수 있고, 또 이 문제를 둘러싼 현안에 대한 소개는 허만호 교수의 『북한의 인권: 인민의 천국에서 벌어지는 인권 유린』(살림, 2012)이나 오경섭 박사 등의 『북한인권백서』(통일연구원, 2021)를 참고할 수 있지요.

노무현 정부 시절부터 국제연합(UN)을 비롯해서 미국·일본·유럽연합(EU) 등 국제사회가 북한인권 문제를 제기하자 이명박 정부에 와서 한국도 드디어 '인류보편적 가치로서 인권 내지 법치'라는 관점에서 '북한민주화' 문제에 접근하게 되었습니다. 반면 재야운동 계승을 자임한 민주당은 이런 관점을 거부했는데, 급기야 문재인 정부에 와서는 북한의 핵무장을 빌미로 아예 북한인권이나 북한민주화 문제 자체를 부정하고 있는 실정이지요.

이런 맥락에서 1977년 기조발제에서 로산다가 제기한 질문에 주목할 필요가 있을 것입니다. 소련에서 '신체와 정신의 자유'가 부재하는 것은 소련이 사회주의이기 때문인가 아니면 사회주의가 아니기 때문인가라는 질문인데, 이 질문에 대한 대답은 당연하게도 소련사회가 프롤레타리아 독재가 타락한 권위독재정이기 때문이라는 것이지요. 또 북한사회는 권위독재정에 미달하여 반체제운동 자체가 불가능한 클렙토크라시라고 할 수밖에 없고요.

— 푸틴 시대의 러시아에 대해서도 설명해주세요.
— 고르바초프의 페레스트로이카가 옐친에 의해 좌절되고 푸틴이 등장하는 과정에 대해 일별하려면 에이브러햄 애셔의 『러시아 역사』

에서 출발할 수 있는데, 다만 2012년에 아이비북스에서 출간된 국역은 2009년의 2판을 대본으로 한 것이어서 러시아혁명 100주년 기념판인 2017년의 3판을 참고할 필요가 있지요. 1차 집권기인 2000-08년에는 감춰져 있던 푸틴의 본색이 드러난 것은 2차 집권기인 2012년 이후였기 때문이에요.

1차 집권기와 2차 집권기 사이인 2008-12년에는 드미트리 메드베제프가 대통령이었는데, 1978년 선진사회주의 헌법을 대체한 1993년 헌법이 대통령의 3연임을 금지했기 때문이었습니다. 그러나 실권은 총리 푸틴이 장악하여 대통령 메드베제프가 오히려 '부하'(subordinate)였던 셈이지요. 2차 집권에 성공한 푸틴은 임기를 6년으로 연장한 2008년 개헌, 나아가 4연임을 허용한 2020년 개헌으로 2036년까지 집권이 보장된 셈이에요. 만일 그렇게 된다면 스탈린의 집권 기록 24년과 타이를 이루게 될 것이고요.

애셔는 푸틴이 독재정(autocracy)의 이데올로그로 일리인을 숭배한다는 사실을 강조하고 있습니다. 솔제니친이 복권시킨 슬라브주의 사상가인 일리인은 '독일의 볼셰비키화'를 저지한 히틀러를 찬양한 바 있는데, 그러나 1930년대 독일에서 망명 중이면서도 나치에 입당하지는 않았지요. 아마 나치의 반공주의에 찬성하면서도 무신론에는 반대했기 때문인 것 같아요.

이미 언급한 것처럼, 푸틴은 레닌을 격하하고 대신 스탈린을 격상했습니다. 레닌의 공산주의 대신 그가 비판했던 스탈린의 대러시아 국수주의를 수용했기 때문이지요. 그러나 스탈린은 무신론자이기도 했기 때문에 스탈린 격상에는 한계가 있을 수밖에 없었어요. 슬라브주의자 일리인을 숭배하는 푸틴은 무신론을 기각하고 기독교 변종인 러시아정교를 복권시켰거든요.

애셔는 푸틴의 주요 정책으로 2014년 크림반도 점령과 우크라이나 내전 개입, 2015년 시리아 내전 개입, 2016년 미국의 대선 개입과 트럼프 당선 직후 발트3국, 특히 폴란드와 가까운 리투아니아에 대한 군사 위협 등에 대해 서술하고 있습니다. 이를 통해 바이든 정부가 푸틴 대통령의 러시아를 시진핑 주석의 중국 같은 '전략적 경쟁자'가 아니라 '파괴자/교란자'로 규정한 이유를 알 수 있겠지요.

애셔가 별로 주목하지 않는 푸틴 시대의 러시아경제에 대해서는 일단 옐친 시대에 출현한 마피아경제를 계승했다는 『역사학 비판』의 설명을 참고할 수 있습니다. 프롤레타리아 독재가 소멸한 국가자본주의에서 국가적 소유가 노멘클라투라의 사적 영유로 반전되었다면 마피아경제에서는 그런 사적 영유에 적합한 사적 소유가 출현했다고 할 수 있겠지요. 쉽게 말해서 노멘클라투라가 국가자본을 강탈하는 마피아로 변모했다는 것이에요.

푸틴의 러시아가 역사상 최대의 연고자본주의 내지 클렙토크라시로 간주되는 것은 이 때문입니다. 예를 들어 스웨덴 경제학자 안데쉬 오슬룬드(Anders Åslund)의 *Russia's Crony Capitalism: The Path from Market Economy to Kleptocracy* (Yale University Press, 2019)를 참고할 수 있지요. 다만 옐친의 '충격요법'에 경제고문으로 참여한 적이 있는 그의 말은 에누리해서 들을 필요가 있어요.

오슬룬드에 따르면, 러시아경제가 2007-09년 금융위기에서 회복하지 못한 이유는 클렙토크라시에 있었습니다. 2000년대의 성장세에 제동이 걸린 것은 금융위기로 인한 유가 하락 때문이었지요. 그러나 금융위기가 진정되면서 유가가 회복된 다음에도 성장세가 회복되지 않은 것은 클렙토크라시 때문이었다는 것이에요. 그 결과로 푸틴이 인접국에 대한 군사적 모험을 감행했다는 것이고요.

아까 로이 메드베제프가 우여곡절 끝에 푸틴 지지자로 전향했다고 언급했는데, 1차 집권기까지 푸틴에 대한 저서를 네 권 출간했습니다. 그 중 한 권이 2005년에 성서전문출판사 굿뉴스에서 번역한 『한국, 푸틴의 리더십을 배우다』(2003)였는데, 여기서 푸틴이 『갈릴레이의 생애』에서 브레히트가 말한 '영웅'이라고까지 찬양한 바 있지요.

메드베제프가 볼 때 푸틴은 옐친 시대에 출현한 마피아경제를 지배하는 과두제라는 적폐의 청산에 적합한 '역사적 개인'이었습니다. 레닌그라드대학/페테르스부르크대학 법학부를 졸업한 다음 16년간 줄곧 카게베(KGB, 스탈린 사후의 비밀경찰인 국가보안위원회) 요원으로 활동하다가 대령으로 예편한 그가 정치로부터 독립한 사법부, 특히 검찰을 통해 '법의 지배'를 실현할 것으로 기대한 것이지요.

그러나 2차 집권기에 처참하게 배신당한 것인데, 옐친과도 달리 푸틴은 스스로 마피아 두목이 되었기 때문입니다. 옐친 시대는 자유방임적 마피아경제였다면, 푸틴 시대는 국가가 규제하는 마피아경제였는데, 국가권력을 사유화한 푸틴과 그의 측근에 의해 마피아경제가 오히려 강화·발전되었던 것이지요.

푸틴의 독재정에 대해서 소련 마지막 세대는 어떻게 생각하는지 궁금해지는 대목입니다. 소련이 붕괴한 1989-91년에 10대 말이었던 1970년생과 30대 말이었던 1950년생이 푸틴의 2차 집권이 시작된 2012년에는 이미 40대와 60대에 접어들었지요. 20여년의 세월이 지나 그들도 중장년층이 되었다는 것이에요.

그래서 1962년생으로 마지막 세대에 속하는 대표적 작가 빅토르 펠레빈의 포스트모더니즘 소설을 몇 권 읽었는데, 한 마디로 황당했습니다. 옐친 시대에 나온 『벌레처럼』(1993; 국역: 책세상, 1998)과 『P세대』(1999; 국역: 문학동네, 2012), 푸틴 시대에 나온 『아이폰10』(2017; 국역: 걷는사람, 2020)이 그것이었지요.

그나마 원제가 '벌레의 삶'인 『벌레처럼』이 읽을 만했는데, 소련 붕괴 이후 러시아 사회를 특징짓는 다양한 인간 유형에 대한 포스트모더니즘적 알레고리라고 할 수 있겠습니다. 모기 2마리와 그 친구 1마리(초민족자본가인 미국 모기), 쇠똥구리 부자, 개미 한 쌍과 그 딸(여왕개미 대신 똥파리가 되어 미국 모기에게 성매매를 하는 딸), 반딧불나방 쌍둥이형제, 빈대 2마리, 바퀴벌레 1마리 등 13마리의 벌레가 등장했지요.

특히 이준석 대표를 닮은 바퀴벌레에 주목할 수 있는데, 컴퓨터 프로그래머 출신 초민족지식인의 알레고리였기 때문입니다. 그의 목적은 먼저 '최대한 많은 돈을 그러모으는 것'(dig up as much cash as [he] can), 그 다음에 모스크바를 떠나 뉴욕으로 가 매미가 되는 것이었지요. 이 대목에서 문득 이 대표도 어쭙잖은 대권 꿈은 버리고 빨리 코인이나 많이 채굴하여 미국으로 이민이나 가는 것이 어떨까 하는 생각이 들었어요. 물론 서울대나 의대로 진학할 능력이 안 되어 하버드대로 유학했고, 또 미국에서는 컴퓨터 프로그래머로 성공할 능력이 안 되어 한국으로 돌아와 정계에 입문했던 말 못할 속사정이 있을지도 모르겠지만요.

『P세대』의 P는 '펩시콜라'와 '피즈데츠'(pizdets, 영어 'fucked')의 약자라고 합니다. 따라서 '천하태평으로 살다가'(carefree) '망하게 된'(face catastrophe) 소련 마지막 세대를 의미하는 것 같아요. 또 『아이퍽10』은 2017년에 출시된 '아이폰X'을 패러디한 것 같고요. 그런데 카피라이터가 주인공인 『P세대』나 수사관 겸 탐정소설가인 인공지능(AI)이 주인공인 『아이퍽10』을 읽고서 옐친 시대나 푸틴 시대의 러시아 현실에 대해 알 수는 없어요. 하기야 포스트모더니즘 소설에 그런 기대를 한 것이 제 불찰이라고 할 수도 있겠지만요.

애셔는 고르바초프의 페레스트로이카에 대해 평가하면서 다음과 같이 토크빌을 인용하고 있습니다.

> 나쁜 정부(mauvais gouvernement)에게 가장 위험한 순간은 보통 개혁을 시작하는 순간이다.

그런데 페레스트로이카를 좌절시킨 옐친이 발탁한 푸틴의 독재정에 대해서는 드 메스트르를 인용할 수 있을 것 같아요.

> 모든 국민은 자신의 능력(民度)에 적합한 정부를 갖는다.
>
> Toute nation a le gouvernement qu'elle mérite.

푸틴이 2036년까지 집권을 연장한 까닭은 1952년생인 자신도 속한 소련 마지막 세대의 무능에 대한 불신 때문이라는 설이 있거든요.

— 슬라브주의에 대한 추가적 설명이 필요할 것 같습니다.

— 애셔의 책은 러시아 통사로서 서구주의(Westernism)와 슬라브주의의 갈등에 대해서도 상세하게 설명하고 있습니다. 먼저 비잔티움 봉건제국의 변경에서 시작된 러시아 봉건제의 역사를 일별해 보면 다음과 같아요.

　9세기　류릭 왕조의 키예프 공국 출현
13세기　몽골의 킵차크 칸국에 의한 지배, 서구와 분리되어 아시아로 통합
15세기　류릭 왕조의 모스크바 공국에 의한 독립
16세기　이반 뇌제(雷帝)가 상급귀족 보야르(boyar)를 제압하고 '러시아의 차르'를 자임하면서 '공포정치'(Reign of Terror)를 시행
17세기　이반 뇌제 사후 동란기(Time of Troubles, 내란기)를 거친 다음 로마노프 왕조 개창

세계 최초의 계몽절대군주(enlightened despot)인 로마노프왕조의 표트르 대제(재위 1682-1725)에 의해 400여년 동안 서구와 분리된 러시아가 서구로 재통합되었습니다. 그 상징적 정책이 러시아제국 선포와 모스크바에서 페테르스부르크로의 천도였는데, 유럽의 열강 중 하나였던 스웨덴과의 전쟁에서 승리한 덕분이었지요.

표트르 대제가 시작한 서구주의 내지 계몽주의를 계승·발전시킨 사람은 손자며느리인 예카테리나 여제(재위 1762-1796)였습니다. 그녀는 폴란드를 합병하고 오스만 투르크와 대결함으로써 러시아제국의 국력을 신장하는 동시에 볼테르를 비롯한 프랑스 계몽주의자와도 교류하여 '소울 메이트'(kindred soul) 대접을 받았지요. 그래서 예카테리나 여제가 표트르 대제의 실천적 서구주의 내지 계몽주의를 이론적으로 심화시켰다는 평가를 받는 것이에요.

그러나 표트르 대제는 물론이고 예카테리나 여제도 이반 뇌제 같은 절대군주였을 따름입니다. 예카테리나 여제는 프랑스혁명뿐만 아니라 몽테스키외의 입헌군주정에도 반대했거든요. 결국 계몽절대군주에게 중요한 것은 실천적이든 이론적이든 계몽주의가 아니라 절대군주정이었기 때문이에요. 2018년 4월 1차 남북정상회담 직후부터 김정은 위원장을 계몽절대군주로 칭송하기 시작했던 유시민

작가의 무지가 드러나는 대목이지요. 아니면 신권이 아니라 왕권을 주장한 동인의 거두 유성룡의 후손다운 역사관이든가요.

프랑스혁명과 나폴레옹 전쟁 이후 서구주의자 내지 계몽주의자의 후예인 인텔리겐치아가 출현하고, 그들 중에서 슬라브주의자가 분기했던 것은 이런 맥락이었습니다. 인텔리겐치아의 후예가 바로 합법 마르크스주의자와 사회민주주의자였고 슬라브주의자의 후예가 바로 인민주의자였는데, 전자가 후자에게 승리하면서 러시아혁명이 시작되었던 것이에요. 러시아혁명을 동란으로 규정하는 푸틴 대통령은 전자를 격하하고 후자를 격상하는 것이고요.

시진핑 시대의 중국

— 시진핑 시대의 중국은 어떤가요?
— 시진핑 주석에 대해서는 이미 『후기』에서 설명한 바 있습니다. 그런데 중국몽의 핵심인 강군몽에서 푸틴 대통령과 유사한 고민을 발견할 수 있겠지요. 성장세가 부진한 가운데 인접국에 대한 군사적 모험을 감행할 수도 있기 때문인데, 대만을 포함한 제1도련으로의 진출이 그런 모험의 상징이에요. 아까 설명한 시진핑 주석의 건당 100주년 기념사가 그 증거이고요.

중국경제의 경착륙 내지 장기침체에 대한 퍼킨스의 예측을 논외로 하더라도 이른바 '중진국 함정'(middle-income trap)에서 벗어나는 것은 쉽지 않을 것입니다. 실제로 건당 100주년인 2021년에 1인당 국민소득 13,000달러를 달성하겠다는 약속은 지킬 수 없을 것 같은데, 세계은행(WB)에 따르면, 12,000달러를 넘어야 중진국 함정을 벗어날 수 있지요. 물론 코로나19 탓을 할 수도 있겠지만요.

1953년생인 시진핑 주석도 푸틴 대통령처럼 장기집권을 시도하고 있습니다. 2018년 개헌으로 '국가주석의 2기 초과 연임 불가' 조항을 삭제함으로써 3기 이상의 연임, 심지어 종신집권도 가능하게 되었다고 하거든요. 물론 단기적 목표는 건군(建軍, 홍군/인민해방군 창건)

100주년인 2027년 직후까지의 3연임(2023-28)인데, 그래서 강군몽에 주목할 수밖에 없는 것이지요.

시진핑 주석의 장기집권에는 1961년 이후에 태어난 문화혁명 이후 세대의 무능에 대한 불신도 얼마간 작용했다고 합니다. 『조선일보』에 따르면, 올해 중국의 유행어는 '탕핑'(躺平)인데, '평평하게 눕다' 내지 '아무 일도 하지 않는다'는 뜻이므로 욜로와 같은 말이지요. 그래서 당국에 의해 소셜미디어 검색 금지어로 지정되었다고 하고요. 하기야 탕핑이 '시진핑 타도'를 뜻할 수도 있지만요.

조금 다른 맥락에서 리쩌허우는 '나이 든 세대가 죽게 되면 분열과 내전의 위험성이 극대화될 가능성도 있다'고 경고한 바 있습니다. 천안문사건 이후에 문화혁명식 '홍위병 정서'가 소멸한 것이 아니라 복류(伏流)한다는 판단 때문이었는데, 시진핑의 라이벌 보시라이가 '충칭 모델'을 주장한 것을 보면 기우는 아니었지요.

이준석 대표가 볼 때는 푸틴 대통령과 시진핑 주석은 척결해야 할 '꼰대'의 표본일 것입니다. 그런데 이 대표보다 불과 1년 3개월 연상인 1984년생 김정은 위원장은 이미 20대에 권력을 장악한 바 있지요. 김 위원장이 이 대표보다 능력이 월등한 것인지 아니면 이 대표의 조부나 부친이 김 위원장의 조부나 부친보다 능력이 열등한 것인지 과연 본인의 생각은 무엇일까 궁금할밖에요.

— 바링허우 다음 세대에 대한 연구는 없나요?
— 중국의 '주링허우'(九零后, 1990년대생) 세대에 대한 분석으로 동북아역사재단 연구위원인 김인희 박사의 『중국 애국주의 홍위병, 분노청년』(푸른역사, 2021)이 있습니다. 주링허우 세대가 애국주의 '홍위병'의 원천이라는 사실에 주목한 김 박사는 그 기원을 1990년대 중반에 출현한 네티즌(網民)인 애국주의 '분노청년'으로 소급하지요.

분노청년이 주목받게 된 계기는 자유주의 지식인과의 논쟁이었습니다. 이 논쟁에는 1997-98년 동아시아 경제위기와 2001년 세계무역기구(WTO) 가입을 계기로 중국경제가 급성장할 수 있었다는 배경이 있지요. 물론 2008년 베이징올림픽이 성공적으로 개최되었다는 배경도 있고요.

그런 배경에서 탄생한 '베이징 컨센서스'에 대해 대표적 자유주의 지식인인 리쩌허우는 국수주의(國粹主義, chauvinism)와 민수주의(民粹主義, populism)가 결합한 파시즘이라고 비판한 바 있습니다. 자유주의자가 볼 때 분노청년이란 아Q가 부활한 '인터넷 불량배'일 따름이었지요. 애국을 빌미로 욕설을 퍼붓는 폭민(暴民)이라는 것인데, 그래서 분청(憤靑, 분노청년)을 '펀칭'(糞靑), 즉 '입(또는 머리)에 똥만 가득 찬 젊은이'라고 부르기도 했던 것이에요.

그러나 시진핑 주석이 집권하면서 자유주의 지식인은 소멸했는데, 문화혁명기의 '아홉 번째 반혁명분자인 구린내 나는 늙은이'(臭老九)의 부활로 취급했기 때문입니다. 그에 따라 개혁·개방 세대(1960-70년대생)나 바링허우 세대 중심의 분노청년도 주링허우 세대 중심의 '샤오펀훙'(小粉紅, 작은 분홍색)으로 대체되었지요. 그리고 그들이 바로 문혁기의 홍위병이 부활한 격인 '인터넷 홍위병'이에요.

그런데 김인희 박사에 따르면, 분노청년이 샤오펀훙으로 대체되고 주적도 미국이나 일본에서 한국으로 교체되었다고 합니다. 그들은 한국을 '중국·일본·미국의 종노릇을 해온 만년 속국'(萬年屬國, 三姓家奴)이라고 비하한다고 하지요. 한국인에 대한 전통적 욕설 '가오리방쯔'(高麗棒子, 앞잡이 노릇을 하는 고려 놈)도 부활했다고 하고요. 한국의 주링허우 세대의 반응은 무엇인지 김 박사가 전혀 언급하지 않아 궁금해지는 대목이에요.

클렙토크라시란 무엇인가: 필리핀의 사례

— 클렙토크라시에 대해 좀 더 설명해주세요.
— 국가자본주의가 타락하면 관료자본주의라고 하는데, 내전에서 패배하기 이전의 장개석 정부나 이승만 정부가 대표적 사례입니다. 대만으로 도주한 장개석 총통은 국가자본주의를 재건했고, 그 아들

인 장경국 총통은 문민화를 준비하여 중소기업 중심의 민간자본주의로 이행하는 데 성공했지요. 그러나 박정희 정부는 관료자본주의가 육성한 재벌을 더욱 발전시켰고, 전두환 정부의 재벌개혁과 노태우-김영삼 정부의 문민화가 모두 실패하면서 김대중-노무현 정부 이후 노동자국가로 전락했고요.

클렙토크라시는 관료자본주의에도 미달하는 것인데, 러시아의 푸틴 정부가 등장하기 이전의 대표적 사례는 인도네시아의 수하르토 정부(1967-98)와 필리핀의 마르코스 정부(1965-86)였습니다. 리비아의 가다피 정부(1969-2011)와 이집트의 무바라크 정부(1981-2011)도 클렙토크라시였다고 할 수 있지요. 나아가 바이든 대통령의 지적처럼, 북한의 김정은 정부도 클렙토크라시라고 할 수 있고요.

윤석열 후보가 '이권카르텔에 의한 국민약탈'을 언급한 바 있는데, 그러나 문재인 정부를 클렙토크라시라고 할 수는 없습니다. 불량배와 악당/범죄자는 구별할 필요도 있거든요. 오히려 모종린 교수와 와인개스트가 주장한 것처럼, 노태우-김영삼 정부의 문민화를 계기로 재벌과 군부의 지대공유제(rent sharing)가 재벌과 민주노총의 지대공유제로 이행하면서 금권주의(plutocracy)와 인민주의(populism)가 공존하게 되었고, 그로 인해 결국 문민화가 실패했다고 하는 것이 좋겠지요. 물론 김대중-노무현 정부 이후 노동자민족으로 전락했으니 노동자민족에서 금권주의와 인민주의의 공존이라고 하는 것이 더욱 정확할 것이고요.

어쨌든 우리의 관점에서 가장 중요한 클렙토크라시는 필리핀의 마르코스 정부라고 할 수 있습니다. 필리핀에 대한 교과서적 설명은 양승윤 교수 등이 집필한 『필리핀』(한국외국어대학교출판부, 1998; 제2개정판, 2007)을 참고하고, 정치경제론적 분석은 노스와 와인개스트 등이 편집한 *In the Shadow of Violence: Politics, Economics, and the Problems of Development* (Cambridge University Press, 2013)에 실린 몬티놀라(Gabriella Montinola)의 기고문을 참고할 수 있지요.

『한국자본주의의 역사』에서도 지적한 것처럼, 필리핀이 대만과 한국에게 추월당한 것은 1970년대 이후였습니다. 신국제분업에 따라 신흥공업국(NICs)으로 변모하는 데 실패했기 때문이에요. 물론 신흥공업국으로서 대만과 한국도 차이가 있었는데, 대만이 직접투자를 도입하여 중소기업을 육성했다면 한국은 외채를 도입하여 재벌을 강화했기 때문이지요.

필리핀과 대만·한국의 분기는 식민지 경험의 분기로 소급하는 것이기도 합니다. 필리핀은 300여년 동안 아시아에서 유일한 스페인 식민지였어요. 그런데 필리핀의 식민통치는 가톨릭교회를 매개로 한 것이었고, 그 결과 필리핀은 완전한 종교국가가 되었지요. 현재 인구 중 가톨릭 신자는 81%, 개신교 신자는 8%, 기타 종교 신자는 11%(그 중 절반이 무슬림), 무신론자는 0.1%라고 하거든요.

1898년 미서전쟁에서 승리한 미국이 2000만달러의 대가로 스페인에게 할양받은 필리핀에 대한 식민통치의 역사는 다음과 같습니다.

```
1898-01년   군정총독이 신탁통치하는 보호령
1901-35년   시어도어 루즈벨트 정부 시절에 민정총독이 대중교육을 통해
            영어와 세속적 시민문화를 보급, 그 결과 월슨 정부 시절인
            1916년에 자치령으로 전환
1935-46년   프랭클린 루즈벨트 정부 시절에 독립과도정부 성립
```

미국의 식민통치는 이른바 '식민지 현대화'의 모범 사례라고 할 수 있습니다. 다만 정치현대화에 비해서 경제현대화가 미진했다는 결함이 있지만요. 토지개혁을 시도한 적도 있는데, 그러나 별 성과가 없었거든요. 독립 당시 필리핀경제는 스페인 식민지 시절과 대동소이한 반봉건적 농업경제였고, 독립정부의 일차적 과제는 반봉건적 농업경제를 자본주의적 산업경제로 대체하는 것이었지요. 또 2차 세계전쟁의 피해로부터 재건하는 것도 필요했고요.

경제의 재건과 현대화를 위해 필리핀은 우선 수입대체산업화를 추진했습니다. 산업화를 위한 자금으로 미국의 경제·군사원조 이외에도 일본의 배상이 중요했는데, 5.5억달러의 배상금은 동남아시아

전체에 대한 배상금 10.1억달러의 과반이었지요. 그만큼 필리핀의 전쟁 피해가 컸었고 필리핀에는 몰수할 만한 적산, 즉 일본 정부와 민간의 재산도 별로 없었거든요. 적산 몰수와 배상 청구 여부에는 네 가지 유형이 있었는데, 한국의 사회성격은 관료자본주의, 대만과 인도의 사회성격은 국가자본주의, 필리핀의 사회성격은 곧 설명할 것처럼 과두정이라고 할 수 있지요.

	적산 몰수	배상 청구
한국	○	○
대만	○	×
필리핀	×	○
인도	×	×

경제현대화를 위해서는 단지 자금만 필요한 것이 아니었고 토지개혁을 통한 반봉건제의 해체도 필요했습니다. 그러나 독립정부도 식민정부처럼 토지개혁에 성공하지는 못했지요. 그 결과 필리핀의 민주정은 형해화되었는데, 다만 폴리비오스의 '정체순환론'과 달리 민주정의 타락한 형태로서 인민정이 아니라 귀족정의 타락한 형태로서 과두정이 출현했어요.

과두정에서는 자유주의나 보수주의 같은 현대적 정치이념 대신 보호-피보호관계(patronage)에 따른 연고주의(cronyism) 내지 정실주의(favoritism)가 지배적이었습니다. 또 수입대체산업화를 통해 지대를 추구하면서 과두정 아래 연고자본주의 내지 정실자본주의가 출현한 것이었고요. 다만 독재정 아래 클렙토크라시는 아니었는데, 오슬룬드와 달리 클렙토크라시와 연고/정실자본주의를 구별하는 것이 타당할 것 같아요.

필리핀의 클렙토크라시는 마르코스 정부였습니다. 특히 과두정을 독재정으로 대체한 1972년 9월 계엄령 선포 이후의 마르코스 정부였는데, 박정희 정부의 '10월 유신'보다 한 달 정도 빨랐지요. 계엄령 선포 이후 수입대체산업화가 수출지향산업화로 변모하면서 지대의 원천도 변화했습니다. 소농이 생산한 야자와 플랜테이션이 생산한 사탕수수 같은 주요수출품에 대한 수요독점(monopsony)이 지대의 새로운 원천이었는데, 야자와 사탕수수를 수출하려면 야자유와 설탕으로 가공할 필요가 있었기 때문이에요.

마르코스 대통령은 독재정의 확립을 위해 지대와의 교환을 통해 군부를 동원하기도 했습니다. 군부는 미국적 전통에 따라 문민통제와 정치적 중립성의 원칙을 지켜왔는데, 문민통제가 정치적 중립성을 위한 충분조건이 아니라 필요조건이라는 사실을 알 수 있는 대목이에요. 마르코스 대통령은 군인 출신이 아니라 필리핀대학 법학부를 졸업한 변호사 출신이었거든요.

몬티놀라는 필리핀이 중진국 함정에서 탈출하여 선진국으로 이행할 수 있는 조건에 대해 검토하고 있습니다. 다만 그런 조건은 세계은행이 제시하는 1인당 국민소득 12,000달러 초과가 아니라 노스와 와인개스트의 정치경제론이 제시하는 조건인데, 『후기』에서 설명한 것처럼, 폭력과 지대의 교환이라는 '폭력의 함정'(violence trap)에서 탈출하는 것이 핵심입니다. 또 정당을 비롯한 정부기구나 비정부기구 같은 제도가 정착되고 '법에 의한 지배'가 아니라 '법의 지배'가 실현되어야 하는 것이고요.

그러나 마르코스 정부에서 정치화된 군부가 점차 선거정치에도 참여함으로써 폭력의 함정에서의 탈출은 요원한 일이 되었습니다. 마르코스 대통령의 퇴진 자체가 군부의 분열과 이반, 결국 쿠데타에 의한 것이었고, 1986년 민주화 이후 아퀴노 정부에서도 6-7차례의 쿠데타가 시도되었으며, 급기야 쿠데타 진압에 공헌한 육군참모총장 출신의 라모스 대통령이 1992년에 집권에 성공했던 것이지요.

이런 상황에서 제도가 정착되었을 리 없는데, 정당의 이합집산은 다반사(茶飯事, 차를 마시거나 밥을 먹는 것처럼 예사로운 일)였고 비정부기구는 물론 정부기구조차 조변모개(朝變暮改, 아침저녁으로

뜯어고침)였다고 합니다. 또 군부에 이어 법원도 정치화되어 정치인과 여론의 영향을 받아 판결이 예측불가능하게 되었다고 하고요.

몬티놀라는 민주화 이후 필리핀이 중진국 함정에서 탈출할 전망은 마르코스 정부보다는 개선된 반면 과두정보다는 악화되었다는 놀라운 결론을 도출하고 있습니다. 그 근거는 과두정에서는 없었던 군부와 법원의 정치화였는데, 급기야 군부는 선거정치에도 참여하게 되었지요. 언젠가는 법원도 선거정치에 참여할지 모르겠고요.

몬티놀라의 분석을 원용하면, 한국도 중진국 함정에서 벗어나는 것이 결코 쉽지 않습니다. 문민화를 계기로 군부 대신 민주노총이 폭력과 지대의 교환에 참여했고, 또 군부 대신 법원이 정치화되어 선거정치에 참여하게 되었거든요. 윤석열 후보가 말한 이권카르텔에 의한 국민약탈이란 클렙토크라시가 아니라 중진국 함정에 대한 경고로 해석할 수 있겠지요.

『입소스(Ipsos) 리포트』 62호(2019)의 직업신뢰도 조사를 소개해 두겠습니다. 신뢰도가 보통사람(전세계는 37, 한국은 22)보다 높은 직업은 과학자(60, 42), 의사(56, 28), 교사(52, 27)이고, 낮은 직업은 판사(32, 15), 아나운서(24, 17), 공무원(23, 14), 기업인(22, 12), 정치인(9, 8)이었지요. 대부분의 경우에 전세계와 한국에서 신뢰도 순위가 유사했는데, 다만 군인(43, 18), 경찰(38, 21), 기자(21, 24)에서 차이가 있었어요.

그런 상황에서 문재인 정부가 이른바 '언론개혁'을 명분으로 언론중재법 개정안을 추진하자 8월 내내 국내외 언론이 일제히 반대를 표명한 바 있습니다. 가짜뉴스의 원천인 소셜미디어는 포함하지 않은 채 언론에 '재갈'(윤석열 후보)을 물려 언론의 자유를 말살하려는 의도를 보이면서 급기야 유엔인권고등판무관사무소(OHCHR)까지 개입하여 국제인권규약을 위배하고 권위독재정으로 이행할 조짐에 대한 우려를 제기했지요. 게다가 2021년의 노벨평화상이 러시아와 필리핀의 기자에게 수상되었는데, 1935년 나치 시대에 독일의 기자에게 수상된 이후 최초라고 하고요.

— 1인당 국민소득이 3만달러가 넘는 한국이 여전히 중진국 함정에서 벗어나지 못했다는 설명은 납득하기 어려운데요.

— 『한국의 불행』에서 설명한 것처럼, 1인당 국민소득 3만달러는 2015년 광복절 70주년 경축사부터 박근혜 대통령이 고대하고 고대하던 것이었습니다. 그런데 얄궂게도 박 대통령이 탄핵·파면에 이어 영어의 몸이 된 2017년에야 1인당 국민소득 3만달러가 달성되면서 오히려 문재인 대통령이 그 과실을 즐길 수 있었지요. 게다가 2017년부터 2차 반도체호황까지 발생했고요.

그런데 중진국 함정에서 벗어나는 기준이 12,000달러라는 것은 세계은행의 주장이고, 이 기준에 맞는 나라는 2020년 현재 국제연합 193개 회원국의 30%인 59개국이나 됩니다. 따라서 1인당 국민소득만으로는 '고소득국'(high-income country)의 기준일 따름이고 선진국(advanced country)이 되는 다른 조건이 있다는 주장이 제기되는 것이지요. 노스와 와인개스트가 제시하는 폭력의 함정으로부터의 탈출 등의 조건을 만족하는 선진국은 20여개국이에요.

나아가 『한국자본주의의 역사』에서 소개한 아이켄그린은 선진국을 위한 1인당 국민소득의 기준을 상향조정하기도 합니다. 2011년 주요국 중앙은행총재 연례심포지엄(잭슨홀회의)의 경제성장정책에 관한 종합토론 발제문 "Escaping the Middle-Income Trap" (https://www.kansascityfed.org/)에서 4만달러를 제시하거든요. 그 기준에 따르면, 선진국은 역시 20여개국일 따름이고, 특히 한국은 이탈리아와 함께 '고소득 중진국'인 셈이지요.

게다가 『현대경제학 비판』에서 이미 지적한 것처럼, 국민소득과 경상수지에 대한 한국은행의 통계에 의문을 제기할 수도 있습니다. 아일랜드처럼 한국에서도 국내총생산(GDP)과 국민총소득(GNI) 사이에 괴리가 클지도 모르기 때문이에요. 2007-09년 금융위기 직후 아일랜드의 국민총소득은 국내총생산의 80%였는데, 그 후 괴리가 확대되어 2017년에는 60%까지 하락했거든요. 그 결과 아일랜드의 경상수지도 실제로는 흑자가 아니라 적자라는 것이고요.

아일랜드에서 이런 괴리가 발생한 것은 애플 같은 초민족기업이 조세회피를 위해 회계를 조작했기 때문이었다는 것이 통설입니다. 그래서 크루그먼이 'leprechaun economics'라고 비판한 것인데, 레프러콘(레프라혼)이란 아일랜드 민간전승 속 요정이므로 '요술경제학' 정도로 번역할 수 있겠지요. 한국이 아일랜드 같은 '조세피난처'(tax haven) 정도는 아니어도 금융세계화에 포섭되어 있는 정도는 대동소이할 것이므로 한국에서 요술경제학이 작용하지 않는다고 단언할 수는 없을 것 같아요.

'이병주 역사소설의 3부작': 『관부연락선』

― 「4·15총선 전후」에서 횡보(염상섭)와 백릉(채만식)이 그립다고 하셨는데요.

― 김윤식 선생은 『관부연락선』(1968-70), 『지리산』(1972-78), 『별이 차가운 밤이면』(1989-92)을 '이병주 소설의 3부작'으로 주목했는데, 아마도 '이병주 문학의 3부작'인 「소설·알렉산드리아」(1965), 「겨울밤」(1974), 「그 테러리스트를 위한 만사(挽詞)」(1983)와의 관련을 염두에 두었기 때문인 것 같습니다. 자세한 설명은 『재론 위기와 비판』을 참고하세요.

다만 그럴 경우에는 소설 3부작의 배경이 모두 해방 전후입니다. 그러나 『지리산』과 『별이 차가운 밤이면』 대신 『산하』(1974-79)와 『그해 5월』(1982-88)을 3부작에 포함하면 해방을 전후한 시기에서 이승만 정부와 박정희 정부까지의 시기를 아우르는 셈이므로, 『관부연락선』, 『산하』, 『그해 5월』을 '이병주 역사소설의 3부작'이라고 부를 수도 있겠다는 생각이 들어요.

1972년에 신구문화사에서 단행본으로 출간된 『관부연락선』은 1980년의 '서울의 봄'에 기린원에서 재출간되었습니다. 또 1985년에 동아일보사에서 단행본으로 출간된 『산하』는 1989년에 늘푸른에서 재출간되었고, 『그해 5월』도 『장군의 시대』라는 제목으로 1989년에 기린원에서 단행본으로 출간되었지요.

『관부연락선』, 『산하』, 『그해 5월』의 재출간과 출간은 1980년대의 정치상황에 대한 이병주 작가 나름의 개입이었다고 할 수 있습니다. 물론 1985년에 기린원에서 단행본으로 출간된 『지리산』에 압도되어 비평계에서는 주목받지 못했지만요. 그러나 해방정국에서 '지식인의 타락과 파산'을 증언했던 『관부연락선』의 후속작으로는 『지리산』과 『별이 차가운 밤이면』(문학의숲, 2009)보다 오히려 『산하』와 『그해 5월』이 적합하다는 생각이 들어요.

황보와 백릉을 그리워하다가 『관부연락선』, 『산하』, 『그해 5월』을 중심으로 이병주 작가를 읽어볼 수도 있겠다는 생각이 들었습니다. 올해가 이 작가의 탄생 100주년인데, 비평계의 홀대가 지나치다는 생각도 들었고요. 김윤식 선생이 돌아가시니 이 작가에 대한 관심도 원래대로 무화된 것 같은데, 하기야 김 선생에게도 제대로 된 제자는 별로 없는 것 같거든요.

『관부연락선』의 재출간을 위한 「서문」에서 작가가 지적한 것처럼, 지식인의 '흐느끼는 소리'와 '외치는 소리'를 기록한 이 자전소설을 '그 자유주의자를 위한 만사'라고 할 수 있을 것입니다. 『관부연락선』은 1995년에 김윤식 선생과 박완서 작가가 감수한 동아출판사 '한국소설문학대계'에도 포함되었는데, 다만 1980년판 「서문」과 「부기」가 삭제되고 김종회 교수의 「해설」이 추가되었어요.

『관부연락선』에는 단일한 플롯 속에서 두 개의 서사가 교차하고 있습니다. 해방 이후 이 선생의 회고와 해방 이전인 일본유학생 시절 유태림의 수기가 그것이지요. 이 선생의 회고는 신탁통치 논쟁 전후가 중심인데, 반탁에서 단선·단정을 거쳐 한국전쟁에 이른 과정의 불가피성을 전제하기 때문이겠지요. 이승만 대통령의 마키아벨리즘, 특히 선거정치를 활용한 권모술수에 주목하기도 하고요.

『재론 위기와 비판』에서 지적한 것처럼, 이병주 작가에게 고유한 역사관으로서 해방정국에서 반탁의 중요성에 대한 강조에는 일리가 있습니다. 다만 반탁은 단선·단정의 충분조건이 아닌 필요조건이었고 단선·단정 역시 한국전쟁의 충분조건이 아닌 필요조건이었다는 사실을 지적해둘 필요가 있겠지요.

반탁이 단선·단정으로 진화하는 과정에서 선거제의 '매력'을 활용한 이승만 대통령의 마키아벨리적 권모술수에 주목했던 것은 이병주 작가의 탁견이었다고 할 수밖에 없습니다. 당시의 민도로 볼 때 독립과 건국의 의미를 1인1표의 보통·평등선거보다 더 쉽게 설명할 수 있는 길은 없었거든요. 물론 선거정치로 인해 민주정이 인민정으로 타락한다는 것은 차후의 문제였고요.

직접·비밀선거를 논외로 할 때 선거정치의 문제는 보통·평등선거로 집약되는 것입니다. 특히 징병제, 즉 '피의 세금'(blood tax)이라고 불리는 병역의 보편화에 대한 대가로 정치참여 역시 보편화한 보통선거는 불가피하다고 해도 평등선거는 역시 문제가 있거든요. 예를 들어 러시아혁명에서 레닌이 제헌의회를 평의회(소비에트)로 대체한 다음 존 스튜어트 밀이 제안한 바 있는 차등선거를 도입하기 위해 도시와 농촌의 선거구 주민 규모를 1:5로 조정한 것은 선거정치의 폐해 때문이었어요. 직접·비밀선거와 함께 평등선거를 도입한 것은 1936년 스탈린 헌법이었고요.

선거구 규모를 2016년부터 3:1에서 2:1로 조정한 한국은 여전히 선거정치의 폐해를 조장하고 있습니다. 2:1 이하로 조정한다고 해도 별다른 차이가 없을 것인데, 의원내각제가 아니라 대통령제, 그것도 제왕적 대통령제이기 때문이지요. 한국전쟁의 와중에 발췌개헌으로 대통령직선제를 강행한 이승만 대통령이 간파했듯이, 대통령제에서 1인1표를 조정할 도리는 없거든요.

반면 대구·경주·상주와 함께 진주에 산재하던 '영남서인'의 후예로 추정되는 유태림의 수기는 조선의 쇠망, 일진회와 의병운동의 출현 등에 대한 회고로 소급하는 것입니다. 「부기」에서 작가는 한반도의 2차 세계전쟁은 한국전쟁으로 종결되었다고 지적했는데, 청일전쟁과 러일전쟁으로 소급하지 않을 이유도 없겠지요. '해방은 도둑같이 뜻밖에 왔다'(함석헌)는 것은 '학식이 없다'(無其學, 박은식)는 고백일 따름이에요. 나아가 유태림의 수기를 통해 한국 지식인의 불화와 대비되는 한일 지식인의 우정에도 주목할 수 있고요.

『관부연락선』을 한국판『닥터 지바고』로 읽을 수 있겠다는 생각도 들었습니다.『관부연락선』이 연재되는 중인 1968년 크리스마스에 영화『닥터 지바고』가 최초로 상영되었지요. 소설『닥터 지바고』는 노벨문학상을 수상한 1958년에 이미 동아출판사 등 여러 출판사에서 국역되었고요. 이렇게 빨리 국역된 것은 영역본에서 중역했기 때문인데, 러시아 원본을 번역한 일역본은 이듬해에 나왔어요.

그러나『관부연락선』과『닥터 지바고』에는 차이도 있었습니다. 『닥터 지바고』에서는 라라의 남편인 파샤가 혁명에 투신한 반면『관부연락선』에서는 라라에 해당하는 서경애가 혁명에 투신하거든요. '혁명의 상황이 반인간적인 처사, 반도덕적인 방법까지를 함께 섞어 흐르는 탁류를 닮았다'는 것을 알면서도 마치 목적이 수단을 정당화한다는 듯이 말이에요.

『관부연락선』에는 영화『닥터 지바고』의 클라이맥스에 해당하는 바리키노의 이별에 해당하는 장면도 없습니다. 대신 빨치산 가담을 포기하고 해인사에서 수도하던 서경애를 뒤쫓아간 유태림이 오히려 빨치산에게 징용당하여 실종되는데, 이것은 작가 자신이 빨치산에게 징용당할 뻔한 경험을 반영한 것이지요. 정범준,『작가의 탄생: 나림 이병주, 거인의 산하를 찾아서』(실크캐슬, 2009)를 참고하세요.

김윤식 선생이 이병주 작가와 해후하여『지리산』을 연구하게 된 계기로 종종 언급했던『비창』(문예출판사, 1984)에 대해서도 언급해 두겠습니다. 제목 '비창'(The Pathetic)은 에토스(ethos, 윤리)에 대비되는 파토스(pathos, 감정)이고, 줄거리는 좌파지식인 부부의 아들인 철학 교수가 대구에서 명창 부부의 딸인 술집 마담과 만나 사랑하게 된다는 것이에요. 이것만 보면 김 교수처럼 통속소설이나 연애소설이라고 부를 수도 있겠지요.

그러나 이병주 작가는 철학 교수가 친부를 찾아서 출생의 비밀을

풀어가는 형식으로 10월항쟁 전후 대구에서 좌파 역사를 복원하고 있습니다. 또 『관부연락선』의 배경인 진주에 버금가는 색향(色鄕)이 었던 대구의 기생 역사도 복원하고 있고요. 1983년에 1년 동안 『비창』 을 연재한 대구 『매일신문』은 이문열 작가가 1977년에 신춘문예에 입선하여 그 인연으로 이듬해부터 기자생활을 하게 된 대구를 대표 하는 가톨릭계 일간지이지요.

『산하』

— 『산하』는 어떤 작품인가요?
— 역사소설 3부작 중 가장 재미있는 작품으로 1985년에 단행본 으로 출간되자마자 베스트셀러가 되어 1987년 6·29 직후 문화방송 (MBC)에서 월화드라마로 극화되기도 했지요. 물론 『관부연락선』도 1972-73년에 동양방송(TBC)에서 주말드라마로 극화되었고 『지리산』 조차 1989년에 한국방송(KBS)에서 특집극으로 극화되었지만요.

『산하』에서 다루는 시대는 8·15부터 4·19까지로, 한국전쟁까지가 상세하고 전후는 소략합니다. 또 『관부연락선』과 비교할 때 『산하』 는 진주·경남이 아니라 서울이 배경이고, 더 이상 자전소설도 아니 지요. 그 결과 개별성보다는 오히려 보편성이 더욱 부각된다는 것이 고요. 마치 박현채 선생에 대해 조정래 작가처럼 개별성의 측면에서 소년빨치산에 주목하는 것이 아니라 저처럼 보편성의 측면에서 마르 크스주의 지식인에 주목하는 것과 마찬가지이지요.

『산하』는 김해의 노름꾼 이종문이 해방이 되자 '새 세상 마중할라꼬' 서울에 올라와 토건업자와 방적업자로 성공하고 결국에는 국회의원 으로 출세하는 줄거리입니다. 머슴의 아들인 이종문은 분순이에게 장가가려면 논 3천평 내지 6천평을 소유한 중농이 되어야 하겠다는 생각으로 오사카에서 노가다 노릇을 했지요. 3년 만에 논 5천평을 살 돈을 벌었으나 분순이가 이미 시집을 가버려서 결국 노름꾼으로 전락하게 되었다는 것이고요.

낫 놓고 기역자도 모르던 이종문은 삼랑진에서 탄 기차를 비롯해 여기저기서 귀동냥과 눈동냥으로 해방정국에 대한 기초지식을 얻게 되었습니다. 가장 큰 교훈은 정치를 포함한 세상사는 본질적으로 노름과 같다는 것이었지요. 좀 더 구체적으로 말해서 '강도적 원리와 사기적 술수가 판을 치고 있는' 해방정국은 그 본질에서 노름판과 닮았다는 것이에요.

『산하』에는 유태림과 이 선생의 화신이라고 할 수 있는 서울대 철학과 출신의 지식인 이동식이 등장합니다. 여운형 선생의 암살에 즈음한 그의 일기는 역사유물론은 이론이 아닌 시론일 따름이라고 비판하면서 역사의 주체로서 불량배라는 문제를 제기하고 있어요. 올바른 목적으로 정당화되는 잘못된 수단에 대한 '역사의 보복'이 곧 불량배라는 주체의 등장이라는 것인데, 이병주 작가다운 탁견이라고 할 수 있지요.

또 이동식의 친구 송남수도 등장하는데, 그는 여운형 선생과 좌우합작운동을 추진하다가 나중에 김구 선생과 남북합작운동을 추진한 김규식 선생의 측근으로 1980년대에 해방정국 연구자로 유명했던 송남헌 선생이 모델이라고 합니다. 송남수는 '일종의 전쟁'이라고 할 수 있는 해방정국에서는 '페어플레이'가 아닌 '마키아벨리즘'이 필요할 따름이라고 개탄하고 있지요.

『산하』에 등장하는 불량배는 물론 주인공 이종문이 대표격입니다. 그러나 그를 능가하는 불량배도 있는데, 이종문의 고향 이웃의 아들이자 사이비 동경유학생인 임형철이에요. 적산을 탈취하려고 청년운동에 투신한 그는 급기야 이종문 회사의 탈취도 시도하다가 실패하고 말지요. 임형철은 사기꾼이라는 불량배에서 마침내 강도라는 악당/범죄자로 타락하는 것이에요.

『산하』에서도 단독정부 수립을 가능케 했던 제헌국회의원선거인 5·10총선의 의미가 강조되고 있습니다. 보통·평등선거를 통해 인민이 '반만년 역사 동안 처음으로 주인 행세한' 5·10총선의 투표율은 유권자 기준 71%, 유권자의 75%인 등록자 기준 95%였지요. 한역연

(한국역사연구회)처럼 경찰과 정치깡패의 개입 등을 강조하는 것은 민족해방파의 잘못된 역사관일 따름이에요.

5·10총선의 패배를 상쇄하기 위해 좌파와 좌우합작파는 9-10월에 반민특위(반민족행위특별조사위원회)를 출범시켰습니다. 특위 산하 특별경찰관은 '민족의 적'을 숙청하기 위한 한국판 체카였는데, 인민의 호응 부족으로 반년 만에 실패했지요. 뿐만 아니라 5·10총선에서 이미 한국전쟁에 대한 인민의 호응 부족도 예상할 수 있었고요. 5·10 총선 전후의 4·3 제주사건이나 10·19 여순사건은 논외로 하겠는데, 군사모험주의의 발로로 결국 한국전쟁에서 좌파의 실패에 기여했을 따름이거든요.

이런 맥락에서 비로소 전후의 반공에 대한 대중적 토대도 이해할 수 있습니다. '반(反)이승만'을 '용공'으로 오해한 주인공 이종문의 경우처럼 '기분적 반공이 의식적 반공으로 굳어져갔고 아울러 정치의식이 비로소 싹텄다'는 것이지요. 이미 『관부연락선』에서도 주목했듯이, 그런 상황에서 '시민적 반공'이 아닌 '경찰적·군대적 반공', 시빌리티적 반공이 아닌 폭력적 반공이 횡행하게 되었던 것이고요.

이병주 작가가 이승만 정부를 옹호하는 것은 물론 아닙니다. 한국전쟁기에 자행된 부산정치파동과 대통령직선제를 위한 발췌개헌 등을 회고하면서 한국전쟁 이후에 이승만 정부는 일종의 '범죄집단', 즉 클렙토크라시로 타락했다고 비판하거든요. 또 한국정치에서는 '결국 공자도 [마르크스도] 만화일 수밖에 없다'고 개탄하지요. 이정재 같은 정치깡패가 지식인을 대신했기 때문이에요.

『산하』에서 전후의 상황은 주로 총선을 중심으로 소략하게 다뤄집니다. 먼저 1954년 5·20총선에서 이종문이 국회로 진출하는데, 11월에는 초대대통령의 중임제한을 철폐하는 사사오입개헌이 강행되지요. 또 1958년 5·2총선을 전후로 이종문이 이기붕과 거리를 두자 사업도 부진하게 되고요. 클라이맥스는 1960년 3·15부정선거인데, 작가는 '지능은 비상하게 발달되어 있는 반면 교양은 빈약하기 짝이 없는 자'의 모의라고 비판하고 있어요.

4·19 이후 이종문도 결국 몰락하고 맙니다. 7·29총선에서 낙선하면서 사업체도 모두 부도가 나거든요. 또 5·16 이후 혁명재판에서 부정축재 등으로 10년형을 선고받았는데, 2년 만에 사면되어 이듬해 병사하고요. 『산하』의 마지막 구절은 다음과 같아요.

> 태양에 바래면 역사가 되고,
> 월광에 물들면 신화가 된다.

어떤 인물과 사건에 대한 평가에는 '시간의 여과작용', 특히 월광이 아닌 태양과 같은 비판이 필요하다는 의미이지요.

이종문의 18번이 '노세 노세 젊어서 놀아, 늙어지면~ 못 노나~니'였다는 사실도 지적해두겠습니다. 2차 세계대전쟁기와 한국전쟁 직후의 유행가로 저도 어렸을 적에 많이 들었어요. 그런데 이것의 원곡은 경판(京板) 16장본 『춘향전』에 나오는 초야 장면의 권주가 '노자 젊어 노자, 늙어지면~ 못 노난~니'였고, 잠저(潛邸, 집권 이전) 시절 흥선대원군의 18번이기도 한 경기민요였다고 하니, 욜로라는 세태의 역사에 대해서도 좀 더 연구해야 할 것 같아요.

『그해 5월』

— 『그해 5월』도 설명해주시죠.

— 『그해 5월』은 이병주 작가가 말하는 '실록소설'의 대표작인데, 1989년에 단행본으로 출판할 때 『장군의 시대』라는 제목을 선택한 것은 '정치의 군사화'에 대한 비판을 위해서였지요. '나라의 운명이 해도를 읽을 줄 모르는 선장에 의해 이끌려가는 꼴이 될지도 모르는 일이 아닌가'라는 것이었어요. 당시에 이미 '스트롱맨'이라는 용어도 유행했다고 하는데, '힘이 법'이던 시절이었거든요.

『그해 5월』은 자전소설은 아니어도 자전적 요소가 많습니다. 5·16 직후 혁명재판에서 필화사건으로 10년형을 선고받고 2년 반을 복역했던 경험 때문이지요. 1960년 12월 『새벽』에 기고한 「조국의 부재」

라는 글에서 '조국이 없다. 산하가 있을 뿐이다'라는 구절이 문제였는데, 조국을 건설하려면 현대화된 자유주의인 사민주의 같은 적합한 정치이념이 필요하다는 논지였지요. 김윤식 선생이 『지리산』으로 대표되는 이병주 소설의 주제를 '이념보다 산하'로 규정한 것은 정치이념을 보수주의나 인민주의로 국한했기 때문인 것 같아요.

두보의 5언율시 「봄을 바라보며」(春望)의 기·승에 해당하는 처음 두 연이 조국과 산하의 관계에 대한 대표적 형상화입니다.

나라는 망가져도 산하는 그냥 남아,	國破山河在,
서울에 봄이 오니 초목이 우거졌네.	城春草木深.
시절이 느껴워서 꽃 보고 눈물짓고,	感時花濺淚,
이별을 슬퍼하니 새 울어 놀란다네.	恨別鳥驚心.

안록산의 난으로 인해 장안에서 포로 아닌 포로로 잡혀 있던 시절 두보의 우국충정이 고스란히 드러나 있는데, 바로 이런 것이 사대부에게 고유한 사상감정이지요.

이야기가 나온 김에 두보의 시에 대한 설명을 추가해두겠습니다. 두시는 1400여 수인데, 근체시(近體詩, 당황조 시체)가 70%인 반면 고체시(古體詩, 남북조 이전 시체)가 30%이지요. 또 근체시 중에는 75%가 율시(律詩, 8구=4연의 시)이고 나머지는 절구(絶句, 4구의 시)와 배율(排律, 10구 이상의 시)이 반분하고 있고요. 조선왕조의 성종 때 초간하고 인조 때 중간한 『두시언해』 이후 최초의 완역은 2010년에 시작되었으나 아직도 미완이에요. 영어완역본으로 스티븐 오언(Stephen Owen)의 *The Poetry of Du Fu* (De Gruyter, 2016)가 있지만요.

대신 한성무(한청우)가 두시를 해설한 『두보 평전』(2000; 국역: 호미, 2007)을 읽을 수 있습니다. 그는 개혁·개방 이후 두보 연구의 르네상스를 대표하는 학자라고 하는데, 모택동과 곽말약의 비판을 반비판하면서 한유보다 앞서 공자·맹자의 도통을 부활시킨 두보를 복권시키고 있지요. 그래서 원제가 '시성(詩聖), 우환세계 속의 두보'였던 것이고요. 양계초는 두보를 '정성'(情聖)이라고 부르기도 했다는데, 그의 시사(詩史, 리얼리즘 시)가 인정세태를 묘사한 점을 강조하려는 의도였겠지요.

나아가 이병주 작가가 부산 『국제신보』 주필 겸 편집국장으로서 '혁신계'와 유사한 중립화통일론을 주장했다는 혐의가 있었습니다. 이 작가는 냉전을 거부하려면 '이북의 이남화'라는 최선의 통일론과 '이남의 이북화'라는 최악의 통일론 사이의 중간인 중립화통일론이 필요하다고 주장했던 것이지요. 다만 이런 주장은 정치이념과 경제성장의 우열을 중심으로 한 체제경쟁으로서 냉전에 대한 이 작가의 오해에서 비롯되었다고 할 수도 있겠지만요.

그런데 이런 경험이 이병주 작가에게 국한된 것은 아닙니다. 『대통령들의 초상: 우리의 역사를 위한 변명』(서당, 1991)에서 박정희 정부가 사민주의를 포함한 자유주의를 용공으로 처단했기 때문에 결국 좌우의 정치이념이 진보주의/인민주의와 보수주의로 타락했다고 주장하고 있거든요. 또 1980년대의 학생운동은 '불신과 증오의 표현'일 따름이라고 비판하고 있는데, 민족해방파의 경우에 일리가 있다는 생각이 들어요.

박정희 정부에 대한 이병주 작가의 비판에는 한계가 적지 않습니다. 예를 들어 이승만 정부의 경제기구 중 특히 재벌을 계승했기 때문에 경제성장이 불가능하다는 예단이 그렇지요. 또 재벌을 비판하면서도 적산불하에 대한 인식은 부재하고, 그래서 국교정상화 협상에서의 배상청구에 대한 불만을 제기하는 것이고요. 이 작가에게 대만 모델이 존재하지 않는다는 사실에도 주목할 필요가 있는데, 한민당이나 민주당 구파를 이승만 정부나 박정희 정부의 대안으로 간주하지 않았기 때문인 것 같아요.

물론 비판 중에 탁견도 아주 많습니다. '처칠이 한국에 났더라면 조병옥 정도도 안 되었을지 모르고, 모택동이 한국에 났더라면 조봉암 정도도 안 되었을지 모른다'는 말로 한국정계를 비판하고 있거든요. '위험한 곳은 가지 않고 난폭한 곳은 살지 않는다'(危邦不入, 亂邦不居)는 『논어』에서 공자의 말씀처럼, 자유주의 지식인은 정치를 멀리해야 한다는 것처럼 말이에요.

또 박정희 정부의 엘리트는 '교양은 없고 IQ만 높다'고 하면서 그들은 '교육을 불가능하게 하는 상황을 만든다'고 비판하고 있습니다. 특히 목적으로 수단을 정당화하는 동시에 페어플레이를 소멸시킨다는 것인데, 이과 우선의 교육, 문과 중에서도 법대 우선의 교육이 그 대표적 사례이지요. 또 『한국자본주의의 역사』에서 설명한 것처럼, 경기고 출신이 그 선봉에 섰던 것이고요.

나아가 『대통령들의 초상』에서는 경제성장이라는 공이 교육붕괴라는 과를 상쇄할 수 없다고 주장합니다. 독재가 아니라 교육붕괴를 과로 규정하는 것인데, '교육은 근본적으로 도의(道義, 올바른 길)의 교육'이기 때문이지요. 교육붕괴의 귀결이 바로 목적에 의한 수단의 정당화이고 목적이 잘못될 경우 '비속한 권세를 노리는 출세주의'의 보편화라는 것이에요.

『그해 5월』의 전반부는 1961년 5·16부터 1963년 12월 17일 대통령 취임식 전날까지 945일을 대상으로 하는데, 자신과 관련된 혁명재판과 군정에서 민정으로의 이양과정 등이 중심입니다. 먼저 혁명재판에 대한 비판은 3·15부정선거 관련자 등의 재판에 혁신계 인사의 재판을 삽입한 '만화를 닮은 희극'이자 구악일소의 명분을 내건 '정치세대의 교체'일 따름이라는 것으로, 문재인 정부의 촛불혁명과 적폐청산을 연상시키는 대목이지요.

나아가 야당이 민정을 주도하려면 군정에 반대한 '국민전선의 형성'이 필요했다는 지적도 역시 문재인 정부에서 득세한 386세대를 퇴출하기 위한 내년 3·9대선과 관련해서 주목할 만한 대목입니다. 우여곡절 끝에 야당 후보는 윤보선으로 단일화된 반면 국민은 기청(畿淸, 경기·충청)과 영호남으로 분열되어 불과 15만표(1.6%포인트) 차이로 박정희 후보가 당선되었거든요.

박정희 후보가 승리한 것은 윤보선 후보가 제기한 이념 논쟁이 전화위복이 되어 기청 우파에 반대한 영호남 좌파가 결집했기 때문이라는 주장은 사실 김형욱 중앙정보부장 등이 유포한 속설일 따름이에요. 영호남 좌파가 사이비가 아닌 다음에야 전향한 숙군(肅軍, 육군의 숙청) 공로자에다 5·16 이후에 혁신계를 숙청한 박정희 후보를 지지했을 리가 없거든요.

『후기』에서도 소개했듯이, 정치학계 일각에서는 기청과 영호남을 분리하는 36도선의 정치적 의미에 주목한 바 있습니다. 1963년 봄에 개국한 동아방송의 가청지역인 추풍령 이북과 불가청지역인 추풍령 이남의 경계선이 36도선이었거든요. 그래서 농촌은 친여이고 도시는 친야라는 '여촌야도'(與村野都)로 설명할 수 없는 것인데, 영남의 대구·부산·진주는 친여였기 때문이에요. 반면 호남의 광주·전주는 친야였고요. 자세한 수치는 나무위키를 참고하세요.

이병주 작가는 윤보선 후보가 실질적으로 승리한 '정신적 대통령'이라는 주장에도 일리가 있다고 해석합니다. 막걸리·고무신의 매표 등을 논외로 해도 기권표·무효표 등의 이른바 '이삭(落穗) 표' 내지 '에누리 표'가 45만표로 추정되므로 박정희 후보가 오히려 30만표 차이로 패배했기 때문이라는 것이지요.

『그해 5월』의 전반부에서 후반부로 이행하는 대목에서 이병주 작가는 '여기가 로도스다. 여기서 뛰어라!'라는 『이솝 우화』의 구절을 인용하고 있습니다. 마르크스도 『자본』에서 이 구절을 인용했는데, 경제학 비판이 본격적으로 전개되면서 그 타당성을 검증할 수 있는 장소라는 의미였지요. 이 작가에게는 박정희 정부 비판의 장소가 곧 서울이라는 의미이고요.

서울로 상경하면서 주인공 이 주필은 사마천의 성씨를 이름으로 하는 이사마라는 필명을 사용합니다. 『그해 5월』의 서두에 사마천의 「임안에게 보내는 답서」(報任安書, 반고의 『한서』)를 인용하면서 '발분저서'(發憤著書)의 뜻을 밝힌 것은 이 때문이에요. '분해서 책을 쓴다'는 말인데, 제갈량의 '분이불로'(憤而不怒, 분해도 노하지 않는다 또는 섭섭해도 노여워하지 않는다)라는 말과 일맥상통하지요. 분노의 극치가 바로 분사(憤死, 분을 못 이겨 죽는다)이거든요.

제갈량이 군자의 덕성으로 희로애구라는 감정의 조절을 들었다는 사실을 지적해두겠습니다. 분이불로 외에도 '열이불희'(悅而不喜, 좋아도 기뻐하지 않는다), '오이불애'(惡而不哀, 싫어도 슬퍼하지 않는다), '우이불구'(憂而不懼, 걱정해도 두려워하지 않는다)가 있는데, 특히 분이불로가 중요하지요. 소셜미디어라는 '분노저널리즘'으로 인해 '분노중독'이 만연되고 있기 때문인데, 여기서 '분노'(outrage)는 정신적·물질적 '손해'(injury)로 인한 '원한'(resentment)이에요. 물론 프로토파시스트인 인민주의자는 '원한의 정치'를 불식하는 분이불로를 수용할 수 없겠지만요.

이사마라는 필명을 사용하는 것은 일본의 국민작가 시바 료타로가 사마천의 성씨를 자신의 성씨로 한 필명을 사용하는 것과 마찬가지입니다. 시바는 쇼와 시대를 비판하면서 메이지 시대를 복권시키는 '시대물'을 집필했고, 이사마가 분신인 이병주 작가는 이승만 정부와 박정희 정부를 비판하면서 자유주의 지식인을 복권시키는 '당대물'을 집필했지요.

『재론 위기와 비판』에서 이병주 작가가 시바 료타로에게 '훨씬 못 미친다'고 주장한 것은 철회하고 싶습니다. 김윤식 선생의 영향으로 『산하』나 『그해 5월』을 읽지도 않고서 그렇게 예단한 것인데, 시바와 달리 시대물보다 당대물에 도전한 이 작가도 '역시 대단하다'고 할 수 있거든요. 게다가 현재의 문단을 보면 1987년 이후 문민화를 다룬 또 다른 '산하'나 문재인 정부를 다룬 '그해 5월' 내지 '법관의 시대'를 쓸 수 있는 작가는 없는 것 같고요.

실제로 이병주 작가가 저널리스트에서 작가로 전업하게 된 계기는 1965년 6월 『세대』에 발표한 중편 「소설·알렉산드리아」였습니다. '역사의 법정이 열리길 기다리기에 앞서 문학의 법정을 열어' '강도의 철학과 사기꾼의 이념'을 단죄하는 소설을 쓰겠다고 결심한 것이지요. 달리 말해서 역사적 정의 이전에 문학적 정의를 추구하겠다는 것인데, 『그해 5월』과 비슷한 시기의 『비창』에서도 '역사의 심판이 있는가'라는 문제를 제기한 바 있어요.

『그해 5월』 후반부에서는 삼성밀수사건에 대한 비판 등을 통해

'독점강화-종속심화' 테제와 유사한 입장이 개진되고 있습니다. 또 박정희 정부의 엘리트가 미국에 '교두보'를 확보하려는 시도에 주목하고 있고요. 유학을 끝내고 미국에 남아 미국인과 경쟁할 능력이 없으니 자신은 돌아오고 자식은 남겨두어 연고를 확보하려 한다는 것이지요. 이 점에서도 역시 386세대는 박정희 키즈인 것 같아요.

나아가 1968년 테트(설날) 대공세와 함께 한반도에서 '제2전선'을 형성하려던 시도인 청와대습격사건, 푸에블로호나포사건, 통일혁명당 건설 등이 언급되고 있습니다. 또 1968년 체코슬로바키아 '프라하의 봄'에도 주목하는데, 국내 혁신계와의 관련에서 사회주의권 반체제 운동에 대한 관심 때문이지요.

그 중에서도 특히 통혁당에 대해 한 장을 할애하고 있습니다. 또 서울시당 위원장 김종태를 '정치깡패'로 규정했는데, 정치깡패 집안 출신이라는 것 말고 대구의 조직사업이 좌절되자 서울에서 조직사업을 계속한다는 핑계로 북한에서 공작금을 받아 탕진해버렸기 때문이에요. 반면 조직사업의 핵인『청맥』은 서울대 정치학과 출신이자 조카인 김질락에게 맡겼고, 또 다른 핵인 학사주점은 김질락의 후배인 이문규에게 맡겼고요.

이런 비판은『종합토론』에서 설명한 영남 출신 ML파-장안파의 '투기꾼' 전통이 통혁당을 거쳐 1980년대 민족해방파로 부활했다는 심증 때문이 아닌가라는 생각이 듭니다. 하기야 통혁당의 주류는 대부분 영남 출신인데, 김종태·김질락은 물론이고 김질락이 포섭한 신영복·박성준·이종태 등 서울상대 운동권도 모두 영남 출신이에요. 신의주 출신 탈북민인 이문규도 대구에서 성장했고요. 해방 이후의 투기꾼 전통에 대한 심층적 연구가 필요하다는 생각이 들어요.

또 3선 개헌과 1971년 대선, 7·4공동성명과 10월유신, 유신 이후 긴급조치와 사회안전법(보안관찰법) 등에 대해 언급하고 있습니다. 특히 3선 개헌 전후로 육법회(陸法會)라는 유행어가 상징하던 '권력의 시녀로서 법'의 알레르기에 대해서도 언급하고 있지요. 그런데 리쩌허우의 지적처럼, 법가적 정치관의 핵심이 정치의 군사화라고 하더라도 그것을 완성하려면 정치의 사법화도 필요하지요. 박정희 키즈인 386세대가 그런 과제를 자임한 것 같고요.

— 『제5공화국』은 결국 쓰지 못한 것인가요?
— 그런 것 같습니다. 그러나 『대통령들의 초상』에 실린 전두환론을 보면 『제5공화국』을 준비했던 것 같아요. 『재론 위기와 비판』에서 소개한 것처럼, 전두환론의 부제는 '왜 그를 시궁창에서 끌어내야 하나'였는데, 시궁창은 '유신이라고 하는 터무니없는 시궁창'이라고 부연하고 있지요.

『대통령들의 초상』에 실린 박정희론과 전두환론은 두 대통령을 동일시하는 것이 아니라 대비하는 것입니다. 게다가 사망 10주기인 1989년부터 박정희 대통령에 대한 복권이 개시되자 공만이 아니라 과에 대해서도 평가해볼 필요가 있었던 반면 1988-89년의 '5공비리 청문회'를 계기로 전두환 대통령에 대한 폄훼가 개시되자 과만이 아니라 공에 대해서도 평가해볼 필요가 있었던 것이고요.

이병주 작가는 '전두환의 진실'을 파악하기 곤란한 이유를 두 개 들고 있습니다. 먼저 예의 '시간의 여과과정' 결여라는 이유가 있고, 나아가 '[역사적] 견식의 한계, 이해타산에 따른 왜곡된 시각, 그리고 감정적인 경사(傾斜, 경향)'라는 이유가 그것이지요. 하기야 '5·18왜곡처벌특별법'까지 제정되었으니 시간의 여과과정 결여라는 이유는 더 이상 유효하지 않겠지만요.

5공비리 청문회를 비판한 것은 정권교체 이후 정치보복이 관례화될 수 있기 때문이었습니다. 5공에 대한 평가는 노태우 정부나 차기 정부가 아닌 차차기 정부까지 적어도 10년을 기다릴 필요가 있다는 것이지요. '총리의 범죄'를 처리하는 일본의 사례에서 배울 필요가 있다고 할 수 있는데, 『재론 위기와 비판』에서 지적한 것처럼, 다나카 가쿠에이 총리의 유죄 선고를 위해 최고재판소(대법원)가 그의 사망까지 20년을 기다렸거든요. 그러나 청문회가 강행되고 김대중 대통령을 능가하는 노무현 대통령이라는 희대의 인민주의자가 등장하면서 한국정치에 '원한의 정치'를 도입한 것이에요.

이병주 작가는 전두환 대통령 재임 중 '최대의 공적'이 유신체제에서 재벌 중심 중화학공업화의 결함을 해결했던 것임을 지적하고 있습니다. [또한 윤석열 후보가 지적한 것처럼, 이런 공적은 김재익 수석 등 경제전문가에게 권한을 위임한 결과라는 것이 경제학계의 통설이다.] 중화학공업의 수출지향적 성격을 제고한 것인데, 그러나 1986-88년의 이른바 '3저호황' 때문에 재벌개혁은 중도반단되었지요. 나아가 '평화적 정권이양'을 통해서 '민주주의의 첫 번째 이정표'를 세운 공적도 강조하고 있는데, 역시 『재론 위기와 비판』에서 소개한 것처럼, 집권과정의 과오를 상쇄했다고 생각한 것 같아요.

이병주 작가는 군인으로서 박정희 대통령과 전두환 대통령도 차이가 있다고 주장합니다. 일본군에서 국수주의와 군국주의를 배운 정치군인인 박 대통령과 달리 전 대통령은 정규육사 1기생 출신의 직업군인이었지요. 그래서 박 대통령과 달리 전 대통령에게 정치적 야심은 없었다는 것이에요. 두 대통령에게 기질적 차이도 있었다고 합니다. 전 대통령은 박 대통령처럼 옹졸하지는 않았는데, 혁신정당 허용과 이념서적 해금을 포함한 일련의 자유화조치가 그 증거라는 것이지요. 나아가 야간통행금지나 해외여행제한 등을 해제한 것을 강조하고 있고요.

이호철 작가의 『서울은 만원이다』

— 그런데 이병주 작가가 '한국의 발자크'라면, 역사소설이 아니라 풍속·세태소설이 대표작이어야 하지 않을까요?

— 맞습니다. 『관부연락선』은 물론이고 『산하』나 『그해 5월』에서도 발자크가 말한 것 같은 당대 서울의 '풍속과 세태'(moeurs)나 '인정'(coeur humain)을 읽어낼 수는 없었지요. 그래서 서울 소설에 대한 참고문헌을 찾아보니까 송은영 교수의 박사논문인 『서울 탄생기』(푸른역사, 2018)와 방민호 교수 등의 『서울은 소설의 주인공이다』

(서울역사박물관, 2018)가 있더군요.

『서울 탄생기』는 소설을 통해 서울의 역사를 재구성하는 것으로, 특히 1950년대까지의 구서울에 대비되는 1960-70년대의 신서울에 주목하고 있습니다. 그래서 일종의 도시개발사가 되어버린 것 같고, 그 탓에 「4·15총선 전후」에서 소개한 이중톈의 『중국도시, 중국사람』 (1997; 국역: 풀빛, 2002)에 비견할 수 있는 도시 주민의 풍속과 세태에 대한 인문학적 설명도 별로 없어요.

송은영 교수는 '서울사람은 서울토박이가 아니다'라고 주장하는데, 그 자신도 역시 1950년대에 상경한 지방민의 자식입니다. 그렇다면 지방민의 서울 정착사에 관심을 가질 수도 있었을 것 같은데 그렇지 못해 아쉬워요. 송 교수가 강조하는 것처럼, 서울개발사는 박정희 정부 2기에 서울시장으로 발탁된 김현옥 부산시장에 의해 개시된 것으로 '영남인의, 영남인에 의한, 영남인을 위한 서울 탄생기'를 쓸 수 있었거든요. 물론 박정희 정부를 지지하며 영남인의 하위파트너로 서울에 정착한 호남인에게도 관심을 가지면서요.

나아가 '서울사람은 서울토박이가 아니다'라는 주장은 현대 서울의 풍속과 세태가 타락했다는 함의를 가질 수도 있습니다. 서울에 부르주아 시민문화가 부재한다는 것은 자명한 사실인데, 지방민의 난입과 토박이와의 잡거가 그 원인이라고 할 수 있겠지요. 그 결과 발자크가 말한 '질투의 권리선언'(déclaration des droits de l'Envie)이 횡행하고 있는 것이고요.

반면 『서울은 소설의 주인공이다』는 송은영 교수가 말하는 구서울의 풍속과 세태를 다룬 소설들에 주목하고 있습니다. 방민호 교수 등은 박완서 작가와 이호철 작가에게 주목하고 있는데, 한국전쟁기를 다룬 『나목』이 아니라 전후의 서울을 다룬 『서울은 만원이다』가 대표적 풍속·세태소설이지요. 그런데 더욱 중요한 것은 방 교수 등이 손장순 작가의 『한국인』을 발굴하여 재조명한다는 사실이에요.

다만 신서울은 방민호 교수 등의 대상이 아니어서 서울의 풍속과 세태가 타락하는 과정은 알 수 없습니다. 송은영 교수에 따르면, 유신을 전후로 서울개발사가 분기하는데, 유신 이전은 강북개발사인 반면 유신 이후는 강남개발사이거든요. 또 강남의 개발을 통해 아파트가 보급되면서 이른바 '중산층의 시대'가 도래한 것이고요.

그런데 문제는 유신시대에 형성된 이런 서울 중산층이 부르주아 시민문화를 체현했을 리가 없다는 데 있습니다. 그래서 박완서 작가가 '행복제일주의' 내지 '현세중심주의'를 특징으로 하는 중산층의 속물근성을 비판했던 것이지요. 또 서울토박이 중인의 후예인 시가(媤家)에는 '먹는 것 외의 딴 생각이 없다'고 비판했고요. 1970년대 이후에 형성된 중산층에서 서울토박이와 지방민의 비율을 비롯해 그들 사이의 상호작용을 분석해볼 필요도 있을 것 같은데, 아직은 별로 연구 성과가 없어요.

박완서 작가에 대한 추모 논문인 정홍섭 교수의 「1970년대 서울(사람들)의 삶의 문화에 관한 극한의 성찰: 박완서론」(『비평문학』, 39호, 2011)은 '수단 방법 가리지 말고 잘살아 보자'는 풍속과 세태에 대한 풍자라는 측면에 주목하고 있습니다. 재벌이라는 천민자본가가 주도하는 경제성장과 그것에 부화뇌동하는 중산층의 속물근성에 대한 자유주의적 비판이 『창작과비평』이나 『문학과지성』과는 구별되는 박완서 문학의 특징이라는 것이지요.

— 『서울은 만원이다』가 그렇게 중요한 작품인가요?
— 「4·15총선 전후」에서 소개한 이호철 작가의 대표작 『소시민』(1964-65; 동아출판사, 1995)의 후속작이 『서울은 만원이다』(1966; 문학사상, 1994)입니다. 휴전협상부터 부산정치파동까지 1951-52년의 부산을 배경으로 한 『소시민』이 1960년대의 남한에 대한 알레고리도 된다고 했는데, 『서울은 만원이다』는 8·15와 6·25 이후에 정착한 탈북민과 5·16 이후에 정착한 지방민이 토박이와 잡거하여 '싸움터'가 되어버린 1965-66년의 서울을 배경으로 하고 있지요.

『서울은 만원이다』의 주인공은 무능한 아버지 때문에 충무(통영)에서 '무작정 상경한' 창녀인 길녀입니다. 『소시민』과 달리 『서울은 만원이다』에 관심을 갖지 않은 것은 1970년대에 유행하던 이른바 '창녀소설'의 원조라는 평가 때문이었지요. 그러나 이번에 읽어보니 배울 것도 많았어요. 당시 창녀 중에는 여대생 출신도 있었다는데, 길녀 자신도 여고생 시절에는 문학소녀였다고 하지요.

무작정 상경한 길녀는 성매매를 통해 가족을 부양하던 '성노동자' 였습니다. 아직 수출지향공업화 이전이었으니 구로공단의 여공으로 취직할 수 없었던 것이지요. 버스차장으로 취직할 수도 없었는데, 아직 전차가 다니던 시절이었고 또 남자의 일자리였거든요. 물론 1970년대의 창녀소설에서처럼, 여공이나 버스차장이 저임금에서 벗어나려고 창녀로 전업하는 경우가 종종 있었지만요.

길녀는 '종3'(종로3가)으로 대표되는 집창촌에서 생활하는 것이 아닌 겸업적(아마추어) 성노동자였습니다. 일제강점기 북촌의 환락가였던 종3은 한국전쟁 중 동숭동 서울문리대에 군대가 주둔한 것을 계기로 집창촌으로 변모했다가 1968년에 청량리·미아리·천호동으로 이전되었지요. 창녀 중에는 단골과 결혼하여 살림을 차리는 경우도 있었는데, 길녀는 서울토박이인 집주인 영감의 첩이 되었어요.

그러나 길녀의 친구인 미경이처럼 종3으로 진출하여 전업적(프로) 성노동자로 변신한 경우도 있었는데, 훨씬 고수입이었기 때문입니다. 종3에는 경찰이 후원한 '자치회'도 있었는데, 형식적으로 사창이면서 내용적으로는 공창이었던 셈이지요. 나아가 자치회에서 인권운동을 시도했다는 것을 보면 성노동자를 위한 노조의 필요성에 대한 인식도 얼마간 존재했던 것 같고요.

길녀의 단골로는 남동표와 기상현이 있었습니다. 동표는 탈북민 출신의 사기꾼이었고, 상현은 이리(익산) 출신의 꽁생원이었어요. 탈북민 중에는 깡패도 있었는데, 상현이 살던 금호동집 형제가 그런 경우였지요. 물론 비뇨기과 의사 같은 지식인도 있었고요. 또 다른 지식인인 삼류대학 법학도는 집주인 영감의 아들이었어요.

『서울은 만원이다』에서 '꼰대'의 유래도 추정할 수 있습니다. '나도 왕년에는…'이라는 말을 입에 달고 다니는 어른이 많았거든요. 북한에서 중소지주 노릇을 하던 탈북민 출신을 비롯해서 8·15와 6·25, 4·19와 5·16이라는 격변과 동란 속에서 영락했으나 재기할 능력은 없었던 아버지를 비아냥거리는 말이었지요. 또 질문하는 학생에게 매질을 하던 실력 없는 선생을 가리키는 말이기도 했고요.

이렇게 꼰대는 자기 아버지나 선생에게 하는 말이지 모르는 어른에게 하는 말이 아니었습니다. 물론 아버지나 선생이 아무리 못나도 꼰대라고 하지 않는 경우가 더 많았지만요. 또 모르는 어른을 꼰대라고 부르면 오히려 '양아치' 취급을 받았는데, 『재론 위기와 비판』에서 지적한 것처럼, 양아치란 '양키(양놈)나 유엔마담(양갈보)에게 붙어먹고 사는'(박완서 선생) 불량배라는 뜻이었지요.

그런데 『서울은 만원이다』에는 분명 풍속·세태소설로서의 한계도 있습니다. 그 자신 탈북민 출신인 이호철 작가에게는 서울에 대한 애정이 별로 없었거든요. 서울은 '새로운 고향'(新豊)이 아니라 돈을 버는 싸움터일 따름인 지방민의 경우와 대동소이했던 것이지요. 또 이 작가가 사대부 후예와 접촉할 기회도 별로 없었을 것인데, 서울 토박이인 집주인 영감은 사실 중인의 후예였어요.

이호철 작가가 말하는 '서울사람들이란 원래가 입만 까졌다'는 것은 타당한 평가라고 할 수 없습니다. 이중텐의 말처럼 우환(憂患, 천하의 환난에 대한 걱정)의식을 중시하면서 능력주의로 상징되는 학력과 체면을 중시한 풍속과 세태가 서울에 없었던 것은 아니에요. 적어도 제가 받은 교육은 그런 것이었고, 제 동창을 보면 지방 출신이더라도 그런 교육에 대한 저항은 없었어요. 말하자면 교육을 통해 서울사람으로 동화되었다는 것이지요.

사실 이병주 작가에게도 『서울은 만원이다』와 비슷한 『낙엽』(태창문화사, 1978; 재출간: 동문선, 1985)이라는 작품이 있었습니다. 옹덕동/공덕동 18번지(균명고/환일고 근처)의 판잣집에서 전세살이 하는 영락자들이 등장 인물이었는데, 제목의 낙엽은 영락(零落, 초목의 잎이 시들어 떨어짐)한 사람이라는 의미였지요.

그들이 영락한 계기는 5·16이었습니다. 초등학교교사였던 주인공안인상은 교원노조활동으로 파면당했습니다. 또 신문사 논설위원 출신인 박열기는 필화사건으로 옥고를 치렀고, 미국유학생 출신인 신거운은 자유당 권력자 집안의 아들이었지요. 예외적으로 탈북자였던 모두철은 임바밍(embalming, 시체방부처리·미용)이라는 업무를 담당하던 미군 군속이었다가 전사자가 없어지자 사무에 적응할 수 없어 해임되었던 것이고요.

그들은 부인에게 얹혀사는 무직자였습니다. 안인상의 처는 시장에서 일감을 받아 집에서 삯바느질을 했고, 약사인 신거운의 처는 제약회사에 다녔으며, 모두철의 처는 집을 떠나 기지촌에서 양갈보 노릇을 했지요. 예외적으로 카바레 댄서 출신인 박열기의 처만 전업주부였는데, 그가 지방신문 칼럼니스트였기 때문이에요.

그밖에도 그들의 멘토 역할을 하는 '슬기로운 늙은이' 경산 선생이 있었습니다. 그는 「그 테러리스트를 위한 만사」에 나오는 이동휘 선생의 제자 하경산과 동일 인물이었는데, 1960년대 중반 하경산이 살던 동네가 바로 공덕동이었지요. 또 옹덕동/공덕동의 터줏대감인 구멍가게 주인 양호기가 있었고요.

그러나 『낙엽』은 풍속·세태소설로서는 실패작이라고 할 수밖에 없습니다. 먼저 시대적 배경이 불분명했는데, 대체로 1960년대 중반이라고 짐작되면서도 간간이 1970년대나 심지어 1980년대의 삽화도 섞였거든요. 1971년에 『국제신문』에 연재된 작품을 개작하면서 별 생각 없이 추가했던 것 같아요.

게다가 『낙엽』에서 가장 중요한 삽화는 불륜/로맨스였습니다. 예를 들어 박열기와 신거운 처의 불륜/로맨스가 있었고, 양호기 처의 불륜/로맨스가 있었지요. 또 안인상 처도 잠시나마 방황했고요. 5·16 이후 영락한 낙엽의 몰골스런 인생을 그렇게 묘사하는 것은 문제가 있다고 할 수밖에 없어요. 게다가 낙엽이 이러구러 다시 사람 구실을 하게 된 계기가 경산 선생이라는 '기계신'(deus ex machina)이었는데, 그만큼 플롯이 취약했다고 할 수밖에 없고요.

「그 테러리스트를 위한 만사」와 『낙엽』에 '인간회복'이라는 공동

주제가 있다는 사실도 지적해두겠습니다. '사람이란 백번 [새 사람이] 된다. 그러니까 사람을 함부로 재판해선 안 된다'는 것이지요. 물론 「그 테러리스트를 위한 만사」는 『낙엽』 같은 풍속·세태소설이 아니라 공산주의자 하경산과 아나키스트 동정람이 주인공인 지식인을 위한 '비화'(比話, parable), 심지어 '동화'라고 해야겠지만요.

손장순 작가의 『한국인』과 『세화의 성』

— 그래서 손장순 작가의 『한국인』이 중요하다고 하신건가요?
— 그렇습니다. 1935년생인 손장순 작가는 1958년에 서울대 불문학과를 졸업하는 동시에 김동리 작가의 추천으로 등단했습니다. 손작가의 '평전'으로 방민호 교수 등의 『아프레게르와 손장순 문학』(서울대학교출판문화원, 2012)을 참고할 수 있는데, 박완서 작가와 마찬가지로 『창작과비평』과 『문학과지성』에 포섭되지 않은 희귀한 사례라고 할 수 있지요.

게다가 김윤식 선생조차 손장순 작가에 대해 주목하지 못했다는 사실을 지적해두겠습니다. 정호웅 교수와의 공저인 『한국소설사』(문학동네, 2000)에서 손 작가가 '특이한 개성의 작가'이며 『한국인』은 '강한 개성의 소유자들의 삶'을 묘사함으로써 '객관성과 일반성의 확보가 불충분하다'고 평가하고 있거든요. 자유주의의 본질인 개인주의가 한국사회에 적합치 않다는 예단인 셈이에요. 하기야 이호철 작가도 같은 취급인데, 루카치-리프쉬츠의 역사소설론은 물론이고 엥겔스의 발자크론조차 수용하지 못했다는 반증이겠지요.

1966-67년 1년 반 동안 『현대문학』에 연재된 손장순 작가의 대표작 『한국인』(삼성당, 1990)의 마지막 장은 '코리아의 비애', 즉 한국의 슬픔인데, 이것이 원래의 제목이었다고 합니다. 작가 자신과 오빠의 결혼과 이혼을 소재로 한 자전소설 『한국인』은 풍속과 세태의 차이로 인해 불행이 야기되는 과정을 묘사하고 있어요. 작가의 집안은 상류층 서울토박이였고, 오빠는 장면 총리의 동성고 제자이자 측근

사업가였다고 하지요.

입경조(入京祖, 서울에 처음으로 정착한 조상)가 고조부라는 것을 보면, 외척세도기에 서울에 정착했던 것 같습니다. 따라서 노론 중에서도 시파였던 것 같은데, 외가도 역시 여흥 민씨였지요. 제 경복중고 선배이기도 한 최완수 선생이 지도하는 간송학파가 '경화사족'(京華士族)이라고 부르는 노론 시파가 과연 서울 사대부를 대표할 수 있는지 의문의 여지가 있는데, 여기서는 논외로 하겠어요.

반면 손장순 작가의 남편은 서울 중인의 후예로 하버드대학 출신이었는데, 그를 통해 유학파의 실정을 알 수 있습니다. '정치권력이 지배하는' 한국의 현실에서 적합성과 실용성이 결여될 수밖에 없었다는 것이에요. 정치가 경제를 지배하는 관료자본주의였던 한국에서 민간자본주의의 표준인 미국에서 배운 지식이 통할 리 없었거든요.

손장순 작가의 남편은 외무부 사무관이었다가 윤보선 대통령의 의전비서관으로 파견되었다고 합니다. 그러나 5·16 이후 무역업에 종사하다가 사업이 실패하면서 불행이 시작되었던 것이지요. 가격(家格, 가족의 품격)의 차이와 그로 인한 풍속과 세태의 차이 때문에 발생한 열등감이 오히려 자존심으로 표출되면서 아내를 학대하고 심지어 구타하기 시작했거든요.

손장순 작가의 자전에세이 『언어는 돌아오지 않는다』(은행나무, 2012)를 보면, 남편의 열등감은 가격의 차이와 함께 학력의 차이 때문이었다고 합니다. 위키피디아와 나무위키에 따르면, 이준석 대표가 하버드대학에 진학한 것은 서울대나 의대에 합격할 자신이 없었기 때문인데, 1950년대에도 그랬는지 아니면 작품과 다르게 실제로는 하버드가 아닌 다른 대학 출신이었는지는 잘 모르겠어요.

손장순 작가의 올케는 이대 영문과 졸업생이었고, 부친은 제주도 출신의 일반의였습니다. 그러나 한국전쟁으로 가세가 기울어 미국 유학을 포기하고 결혼을 선택했다고 하지요. 올케는 열등감이 있는 데다가 시새움도 많아서 결국 이혼하게 되었다는 것이고요. '풍속이 다르면 당연한 것도 학대로 느껴지고 고깝게만 해석된다'는 것이에요.

올케가 이혼한 다음에 미국유학을 가기 위해 양갈보가 되었다가 결국 자살했다는 것은 당시의 풍속과 세태로 보아 별로 특이한 일도 아니었습니다. 손 작가의 작품 중에는 미군 장교를 상대로 여대생이 성매매하는 삽화가 종종 나오는데, '국제결혼'을 통한 신분상승이 그 목적이었지요. 여대생의 취업이란 하늘의 별따기처럼 어려웠거든요. 그래서 양갈보를 양부인·양공주라고 부러워했던 것 같고요.

이 대목에서 이광규 교수의 『재미한국인』(일조각, 1989)을 참고할 수 있습니다. 이 교수에 따르면, 1950-64년의 미국이민자 15,000명 중 43%가 '전쟁신부'(war bride) 내지 '사병애인'(GI fiancé)이었고, 또 35%는 전쟁고아, 22%는 유학생이었지요. 전쟁신부/사병애인은 대부분 창녀였는데, 90% 정도가 사병과 결혼했고요. 『재론 위기와 비판』에서 소개한 박완서 작가의 『그 남자네 집』(현대문학, 2004)에 나오는 '춘희'처럼, 그들이 초청이민의 기원이었어요. 미군과의 결혼은 그 후 10배 이상 증가되었고, 1970년대까지는 대부분 창녀였는데, 국사편찬위원회가 엮은 『북미주 한인의 역사』(2007)를 참고하세요.

2차 세계전쟁으로 소급하는 전쟁신부나 사병애인은 본래 창녀가 아니었습니다. 위키피디아에 따르면, 영국·오스트레일리아·뉴질랜드인 12만명, 유럽인 15-20만명이었다고 하는데, 그들이 창녀였을 리 없거든요. 물론 필리핀인 5만명과 일본인 5만명 중에는 창녀가 포함되었을지 모르겠지만요. 1964-75년에 국제결혼한 베트남인 8000명은 대부분 창녀였을 것 같고요.

양중메이의 『붉은 왕조의 여인들』(紅朝艷史, 2007; 국역: 천지인, 2009)에 따르면, 개혁·개방 이후 중국에서는 2차 세계전쟁기 상황에 빗댄 노래가 유행하기도 했다고 합니다.

> 일등 신붓감은 미국군에게 시집가고,
> 이등 신붓감은 일본군에게 시집가며,
> 삼등 신붓감은 국부군에게 시집가고,
> 사등 신붓감은 괴뢰군에게 시집가네.

미국군, 일본군, 국부군, 괴뢰군은 물론 미국인, 일본인, 대만·홍콩인, 유학생과 동일시되는 것이고요.

내친 김에 소련 붕괴 이후 쿠바에서도 비슷한 현상이 출현했다는 사실도 지적해두겠습니다. 위키피디아에 따르면, 1990년대 쿠바는 섹스관광산업(sex tourism)에서 태국과 경쟁하여 '카리브해의 태국' (Thailand of the Caribbean)이라는 별명을 얻었다지요. 또 고수입과 국제결혼을 목적으로 한 여대생의 성매매도 많았다고 하고요. 2000년대에 와서 쿠바의 성매매여성은 인구 1만명 당 78명으로 감소했는데, 그러나 태국의 20명보다는 4배나 되는 수준이에요.

물론 1961년 5·16 전야부터 1963년 박정희 정부 출범 전후까지를 시대적 배경으로 한 『한국인』에 결혼과 이혼을 둘러싼 삽화만 있는 것은 아닙니다. 칼럼니스트이기도 한 손장순 작가는 당대의 현실도 비판했는데, '경제정책의 혁신이 없는 한 집권자의 경질이 있을 뿐 사회의 양상은 마찬가지다'라면서 장면 정부의 실정에 주목했지요. 장면 정부도 이승만 정부에게 물려받은 관료자본주의라는 현실을 타개하지는 못했다는 것이에요.

박정희 정부에 대해서도 비판을 아끼지 않았습니다. 1962년 초에 사임한 윤보선 대통령의 비판처럼, '구악' 대신 '신악'이 출현했거든요. 특히 공화당 창당자금의 조달을 위한 1961-62년의 '4대 의혹사건', 즉 증권파동·워커힐사건·새나라자동차사건·파친코사건이 중요했지요. 물론 삼성 같은 재벌과 결탁함으로써 관료자본주의를 재생산한 것이 가장 큰 실정이었지만요. 그 와중에 삼성의 사카린(인공감미료) 밀수사건이 발생했던 것이고요.

『한국인』의 후속작인 『세화의 성』(일신서적, 1994)은 『조선일보』에 연재된 작품으로 통속성이 좀 더 강했습니다. 주인공은 '한국판 쥘리엥 소렐'인 지범호였는데, 시골 빈농의 후예로 시간강사인 그가 '열등감'을 극복하려고 '야망'을 키워가다 몰락한다는 줄거리이지요. '그가 추구하는 3대 요소'로서 '권력·금력·쾌락'은 스피노자가 '광기' (folie)라고 부른 야망·탐욕·성욕이에요. 손 작가는 '망집'(妄執, 망상과 미망 속의 집착)이라는 불교용어를 사용하고 있고요.

지범호에게 농락당한 강세화는 시골 사대부의 후예로서 첼리스트였습니다. 제목인 '세화의 성'은 마지막 장이기도 한데, 여기서 성(城)이 꿈과 자존심이라는 의미임이 밝혀지지요. 또 원래 범호와의 행복한 결혼생활이던 세화의 성이 미국유학을 통한 첼리스트로서의 성공이라는 또 다른 행복으로 변모하게 된다는 것이고요.

범호와 세화의 갈등도 역시 가격이나 풍속·세태의 차이와 관련된 것이었습니다. 손장순 작가는 범호의 경우 '그의 상식과 남들[부유층 내지 사회]의 상식 사이에는 항상 거리가 있었다'고 지적하고 있습니다. '부유층에 대한 반감과 적의와 열등감'이 '소외감'으로 귀결되었기 때문인데, 그러나 그 자신은 '사회의 연대책임'을 주장했지요. 반면 세화는 자신과 관련된 모든 인물의 불행이 오히려 자신 때문에 초래되었다고 생각한 것이고요.

『세화의 성』에도 당대 현실에 대한 비판이 있습니다. 서두부터 1970년 초 정인숙피살사건이 언급되었고, 그 후에도 사건의 파장에 대한 언급이 반복되었어요. 그런저런 이유 때문에 권력층의 압력이 있어서 1976년에 단행본을 출간할 때 개작이 불가피했다고 하고요. 물론 이후에 복원되었지만요.

『세화의 성』의 시대적 배경은 연재기간인 1971-72년보다 1년 정도의 시차가 있었습니다. 그래서 1972년 10월유신은 물론이고 1971년 박정희 대통령의 3선도 언급되지 않아요. 하기야 10월유신 직전에 연재가 완료되기도 했지만요. 어쨌든 당시 정치상황에서 손장순 작가에게 박 대통령의 3선과 10월유신에 대한 비판을 요구한다는 것은 무리일 수밖에 없었어요.

대신 박정희 정부 최초의 경제위기인 1970-71년 위기에 대한 비판이 있습니다. '경제원리를 무시한 경제정책', 특히 '생산성과 합리성[수익성]을 결여한 투자'가 원인이었다는 것이지요. 박정희 정부의 정책대응은 사태를 악화시켰는데, 1971년의 평가절하와 1972년의 사채동결로 인해 '대마불사'(too big to fail), 즉 이익은 사유화하고 손실은 사회화하는 관행이 시작되었거든요. 동시에 10월유신 이후에 강행된 중화학공업화는 재벌체제를 강화시켰고요.

『아프레게르와 손장순 문학』에서 전혜자 교수가 지적한 것처럼, 『한국인』(과 『세화의 성』)에서 묘사되는 서울은 엘리엇의 「황무지」 (The Waste Land, 1922)에 나오는 런던처럼 '지옥의 도시', 즉 '아비규환의 도시'였습니다. 아니면 직전의 '수라·축생·아귀의 도시'라고 할 수도 있는데, 수라도·축생도·아귀도에 대해서는 「4·15총선 전후」를 참고하세요. 이런 점에서 볼 때도 『서울은 만원이다』보다는 역시 『한국인』과 『세화의 성』이 서울의 풍속과 세태를 더 정확하게 묘사했다고 할 수 있겠지요.

『한국인』에서 손장순 작가는 꼰대와는 반대라고 할 수 있는 '버릇없이 날뛰는 10대의 만용과 단순성'에 대해 비판을 하기도 합니다. 1930년대생의 입장에서 1940년대생의 가소로운 언행을 질타한 것이지요. 또 『세화의 성』에서는 1930년대생에 대한 자기비판도 하는데, 한국전쟁 덕분에 미국유학이라는 혜택을 입은 '욕망의 세대'라는 것이에요. 반면 한국전쟁의 피해자인 1920년대생은 '지극히 현실적인 작은 소망'에 안주하고 있다는 것이고요.

마지막으로 손장순 작가의 칼럼집인 『이룰 수 없는 서원(誓願)』(문화공간, 2001)을 보면, 1967년 대선에서 윤보선 후보를 지지하고 1980년대 이후에는 김영삼 후보를 지지했음을 알 수 있습니다. 즉 민주당 구파의 지지자였던 것인데, 서울 사대부의 후예로서 당연한 일이겠지요. 3당합당 이후에도 김영삼 후보를 지지했던 손 작가가 김영삼 정부의 실정까지 옹호했던 것은 아니에요. 다만 김 대통령 주변의 푸셰 같은 인물들의 책임이 컸다는 것이지만요.

츠바이크의 『조제프 푸셰』

― 푸셰가 누군가요?
― 저도 손장순 작가를 읽고서 푸셰를 알게 되었습니다. 그래서 참고문헌을 조사해보았더니 '별의 순간'이라는 말 때문에 유명해진 츠바이크의 『조제프 푸셰』(1929; 국역: 리브로, 1998; 재출간: 바오,

2019)가 있더군요. 그가 「서문」을 썼던 1929년 가을은 뉴욕증시가 붕괴한 시점이자 파시즘 등장의 전야였지요. '어느 정치적 인간의 초상'이라는 부제를 선택한 그는 '정치적 인간의 Typologie'에 기여하는 것이 자신의 목적이라고 「서문」에서 밝혔지요.

'Typologie'는 유형 내지 전형에 대한 연구이므로, 츠바이크는 현대사에서 '흑막(Hintergrund, 음흉한 내막)의 인물'과 그들의 '범죄적 정치게임'의 전형을 푸셰와 프랑스혁명에서 발견한 셈입니다. 현대에 들어와 정치는 '투기'(Hasardspiel)로 타락했고 정치인은 '투기꾼'(Hasardeur)으로 타락했다는 것이지요.

츠바이크에 따르면, 푸셰에게 처음 주목한 사람은 발자크였습니다. 푸셰가 로베스피에르는 물론 나폴레옹조차도 능가하는 '권력을 소유했다'고 평가한 발자크는 그를 '음흉하고 난해하며 비상한 미지의 인물'이라고 불렀지요. 나폴레옹의 말처럼, 현대사에서 정치가 '운명'(la fatalité, 필연)이 되었다면, 정치의 주인공은 영웅이 아닌 반(反)영웅이라는 것이 발자크에게서 얻은 츠바이크의 영감이었어요.

따라서 '나쁜 정치가는 어떻게 세상을 망치는가'라는 국역본의 제목은 츠바이크의 작의(作意, 창작의도)를 왜곡하는 것이라고 할 수밖에 없습니다. '나쁜'이란 형용사 때문인데, 츠바이크에게는 좋은 정치인은 성공할 수 없거든요. '어느 기회주의자의 초상'이라는 부제 역시 마찬가지인데, 츠바이크에게는 기회주의가 바로 정치인의 본질이기 때문이지요.

그런데 'Typologie'에는 예형론(豫型論)이라는 의미도 있습니다. 『신약성서』와의 관련 속에서 『구약성서』를 해석하는 신학적 방법을 예형론이라고 부르지요. 푸셰가 20세기 정치인의 예형이라고 하면, 흑막의 인물로서 정치인의 기질이란 '극히 의심스러운 성격과 아주 불충분한 사고력', 달리 말해서 엘리트다운 책임과 식견의 부재라고 할 수 있다는 것이 츠바이크의 주장인 셈이에요.

이런 맥락에서 츠바이크가 말한 정치인의 범죄가 'Frevel'이라는 사실, 즉 'crime'이 아닌 'sin'이라는 사실에 주목할 필요가 있습니다.

조국 사태에서 드러난 것처럼, 386세대는 'crime'만 알고 'sin'은 모르는 것 같은데, 그들이 지향하는 정치인이 곧 흑막의 인물이라고 고백하는 셈이라고 할 수 있겠지요.

츠바이크가 정리한 푸셰의 전기에 따르면, 1789년 프랑스혁명을 전후로 푸셰는 로베스피에르의 절친이 되어 그의 여동생과 약혼설까지 있었다고 합니다. 그러나 혁명 초기에 이미 '혁명은 결코 그것을 시작한 최초의 인물이 아니라 항상 그것을 완수한 최후의 인물에게 속한다'는 교훈을 얻자 1792년 국민공회 의원 시절에는 콩도르세(지롱드파)를 지지했다가 1793년 루이 16세의 처형을 계기로 에베르(자코뱅파 중 극좌파인 격앙파)를 지지했지요.

1794년에 로베스피에르와의 결전이 불가피해지자 푸셰는 흑막의 인물로서의 수완을 발휘했습니다. 테르미도르 반동에서 바라스를 주인공으로 내세우고 자신은 감독의 역할에 만족했거든요. 그러나 총재정부에는 참여하지 않았는데, 이 시기에 그가 바뵈프와 연대했다는 설도 있어요. 알다시피 로베스피에르의 '생존권'을 '노동권'으로 급진화시켰던 바뵈프는 현대 공산주의자의 효시였지요. 그런데 이 설이 사실이라면 푸셰가 다수당 내지 승자를 지지하지 않은 유일한 예외적 사례가 되는 셈이에요.

그러나 통설은 에베르와 연대했던 극좌 시기의 소행에 대한 고소·고발로 인해 은둔생활을 할 수밖에 없었다는 것입니다. 그런 소행 때문에 '리옹의 포격자'(le mitrailleur de Lyon)라는 별명을 얻게 되었던 것인데, 리옹에서 지롱드파를 대량으로 학살하면서 단두대가 아니라 대포를 사용했기 때문이었지요. 그래서 공포정치기의 시에 예스처럼 '죽은 척하며'(faire le mort) 바라스의 밀정 노릇으로 연명한 것이에요. 그러다가 1797년에 바라스의 왕당파 축출을 도운 대가로 1799년에 경무부장관으로 발탁되었던 것이고요.

1796년 내무부에서 독립하여 1818년까지 존속한 경무부(Ministère de la police)는 1793-95년의 공안위원회(Comité de salut public)를 대체한 것이었습니다. 그리고 푸셰가 1799년부터 1810년까지 경무부가 해체된 중간의 2년을 제외하고서 9년 동안 총재정부·통령정부·제정의 경무부장관을 역임했지요. 또 1815년에는 100일천하 3개월과 왕정복고 초기 3개월 동안 경무부장관을 역임했고요. 경무부가 존속한 20년의 절반 동안 푸셰가 장관이었던 셈이에요.

경무부장관으로 취임한 직후 푸셰는 나폴레옹의 브뤼메르 쿠데타에 가담하면서 총재정부를 통령정부로 교체하는 데 기여했습니다. 바라스가 발탁한 나폴레옹과 푸셰가 그를 배신한 것인데, 츠바이크에 따르면, 배은망덕에도 차이가 있지요. 사익을 추구한 푸셰와 달리 공익을 추구한 나폴레옹에게는 '천재의 면허(Rechtfertigung)'가 있고, '소도덕'(minima moralia)이 적용되는 사익추구자와 달리 공익추구자에게는 '대도덕'(magna moralia)이 적용된다는 것이에요.

츠바이크에 따르면, '군주와 신하, 세계창조자(Weltgestalter)와 현세정치인(Zeitpolitiker)의 공연(Zusammenspiel)'이었던 브뤼메르 쿠데타 이후에는 갈등이 발생했습니다. 통령정부에서 나폴레옹은 군주정을 지향한 반면 푸셰는 공화정을 고수했거든요. 그래서 1802-04년 2년 동안 나폴레옹이 경무부를 해체하고 경찰을 검찰·법원과 함께 법무부에 통합하면서 푸셰의 권력을 약화시켰던 것이고요.

그러나 나폴레옹도 푸셰를 숙청할 수는 없었고 오히려 상원의원으로 승격시켰습니다. 이 시기 나폴레옹의 외교적 실책을 보고 푸셰가 '그것은 (국제)법을 어긴 것보다 더 나쁘다. (국제)도덕을 어겼기 때문이다'(C'est plus qu'un crime, c'est une faute)라고 비판했는데, 그로서는 아이러니한 발언이었지요. 법을 어기는 'crime'에 대해서 도덕을 어기는 'sin'을 언급한 셈이거든요.

제정의 출범을 계기로 나폴레옹은 경무부를 부활시키고 푸셰를 장관으로 다시 발탁했습니다. 그러나 두 사람의 갈등이 소멸한 것은 아니었는데, 츠바이크에 따르면, 제정에서 나폴레옹이 '후세와 전설'(Nachwelt und Legend)을 추구한 반면 푸셰는 '현세와 현재'(Zeit und Gegenwart)를 추구했기 때문이에요.

나폴레옹과 푸셰의 갈등은 물론 프랑스와의 관련 속에서 설명할 수도 있습니다. '프랑스는 나다'(La France, c'est moi)라고 자부한 나폴레옹이 세계제국을 건설하기 위한 전쟁에 몰두하면서 프랑스를 위기에 빠트린 것을 푸셰로서는 용납할 수 없었거든요. 츠바이크가 지적한 것처럼, 장군 나폴레옹을 존숭했다가 황제 나폴레옹을 비판한 스탕달은 'guerromanie', 'courromanie'라는 말을 만들어냈는데, 둘 다 '전쟁광'이라는 의미였어요.

1810년 나폴레옹과의 투쟁에서 또다시 패배하여 경무부장관에서 해임된 푸셰는 은둔, 외유, 은둔을 되풀이했습니다. 그러나 1815년에 엘바 섬에서 나폴레옹이 탈출하자 100일천하의 경무부장관으로 부활했고 결국 최후의 투쟁에서 승리했어요. 루이 16세의 처형 이전에 국민병(Garde nationale) 사령관이던 라파예트가 주인공이고 자신이 감독인 왕정복고의 완결 작전에 성공했거든요. 물론 자신도 곧바로 오스트리아로 망명할 수밖에 없었지만요.

세인트 헬레나 섬으로 유배된 나폴레옹은 푸셰를 가리켜 '완전한 (consommé) 배신자'라고 불렀는데, 우연한(occasionnel) 배신자가 아니라는 뜻입니다. 츠바이크의 설명에 따르면, 우연한 배신은 '의도' (Absicht)로서 배신인 반면 완전한 배신은 '고유한 본성'(ureigenste Natur)으로서 배신인데, 그 이상의 설명은 없어요.

츠바이크의 유작인 동시에 '걸작'(magnum opus)인 『발자크 평전』 (1946; 국역: 푸른숲, 1998)에 대해서도 언급해두겠습니다. 청년기의 발자크는 '그[나폴레옹]가 칼로 시작한 것[세계정복]을 내가 펜으로 완수하겠다'는 좌우명을 가졌는데, 여기서 청년기의 이병주 작가가 '나폴레옹 앞에는 알프스가 있고 내 앞에는 발자크가 있다'는 자신의 좌우명을 도출한 것이지요.

『재론 위기와 비판』에서 지적한 것처럼, '왕당파였고 기질적으로도 천박한 속물이었던' 발자크에 대해 츠바이크는 상세하게 묘사하고 있습니다. '구제불능의 상놈'(unheilbarer Plebejer/Rotürier/Subalterne) 이자 '귀족 마니아'(Aristokratomanie)였다는 것이에요. 그런데 바로 그런 발자크였기 때문에 당대의 '천민 부르주아'(canaille bourgeoise)]의 풍속과 세태를 비판할 수 있었다는 데 아이러니가 있는 것이지요. 나아가 '질투의 권리선언'(déclaration des droits de l'Envie)이라는 하층민의 풍속과 세태도 비판할 수 있었고요.

위틀린의 『베리아 일대기』와 생스터의 『베리야』

— 푸셰가 예시(豫示)한 20세기 정치인은 누구일까요?
— 아마도 베리야일 것 같습니다. 그는 스탈린이 '나의 힘러'라고 부른 엔카베데의 수장이었는데, 힘러는 알다시피 나치 친위대(SS)와 게슈타포의 수장이었지요. 또 메드베제프는 그를 러시아혁명의 대표적 '투기꾼'(adventurer)이라고 평가했고요. 베리야 전기를 통해 츠바이크가 설명하려던 투기꾼의 의도와 본성 또는 오히려 욕망 사이의 관계를 좀 더 구체적으로 설명할 수 있을 것 같아요.

베리야 전기로는 새디어스 위틀린의 『베리아 일대기』(1972; 국역: 동화문화사, 1973)가 있습니다. 폴란드 출신으로 굴라크 경험자였던 미국 작가가 쓴 최초의 전기였는데, 다만 사료 부족으로 '신화와 전설'에 너무 의존했다는 비판이 있지요. 그래서 생스터(Andrew Sangster)의 *The Times, Life and Moral Dilemma of Beria* (Cambridge Scholars Publishing, 2019)를 참고할 필요가 있는데, 그는 나이트(Amy Knight)의 새로운 전기 *Beria* (Princeton University Press, 1993)를 많이 인용하고 있어요.

베리야를 푸셰와 비교한다고 해도, 조지 오웰처럼 스탈린을 나폴레옹과 비교할 수 있다는 것은 아닙니다. 물론 레닌을 로베스피에르와 비교할 수도 없는 일인데, 「4·15총선 전후」에서 지적한 것처럼, 러시아혁명이 프랑스혁명의 반복은 아니거든요. 스탈린 전기로는 '러시아 문서고의 거장'(the master of Russian archives)이라고도 불리는 올레크 흘레브뉴크의 『스탈린』(2015; 국역: 삼인, 2017)을 참고할 수 있는데, 이 새로운 전기의 목적은 푸틴 시대에 유포되는 수정주의적 '스탈린 국부론'을 비판하는 데 있지요.

생스터를 참고하면서 위틀린의 베리야 전기를 소개해보겠습니다. 위틀린은 베리야의 행동을 설명하기 위해 권력욕이라는 동기를 강조하면서 재물과 여자는 권력의 부산물이라고 강조했지요. 스탈린처럼 조지아 출신이었던 베리야는 본래 건축가가 희망인 공학도였습니다. 위틀린은 학생 시절 베리야가 차르 비밀경찰의 밀정 노릇을 했다고 주장했는데, 그러나 근거 없는 소문이었지요. 1917년 2월혁명 직후에 입당한 신참 볼셰비키 베리야는 1920-21년 내전 말기에 체카 요원이 되었고 곧 조지아 체카의 총책으로 승진했어요.

위틀린은 1920년 9차 당대회의 연설에서 레닌이 '훌륭한 공산당원은 훌륭한 체카 요원의 자질을 갖고 있다'(A good Communist has the qualities of a good member of the Cheka)고 발언했다는 사실을 강조했습니다. 그 논지는 공산당원과 체카 요원이 반혁명분자와의 투쟁에 필요한 자질을 공유한다는 것이었는데, 달리 말해서 지하당의 활동과 비밀경찰의 활동이 유사하다는 것이었지요.

그러나 레닌이 권력의 장악에서 비밀경찰의 역할에 주목한 반면 스탈린은 권력의 유지에서 비밀경찰의 역할에 주목했다는 차이를 무시할 수는 없습니다. 나아가 레닌과 달리 스탈린은 투기꾼의 가담을 조장했던 것인데, 그 대표자가 다름 아닌 베리야였지요. 메드베제프가 지적한 것처럼, 베리야는 마르크스주의자도 혁명가도 아니었고 단지 권력을 추구한 인물이었거든요. 반면 제르진스키의 후임 격인 야고다는 고참 볼셰비키였고, 야고다의 후임인 예조프는 신참 볼셰비키인 동시에 노동자 출신의 당료였고요.

위틀린은 베리야가 조지아 체카의 총책으로 승진하자마자 자신의 학업을 지원하는 등 그 가족에게 은혜를 베푼 노인을 고문하고 처형했다는 사실에 주목했습니다. 또 그의 배은망덕을 설명하기 위해서 '은인도 아닌 사람을 미워하는 까닭을 모르겠다'(I have no idea why he hates me so much. I never did anything good for him)는 조지아 속담을 원용하기도 했고요.

그러나 베리야가 처형한 노인이 그의 친부였다는 설이 있습니다.

이 대목에서 베리야가 이병주 작가의 유작 『별이 차가운 밤이면』의 주인공 박달세의 모델이 아닐까 하는 생각이 들었어요. 『동아일보』 외신부장이었던 이대훈 교수가 일역보다 5년이나 앞서서 아마 세계 최초로 번역한 것 같은 『베리아 일대기』를 이 작가가 분명 읽었을 것 같거든요. 참고로 중국어로는 1989년에야 번역되었지요.

메드베제프의 지적처럼, 스탈린은 1938년 대숙청에서 엔카베데의 '과부족'(shortcomings and perversions) 문제를 해결하여 그것을 '정상화'하기 위해 예조프를 숙청하고 대신 베리야를 발탁했습니다. 그가 볼 때 베리야는 '예조프적 전통의 계승·발전에 적합한 인물'이었지요. 베리야는 야고다는 물론이고 예조프보다 훨씬 잔혹한 인물이었는데, 고문과 처형의 새로운 방법을 개발했을 뿐만 아니라 고문과 처형에도 참여했을 정도여서 생스터는 사이코패스는 아니더라도 그런 성향이 다분했다고 판단했지요.

아까 푸셰가 대량학살을 위해 대포를 사용했다고 했는데, 베리야 전기를 보니 러시아에서는 기관총을 사용했다고 합니다. 살인기술이 그만큼 발전한 것이지요. 물론 힘러의 부하이자 아우슈비츠 소장이던 회스는 '유다인 문제의 최종적 해답(Endlösung)'으로 독가스라는 더욱 문명화된 방법을 고안해냈지만요. 김정은 위원장이 기관총이나 고사총을 애용했다고 해서 놀란 적이 있는데, 알고 보니 프랑스혁명과 러시아혁명으로 소급하는 유서 깊은 처형 방법이었습니다. 또 고모부 장성택과 달리 이복형 김정남을 처형할 때는 신경독(VX)를 이용하여 나름대로 형제애를 발휘했던 것 같고요.

스탈린은 베리야를 '나의 검찰관'이라고 불렀는데, '법은 계급투쟁의 수단이다'라는 법언(法諺, legal maxim)으로 유명했던 검찰총장 비신스키를 능가하는 인물이었기 때문입니다. 베리야는 '자백은 증거의 여왕이다', '미친 개는 쏴 죽여야 한다'(소련판 '痛打落水狗'(노신))는 비신스키의 법언을 실천했는데, 비신스키는 결국 그런 베리야를 이론적으로 정당화해주는 부하 노릇을 했지요.

비밀경찰을 통해서 권력을 추구한 베리야는 그 부산물로 재물과 여자도 추구했습니다. 달리 말해서 베리야가 '내가 갖고 싶은 재물은 모두 내 것이고, 내가 갖고 싶은 여자도 모두 내 것이다'(我要什麽就是什麽, 我歡喜誰就是誰)라는 아Q의 혁명관을 공유했다는 것이지요. 아Q의 혁명관을 투기꾼의 혁명관으로 일반화할 수 있을 것 같은데, 문재인 정부에서 386세대의 행태를 보면, 그들도 역시 이런 혁명관을 공유하는 것 같기 때문이지요.

앞서 이미 지적한 것처럼, 대숙청을 통해 고참 볼셰비키를 숙청한 스탈린은 신참 볼셰비키를 대거 등용했습니다. 주로 30대인 그들이 벼락출세한 새로운 주류로서 노멘클라투라를 형성했는데, 스탈린의 사망 직전 노멘클라투라는 중앙의 5만명과 지방의 30만명이었어요. 그 선두주자가 바로 베리야, 말렌코프, 몇 살 연상인 흐루쇼프였고요. 그러나 흐루쇼프가 인용한 스탈린의 말처럼, 그들은 후계자가 아닌 '졸개'(henchman/underling) 노릇을 한 투기꾼이었을 따름이에요.

> 자네들은 눈도 뜨지 못한 새끼 고양이 같아. 내가 없으면 제국주의자들이 자네들을 목 졸라 죽일 걸세.

그래서 스탈린이 베리야를 비롯한 졸개들의 비리와 비행을 눈감아주기도 했던 것이고요.

소련 붕괴 직전에 노멘클라투라가 75만명으로 증가했다는 사실도 지적해두겠습니다. 따라서 4인 가족을 가정할 때 300만명, 즉 인구의 1.5%라는 것인데, 이것은 표트르 대제 이래 봉직귀족(service noble, 관료화된 귀족)의 규모에 해당하는 것이지요. 란코프 교수는 북한의 노멘클라투라를 인구의 4-8%인 100-200만명으로 추산하고 있는데, 이것이 '상대적 안정성'의 비밀인지는 잘 모르겠어요.

어쨌든 베리야가 비밀경찰을 정상화한 덕분에 스탈린이 2차 세계대전에서 히틀러를 패퇴시킬 수 있었다고 할 수 있습니다. '레닌은 우리에게 막대한 유산을 남겨주었고, 그의 상속자인 우리는 그 모두를 탕진해버렸구나'라면서 망연자실한 스탈린 대신 베리야가 나서서 국방위원회(GKO)라는 아이디어를 제시했는데, 이것은 스탈린을 필두로 몰로토프와 보로실로프, 말렌코프와 베리야로 구성된 '5거두'(퍄토르카)의 전시내각이었지요. 곧 이어 카가노비치와 미코얀 등도 추가되었고요.

2차 세계전쟁은 베리야의 권력이 강화되는 계기이기도 했습니다. 먼저 엔카베데를 통해 군부를 통제했는데, 군부에 대한 '문민통제'가 아니라 '경찰통제'였지요. '베리야와 차를 마셨다'는 장교들의 은어는 그에게 고문을 당했다는 의미였어요. 나아가 엔카베데는 첩보·정보활동을 강화했는데, 예조프가 숙청하려던 조르게를 복권시켜 승전의 계기를 마련했고, 전후에는 원폭 개발에도 기여할 수 있었지요.

나아가 굴라크를 통해 군수산업조직에도 기여했는데, 그래서 베리야가 '스탈린의 힘러' 역할과 함께 '슈페어' 역할까지도 했다는 평가를 받는 것입니다. '괴링' 역할에 대한 언급이 없는 것은 그가 자칭 '1호 나치'(Nazi Number One)에서 2차 세계전쟁 중 '최악의 낙오자'(the greatest failure, 히틀러)로 전락하여 패전 직전에 처형될 예정이었기 때문이지요.

그러나 베리야의 이러한 역할은 외교·안보와 경제에 대한 식견이 아니라 엔카베데-굴라크의 억압을 토대로 한 것이었을 따름입니다. 그래서 나이트가 '크렘린 정치의 비잔티움적 세계'에 몰두했을 따름이었다고 비판한 것인데, 형용사로서 '비잔티움적'은 '마키아벨리적'과 마찬가지로 권모술수가 횡행한다는 의미이지요.

스탈린 사후에 베리야는 탈스탈린적 개혁을 시도하기도 했습니다. 그런데 그 이유를 알려면 갱스터처럼 행동의 의도(intention/purpose) 내지 목적(end)과 동기(motive)를 구별할 필요가 있어요. 의도는 행동의 계획이고 목적은 그 계획의 결과이지요. 행동의 원인으로서 동기에는 의도와 목적 이외에도 이념과 욕망이 있고요.

메드베제프가 지적한 것처럼, 베리야 같은 투기꾼은 이념보다는 욕망을 중시한다는 특징이 있습니다. 반면 레닌 같은 혁명가는 욕망보다는 이념을 중시했고요. 베리야가 욕망의 화신인 클렙테스(도적)가 지배하는 클렙토크라시를 지향한 반면 금욕주의자였던 레닌은 이데올로그가 지배하는 이데오크라시를 지향했던 셈이지요.

반면 스탈린에게는 욕망뿐만 아니라 이념도 역시 중요하다는 것이 특징이었습니다. 다만 레닌이 강조한 것처럼 역사과학에 근거하는 정치이념이 아니었다는 데 문제가 있는데, 그래서 레닌과 달리 '악보를 읽지 못하는 지휘자' 또는 '해도를 읽지 못하는 선장'이라고 할 수밖에 없는 것이지요.

이데올로그로서 스탈린에 대한 최근의 연구성과로는 E. van Ree, *The Political Thought of Joseph Stalin* (RoutledgeCurzon, 2002)과 Ethan Pollock, *Stalin and the Soviet Science Wars* (Princeton University Press, 2006)를 참고할 수 있습니다. 또 스탈린 50주기 기념논문집인 Sarah Davies and James Harris, eds., *Stalin: A New History* (Cambridge University Press, 2005)도 참고할 수 있고요.

물론 베리야 같은 투기꾼보다 완화된 욕망을 가진 출세주의자도 있는데, 힘러의 졸개였던 아이히만이 그런 경우였습니다. 아렌트는 그가 힘러처럼 '악당임을 증명하기로 결심한'(determined to prove a villain, 셰익스피어의 『리처드 3세』) 것은 아니었고, 시비를 구별할 정도로는 '생각이 깊지 못한'(thoughtless) '범용한'(banal) 보통사람이었다고 규정한 바 있지요.

말이 나온 김에 나치의 방관자 내지 협력자에 대해서도 주목해두겠습니다. 1999년에 노벨문학상을 받은 귄터 그라스는 『양파껍질을 벗기며』(*Beim Häuten der Zwiebel*, 2006; 국역: 민음사, 2015)에서 청소년기의 나치 경험에 대한 '죄의식'(guilt)과 '수치심'(shame)을 토로하면서 '젊은이의 어리석음'(youthful folly)으로 변명할 수 없는 방관자 내지 협력자로서 '연대책임'(joint responsibility)을 표명하고 있지요. 그라스의 별명이 '도덕심'(道德審, a moral instance)이었다고 하는데, 그에 걸맞는 진솔하고 감동적인 '고백록'이에요. 시간을 내서 꼭 한번 읽어보세요.

그라스는 자신의 경험을 한스 폰 그리멜스하우젠의 『모험적 독일인 짐플리치시무스』(*Der abenteuerliche Simplicissimus Teutsch*, 1668;

국역: 문학과지성사, 2020)에 유비하고 있습니다. 30년전쟁기 어느 멍청이(simpleton)의 '무지와 범죄'의 편력기에서 나치 친위대로서 참전했던 자신을 발견할 수 있기 때문이지요. 『짐플리치시무스』의 후속작이 역시 30년전쟁을 배경으로 한 『사기꾼 방랑 여인 쿠라셰의 인생기』(Lebensbeschreibung der Erzbetrügerin und Landstörzerin Courasche, 1670; 국역: 지만지, 2020)인데, 바로 이것이 브레히트의 『억척 어멈』(Mutter Courage, 1939; 국역: 한국브레히트학회, 『브레히트 선집』, 연극과인간, 2011)의 원천 중 하나였어요.

어쨌든 베리야가 탈스탈린화를 추진한 것은 대단한 개혁 구상이 있었기 때문이 아니라 그렇게 함으로써 자신의 권력을 더욱 강화할 수 있었기 때문이지요. 츠바이크가 주목한 푸셰의 변신도 마찬가지였는데, 자코뱅파에서 지롱드파와 에베르파, 나아가 나폴레옹파를 거쳐 결국 왕정복고를 주도한 것은 권력욕 때문이었어요. 푸셰에게서 이념이란 전혀 문제가 아니었으므로 전향이라고 비판할 수는 없다는 것이지요. 386세대의 변신도 역시 마찬가지라는 생각이 들고요.

베리야가 숙청된 것은 탈스탈린적 개혁 때문이 아니라 집단지도를 거부하면서 후계자를 자임했기 때문이었습니다. 나이트가 베리야를 스탈린의 '또 다른 자아'(alter ego)라고 부른 것은 이 측면에서 특히 타당한 것이었지요. 물론 베리야가 흐루쇼프를 시골뜨기라고 얕본 탓도 있었는데, 사실 흐루쇼프는 베리야를 능가한 '영악한'(shrewd) 인물이었어요. 베리야와 말렌코프를 이간하면서 심지어 몰로토프 등 스탈린의 '4인방'(체트보르카)도 견인했거든요. 또 베리야를 숙청한 다음에는 그들도 역시 숙청했고요.

'문재명 정부 10년동란'은 막아야 한다

진보주의인가 인민주의인가 ·· 266

소득주도성장 비판에서 기본소득·주택·대출 비판으로 ······· 271

3·9대선의 쟁점으로서 정권교체의 진정한 의미 ················· 278

북한비핵화·검찰개혁 비판에 이어지는 'K방역' 비판 ·········· 284

윤석열 후보를 지지하는 이유 ·· 290

이준석 대표와 김종인 위원장에 대하여 ···························· 296

민주노총과 정의당에 대하여 ··· 299

사회진보연대와 전국학생행진에 대하여 ···························· 301

서문

> 모든 국민은 자신의 능력(民度)에 적합한 정부를 갖는다.
> Toute nation a le gouvernement qu'elle mérite.
>
> — 조제프 드 메스트르

    이 글은 『신동아』 2022년 신년호에 실린 인터뷰의 원문을 수정·보충한 것이다. 인터뷰는 2021년 12월 9일 오후 3시부터 100분 동안 과천연구실에서 박세준 기자에 의해 진행되었는데, 당연한 말이지만, 『신동아』에 실린 것은 박 기자가 '기사용으로 고쳐 쓴 판본'(rewrite) 이어서 부정확한 것이었다.

    그래서 『레디앙』의 정종권 편집국장과 의논을 한 결과, 정 국장의 배려로 『레디앙』 12월 28일자에 인터뷰 원문을 전재할 수 있었다. 『레디앙』에 전재된 인터뷰 원문에 10개의 댓글이 달렸는데, '한국계 외국인'(?)으로 짐작되는 포스트케인즈주의 경제학자의 댓글을 제외하면 답변할 만한 것은 별로 없었고, 이 댓글에 대한 답변은 이 글의 각주로 처리했다. 참고로, 『레디앙』의 인터뷰 원문에 대한 페이스북 '좋아요' 버튼은 첫날 1100회를 기록한 다음에, 1월 2일에는 2000회, 9일에는 2100회를 기록했다.

2022년 1월

윤 소 영

'문재명 정부 10년동란'은 막아야 한다

진보주의인가 인민주의인가

— 1987년 이후 한국정치에서 보수주의와 경쟁해온 정치이념을 인민주의 또는 포퓰리즘이라고 보셨는데요. 진보 정부라고 불렸던 김대중 정부나 노무현 정부도 그런 이념이었다고 할 수 있을까요?
— 먼저 진보주의라는 개념에 대해 설명해둘 필요가 있습니다. 영국식 진보주의 개념과 미국식 진보주의 개념이 아주 다르거든요. 영국에서는 19세기 자유주의가 20세기에 와서 현대화된 것을 진보주의라고 부르는데, 그런 의미에서 진보주의는 보통 사회민주주의를 의미하지요. 반면 미국에서는 19세기 인민주의가 20세기에 와서 현대화된 것을 진보주의라고 부르는데, 그런 의미에서 진보주의는 여전히 인민주의와 유사하다고 할 수 있어요.
이렇게 진보주의 개념의 차이가 있고, 게다가 이 두 개념이 대결한 적도 있습니다. 20세기 러시아혁명사가 그 무대였는데, 그러니까 러시아혁명이 전개되는 과정에서 진보주의자 내부에서 논쟁이 벌어졌던 셈이지요. 그런데 아시다시피 러시아혁명사에서는 사민주의자가 승리했고 그 결과 인민주의자는 소멸했어요.

물론 러시아가 아닌 다른 나라에서도 인민주의자가 소멸한 것은 아닙니다. 그래서 어떤 진보주의자는 사민주의적 입장을 취한 반면 어떤 진보주의자는 인민주의적 입장을 취한 것이고요. 따라서 우리나라에서도 역시 진보주의자 내부에서 사민주의적 경향과 인민주의적 경향 사이의 갈등을 발견할 수 있지요. 인민주의자라는 번역어 대신 영어로 그냥 포퓰리스트라고도 하는데, 문제가 있습니다. 인민주의자는 역사적 계보가 있는 개념이고, 또 역사학에서는 인민주의자라는 번역어를 사용하는 것이 관례이기 때문이지요.

어쨌든 세계적으로 인민주의자가 생존해왔을 뿐만 아니라 한국에서는 특히 김대중 정부와 노무현 정부 덕분에 정치적으로 득세할 수 있었던 것입니다. 아시겠지만 2005년에 저희 과천연구실에서 집단작업을 통해 『인민주의 비판』이라는 책을 출판했던 것은 특히 노무현 정부에 와서 인민주의가 본격화되는 것이 아닌가라는 문제의식에서였어요.

정리해보자면, 우선 진보주의자 내부 논쟁이라는 관점에서 인민주의를 정치이념으로 정의할 수 있습니다. 1970-80년대 군부독재의 절정기에 군부독재와 대결하는 야권 내부에서 분열이 발생하면서 김영삼 대통령을 중심으로 자유주의자가 결집하고 김대중 대통령을 중심으로 인민주의자가 결집했다는 것이 제 생각이지요. 물론 1980년대 이후에는 김종필 총리를 중심으로 일부 보수주의자까지 결집하여 야권에서 이른바 '3김 시대'가 열렸던 것이고요.

한두 가지 보충해서 말씀드리면, 김대중 대통령은 김영삼 대통령을 경쟁자로서 존중했다고 할 수 있습니다. 물론 김대중 대통령에 대한 김영삼 대통령의 입장도 마찬가지였고요. 김대중 정부까지만 해도 인민주의자가 자유주의자를 적대시했다고 할 수는 없지요. 반면 노무현 정부에 와서는 인민주의자가 자유주의자를 존중하는 것이 아니라 적대시하는 그런 경향이 출현했다는 생각이 들어요.

단적으로 말해서 인민주의의 기원은 김대중 대통령이라고 할 수 있더라도 인민주의를 본격화한 사람은 역시 노무현 대통령이라는 것입니다. 노 대통령의 인민주의는 극단적이었습니다. 노 대통령은 당선 직후에 김 대통령과 결별하면서 김 대통령의 최측근인 박지원 비서실장을 구속·수감하여 실명의 위기에 빠트리기도 했지요. 과천연구실이 2005년에 『인민주의 비판』을 출판했던 것은 바로 이런 맥락에서였어요.

― 이전 정부에 비해서 문재인 정부의 인민주의가 심화되었다고 하셨는데, 어떤 측면에서 그런 판단을 하셨는지 여쭤보겠습니다.

― 방금 김대중 정부와 노무현 정부를 비교했듯이, 노무현 정부와 문재인 정부도 비교할 수 있을 것입니다. 과천연구실이 새로운 집단 작업으로『문재인 정부 비판』과『재론 문재인 정부 비판』을 출판한 것도 그런 의도에서였다고 할 수 있고요. 단적으로 말해서 노무현 정부까지도 인민주의는 정치이념이었습니다. 그러나 문재인 정부에 와서 그 정치이념이 정치체제로 실현되었다고 할 수 있지요. 그런 의미에서 인민주의가 한층 더 심화되었다고 할 수 있고요.

몇 가지 방증을 제시할 수 있는데, 주로 386세대 운동권 출신에 주목할 수 있겠습니다. 아시겠지만 본래 김대중 대통령이 지지한 사람은 이인제 후보였는데, 그러나 노무현 후보가 선출되는 반전이 있었지요. 그리고 그런 과정에서 386세대가 크게 기여했던 것인데, 당시의 유명한 구호가 바로 '주류 교체'였습니다. 김대중 정부 이후에도 한국 사회의 주류는 그대로 남아 있었고, 그런 주류를 교체할 수 있는 사람은 이인제 후보가 아니라 바로 노무현 후보라는 것이 그들의 주장이었지요.

그러나 막상 당선되자 노무현 대통령은 386세대에 대해 제동을 걸었습니다. 가장 중요한 사건 중 하나가 한미자유무역협정이라고 할 수 있겠지요. 386세대는 한미자유무역협정에 적극 반대했는데 노무현 대통령이 끝까지 밀어붙였다고 할 수 있어요. 이런 관점에서 볼 때 노무현 정부에서 인민주의는 여전히 정치체제로 실현되지는 못했던 것이지요.

반면 문재인 정부에 와서는 인민주의가 정치체제로 실현되었다고 할 수 있습니다. 물론 노무현 대통령의 당선에 기여한 386세대도 문재인 정부가 출범할 때는 이미 586세대가 되었던 것이고요. 그간 15년의 세월이 흐르면서 정치적 경험과 경력이 쌓여 그들이 문재인 정부의 주축이 되었다는 것입니다. 게다가 문재인 대통령은 노무현 대통령처럼 386 내지 586세대에게 의존하면서도 자신의 뜻과 다를 때는 제동을 걸지 못한 것 같고요.

이런 맥락에서 노무현 대통령이나 문재인 대통령과 386 내지 586세대의 관계에 차이가 있다는 생각이 듭니다. 386세대가 노 대통령과 결별하면서 열린우리당이 파산하고 결국 우여곡절 끝에 노 대통령이 자살이라는 극단적 선택을 한 것 아닙니까. 그러나 586세대가 문 대통령과 결별하는 것이 쉽지는 않을 것이라는 생각이 들어요. 문 대통령이 견해 차이를 보인 것 같지는 않고 설사 견해 차이가 있어도 제동을 건 것 같지는 않기 때문이지요. 물론 이재명 후보의 당선을 위해 얼마간 문 대통령과의 차별화를 시도할 수 있겠지만 문 대통령과의 결별이 그렇게 쉽지는 않을 것 같아요.

『인민주의 비판』의 인민주의 개념과 『문재인 정부 비판』과 『재론 문재인 정부 비판』의 인민주의 개념의 차이에 대한 설명을 추가해 두겠습니다. 『인민주의 비판』에서 인민주의의 최신판으로 이탈리아의 베를루스코니 총리와 아르헨티나의 메넴 대통령(나아가 키르치네르 부부 대통령)의 '정치가적 인민주의'에 대해 주목했지요. 김대중 대통령이나 노무현 대통령에게도 그런 측면이 있었기 때문인데, 특히 정치의 '이미지화'라든지 '감정화'가 문제였지요.

물론 문재인 대통령이나 이재명 후보에게도 정치가적 인민주의가 있겠지만 오히려 부차적이라는 생각이 듭니다. 김대중 대통령이나 노무현 대통령과 달리 인민주의가 단순한 정치이념이 아니라 정치체제로 실현되었고, 이따가 다시 설명할 기회가 있겠지만, 정치체제로서 인민주의가 급기야 파시즘으로 타락하는 경향까지 보이거든요.

그렇기 때문에 『문재인 정부 비판』과 『재론 문재인 정부 비판』에서 정치가적 인민주의라는 개념은 유보하고 있는 것이지요.

단적인 예를 들어보자면, 노무현 대통령은 국익을 위해서는 한미 자유무역협정을 체결해야 한다는 의견을 수용했습니다. 그런 의견이 경제관료가 주장한 것이고 비록 386세대의 정치이념과 배치되는 것이더라도 결국에는 수용했다는 것이지요. 반면 문재인 대통령은 586세대의 주장에 따라 경제관료의 의견을 배척했는데, 그 결과 김동연 경제부총리도 이번에 대선후보로 나섰던 것이고요. 이재명 후보가 당선된다면 이런 경향이 심화될 것은 자명한 일이겠지요. [그러나 김 후보는 이 후보와의 단일화를 선언하며 사퇴했다.]

나아가 문재인 정부에서 인민주의가 심화되었다고 판단하는 근거로서 집권 과정에도 주목해야 한다는 생각입니다. 문 대통령의 집권 과정을 586세대가 주도한 '촛불혁명'이라고 특징짓는데, 바로 그 촛불혁명에 문제가 있는 것이지요. 단적으로 말해서 세월호 침몰도 그렇고 박근혜 대통령 탄핵도 그렇고, 유례없는 비극을 정치적으로 활용했다는 사실을 용납하기가 쉽지 않기 때문이에요. 또 그런 비극을 정치적으로 활용하기 위해 소셜미디어를 통해 온갖 데마고기를 퍼뜨렸다는 사실도요.

요즘에는 데마고기 대신 '프레임'이라는 용어를 사용하는데, 같은 의미입니다. 그것과 대조되는 것이 이데올로기나 이념이라는 용어이지요. 이데올로기 내지 이념은 반드시 이론적 근거가 있어야 하는 반면 데마고기 내지 프레임은 그렇지 않아요. 어떤 이론적 근거도 없이 프레임을 구성해서 유포하는 것은 데마고기와 다를 바 없는데, 문재인 정부에 와서 프레임이라는 용어가 횡행하는 것은 정말 걱정스러운 일이에요.

인민주의가 심화되었다는 판단은 곧 문재인 정부의 정책에 대한 비판과 관련되는 것입니다. 이것이 오늘 인터뷰의 주제가 되겠지만, 문재인 정부 1년차부터 4년차까지 주요 정책이 모두 문제인데, 1년차는 소득주도성장(소주성), 2년차는 북한비핵화, 3년차는 검찰개혁,

4년차는 'K방역'으로 특징지을 수 있다는 것이 제 생각인데요. 또 이 모든 정책을 수립하는 데 주류화된 586세대가 주도적 역할을 했다는 것이고요.

문재인 정부의 주요 정책을 통해 인민주의가 심화되었다는 것이 저희 과천연구실의 주장이고, 그런 주장을 입증하기 위해 『문재인 정부 비판』을 출판했던 것입니다. 1년차부터 4년차까지 문재인 정부의 주요 정책의 인민주의적 지향을 비판하는 동시에 노동자운동과 사회운동, 특히 민주노총과 정의당이 왜 제대로 대응하지 못했는가를 비판하려는 의도로 출판한 것이 바로 이 책이었어요.

소득주도성장 비판에서 기본소득·주택·대출 비판으로

— 소주성을 일종의 '경제학적 사기'라고 비판하셨는데, 어떤 근거에서 그런 비판이 가능한지 좀 더 설명해 주시죠.

— 처음에는 소주성을 '경제학적 문맹'으로 생각했습니다. 그런데 점차 단순한 문맹, 즉 무지의 문제가 아니라 사기의 혐의가 있다는 생각이 들었지요. 그래서 경제학적 문맹 내지 사기라고 한 것인데요. 간단하게 설명해보자면, 국내에서 소주성을 최초로 제기한 사람은 국제노동기구(ILO)에 재직하는 이상헌 박사와 부경대 경제학과에 재직하는 홍장표 교수이지요. 두 사람 모두 제가 알던, 친하게 지낸 적은 없지만 하여튼 알고 지낸 서울대 경제학과 후배들이기 때문에 조심스럽긴 한데, 순수하게 이론적인 차원에서 비판해보겠어요.

이상헌 박사나 홍장표 교수가 처음에 제안한 소주성은 자영업자나 소상공인을 배려한 정책이었습니다. 그러나 문재인 정부가 출범하면서 저임금노동자를 배려한 최저임금인상과 결합된 것이지요. 제가 볼 때 문재인 정부에서 최저임금인상과 결합하면서도 소주성이라는 명칭을 그대로 사용하지만 그 내용에는 큰 차이가 있어요. 쉽게 말해서 정책의 수혜자가 저임금노동자로 변경되면서 자영업자나 소상공인은 오히려 피해자가 된 셈이거든요.

제가 들은 바에 의하면, 그렇게 될 수밖에 없는 사정이 있었다고 합니다. 먼저 문재인 대통령 측근의 정책그룹에는 경제학자가 거의 없었다는 사정을 고려해야 하지요. 외국에 정착한 이상헌 박사는 애당초 참여할 생각이 없었던 것 같고, 홍장표 교수의 참여도 아주 늦어서 당선·취임 직전이었던 것 같아요. 따라서 문재인 정부가 이 박사와 홍 교수의 소주성에서 내용은 기각하고 명칭만 차용했다고도 할 수 있는 것이지요.

물론 민주노총의 위세를 무시할 수 없었다는 사정도 고려해야 할 것입니다. 민주노총이 연봉이 1억원에 육박하는 현대자동차 같은 재벌기업 고임금노동자에 대한 면피용으로 '최저임금 1만원'이라는 정책을 제시했던 것이지요. 그런데 『문재인 정부 비판』에서 지적한 것처럼, 이것은 본래 사회당 계열 알바생 내지 불안정노동자의 요구였는데, 재벌기업 고임금노동자에 대한 여론의 비판에 직면하면서 민주노총이 임기응변으로 수용했던 것 같아요. 하여튼 문재인 정부로서는 홍장표 교수 같은 지식인에 비해 민주노총의 위세를 고려할 수밖에 없었던 것이겠지요.

만약 처음부터 최저임금인상을 통한 소득주도성장을 주장했다면 임금주도성장이라고 불렀을 것입니다. 더욱이 경제학적으로 볼 때 소득주도성장이라는 명칭은 불합리하기 때문에, 임금주도성장이라고 불러야 했던 것이기도 하고요. 임금주도성장을 주장했던 사람이 케인즈의 직계 제자였던 존 로빈슨인데, 이것이 경제학적으로는 아주 기이한 주장이어서 로빈슨의 주장을 수용하는 경제학자를 케인즈주의자와 구별하여 포스트케인즈주의자라고 부르지요.

반면 대부분의 경제학자는 케인즈주의 경제학자든 마르크스주의 경제학자든 막론하고 이윤주도성장을 주장했습니다. 그럴 수밖에 없는 것이 이윤주도성장을 부정한다면 경제학이라는 학문도 존재할 필요가 없거든요. 경제학적으로 볼 때 투자를 위한 저축의 원천은 이윤이기 때문이지요. 물론 임금도 저축하지만 그것은 현재의 투자가 아니라 미래의 소비를 위한 것이에요. 이윤을 저축하여 투자하는 것을 경제학에서는 자본축적이라고 부르는데, 자본축적의 과정은 동시에 기술진보의 과정이기도 하지요.

쉽게 말해서 경제학자가 볼 때 경제성장을 위해서는 자본축적과 기술진보가 필요한 것입니다. 따라서 노동자 주도의 임금주도성장이라든지 자영업자나 소상공인 주도의 소득주도성장이라는 것은 애당초 불가능한 것이고요. 자본축적과 기술진보가 없으면 경제성장도 없기 때문이지요. 소득주도성장이라고 하든 임금주도성장이라고 하든 이론적 근거가 없어요. 제가 한신대에서 강의하면서 늘 강조한 것인데, 문재인 정부가 국민을 대상으로 했던 첫 번째 실험이 바로 경제학적 근거가 박약한 소주성이라는 경제정책이었지요.

방금 말씀드렸던 것처럼, 처음에는 소주성이 경제학에 대한 무지의 결과라고 생각해서 경제학적 문맹이라고 간주했었지요. 그러나 소주성에 대한 논란이 제기된 문재인 정부 2년차 전후로도 소주성을 포기하지 않는 것을 보고 생각이 바뀌었습니다. 결국 소주성도 아무런 이론적 근거가 없는 프레임이자 데마고기라고 할 수밖에 없다는 것이에요. 이론적 근거가 없다는 사실을 몰랐다면 돌팔이인 셈이고 알았다면 사기꾼인 셈이고요.[1]

---

1) 소주성을 지지한다는 '한국계 외국인'(?) 포스트케인즈주의 경제학자가 『레디앙』 기고문에 항의성 댓글을 달았다. 2007–09년 금융위기를 기화로 부활을 시도한 포스트케인즈주의자 일각에서 임금주도성장론과 이윤주도성장론을 절충하여 소비와 투자의 총계인 총수요가 주도하는 성장론을 주장한 바 있는데, 마르크스주의자를 포함한 경제학계에서 여전히 소수파일 따름이다. 그래서 이미 2007–09년 금융위기 논쟁에서 지적한 것처럼, 마르크스와 케인즈를 결합하는 입장에서 뒤메닐이 포스트케인즈주의는 '정치적으로 올바를지'(politically correct) 몰라도 '경제학적으로 오류'라고 비판한 것이다. 폴리도 『성장과 분배』(*Growth and Distribution*, Harvard University Press, 1999)에서 대동소이한 입장을 제시했는데, 2019년에 출판된 2판에서도 그런 입장에 거의 변함이 없다. 아무리 기이한 이론이라고 해도 대학원생 세미나의 주제가 될 수는 있을 것이다. 그렇지만 그런 이론을 근거로 경제정책을 수립하는 경제학자는 돌팔이 내지 사기꾼일 따름이다.

― 이재명 후보의 기본소득도 마찬가지라고 생각하시나요? 소득주도성장처럼 일종의 프레임일 뿐이라고 보시는 것인가요?

― 그렇습니다. 경제학이라는 학문의 역사가 250년이 되었고, 또 경제학은 인문학은 물론이고 정치학이나 사회학 같은 사회과학과도 달리 자연과학과 유사해서 분명한 계보(lineage)가 있지요. 아까 영국에서는 사민주의가 진보주의를 대표한다고 했는데, 그 원조가 바로 존 스튜어트 밀이에요. 19세기 중엽에 들어와 밀이 자코뱅주의나 마르크스주의 같은 혁명이념에 대응하면서 고전적 자유주의를 현대화하는 일련의 개량을 제안한 바 있는데, 그래서 경제학에서는 밀을 최초의 진보주의자로 간주하는 것이지요.

밀에게서 시작한 진보주의는 마셜과 케인즈를 거쳐서 사민주의로 진화합니다. 그런데 밀 이후의 이런 계보를 특징짓는 것 중 하나가 바로 기본소득입니다. 경제학에서는 자본의 축적과 경제의 성장이 멈춘 상태를 정지상태(stationary state, 定常狀態)라고 부르는데, 그런 정지상태를 유지하기 위한 정책 중 하나가 기본소득이지요. 쉽게 말해서 기본소득은 경제성장을 위한 정책이 아니라 제로성장이 마이너스성장으로 악화되지 않도록 예방하는 정책이에요.

밀-마셜-케인즈의 계보를 특징짓는 기본소득은 제임스 미드에 의해 계승되었습니다. 그런데 미드는 케임브리지대학 경제학부에서 로빈슨의 최대의 라이벌이었어요. 케인즈의 '적자'(嫡子)를 자처하던 로빈슨은 사실 밀-마셜-케인즈의 계보에서 볼 때 정통이 아닌 이단이었는데, 폴란드 출신 마르크스주의 경제학자 칼레츠키의 영향 때문이었지요. 마셜과 케인즈 당대에는 케임브리지 학파가 세계적으로 경제학을 대표했지만, 그러나 2차 세계대전 이후 케임브리지 학파는 쇠망의 길을 재촉했어요. 그런 쇠망의 요인 중 하나가 바로 로빈슨과 미드의 갈등이었고요.

단적으로 말해서 임금주도성장 내지 소득주도성장과 기본소득은 공존할 수 있는 것이 아닙니다. 어떤 사람은 소주성을 더욱 급진화한 것이 기본소득이라고 하는데, 오히려 기본소득보다 더 급진적인 것이 소주성이라고 해야 옳겠지요. 어쨌든 소주성을 계승·발전시킨 것이 기본소득이라는 주장은 경제학자가 볼 때는 터무니없는 낭설입니다. 경제학자 중에서 드디어 사기꾼이 돌팔이를 도태시키려는 것 같아요.

그래서 이재명 후보가 기본소득을 넘어서 기본자산을 주장하는 것 같은데, 우리나라에서는 자산을 대표하는 것이 주택이니까 기본주택이라고도 하지요. 기본자산 내지 기본주택은 미드의 제자라고 할 수 있는 피케티의 주장이기도 한데, 기본소득론자 중에서 그런 주장을 하는 사람은 아직까지 피케티밖에 없는 것 같아요. 그러니까 소주성이나 기본소득보다 경제학적 근거가 훨씬 더 박약한 피케티의 개인적 주장을 핵심 공약으로 채택한 셈이지요.

관련해서 한두 가지만 지적해두겠습니다. 나라에 따라 노동자와 중산층이 선호하는 저축수단이 달라요. 보통 선진국은 증권을 선호하고 중진국이나 후진국은 주택을 선호하는데, 선진국 중에서도 프랑스나 독일이 예외적으로 주택을 선호하고, 중진국 중에서도 대만이 예외적으로 증권을 선호하지요. 문재인 정부는 다주택자를 투기꾼으로 비난하는데, 외국인이 증시를 지배하고 있는 한, 정부가 아무리 협박해도 아파트를 팔고 증권을 살 멍청이는 없겠지요.

요즘 집값이 미친 듯이 뛴 것은 문재인 정부의 주택정책이 잘못되었기 때문인데, 통계를 보면 집값이 늘 뛰기만 한 것은 아닙니다. 서울에서도 집값이 정체하거나 하락한 때가 있었는데, 특히 1997–98년 경제위기 이후에 그랬지요. 2007–09년 세계금융위기부터 2010년대 초반 유럽연합재정위기까지 그랬던 것에는 이명박 정부의 보금자리주택정책의 효과도 있었고요. 노태우 정부의 1기 신도시정책 성공 이후에도 집값이 뛴 것은 다주택자의 투기 이전에 노무현 정부의 2기 신도시정책 실패와 문재인 정부의 3기 신도시정책 실패 때문이었어요.

이재명 후보가 기본자산을 기본증권이나 기본코인이 아니라 기본주택으로 설정한 것에 대해 생각해보자는 것입니다. 아마 기본증권이나 기본코인 형태의 기본자산을 채택한다면 세계적으로 웃음거리가 되겠지요. 그래서 기본자산이란 결국 기본주택일 수밖에 없고, 대만과 달리 한국에서는 주택이 노동자나 중산층의 저축수단이라는 사실을 인정하지 않을 수 없다는 것이에요. 나아가 이런 맥락에서 문재인 정부나 노무현 정부의 정책 실패를 인정하지 않을 수도 없다는 것이고요.

마지막으로 이재명 후보는 자신의 독창적 발명으로 기본금융을 주장하는데, 물론 저축도 있겠지만 주된 관심은 역시 대출입니다. 이 후보가 며칠 전에 서울대 경제학부에서 강연을 하면서 부자보다 빈자에 대한 금리가 높은 것은 정의롭지 못하다고 주장했어요. 금리이론에 대한 몰이해를 그대로 드러낸 셈인데, 금리란 중앙은행이 정책적으로 설정하는 기준금리에 부도의 위험을 고려한 가산금리(스프레드)가 추가되는 방식으로 결정되기 때문이지요. 부자보다 빈자에 대한 금리가 높은 것은 대출을 상환하지 못하는 부도의 위험이 그만큼 크기 때문이에요.

이 원리를 부정하는 금리이론은 이미 경제학이 아닙니다. 그런데 서울대 경제학부생을 앞에 앉혀놓고 이재명 후보는 '경제는 과학이 아니다', '경제는 정치다'라고 주장했어요. 이 후보가 경기도 성남에서 시민운동을 한답시고 이른바 '정치경제학'을 귀동냥한 때문이라는 생각이 드는 대목인데, 역시 경제학에 대한 몰이해를 드러내는 대목이에요. 386세대 운동권이 정치경제학이라고 부르던 마르크스의 '경제학 비판'의 핵심은 '경제결정론', 좀 더 정확하게 말해서 '정치는 경제의 집중적 표현이다' 내지 '정치의 진리는 경제다'라는 명제라고 할 수 있거든요.

이재명 후보에 따르면, 경제학은 아무런 이론적 근거도 없이 그때그때 여론의 동향에 따라 정치적 필요에 봉사하기만 하면 된다는 것입니다. 정말 위험한 사고방식이지요. 얼마 전에 이 후보가 김동연 부총리의 후임인 홍남기 부총리를 비판한답시고 '경제학 교과서는 잊어버려라'라고 윽박지른 적이 있는데, 그 배후에 '경제는 과학이 아니라 정치다'라는 사고방식이 있었던 것이지요. 김대중 대통령이나 노무현 대통령은 물론이고 문재인 대통령도 이런 식은 아니었어요. 물론 문 대통령이 홍 부총리에게 '국채 비중 40%의 과학적 근거는 무엇인가'라고 질타한 적은 있지만요.

쉽게 말해서 경제관료가 경제학 교과서에서 가르치는 경제원리를 잊어버리고 대통령이 시키는 대로 한다는 것은 정상적인 자본주의 사회에서 있을 수 없는 일이라는 생각이 듭니다. 게다가 이런 맥락에서 이재명 후보의 이른바 '기본 시리즈'는 이 후보가 인민주의에서 파시즘으로 한 걸음 더 퇴보할 것이라는 예고인 셈이에요.2)

— 그래서 『경향신문』과의 인터뷰에서 '문재인 대통령과 달리 이재명 후보에게서 파시즘적 경향이 보인다'고 경고하신 것인가요?

— 앞으로 3개월 동안 텔레비전 토론을 비롯해서 후보들의 정책 논쟁을 좀 더 검토해보고 최종적으로 판단해야겠지만, 이 후보의 '파시스트적 기질'은 이미 여러 번 드러난 바 있습니다. 방금 지적한 기본 시리즈와 관련된 망언 말고도 이 후보는 국민의힘을 '도둑의힘'이라고 비난하면서 이준석 당대표는 '봉고파직'하겠고 김기현 원내대표는 그에 더해 '위리안치'하겠다는 협박까지 했거든요. 이것은 단순한 비유가 아니고 야당을 경쟁자로 존중하는 대신 악당으로 처단하겠다는 망언인데, 이런 사고방식에서도 파시즘적 경향을 발견할 수 있어요. 그래서 『재론 문재인 정부 비판』의 서문에서 그런 경고

---

2) 3·9대선을 두 달 앞둔 시점에서 이재명 후보는 부랴부랴 '555성장공약'을 발표했다. 그 핵심은 1인당 국민소득 5만 달러, 국민총소득 세계5위, 주가 5000인데, 5천피는 차치하고, 처음 두 공약은 20-30대 일각에서 횡행한다는 일본과 유럽을 추월하는 'K경제'라는 낭설을 공약화한 셈이다. 1인당 국민소득 5만 달러는 '선진7개국'(G7) 중 영국·프랑스·일본·이탈리아를 추월한다는 의미이고, 미국·중국·일본·독일에 이은 국민총소득 세계5위는 이른바 '종합국력'에서는 캐나다까지 추월한다는 의미이기 때문이다. 따라서 선진7개국 중에 추월 대상으로는 미국과 독일만 남게 되는데, 이런 공약(空約)을 입안한 사기꾼 경제학자가 도대체 누군지 궁금할 따름이다.

를 했던 것이고요.

　나아가 기본 시리즈 비판과 연결해서 한 마디만 덧붙이겠습니다. 문재인 대통령에게도 그런 경향이 있었는데 이재명 후보의 경우를 보면 반(反)지식인적 경향이 한층 더 심화되었다는 생각이 듭니다. 경제학자에 대한 폄훼는 이미 분명해졌고, 앞으로 3개월 동안에는 법조인이든 의료인이든 다양한 전문가에 대한 폄훼도 드러날 것 같다는 생각이 들어요. 파시즘의 가장 중요한 특징 중 하나가 야당을 인정하지 않을 뿐만 아니라 전문가 내지 지식인도 인정하지 않는 데 있습니다. 그래서 히틀러를 상징하는 만행 중 하나로 '분서갱유'를 드는 것이지요.

　김대중 정부 시절인 2001년 말 보수언론 '조중동'을 둘러싼 논란의 와중에 당시 추미애 민주당총재비서실장이 이문열 작가의 발언이 마음에 안 든다고 해서 한국판 분서갱유인 '책장례식'을 선동한 적이 있습니다. 이런 선례에서도 드러난 것처럼, 인민주의자의 사고방식에는 반지식인적 경향이 분명히 존재하고, 이런 경향이 우연한 사건·사고로 끝나는 것이 아니고 체제화될 가능성이 있다는 생각이 들어요. '경제학 교과서는 잊어버려라', '경제학은 과학이 아니라 정치다'라는 망언을 전문가 내지 지식인에 대한 폄훼의 예고로 간주할 필요가 있다는 것이지요.

3·9대선의 쟁점으로서 정권교체의 진정한 의미

　— 문재인 정부가 작년 4·15총선까지만 해도 높은 지지율을 유지했다가 그 후 지지율이 떨어지고 금년 4·7보선에서 패배했는데요.
　— 지난번 『문재인 정부 비판』에서도 이미 현실정치에 대해 언급했지만 자세하지는 않았는데, 이번 『재론 문재인 정부 비판』에서는 현실정치에 대해 자세하게 언급한 이유가 박 기자님께서 말씀하신 바로 그 현상 때문이었습니다. 그러니까 4·15총선은 민주당의 '대박'

이었던 반면 4·7보선은 민주당의 '쪽박'이었다면, 이런 반전 현상은 반드시 설명할 필요가 있다는 것이지요. 그리고 그런 설명에서 아주 위험스런 어떤 정치적 경향에 주목할 수밖에 없다는 것이고요.

아까 진보주의와 인민주의에 대해서 개념적으로 설명했지만, '중도층'에 대해서도 역시 개념적 설명이 필요할 것 같습니다. 자유민주주의적 정치의 표준인 미국정치에서 중도층은 'moderate'이므로 온건파라는 의미이지요. 중도층이 온건파인 것은 좌우에 'extreme', 과격파 내지 'radical', 급진파가 있기 때문이에요. 그래서 미국정치에서는 중간에 있는 온건파가 자유주의자이고, 우측에 있는 과격파 내지 급진파가 보수주의자이며, 좌측에 있는 과격파 내지 급진파가 사회주의자라는 것이지요.

이런 것이 미국정치를 표준으로 하는 정치학 교과서에서 말하는 중도층 개념인데, 그러나 한국에서는 그렇지 않습니다. 특히 이번 4·7보선을 계기로 메이저 언론에서도 이런 측면에 주목하고 있는데, 우리나라의 중도층은 결국 'swing voter', 부동층이기 때문이에요. 그 반대 개념은 물론 'core voter', 고정층인데, 우측에는 보수주의자가 있고, 좌측에는 진보주의자라고 불리는 인민주의자가 있지요.

미국정치에서 중도층은 자유주의자이고 부동층이 아니라 고정층입니다. 그런 중도층을 대변하는 정당이 민주당이지요. 반면 우측의 보수주의자 고정층을 대변하는 정당이 공화당이고요. 좌측의 사회주의자 고정층은 민주당으로 포섭되는데, 예컨대 샌더스 상원의원의 지지자가 그래요. 자유주의자-사회주의자와 보수주의자라는 고정층을 토대로 미국의 선거정치가 작동한다는 것이 핵심이지요.

반면 한국정치에서는 그렇지 못합니다. 자유주의라는 정치이념을 견지하는 고정층 대신 경제이익에 충실한 부동층이 중도층이거든요. 또 사회주의자 고정층을 인민주의자 고정층이 대체하고 있다는 것도 문제이고요. 4·15총선이 4·7보선으로 반전된 것은 사실 이런 부동층으로 인해 선거정치가 오작동한 결과였을 따름이에요.

놀랍게도 60대 이상만 예외일 뿐이고 50대 이하에서는 부동층이 대부분입니다. 쉽게 말해서 50대 이하 대부분이 자유주의나 보수주의, 사회주의나 인민주의 같은 특정한 정치이념을 견지하는 것이 아니라 그때그때 자신의 경제이익을 기준으로 해서 투표한다는 것이지요. 그래서 박정희 대통령 시절의 '막걸리·고무신 선거'가 부활했는데, 코로나19의 대유행이라는 위기상황에서 전국민 재난지원금이라는 명목으로 거액의 현금을 살포한 것이 대표적 사례이지요.

『재론 문재인 정부 비판』에서 제가 현실정치에 대해 자세하게 분석하면서 심지어 윤석열 후보에 대한 지지까지 표명한 이유가 바로 여기에 있습니다. 저는 내년 3·9대선의 의미를 좀 더 정확하게 인식할 필요가 있다는 생각인데요. 개념에 대한 설명이 너무 많아질 것 같기는 하지만, 정권교체의 의미를 좀 더 분명히 해두어야 할 것 같아서요. 위키피디아를 보면, 일본에서는 정권교체가 정부수반인 총리 또는 대통령을 배출한 집권여당의 교체라는 뜻입니다. 그러나 중국에서는 체제전환이라는 뜻이지요. 체제는 기본적으로 정치체제를 뜻하면서 경제체제를 뜻하기도 하고요.

3·9대선에서는 단지 집권여당과 정부의 선택뿐만이 아니라 정치체제와 경제체제의 선택도 쟁점이라는 것이 제 생각입니다. 그래서 『재론 문재인 정부 비판』에서 바이든 정부의 정책기조부터 논의를 시작했던 것이지요. 바이든 정부의 출범으로 국제정세가 급변하고 제 생각도 좀 더 분명해졌는데, 미중간 '전략적 경쟁'이란 결국 정치체제와 경제체제의 경쟁이라고 할 수밖에 없기 때문이에요.

미중간 전략적 경쟁의 출발은 물론 정치이념의 차이입니다. 미국의 바이든 정부의 정치이념은 당연하게도 민주당의 자유주의이지요. 중국의 시진핑 정부는 말로는 사회주의라고 하더라도 덩샤오핑의 개혁·개방 이래 점차적으로 사회주의를 포기해온 결과 시진핑 정부에 와서는 결국 권위주의로 퇴보했다고 할 수밖에 없고요. 자유주의와 권위주의의 경쟁을 상징하는 쟁점이 바로 인권인데, '일국양제'를 표방하던 홍콩에서의 인권 침해에서 시진핑 정부의 권위주의가 백일하에 드러난 바 있거든요.

미중간 전략적 경쟁은 정치이념의 차이뿐만이 아니라 정치체제의 차이와도 관련되는 것입니다. 미국에서는 자유주의라는 정치이념이 민주주의라는 정치체제로 실현되고 중국에서는 권위주의라는 정치이념이 독재주의(autocracy, 전제주의)라는 정치체제로 실현됩니다. 시진핑 주석이 3연임을 넘어서 종신집권을 시도하는 것이 그 증거이지요. 전두환 대통령의 독재를 비판하던 386세대 운동권 출신이 시진핑 주석의 독재를 변호하는 것은 불합리한 일이에요. 하기야 그들은 김정은 위원장의 3대 세습조차 변호하고 있지만요.

나아가 미중간 전략적 경쟁은 경제체제의 차이와도 관련되는 것입니다. 바이든 정부가 자유민주주의를 통해 수호하려는 것은 민간이 주도하는 자본주의이지요. 반면 시진핑 정부가 권위독재주의를 통해 수호하려는 것은 국가가 주도하는 자본주의이고요. 최근의 사태에서 드러난 것처럼, 시진핑 정부에서는 세계 10위권 기업인 알리바바와 텐센트의 운명도 풍전등화일 따름이에요. 전두환 정부 시절 독재의 상징으로 재계 10위권 기업인 국제그룹이 하루아침에 공중분해된 사건을 들곤 했었지요. 그러나 전두환 정부라고 해도 삼성이나 현대를 해체할 수는 없었습니다. 그러나 시진핑 정부는 알리바바와 텐센트를 해체하는 것도 가능할 것 같아요.

문재인 정부에 와서 운동권 출신 586세대가 중심이 되어 드디어 주류가 교체되었고, 그 결과 한국에서도 정치체제와 경제체제가 전환되기 시작했다는 생각이 듭니다. 그러면서 그런 전환의 모델이 시진핑 정부의 중국이라는 생각이 들어요. 물론 문재인 정부만 해도 중국 모델의 채택에서 조심스러울 수밖에 없었지요. 그러나 이재명 후보는 세상에 무서운 것이 없는 사람입니다. 이 후보가 당선된다면, '분서갱유'를 하면서 중국 모델을 채택할 수도 있을 것 같다는 걱정이 들거든요. 물론 저의 기우일지도 모르겠지만요.

요컨대 3·9대선의 핵심 쟁점은 미국과 친화적인 정치체제와 경제체제를 선택할지 아니면 중국과 친화적인 정치체제와 경제체제를 선택할지에 있다는 것입니다. 단적으로 말해서 윤석열 후보를 당선시켜 자유민주주의와 민간자본주의를 선택할지 아니면 이재명 후보를 당선시켜 권위독재주의와 국가자본주의를 선택할지라는 쟁점이 핵심이에요. 그래서 제가 '문재명 정부 10년동란'은 막아야 한다고 주장하는 것이고요.

김대중 정부 이후 우리나라에서 인민주의가 심화된 결과 중 하나가 '국익'(national interest)에 대한 국민적 합의의 소멸입니다. 그러나 미국정치에서는 민주당과 공화당이 아무리 치열하게 경쟁하더라도 주로 국내정책이 쟁점이지 대외정책이 쟁점인 경우는 거의 없어요. 민주당과 공화당 사이에 국익에 대한 합의가 있기 때문인데, 그런 것을 '워싱턴 컨센서스'라고 부를 수 있지요. 트럼프 대통령의 충격은 국익에 대한 합의를 부정했다는 사실에 있어요. 작년 대선에서 바이든 대통령이 신승했을 때 공화당 지지자 일부가 트럼프 후보가 아닌 바이든 후보를 지지했던 것도 이 때문이었고요.

트럼프 정부에서 예외적으로 국익에 대한 합의가 흔들렸던 반면 문재인 정부에서는 국익에 대한 합의가 흔들렸다기보다는 오히려 통째로 없어졌다는 생각이 듭니다. 예를 들면, 소주성도 그렇지만 특히 북한비핵화에 대한 국민적 합의는 존재한 적이 없어요. 문재인 대통령 지지자 중에서도 북한의 핵무장을 용인하는 데 찬성하지 않는 사람이 많을 것이고요. 그렇다면 당연하게도 북한의 핵무장에 대한 공론화를 거친 다음 국민투표를 해야 했지요. 아무리 '제왕적 대통령'이더라도 대통령일 따름이지 제왕은 아니거든요.

좀 더 자세하게 설명하자면, 처음에 소주성을 비판할 때만 해도 주저되는 바가 없지는 않았습니다. 이상헌 박사나 홍장표 교수나 모르던 사이가 아니기도 했고요. 그 때문에 경제학에 대한 공부가 부실한 탓이 아닌가라는 의미에서 문맹 내지 사기라는 식으로 비판했던 것인데요. 그러나 북한비핵화를 보면서, 소주성과는 차원이 전혀 다르다는 생각이 들었습니다. 문맹보다는 오히려 사기라는 것이 분명해졌거든요. 돌팔이·사기꾼 경제학자 다음에 사기꾼 정치인이 대두했다고 할 수도 있겠지요. 강경화 장관은 물론이고 문정인 교수조차 하수인일 뿐인 것 같은데, 그들을 내세운 사기꾼 정치인의 실체는 정권이 교체된 다음에야 비로소 드러나겠지요.

『문재인 정부 비판』에서도 그렇고 『재론 문재인 정부 비판』에서도 그렇고, 과천연구실은 문재인 정부의 정책기조를 '친북-연중'으로 파악하고 있습니다. 친북은 분명하더라도, 아직 친중까지는 아니지요. 대신 중국과의 연합 내지 연대를 표방하고 있어요. 그런 것을 외교·안보에서 '제휴'(partnership)라고 하는데, '동맹'(alliance)처럼 조약을 체결하지는 않은 우호국이라는 의미이지요.

반면 동맹국인 미국과는 거리를 두는 입장이므로 비미라고 할 수 있습니다. 쉽게 말해서 조약 체결 여부와 별도로 중국과 미국 사이에서 이른바 '등거리 외교'를 시도한다는 것이지요. 나아가 반일이란 일본을 여전히 '전범국'으로 취급하면서 적대시한다는 것이고요. 결국 친북-연중의 뒷면은 반일-비미라는 것이고, 반일-비미의 뒷면은 친북-연중이라는 것이에요. 위안부와 징용노동자 편을 들면서 80년대 운동권의 「죽창가」를 듣는 것은 좋은데, 대신 국익과 관련된 이런 쟁점이 있다는 것은 알고서 그러라는 말이에요.

그 다음에 문재인 정부의 실정에 대해 국민적 관심이 제기된 것은 물론 '조국 사태', 그리고 그것을 계기로 제기된 검찰개혁이라는 쟁점 때문입니다. 저희도 법에 대해서는 공부한 바가 없기 때문에 새로 공부하여 입장을 정리할 수밖에 없었는데, 그 요지는 『문재인 정부 비판』을 참고할 수 있지요. 문재인 정부는 현재 우리나라의 사법제도를 검찰이 지배하는 '검찰사법'으로 간주하고 그 대안으로 '경찰사법'을 제시하고 있어요. 검찰의 권력을 거의 대부분 빼앗아 경찰에게 주었고 심지어 국가정보원의 권력도 그 일부를 빼앗아 경찰에게 주었거든요.

그런데 우리나라 사법제도는 본래 무관인 경찰이 지배하던 경찰사법이었습니다. 가장 노골적인 경찰사법은 물론 이승만 정부 시절이었지요. 그러나 박정희 정부나 전두환 정부도 결국 경찰사법을 유지했어요. 박정희 정부 시절은 비밀경찰인 중앙정보부(국가정보원의 전신)가 사법제도를 지배했고, 전두환 정부 시절은 중앙정보부가 세력을 잃은 대신 군부의 비밀경찰인 보안사령부가 역시 사법제도를 지배했거든요. 쉽게 말해서 건국 이후 전두환 정부까지 40년간 우리나라를 특징지은 것이 바로 경찰사법이라는 것이에요.

그러다가 노태우 정부에 와서 비로소 문관인 검찰이 조금씩 권력을 갖기 시작한 것입니다. 그러나 검찰사법이라고 할 수는 없었고 사법제도에서 검찰이 복권되기 시작했을 따름이지요. 그 후의 과정을 보면 대통령이 내무부와 경찰 대신 법무부와 검찰을 매개로 사법제도를 장악하는 과정이라고 해야 할 것 같고요. 조국 사태를 계기로 제기된 검찰개혁이란 그나마 점진적으로 중립성이나 독립성을 지향하던 검찰을 애당초 그런 지향이 존재할 수 없는 경찰로 대체함으로써 제왕적 대통령제를 강화하려는 목적이지요.

문재인 대통령 지지자는 윤석열 검찰총장이 자신을 발탁해준 문 대통령을 배신했다고 비난하는데, 완전히 잘못 생각하는 것입니다. 윤석열 검찰총장은 '대한민국의 검찰총장'이지 '문재인 정부의 검찰총장'이 아니에요. 조금 이따가 설명할 기회가 있겠지만, '법치'라는 개념을 이해하지 못한 탓이지요. 제가 윤석열 총장에 대해 주목하기 시작한 것은 조국 사태를 둘러싸고 추미애 장관과 갈등을 벌이면서 계속 법치를 강조하고 검찰의 중립성과 독립성을 강조하는 것을 보면서부터였어요.

북한비핵화·검찰개혁 비판에 이어지는 'K방역' 비판

— 문재인 정부의 4년차를 특징짓는 'K방역'에 대해서는 어떻게 보시는지요?

—『문재인 정부 비판』은 과천연구실의 집단 작업인데, 이 작업을 기획한 것은 K방역을 둘러싼 반전 때문이었습니다. 조국 사태를 계기로 해서 문재인 정부에 대한 회의가 상당히 확산되었다고 생각

했었거든요. 그래서 굳이 저희가 개입하지 않더라도 문재인 정부에 대한 비판이 활성화될 것이라고 기대했었는데, 그렇지만 K방역을 계기로 분위기가 역전되어 버렸어요. 그래서 코로나19는 무엇이고 K방역은 무엇인가라는 문제에 대해 공부를 시작하면서 1-3년차 문재인 정부의 비판과 4년차 문재인 정부의 비판을 연결시켜본 것이지요.

K방역을 보통 '3T'로 특징짓습니다. 첫 번째 T는 '검사'(test)이고, 두 번째 T는 '추적'(trace)이며, 세 번째 T는 '치료'(treatment)입니다. 그런데 이 3T가 세계적으로 볼 때 한국에서 가장 체계화되어 있다는 것이지요. 물론 K방역이 3T만으로 구성된 것은 아닌데, 코로나19의 대유행이 장기화되면서 일반 시민도 점차 '사회적 거리두기'의 중요성에 대해서 주목하게 되었지요.

과천연구실이 처음부터 강조한 것처럼, 보건의료위기와 경제위기 사이에는 '교환'(trade-off) 관계가 존재합니다. 그리고 사회적 거리두기는 보건의료위기를 예방하기 위해 경제위기를 감수한다는 의미인데, 단적으로 말해서 K방역의 성공을 위해 소주성의 피해자인 자영업자와 소상공인에게 또다시 경제적 손실을 강요한다는 의미이지요. 그런데 문재인 정부에게는 그런 인식이 없었던 것 같아요. 그 결과 사회적 거리두기로 고생하는 일반 시민을 위로한답시고 전국민 재난지원금을 여러 차례 살포했던 것 같고요.

우리나라에서는 재난지원금의 보편지급과 선별지급을 둘러싸고 논란이 제기되었는데, 아마도 보편복지와 선별복지를 둘러싼 논란의 연장전으로 오해했던 것 같습니다. 그러나 미국처럼 손실 여부와 무관하게 보편적으로 지급되는 재난지원금은 'aid', 지원이라고 하는 반면 손실 규모에 따라 선별적으로 지급되는 재난지원금은 'relief', 구제라고 하는 것이 좀 더 정확한 명칭이라고 할 수 있지요.

쉽게 말해서 전국민을 대상으로 하는 'aid'와 구별하여 'relief'는 자영업자나 소상공인을 대상으로 해야 한다는 것입니다. 따라서 소주성을 비판한 윤석열 후보가 'relief'를 주장하는 것은 당연한 일이에요. 반면 소주성을 기본소득으로 '급진화'한다는 이재명 후보가 갑자기 'relief'를 주장하는 것은 당황스런 일이지요. 원희룡 지사의 부인이 이 후보를 보고 '소시오패스'라는 의혹을 제기했는데, 저는 그냥 '리플리' 같은 거짓말쟁이라는 생각이 들어요.3)

『문재인 정부 비판』에서 소개한 것처럼, 연준(Fed, 미국 중앙은행인 연방준비제도)의 의장이었던 버냉키 교수는 코로나19로 인한 경제위기가 종식되기 위해서는 무엇보다도 백신 개발이 필요하다고 주장했습니다. 그렇지만 K방역의 가장 큰 결함은 백신에 대한 무시 내지 경시였어요. 그럴 수 있었던 한 가지 이유는 미국이나 일본에 비해 인권 침해에 대한 감수성이 낮았기 때문이고요. 최근에 중고등학생에게도 백신을 접종하면서 학생의 인권이 운위되는 상황인데, 그 이전에 사회적 거리두기를 통해 일반 시민의 인권이 장기간 침해되었다는 것이에요. 그러면서 자영업자와 소상공인의 경제적 희생이 장기간 강요되었던 것이고요.

아까 경제학적 문맹 내지 사기에 대해 설명했었는데, 그런 사이비 경제학자가 돌팔이나 사기꾼입니다. 그리고 그런 돌팔이 경제학자나 사기꾼 경제학자를 중용한 것이 386세대 정치인인데, 그들 역시 돌팔이 정치인이나 사기꾼 정치인이지요. 그런데 문재인 정부에서는 경제학계에만 돌팔이와 사기꾼이 출몰하는 것이 아니라 법조계나 의료계에서도 돌팔이와 사기꾼이 출몰하기 시작했어요.

이미 설명한 돌팔이·사기꾼 경제학자는 차치하고, 정치인 중에서도 돌팔이·사기꾼 또는 오히려 불량배(깡패·사기꾼)의 정체는 쉽사리 드러나지 않습니다. 이미 설명한 것처럼, 한국정치에서 인민주의

---

3) 『이토록 친밀한 배신자』(2005; 국역: 사계절, 2020)와 『그저 양심이 없을 뿐입니다』(2020; 국역: 사계절, 2021)에서 마사 스타우트는 소시오패스, 즉 반사회적 인격장애자가 '죄의식'(guilt)과 '수치심'(shame)을 모르는 것은 양심이 없기 때문이라고 주장한다. 죄의식과 수치심을 모르기는 불량배도 마찬가지인데, 다만 양심이 없어 불량배가 되는 것은 아니다. 소시오패스가 심리학적·정신의학적 개념인 반면 불량배는 사회학적 개념으로, 양자에게 결여된 공감의 차이를 『후기』에서 설명한 'empathy'와 'sympathy'의 차이로 설명할 수도 있을 것이다.

문제는 1997-98년 경제위기를 기화로 집권에 성공한 김대중 대통령까지 소급하는 문제이지요. 김 대통령 덕분에 70학번대 이해찬 대표나 유시민 작가를 비롯해서 386세대 운동권이 대거 정치권에 진입할 수 있었거든요. 그러나 김대중 정부는 물론이고 노무현 정부에서도 드러나지 않던 불량배 정치인이나 그들에게 부화뇌동하던 돌팔이·사기꾼 경제학자의 정체는 문재인 정부에서 드러나기 시작했어요.

불량배 정치인이나 돌팔이·사기꾼 경제학자의 정체는 이렇게 한 세대가 지나 비로소 드러나는 법입니다. 그런데 돌팔이·사기꾼 의료인이나 법조인은 그렇지 않아요. 먼저 문재인 정부가 중용한 의료인이 돌팔이나 사기꾼이라는 사실은 이미 '위드코로나'의 실패로 폭로되기 시작했습니다. 3·9대선을 4개월 앞두고 11월부터 'K방역의 피로감' 때문에 일반 시민이 감염위험을 감수하기 시작했다는 점을 활용한 일종의 '생체실험'이 위드코로나였지요.

위드코로나가 실패한 것은 오미크론이라는 새로운 변이바이러스의 발생을 예측하지 못했기 때문이 아닙니다. 더 큰 이유는 초기에 보급된 백신, 특히 고령층에게 접종한 백신이 아스트라제네카라는 '물백신'이었다는 데 있거든요. 예를 들어 우리나라와 접종률이 비슷한 일본에서는 요즘 신규확진자가 100명 안팎이고 사망자는 1-2명인데, 가장 중요한 이유는 일본에 보급된 백신은 아스트라제네카가 아니라 화이자와 모더나라는 데 있다고 할 수 있다는 것이에요.

그러나 청와대 비서관을 거쳐 국정상황실장으로 중용된 서울의대 이진석 교수나 청와대 방역기획관으로 중용된 국립암센터 기모란 교수를 컨트롤 타워로 하는 방역당국만이 K방역의 실패를 인정하지 않고 있습니다. K방역의 실패는 세월호의 침몰과는 비교조차 할 수 없는 문제이지만요. 그래서 정권교체 여부와 무관하게 차기 정부가 K방역의 실패에 대해 추궁할 것이고 이 교수나 기 교수가 책임을 모면할 수는 없을 것 같아요. 북한비핵화나 소주성의 경우는 쉽지 않을지 몰라도 K방역은 반드시 그 실패의 책임을 추궁할 것 같아요.

검찰개혁도 역시 마찬가지일 것입니다. 정권이 교체되면, 추미애 장관이나 박범계 장관은 반드시 책임을 추궁당할 것이라는 생각이 듭니다. 왜냐하면 그들이 검찰에 개입한 것이 바로 'Obstruction of Justice'이거든요. '수사방해'라는 의역보다는 오히려 '사법방해'라는 직역이 더 정확하지요. 비록 법무부에 소속되어 있더라도 검찰이란 사법제도의 일부이기 때문이에요. 그러니까 추 장관이나 박 장관이 검찰의 수사를 방해한 것이 곧 사법을 방해한 것이고요.

추미애 장관의 사법방해는 조국 사태를 둘러싼 추-윤 갈등을 통해 널리 알려졌으므로 생략하기로 하고, 박범계 장관의 사법방해에 대한 설명만 추가해두겠습니다. 한국판 '공안위원회'라고 각광을 받았다가 '아마추어'를 자처하며 자멸하는 중인 공수처(고위공직자범죄수사처)에 대해서는 언급할 가치조차 없고요. 누구나 '대장동 사태'로 인해 이재명 후보가 낙마할 수도 있겠다고 생각했는데, 그런 상황을 방지하려는 박 장관의 사법방해 내지 선거개입은 상상을 초월하는 수준이지요. 대장동 사태의 본질이 이재명 후보의 대선 출마를 위한 정치자금조달에 있다는 것은 저 같은 문외한도 쉽게 짐작할 수 있는 일이거든요.

그러니까 추미애 장관과 박범계 장관의 책임을 추궁하는 것은 정치보복이 아니라, 권위독재주의로부터 자유민주주의를 수호하기 위한 필수불가결한 조처인 것입니다. 물론 궁극적 책임은 문제인 대통령이 져야 한다고 생각하는 사람도 있을지 모르겠지만, 그러나 문 대통령이 추 장관이나 박 장관에게 수사방해 내지 사법방해를 지시하지는 않았을 것 같아요. 추 장관과 박 장관이 이낙연 후보가 아닌 이재명 후보를 지지하는 것도 아마 문 대통령의 타협적 태도에 대한 불만의 표출이라고 생각할 수 있을 것 같고요.

민주당의 대선후보 경선을 계기로 친문이 분화되었다는 관측이 제기되었는데, 일리가 있다는 생각이 들어요. 마치 김대중 대통령이 이인제 후보를 지지했던 것처럼 문재인 대통령이 이낙연 후보를 지지했다는 생각이 들거든요. 또 노무현 후보를 지지했던 386세대를 중심으로 김 대통령에 대한 정치보복이 있었던 것처럼, 혹시라도 이재명 후보를 지지하는 586세대를 중심으로 문 대통령에 대해서 정치보복을 할지 모르겠다는 생각도 들고요.

만약 이낙연 후보가 선출되었다면 윤석열 후보로서도 얼마간 어려운 선거가 되었을 것이라는 생각이 듭니다. 윤 후보의 지지자와 이 후보의 지지자 중에 겹치는 부분이 꽤 있거든요. 또 오늘 저 같은 '문재명 정부 10년동란'은 막아야 한다는 주장도 얼마간 설득력이 감소했을 것 같고요. 나아가 이낙연 후보가 당선되든 윤석열 후보가 당선되든 문재인 대통령에 대한 정치보복은 쉽지 않을 것이라는 생각이 듭니다. 이 후보는 문 대통령이 지지한 사람이고, 윤 후보는 철저한 법치주의자이기 때문이지요.

— 이낙연 후보가 선출되었다면 무엇이 달라졌을까요?

— 이낙연 후보는 기본적으로 '온건한' 친문을 대변하고 이재명 후보는 기본적으로 '과격하고' '급진적'인 친문을 대변한다고 할 수 있습니다. 예를 들어 이재명 후보와는 달리 이낙연 후보가 조국 교수에게도 문제가 있다는 사실을 인정한 것이 이런 사실의 방증이라고 할 수 있지요. 뿐만 아니라 이낙연 후보는 비록 문재인 대통령의 지지로 당선되었다고 해도 나름대로의 합리적 기준에 따라 문재인 정부의 몇 가지 실책은 정정하고 만회하려고 시도했을 것 같아요.

김대중 대통령이 발탁한 이낙연 후보는 제 장인과 동향인 전남 영광 출신이고, 최민희 의원의 '비판'처럼, 광주일고와 서울법대를 나와 20여년간 『동아일보』 기자로 활동한 적이 있는 엘리트였습니다. 그래서 친문 온건파로서 합리적 기준을 견지하는 것이고요. 반면 이재명 후보는 검정고시출신으로 중앙대 법대를 나와 사법시험에 합격한 '개천의 용'이에요. 따라서 친문 진영을 분열시킬 수 있는 과격하고 급진적인 면모를 과시하면서 별다른 합리적 기준 없이 좌충우돌하는 것 같고요.

방금 리플리 증후군 의혹을 제기하기도 했지만, 이재명 후보의 문제는 스스로 '자학(?)하듯이' '비천한 출신'에 있는 것이 아닙니다.

우리나라는 유학적 전통이 유구했고, 또 마르크스주의를 따르는 운동권에서는 출신보다는 오히려 교육이 중요하다고 생각해왔지요. 반대의 경우도 마찬가지이겠지만, 그러나 특히 집안이 가난하거나, 고향이 두메산골이거나, 심지어 안 좋은 학교를 나왔어도, 끊임없이 '자기향상'(self-betterment)을 위해 노력하는 마음이 바로 유학자나 마르크스주의자가 말하는 교육의 본질이에요.

'향상심' 내지 '향학열'(desire to learn)로 출신의 결함, 즉 집안·고향·모교의 한계를 극복할 수 있다는 것이 이제까지 통념이었습니다. 그런데 최민희 의원이 광주일고와 서울법대를 나온 것이 민주당 후보로서 결격 사유라는 주장을 제기한 것이에요. 그렇다면 민주당 후보는 김대중-노무현 대통령처럼 고졸자이든지 이재명 후보처럼 검정고시출신이어야만 한다는 것인가요. 최민희 의원이 해온 망언 중에 이낙연 후보에 대한 이런 비방이 압권이라는 생각이 들어요.4)

윤석열 후보를 지지하는 이유

— 그런데 윤석열 후보가 당선되면, 국민의힘이나 보수주의 정치를 새롭게 발전시킬 수 있다고 보시는 것인가요?

---

4) 여기서 인터뷰 직후 다산책방에서 출판된 토머스 윌리엄스의 『배움의 기쁨』을 소개해두고 싶다. 아버지 덕분에 힙합문화에서 벗어나 향상심을 갖게 된 흑인 저자의 회고록인 이 책의 주장은 마틴 루터 킹 목사와 맬컴 엑스의 흑인민권운동이 흑인우대정책과 힙합문화의 분화·공존으로 귀결된 상황을 종료시키려면 흑인도 능력주의에 도전해야 한다는 것이다. 오바마 대통령이 취임한 이듬해인 2010년에 출판된 원서의 제목은 'Losing My Cool'인데, 한 가지 의미는 힙합문화라는 유행(cool)을 잃고 철이 들었다는 것이고 또 다른 의미는 힙합문화에 평정(cool)을 잃고 화가 났다는 것이라고 한다. 선거기간 중 이재명 후보에게 어떤 전남대 학생이 '대형쇼핑몰이 없는 것이 광주정신인가?'라고 질문했다던데, 이제는 호남인도 향상심을 갖고 능력주의를 수용할 필요가 있지 않은가 하는 '노파심'을 버릴 수 없다. 그래야 (김대중 정부를 제외한다면) 보수와 진보의 정권교체에도 불구하고 60년 동안 이어져온 영호남동맹의 하위파트너에서 벗어날 수 있기 때문이다.

― 『문재인 정부 비판』의 주제가 문재인 정부의 1년차부터 4년차까지 주요 정책에 대한 비판이라고 한다면, 『재론 문재인 정부 비판』에서는 그 대안이 윤석열 정부일 수밖에 없다는 것이 주제라고 할 수 있습니다. 저 역시 조국 사태의 진행과정에서 윤석열 후보에게 주목하기 시작했는데, 검찰총장 시절의 윤 후보에게 배운 것은 검찰개혁의 가장 중요한 쟁점이 법치라는 사실이었어요. 당시 윤 후보는 영어로 'rule of law'와 'rule by law'를 구별하여 설명하곤 했지요.

실제로 제가 법학사를 공부해보니까 'rule of law', 즉 법의 지배는 자유주의자가 말하는 법치, 즉 '만인은 법 앞에서 평등하다'는 의미에서의 법치였습니다. 단적으로 말해서 통치의 주체가 법이라는 것이에요. 반면 문재인 대통령을 비롯해 추미애 장관이나 박범계 장관이 말하는 'rule by law', 즉 법에 의한 지배에서 법은 통치의 주체가 아니라 수단일 따름입니다. 바로 이것이 인민주의자가 말하는 법치, 즉 '만 명만 법 앞에서 더 평등하다'는 의미에서의 법치인데, 조국 교수를 옹호하면서 윤석열 후보가 '피아를 구별하지 못한다'고 비난한 것이 그 증거였지요.

법의 지배와 달리 법에 의한 지배의 역사는 유구한 것입니다. 중국의 전국시대에 상앙이 대표한 법가가 말하는 법치가 바로 그것이거든요. 법가의 법치에서 통치의 주체는 진시황 같은 제왕이고 그 수단이 곧 율령(律令, 형법과 행정법)이라는 제정법이지요. 당연히 문재인 정부의 법치에서도 문재인 대통령이라는 제왕적 대통령이 통치의 주체이고 그 수단이 바로 형법과 행정법을 비롯한 다양한 제정법이라고 할 수 있겠고요.

그래서 윤석열 총장에게 법치라는 개념을 배우면서 이 사람이 보통 검사가 아니구나라는 생각이 들었던 것인데, 올해 초 검찰총장을 사퇴한 다음 그의 언행을 추적하고 또 그에 대한 책이 나오면 사서 읽었습니다. 『재론 문재인 정부 비판』에서 자세하게 설명한 것처럼, 윤 후보가 공부를 진척시키면서 단지 법치만이 문제가 아니라 정권교체 자체가 문제라는 점을 점차 깨달아갔다는 사실을 알게 되었지요. 또 그런 과정에서 소주성이 왜 문제이고 북한비핵화가 왜 문제인가라는 점 역시 점차 깨달아갔다는 사실도요.

윤석열 후보와 국힘 사이에 가장 커다란 차이가 바로 정권교체에 대한 인식의 차이라는 생각이 듭니다. 국힘의 의원이나 지지자 일부는 정부 내지 집권여당의 교체가 기본 목표이지요. 그러나 윤 후보에게는 자신이 국힘의 후보로 당선하여 국힘이 집권여당이 된다는 의미에서 윤석열 정부의 출범만이 중요한 것은 아닙니다. 검찰총장에서 사임하고 4개월 만에 대권에 도전하면서 결국 체제의 선택이 쟁점이므로 윤석열 정부의 출범에는 국힘의 혁신과 함께 '국민전선'의 형성이 필수불가결하다는 사실을 깨달았기 때문이지요. 그래서 제가 윤 후보에 대한 지지를 공개적으로 표명해야겠다는 결심을 할 수 있었던 것이고요.

만일 윤석열 후보가 당선된다면, 일차적으로 반일-비미적 성향은 약화될 것이라는 생각이 듭니다. 달리 말해서 친미-연일적 성향이 강화되어 자유민주주의와 민간자본주의로의 지향이 좀 더 분명해질 것이고 저는 이것이 옳은 방향이라고 생각합니다. 반면 반북-비중의 성향이 강화될 것 같지는 않아요. 한국의 처지가 일본은 물론이고 대만에 비해서도 취약해서 노골적으로 반북이나 비중을 선택할 수 없기 때문이에요. 대신 친북-연중의 성향이 상당히 약화되면서 권위독재주의와 국가자본주의로의 지향은 자유민주주의와 민간자본주의로의 지향으로 대체될 수밖에 없겠지요.

나중에 운동권과 관련해서 다시 설명할 기회가 있겠지만, 문재인 정부에 대한 비판과 윤석열 정부에 대한 지지는 달라야 한다, 윤석열 정부라고 해서 자본주의의 폐해를 해결할 수 있겠는가, 등등의 주장은 정말 한가하고(idle) 너무 안이한(easy) 자세라는 생각이 듭니다. 현정세는 실로 엄중한데, 우리나라가 중국 같은 체제를 지향하는가 아닌가라는 것이 쟁점으로 제기되고 있거든요. 심지어 북한과의 '일국양제'를 지향하는가 아닌가라는 쟁점도 제기되고 있고요. 만일 이재명 후보가 당선된다면, 그의 파시스트적 기질로 볼 때, 이런 쟁점에 대한 국민적 합의 없이도 친북-연중-비미-반일 성향을 한층 더 강화시킬 것 같아요.

그래서 제가 '문재명 정부 10년동란'은 막아야 한다는 의도 내지 목적에서 개인적 수준에서 윤석열 후보에 대한 지지를 표명하게 된 것입니다. 윤 후보에 대한 지지는 사실 과천연구실 전체의 입장도 아니에요. 과천연구실의 모든 책이 그런 것처럼, 『문재인 정부 비판』 과 『재론 문재인 정부 비판』에 실린 글들도 모두 일일이 그 저자를 밝혔는데, 윤 후보에 대한 관심이나 지지는 다른 연구원들이 쓴 글이 아니라 제가 쓴 글에서 표명된 것이라는 사실에 주목해주십사 하는 부탁의 말씀이에요.

사실 마르크스주의자는 원칙적으로 선거정치에 참여하지 않습니다. 보통선거는 부득이하다고 하더라도 평등·직접·비밀선거는 문제가 아주 많거든요. 그래서 과천연구실은 대선에 참여한 적이 없는데, 이전에도 몇 번 밝힌 것처럼, 일부러 대통령 선거일에 맞추어 MT를 갔던 것은 이런 사실과 관련되었던 것이지요. 마르크스주의자는 선거정치에 참여하지 않는다는 원칙에 따라 과천연구실도 대선을 거부했던 셈이에요. 물론 누가 알아주기를 바라고 한 것은 아닌데, 이런 것을 신독(愼獨, 보는 사람이 없어도 도리에 어긋나지 않게 삼감)이라고 하지요.

다만 저로서는 단 한 번 대선에 참여한 적이 있습니다. 1987년에 김대중 후보에게 투표했거든요. 당시 다른 연구원들은 투표권이 없는 미성년자여서 투표에 참여하지 못했었고요. 제가 윤석열 후보를 지지하는 것은 그 때 김대중 후보를 지지함으로써 비록 인민주의의 광풍에는 휩쓸리지 않았더라도 역사 앞에 죄를 지었다는 생각 때문입니다. 김대중이라는 인민주의자를 지지한 잘못을 범했으니까 이번에 윤석열이라는 보수주의자 내지 자유주의자를 지지함으로써 그런 죄과를 상쇄하고 싶다는 생각이에요.

너무나도 당연한 일이지만, 제가 앞으로 현실정치에 참여하겠다 거나 윤석열 정부가 출범한 다음에도 계속 이런 책을 쓰겠다는 것은 결코 아닙니다. 김대중 후보를 지지한 데 대한 속죄는 차치하고서, 현재 우리나라가 처한 상황이 너무도 위험스럽기 때문에 이번에 제 입장을 밝혔던 것이에요. 또 일반 시민이나 운동권에서도 저의 이런 입장에 대해 좀 더 숙고해 주면 좋겠다는 뜻에서 오늘 박 기자님의 인터뷰 요청에도 응했던 것이고요.

— 한 가지만 여쭤보고 싶은데요. 1987년 대선에서 김대중 후보를 지지한 것을 후회하신다는 말씀인데, 그럼 당시에 누구를 지지하는 것이 옳았다고 보세요?

— 최근에 한국지식인의 역사를 공부하면서 깨달은 것은 김성수 선생에 대해 재평가할 필요가 있다는 사실이었습니다. 한국민주당(한민당)의 창당, 그 이전에 경성방직의 창업과 동아일보의 창간과 고려대학교의 창학, 이런 역사적 공적을 좀 더 긍정적으로 평가할 필요가 있다는 것이지요. 그리고 그런 판단과 함께 한국현대사에 대한 인민주의적 해석의 폐해를 절감했는데, 친일과 반일이라는 잣대에 의해 김성수 선생 같은 자유주의자를 단죄했거든요. 그런 자유주의자에는 저희 해평 윤씨의 문장(門長, 집안의 가장 큰 어른)인 윤치호 선생도 있었다는 사실을 미리 밝혀두겠어요.

어쨌든 김성수 선생의 한민당을 계승한 것이 민주당이었습니다. 좀 더 정확하게 말하자면, 민주당 구파로 계승되었는데, 그 구파를 대표한 사람이 바로 윤보선 대통령과 김영삼 대통령이었지요. 반면 민주당 신파는 한민당에 합류하여 민주당을 출범시키는 데 일조한 홍사단과 자유당탈당파였는데, 그 신파를 대표한 사람이 바로 장면 총리와 김대중 대통령이었어요. 윤보선 대통령 역시 윤치호 선생을 잇는 해평 윤씨의 문장이라는 사실도 아울러 밝혀두겠고요.

돌이켜보면 마르크스주의자로서든 해평 윤씨의 후손으로서든 김영삼 후보를 지지해야 마땅했는데, 김대중 후보를 잘못 지지했다고 할 수밖에 없습니다. 그렇게 한 까닭은 당시 김영삼 후보를 지지한 경상도 출신 중심의 '후보 단일화파'(후단파)보다는 김대중 후보를 지지한 전라도 출신 중심의 '비판적 지지파'(비지파)에게 공감했기 때문이에요. 게다가 당시 저는 30대 초반으로 아직 어려서 세상을 잘 몰랐던 데다가 제가 지금까지도 스승으로 존경하고 있는 박현채 선생이 김영삼 후보가 아니라 김대중 후보를 지지하신 까닭도 있었고요.

만일 1987년에 김영삼 후보가 당선되었다면, 논란이 되었던 '3당 합당'을 통하지 않고서도 대통령이 되었을 것입니다. 따라서 훨씬 더 완벽한 정치적 정당성을 갖고 정치개혁과 경제개혁을 시도하여 하나회를 해체하여 쿠데타의 가능성을 근절한 데 더해서 1997-98년 경제위기 같은 비극도 예방하여 문민화가 성공했을지도 모른다는 생각이 들어요. 이제까지 한번도 생각해 보지 않은 문제였는데, 박 기자님의 질문을 받고 즉흥적으로 대답해본 것이지요.

— 일반 시민의 입장에서는 아무래도 마르크스주의자라고 하면 진보 정부를 지지할 것으로 생각할 수밖에 없는데요.
— 그러나 처음에 말씀드린 것처럼, 러시아혁명 이래 진보주의자 내부에서도 인민주의자와 사민주의자의 대립이 존재했다는 것이 사실입니다. 그 다음에 사민주의자 내부에서도 '합법마르크스주의자'와 마르크스주의자의 대립이 존재했는데, 전자는 개량주의를 주장하는 이단파인 반면 후자는 혁명주의를 주장하는 정통파였지요. 또 마르크스주의자 내부에서도 멘셰비키와 볼셰비키의 대립이 존재했는데, 전자는 민주주의혁명과 사회주의혁명을 분리한 반면 후자는 양자를 결합했어요.

저는 이론적으로는 마르크스를 따르면서 정치적으로는 레닌을 따릅니다. 이런 것을 마르크스-레닌주의라고 하면 어폐가 있지요. 마르크스-레닌주의는 스탈린주의와 동일시되거든요. 러시아혁명사에서 사민주의와 대결하던 인민주의는 물론이고 스탈린의 인민주의도 비판하는 저로서는 또 다른 스승인 알튀세르를 따라서 마르크스와 레닌의 후예라고 하는 것이 좋을 것 같아요. 아니면 간단하게 마르크스주의자라고 하든가요. 레닌은 마르크스의 수제자이거든요.
『문재인 정부 비판』에서 자코뱅의 인민주의를 비판한 데 이어서 『재론 문재인 정부 비판』에서 스탈린의 인민주의를 비판한 것은 이 때문입니다. 1980년 5월 광주항쟁을 계기로 자유주의에서 마르크스주의로 전향하고 제가 처음으로 공부했던 주제 중 하나가 바로 소련 사회주의였습니다. 그리고 그런 공부를 통해서 레닌에게서 스탈린에 대한 대안을 발견할 수 있고 또 레닌의 정치적 대안이 마르크스의 이론에 적합하다는 결론을 얻을 수 있었던 것이지요. 그리하여 결국 알튀세르의 제자인 발리바르의 '경제학 비판'을 주제로 해서 박사논문을 썼던 것이고요.

이준석 대표와 김종인 위원장에 대하여

— 이준석 대표는 법치주의보다는 오히려 능력주의를 좀 더 강조한다는 느낌인데요.

— 윤석열 후보가 선출된 다음 선거대책위원회를 구성하면서 이준석 대표나 김종인 위원장과의 관계에 대한 논란이 제기되었는데, 윤 후보와 이 대표나 김 위원장의 차이가 작지 않다는 것이 제 생각입니다. 단적으로 말해서 이 대표가 지원하던 유승민 후보나 홍준표 후보가 선출되었다면, 제가 그들을 지지할 생각은 '1도' 없었습니다. 또 앞으로 김 위원장과 윤 후보 사이에서 갈등이 발생하면, 당연히 김 위원장이 아니라 윤 후보를 지지할 생각이고요.

윤석열 후보가 기본적으로 보수주의자라는 것은 당연한 일입니다. 법조인이 진보주의자 내지 인민주의자일 수는 없다고 생각하는데, 그럴 경우 법치주의에서 일탈하여 준법성(legality)을 침해할 것이기 때문이지요. 그러나 그럼에도 불구하고 윤 후보가 자유주의를 수용하는 보수주의자라는 데 그의 장점이 있어요. 세계적으로 가장 유명하고 언젠가 노벨상을 수상할 것이 확실시되는 경제학자가 바로 애쓰모글루(아제몰루) 교수인데, 2012년에 출판된 그의 대표작인 『국가는 왜 실패하는가』(Why Nations Fail, 2012; 국역: 시공사, 2012)가 윤 후보의 애독서라고 하지요.

애쓰모글루 교수의 소속은 자유주의 경제학을 대표했던 새뮤얼슨 교수가 재직하던 매서추세츠공과대학(MIT) 경제학과인데, 바로 이곳이 보수주의 경제학의 대표자이자 새뮤얼슨 교수의 경쟁자였던 프리드먼 교수가 재직하던 시카고대학 경제학과와 쌍벽을 이루어 왔습니다. 어쨌든 애쓰모글루 교수의 가장 중요한 주장 중 하나가 자본주의가 경쟁만 강조하면 안 되고 약자를 포용하기도 해야 한다는 것입니다. 그래서 그런 자본주의를 '포용적'(inclusive) 자본주의라고 부르기도 하는 것이고요.

이번에 제가 아주 심하게 비판한 바 있지만, 이준석 대표는 정말로 문제가 많습니다. 박 기자님의 질문에 국한하더라도 이 대표는 자유주의를 수용하지 않는 보수주의자라는 데 문제가 있습니다. 이 대표가 말하는 능력주의는 자신의 표현대로 '정글의 법칙'이자 '약육강식의 원리'일 따름이에요. 이 대표가 하버드대학에서 경제학을 복수전공했다는데, 하버드대학 경제학과를 대표하는 맨큐 교수가 애쓰모글루 교수보다 보수적이라고 해도 이 대표처럼 생각하지는 않을 것 같아요. 이 대표가 말하는 능력주의는 사실 19세기 영국의 사회진화론일 따름이거든요.5)

김종인 위원장도 보수주의자입니다. '경제민주화'를 주장한다고 해서 진보주의자라고 생각하면 착각이지요. 게다가 김 위원장도

---

5) 인터뷰 직후에 이재명 후보가 샌델 교수와 화상대담을 가졌다. 이 후보는 보수주의 정치학자이자 철학자인 샌델 교수의 능력주의 비판을 수용하면서 예를 들어 수능을 '대입추첨제'로 대체하는 데 관심을 표명했다. 그러나 와인개스트 같은 자유주의 정치학자의 '정치경제론'(political economy)은 정치학의 이론적 근거를 철학이 아니라 경제학에서 모색하는데, 당연히 애쓰모글루 교수와 친화적 입장이다. 이준석 대표식의 능력주의에 대한 자유주의적 대안과 보수주의적 대안이 존재한다는 말인데, 이미 여러 번 지적한 것처럼, 와인개스트는 윤석열 후보도 관심을 갖는 모종린 교수와 협력하여 한국사회에 대한 정치경제론적 분석을 제시한 바 있다.

역시 자유주의를 수용하지 않는 보수주의자입니다. 이번에 선대위 총괄위원장에 취임하자마자 김병준 상임위원장을 비판하면서 자유주의와 국가주의의 논쟁은 불필요하고, 시장에게 모든 것을 맡기고 국가는 아무것도 안 하는 자유주의는 잘못이기 때문이라고 했는데, 정말 엉뚱한 주장이에요.

역시 제가 자세하게 정리해둔 것처럼, 김종인 위원장은 독일에서 경제학을 배웠습니다. 그런데 경제학계에서 독일식 경제학은 주변적이에요. 단적으로 말하자면 경제학이라는 학문은 앵글로색슨의 학문이고 독일이나 프랑스를 대표하는 학문은 '반(反)경제학적' 지향의 사회학이기 때문이지요.

김 위원장이 배운 독일식 경제학은 비스마르크에게서 비롯된 국가 주도의 코퍼러티즘 또는 좀 더 간단하게 말해서 국가주의라고 할 수 있어요. 그래서 민주당과는 달리 국힘은 국가주의가 아니라 자유주의를 지향해야 한다는 김병준 위원장의 발언에 반발했던 것이지요. 그렇지만 윤석열 후보가 김종인 위원장이 아니라 김병준 위원장에게 공감할 것은 분명한 사실이에요. 김종인 위원장의 의원내각제론도 정치인과 달리 국민은 대통령제를 선호한다면서 거리를 두었고요.

이런 차이에도 불구하고 선대위에서 김종인 위원장이나 이준석 대표의 역할이 필요한 것은 사실입니다. 현실정치란 선거정치일 수밖에 없기 때문이에요. 또 김 위원장이 영향을 끼칠 수 있는 그런 유권자가 있고, 이 대표가 영향을 끼칠 수 있는 그런 유권자가 있기 때문이고요. 윤석열 후보를 지지하는 유권자만으로는 역부족이고 김 위원장과 이 대표의 영향권에 속하는 유권자까지 다 함께 모여야 한다는 것이지요.

바이든 대통령의 경우도 여론조사는 낙승을 예상했으나 투표결과를 보면 신승이었습니다. 윤석열 후보의 경우도 그럴 가능성이 높을 것 같습니다. 그래서 선거 막판에는 안철수 후보와의 단일화가 쟁점으로 제기될 것이고, 이준석 대표나 김종인 위원장과의 갈등이 재발할 가능성이 높을 것 같아요. 그러나 선대위의 구성과 달리 안 후보와의 단일화에서는 윤 후보가 이 대표나 김 위원장에게 양보할 것 같지는 않고요.

윤석열 후보와 안철수 후보 사이에 단일화가 성공하는 반면 이재명 후보와 심상정 후보 사이에 단일화가 실패한다면, 이 후보에 대해 윤 후보가 승리할 가능성은 그만큼 높아질 것입니다. 그런데 이 후보와 심 후보의 단일화가 쉽지는 않을 것 같아요. 잘못하면 정의당의 존립 기반이 완전히 붕괴할 것이기 때문이지요. 지난 4·15총선을 앞두고 검찰개혁과 선거법개정을 교환했던 패착이 그만큼 컸다는 것이에요.

민주노총과 정의당에 대하여

― 남한 마르크스주의가 노동자주의 때문에 타락했다고 하신 것은 역시 민주노총 비판이었지요?

― 방금 말씀드린 것처럼, 광주항쟁이라는 계기로 자유주의에서 마르크스주의로 전향하고 나서 우여곡절 끝에 알튀세르를 공부하기 시작했습니다. 알튀세르는 마르크스와 레닌의 관점에서 스탈린을 비판했는데, 가장 중요한 논점 중 하나가 노동자주의(workerism)였지요. 마르크스는 노동자의 사익(私益)을 국민 전체 또는 인류 전체의 공익(公益)과 조화시킬 수 있는 방법을 연구했습니다. 반면 스탈린은 노동자의 사익 그 자체를 추구했지요. 레닌처럼 말하자면 노동자의 '계급적 이익'(class interest)을 '직업적 이익'(craft interest)과 혼동했던 셈이에요.

나아가 페미니즘에 대해서도 비슷하게 말할 수 있습니다. 페미니즘은 여성주의(womanism)가 아니라고 말이에요. 페미니즘이 남녀평등에서 출발해서 여성의 고유성의 옹호에 이르고 있지만, 원칙적으로 남녀 갈등을 조장하지는 않지요. 윤석열 후보의 설화 중 하나로 '건강한 페미니즘'을 요구한 사실을 들기도 하는데, 저 역시 같은 요구를 하겠어요. 페미니즘은 남녀 갈등을 조장하는 여성주의에서 탈피하여 좀 더 건강해져야 한다고 말이에요.

러시아혁명사를 공부해보면, 마르크스주의를 노동자주의와 여성주의로 퇴화시킨 사람이 바로 스탈린이라는 사실을 알 수 있습니다. 스탈린이 독재를 했다고 하는데, 천만의 말씀입니다. 레닌이 기각한 평등·직접·비밀선거를 수용한 사람이 스탈린이었거든요. 그 정도로 스탈린에 대한 대중적 지지는 엄청났고, 게다가 소련 국내에서뿐만 아니라 외국에서도 그랬습니다. 나중에 흐루쇼프가 스탈린을 비판하고 또 소련이 쇠망하면서 스탈린이 악당화된 것이지요. 그러나 소련이 붕괴하자 푸틴은 오히려 스탈린을 복권시켰어요.

스탈린은 농민이 아니라 노동자와 여성을 중심으로 인민주의를 현대화했습니다. 이런 사실을 실증적으로 해명한 사람이 바로 쉴라 피츠패트릭인데, 그래서 소련학에서는 그녀의 주장을 수정주의라고 부르는 것이지요. 그 이전에는 히틀러나 스탈린이나 다 '전체주의자'로 독재를 했다고 주장해왔거든요. 그러나 피츠패트릭이 스탈린에 대한 노동자와 여성의 대중적 지지가 대단했다는 사실을 해명한 것이지요. 그런데 알튀세르는 프랑스공산당원으로서의 경험을 통해서 스탈린주의의 본질은 노동자주의라고 비판할 수 있었어요. 물론 그가 여성주의도 비판한 것은 아니었는데, 그래서 제가 뤼스 이리가레라는 프랑스 페미니스트에게 주목했던 것이지요.

『재론 문재인 정부 비판』에서 스탈린의 인민주의를 비판하면서 386세대 운동권이 민족해방파(NL)든 민중민주파(PD)든 마르크스주의를 스탈린주의와 혼동했다는 사실을 새삼 깨달을 수 있었습니다. 스탈린주의의 영향으로 노동자주의를 당연하다고 여기게 되었고, 심지어 여성주의도 당연하다고 여기게 되었다는 것이에요. 노동자주의의 관점에서 자본가를 악당으로 여기게 되었듯이, 여성주의의 관점에서 남성을 악당으로 여기게 되었고요.

그런데 상대방을 악당화하는 것이 바로 인민주의의 특징입니다.

알튀세르의 제자로 이미 언급했던 발리바르가 엥겔스를 비판한 적이 있어요. 말년의 엥겔스가 국가독점자본주의에서 자본가는 없어도 좋은 '잉여계급'(superfluous class)이 될 것으로 예상했지만, 그러나 '착취자'로서 자본가에게 고유한 기능이 있다는 것이지요. 소주성을 비판하면서 지적한 것처럼, 저축과 투자를 통해서 자본축적과 기술진보를 수행하여 경제를 성장시키는 것이 바로 그런 기능이에요.

이렇게 자본가의 사익이 국민 내지 인류의 공익과 조화를 이룬다는 사실을 증명하는 이론이 경제학이고 자유주의는 이런 경제학을 근거로 하는 정치이념인 것입니다. 반면 마르크스는 그런 경제학에 대한 비판을 통해 더 높은 수준의 국민 내지 인류의 공익과 노동자의 사익의 조화를 추구했는데, 공산주의라는 정치이념 아래 그런 이론적 주장을 실현하고자 시도했던 사람이 바로 레닌이었지요. 이 때문에 알튀세르나 발리바르가 마르크스주의의 핵심을 마르크스의 경제학 비판과 레닌의 공산주의로 설정한 것이고요.

요컨대 민주노총과 정의당을 중심으로 하는 운동권과 과천연구실 사이에 형성될 수 있는 쟁점은 결국 러시아혁명사, 특히 스탈린의 평가와 관련되는 것입니다. 과천연구실은 알튀세르와 발리바르를 따라 스탈린을 비판하며 마르크스와 레닌의 복원 내지 복권을 시도해온 반면 운동권은 그런 이론적이고 정치적인 쟁점에 대한 맹목을 견지해온 것이지요. 요즘 인민주의 지식인이나 운동권 일각에서는 중국 모델을 넘어서 시진핑 주석을 추종하는 경우도 있는 것 같은데, 제가 볼 때는 '블랙 코미디'라는 생각이 들어요.

사회진보연대와 전국학생행진에 대하여

— 마지막 질문으로, 사회진보연대나 전국학생행진 등 운동권 일각에서 『문재인 정부 비판』과 『재론 문재인 정부 비판』을 부분적으로 인용하면서 좌파의 선택은 정권교체여야 한다고 주장하는데요.

― 이번에 박 기자님이 제게 인터뷰를 제안하신 것도 이 문제와 관련될 것 같고, 지난번에 『경향신문』에서 저와의 전화 인터뷰를 인용한 것도 이 문제가 발단인 것 같습니다. 민주노총이나 정의당을 비롯한 운동권은 '촛불혁명'에 광범위하게 동참했기 때문에 문재인 정부를 비판하거나 그에 대한 대안을 모색하는 데 아주 소극적일 수밖에 없었지요. 그런 와중에 운동권 일각에서 과천연구실의 집단작업을 일부 원용하여 정권교체를 주장했으니 파문이 일 수밖에요.

문재인 정부 초기의 핵심 정책, 예를 들어 1년차의 소주성이나 2년차의 북한비핵화에 대해 운동권에서 비판을 제기하는 것은 쉽지 않았습니다. 실제로 1년차에서 2년차로 넘어가는 2018년 봄에 제가 이른바 '위안부 스캔들'에 휩쓸렸을 때 과천연구실이 사회진보연대와 전국학생행진에 공동 대응과 함께 문재인 정부 비판을 제안한 적이 있지요. 그러나 두 단체는 운동권의 상황과 내부의 이견을 핑계로 이 제안을 거부했어요. 그러다가 이번에 갑자기 저와 과천연구실에 동조하는 듯한 입장을 표명한 것입니다. 그렇지만 여전히 견해 차이가 크다고 할 수밖에 없지요. 쉽게 말해서 문재인 정부 비판과 달리 그 대안에 대해서는 생각이 다르거든요.

운동권 일각에서 이재명 후보를 지지하거나 심상정 후보를 지지하는 것 같습니다. 이 후보 지지는 정권재창출에 동참한다는 것이니 논외로 하고, 심 후보 지지만 평가해보겠어요. 심 후보 지지를 통해 정권교체를 이루겠다는 것은 공염불일 따름이지요. 심 후보가 당선될 가능성이 제로일 뿐 아니라 또 당선되어도 문재인 정부나 이재명 정부와 무엇이 다를지 저로서는 정말이지 알 수가 없어요. 정의당은 본질적으로 '민주당 2중대'라고 할 수밖에 없거든요.

물론 운동권 일각에 문재인 정부를 비판하면서도 이재명 후보나 심상정 후보를 지지하지는 않는 경우도 있는데, 예를 들어 사회진보연대나 전국학생행진이 그렇지요. 쉽게 말해서 무당파인데, 이 역시 한가하고 안이한 입장일 따름이에요. 오히려 심 후보 지지를 통해 정의당의 득표율을 조금이라도 높여서 다음 선거를 도모하는 것이 좀 더 책임 있는 태도라는 주장도 있을 수 있거든요.

심상정 후보를 지지하거나 무당파적 입장을 견지할 경우는 사실 문재인 정부를 비판할 필요도 없습니다. 아니면 우호적 비판에 그쳐야 하는데, 러시아혁명사에서는 그런 것을 '비판적 지지'(critical support)라고 불렀지요. 조국 사태를 계기로 운동권 일각에서 문재인 정부에 대한 비판이 제기된 것도 이런 수준이었고요. 운동권으로서는 역시 문재인 정부와 운명을 같이하는 것이 옳겠다는 것이 제 생각이에요. 촛불혁명에 동참한 이상 그 귀결인 문재인 정부의 실정에 대해서도 '연대책임'(joint responsibility)을 지는 것이 마땅하거든요.

2022년 3·9대선 전후

3·9대선 전후 ··· 306
　여론의 추이 · 306
　대선 후보의 토론회 · 314
　친문-친명 세력의 '대선 불복' · 328

재론 일본현대사와 그 지식인 ····························· 341
　'시바 료타로 역사소설의 3부작':『료마가 간다』· 341
　『나는 듯이』· 346
　『언덕 위의 구름』· 352
　한도 가즈토시의『쇼와사』· 360
　이토 유키오 등의『쇼군·천황·국민』· 367
　고야마 히로타케의『전후 일본의 공산당사』· 372

질의와 응답 ··· 380
　일본의 전후문학과 오에 겐자부로 · 380
　마사오카 시키와 와다 하루키 · 395
　조선학이란 무엇인가 · 404

서문

나라의 다스림은
군자 여럿도 이루기에 모자라지만,
소인 하나면 그르치고도 남습니다.

天下之治,
衆君子成之而不足,
一小人敗之而有餘.

　「3·9대선 전후」는 문재인 정부 '5년동란'을 순차적으로 비판했던 『위기와 비판』, 『재론 위기와 비판』, 『후기: '인민의 벗이란 무엇인가'』, 「4·15총선 전후」, 「4·7보선 전후」를 마무리하는 것으로, 3·9대선 전야에 초고를 완성했다. 다만 내란을 방불케 할 대혼란을 예고한 '친문-친명 세력의 "대선 불복"' 부분은 3·9대선 이후에 작성된 것으로 김영삼 정부의 '하나회' 척결처럼 윤석열 정부도 정관계·법조계·학계의 '불량배'(깡패·사기꾼·돌팔이)라는 똑같이 30살 먹은 적폐를 청산하는 데 성공하기를 바랄 따름이다. 선거정치를 특징짓는 복마전과 선거정치의 오작동을 야기하는 요지경 같은 세태로부터 정신건강을 지키려고 시바 료타로와 오에 겐자부로 등을 읽었음을 밝혀둔다.
　제사는 송황조가 남천(南遷)한 직후에 감찰어사 유일지가 상소문에서 한 직언으로 이미 『한국자본주의의 역사』에서 소개했던 것을 또다시 인용해본 것이다.

무지개가 뜬 취임식 날에
윤 소 영

2022년 3·9대선 전후

3·9대선 전후

「'문재명 정부 10년동란'은 막아야 한다」에서 밝힌 것처럼, 1987년에 김대중 후보에게 투표한 것을 역사 앞에 속죄하기 위해서 이번에 윤석열 후보에게 투표하려고 난생처음으로 선거정치에 관심을 갖게 되었습니다. 그러나 선거정치를 특징짓는 복마전이나 선거정치의 오작동을 야기하는 요지경 같은 세태에 대해서까지 시시콜콜하게 설명할 생각은 없어요.

여론의 추이

대신 국민의힘이 윤석열 후보를 선출한 2021년 11월 5일 직전부터 여론조사결과의 공표가 허용되던 대선 1주일 전인 2022년 3월 2일까지 여론의 추이에 주목해볼 필요는 있습니다. 『한국갤럽 데일리 오피니언』 485호(2022년 3월 1주)에 실린 대통령직무수행평가, 정당지지도, 20대선여론조사의 세 그래프가 중요한데, 이 그래프들을 종합하여 다음과 같은 표(%)로 전환할 수 있겠지요.

	11·4	11·5	11·18	12·2	12·16	1·6	1·13	1·20	1·27	2·10	2·17	2·24	3·2
반문	56	윤	59	55	54	50	53	53	51	52	53	51	50
윤+안	26	석	49	41	40	41	48	50	50	50	52	49	51
윤석열	24	열	42	36	35	26	31	33	35	37	41	37	39
국힘	38	후	39	34	33	29	34	34	35	35	39	34	38
친문	37	보	34	38	37	41	42	41	42	41	40	43	45
이재명	26	선	31	36	36	36	37	34	35	36	34	38	38
민주	30	출	29	35	31	34	33	33	37	34	35	39	38

먼저 국힘의 후보 확정을 계기로 여론의 추이가 새로운 양상을 보였다는 사실을 확인할 수 있습니다. 이재명 후보 지지율의 하한선이 민주당 지지율인 것처럼 윤석열 후보 지지율의 하한선도 국힘 지지율이 되었고, 또 국힘과 민주당 지지율은 35% 안팎에서 안정화되었지요. 다만 윤 후보의 경우 1월에 세 번, 이 후보의 경우 1-2월에 세 번 하한선 아래로 하락한 적이 있고요.

나아가 윤석열+안철수 후보 지지율(윤 후보 지지율과 안 후보 지지율의 총계)과 이재명 후보 지지율의 상한선은 각각 반문(문재인 대통령 부정률)과 친문(긍정률)이었는데, 1월부터 반문은 50%+α로 안정화되고 친문은 40%+α로 안정화되었습니다. 또 윤+안 후보 지지율의 경우 1월 20일부터 상한선에 가까워져 3월 2일에는 1%포인트 초과한 반면 이 후보 지지율의 경우 1월 6일 이후 상한선과의 차이 5-7%포인트를 좁히지 못했고요.

그런데 1월부터 상승하기 시작한 윤석열+안철수 후보 지지율은 20일 이후에는 50% 안팎에서 안정화된 반면 윤 후보 지지율은 계속 불안정했다고 할 수 있습니다. 물론 연말과 연초의 롤러코스터 같은 격심한 요동은 아니었지만요. 한편 12월 이후 이재명 후보의 지지율은 35% 안팎에서 안정화되었고요.

윤석열 후보가 이재명 후보에게 승리하려면 안철수 후보와의 단일화를 성사시키는 방법밖에 없다는 것은 자명한 사실이었습니다. 물론 단일화를 한다고 해서 안 후보 지지자가 모두 윤 후보를 지지할 것이라고 생각한 사람은 없었는데, 2021년 내내 유지되었던 2% 안팎의 고정층을 제외한 나머지 10% 안팎의 지지자가 모두 부동층은 아니었고 역선택을 목적으로 한 민주당 지지자도 상당수 있을 것으로 추정되었기 때문이지요.

따라서 3·9대선까지 여론 추이를 결정한 계기로서 윤석열 후보의 선출 이후에도 특히 연말과 연초에 윤 후보의 지지율이 급변하게 된 요인 등에 주목할 필요가 있습니다. 2월 말에 『조선일보』의 강천석 논설고문이 지적한 것처럼, 윤 후보에게 '질 수 없는 선거'가 '이기기 힘든 선거'가 된 까닭을 알아보기 위한 것이지요.

2개월여에 걸쳐 지리멸렬하게 진행된 국힘의 대선후보 경선에서 결국 윤석열 후보가 이준석 대표가 지지한 홍준표-유승민 후보에게 승리했습니다. 검찰총장 사임 8개월, 대권도전선언 4개월 만이었고 3·9대선 4개월 전이었지요. 윤 후보는 후보수락연설을 마무리하며 '분열과 분노의 정치, 부패와 약탈의 정치를 끝내겠다'고 다짐하면서 '이 무도함[민주당과 그 후보의 불량함]을 심판해달라'고 당부했어요.

윤석열 후보는 이번 대선이 '나라의 존망이 걸린 절체절명의 선거'이므로, 정권교체에 실패한다면 '국민과 역사 앞에 씻을 수 없는 죄를 짓는 것'이라고 역설했습니다. 「4·7보선 전후」에서 소개한 바 있는 대권도전선언의 취지와 동일한 것인데, 나라의 존망이 걸렸다는 것은 '이권카르텔'을 통해서 부패와 약탈이 구조화되어 법치/정의와 공정/상식이 소멸했기 때문이에요. 이번에도 역시 자유민주주의와 민간자본주의, 나아가 민주주의가치동맹의 복원을 약속했고요.

그런데 윤석열 후보가 확정된 다음에도 국힘 내부의 사정은 결코 안정화되지 못했습니다. 원희룡 후보와 달리 홍준표-유승민 후보는 경선결과에 승복하고 '원팀'을 구성하는 데 동참하지 않았거든요. 게다가 이준석 대표가 김종인 박사의 영입을 지렛대로 해서 선대위 구성에 개입했는데, 그러나 일이 뜻대로 되지 않자 11월 30일에는 급기야 당무를 거부하고 잠적하는 소동을 벌였지요.

결국 김종인 박사를 총괄선대위원장으로 영입하면서 갈등이 봉합되었고, 윤석열 후보가 선출된 지 한 달 만인 12월 6일에 선대위가 출범했습니다. 선대위출범식 연설에서 윤 후보는 대선에서 패배하면 '자유민주주의 대한민국은 사라질지도 모른다'고 경고하고 '100가지 중 99가지가 달라도 정권교체의 뜻 하나만 같다면 모두 힘을 합쳐야 한다'고 역설했지요. 「4·7보선 전후」에서 강조한 것처럼, '국민전선'이 정권교체의 필요조건이라는 주장이었어요.

이준석 대표는 정권교체보다는 오히려 '세대교체'에 집착했는데, 그는 국민전선에 대한 대안으로 이른바 '세대포위'를 주장했습니다. 쉽게 말해서 20-30대 부동층, 그 중에서도 특히 남성 부동층을 견인하여 60대 이상의 국힘 고정층과 함께 40-50대 민주당 고정층을 고립시키려는 선거공학이었는데, 이때 20-30대 남성 부동층과 60대 이상의 국힘 고정층이 공유할 수 있는 정치이념은 물론이고 경제이익조차 불확실한 것이었지요.

김종인 총괄선대위원장도 정권교체에는 찬성하되 국민전선에는 반대한 것 같았습니다. 윤석열 후보가 상임선대위원장으로 영입한 김병준 교수, 또 새시대준비위원장으로 영입한 김한길 의원과 갈등했기 때문인데, 김 교수는 노무현 정부의 정책통, 김 의원은 김대중 정부의 정책통이었지요. 윤 후보가 김종인 위원장 이외에도 김한길-김병준 위원장을 영입했던 것은 김대중-노무현 정부의 지지층까지 포용하겠다는 의지의 표명이었다고 할 수 있고요.

그런데 윤석열 후보와 이준석 대표나 김종인 위원장 사이의 갈등은 엉뚱하게도 윤 후보 부인의 의혹을 둘러싼 이재명 후보 캠프와 민주당의 네거티브 공세에 대해 선대위가 대응하는 과정에서 폭발했습니다. 윤 후보 부인의 신상을 비롯해서 다양한 의혹은 나무위키를 참고하세요. 어쨌든 연말 연초에 윤 후보에 대한 지지율이 급락했던 데는 이런 사정이 있었던 것이지요.

먼저 12월 21일에 이준석 대표가 당연직 상임선대위원장을 사퇴했습니다. 그런데 이 대표 말처럼 '척하면 척'이라는 사이인 김종인 위원장은 만류는커녕 이 사태를 기화로 선대위 장악을 시도했지요.

이준석 대표가 사퇴한 지 10여일이 지난 1월 3일 시무식에서 선대위의 전면 개편을 선언했거든요.

김종인 위원장이 '해준 대로만 연기를 좀 해달라'면서 마치 자신은 감독이고 윤 후보는 (신인)배우라는 듯한 망언을 하기도 했다는 사실을 지적해두겠습니다. 「4·7보선 전후」에서 설명한 것처럼, 감독과 배우의 관계란 김 위원장이 좋아한 츠바이크가 푸셰와 바라스의 관계를 묘사한 방식인데, 이때 감독은 정치라는 범죄적 게임 내지 투기를 주도했던 '흑막의 인물'이라는 의미였지요. 그래서 김 위원장을 '거간정치인'이라고 비판했던 장제원 의원이 생각나기도 했는데, 그래도 아직 저는 김 위원장은 '정치기획자'라는 생각이었어요. 다만 국민전선에 대해 윤 후보와 이견이 있었다는 것이지요.

이런 상황에서 결국 윤석열 후보는 1월 5일 선대위를 선대본부로 개편하는 형식으로 김종인 위원장을 해촉했습니다. 또 이튿날에는 '당대표사퇴 결의'를 추진했는데, 무려 8시간에 걸친 의원총회에서 이 대표가 '세 번째 도망가면 당대표직을 사퇴하겠다'고 약속했고 윤 후보가 '모든 게 제 탓이다'라고 포용하면서 다시 한번 갈등이 봉합되었지요. 이렇게 해서 급락하던 윤 후보의 지지율이 회복되기 시작했던 것이고요.

2월 상순에 37%를 회복했던 윤석열 후보의 지지율은 중순에 41%까지 상승했다가 하순에는 또다시 37%로 하락했습니다. 윤 후보의 지지율이 41%까지 상승했던 것은 후보 선출 직후 컨벤션 효과까지 포함한 42%에 근접한 것으로 후보등록 첫날인 2월 13일에 안철수 후보가 단일화를 제안한 덕분이었어요. 단일화는 결국 안철수 후보의 사퇴를 의미한다는 것이 중론이었거든요.

그런데 안철수 후보는 1주일 만에 단일화 제안을 철회했습니다. 또 그 제안은 '단일화(및 사퇴) 프레임'을 벗어나기 위한 '고육지책'이었다고 고백하면서 윤석열 후보의 정권교체란 '적폐교체'일 따름이라는 망언까지 서슴치 않았어요. 그 결과 윤석열 후보의 지지율은 37%로 원상회복되었지요.

단일화에 대해 계속 말을 아끼던 윤석열 후보가 입을 연 것은 또다시 1주일이 지난 27일이었습니다. 유세일정을 취소한 채 기자회견을 자청하여 그날 아침에 단일화 협상이 최종적으로 결렬되었다고 발표했거든요. 동시에 7일부터 만 20일 동안 장제원 의원과 이태규 의원이 진행해온 협상과정·내용도 공개했는데, 쉽게 말해서 '대통령 말고는 다 주겠다'고 했는데도 협상이 결렬되었다는 것이지요.

단일화 협상이 결렬된 이유에 대해 종편에서는 전남 순천 출신인 안철수 후보 부인의 완주 고집에 주목했습니다. 물론 그것을 기화로 해서 이재명 후보의 집요한 정치공작도 있었는데, 다당제와 연동형·권역별 비례대표제, 나아가 대통령 4년 중임제와 결선투표제 같이 안철수 후보를 유인할 만한 '정치교체'의 방안을 약속했거든요.

그러나 3월 2일 대선 후보 마지막 토론을 끝내고 자정쯤 윤석열, 안철수 두 후보가 담판으로 단일화를 성사시켰습니다. 이태규 의원 등 핵심참모가 결단을 촉구했다고 하는데, 3일 아침에 안 후보는 윤 후보와의 공동기자회견에서 '국민 여러분, 늦어서 죄송합니다'라며 후보 사퇴를 선언했지요. 마지막으로 공표된 2일 여론조사 직후이자 4-5일 사전투표 직전이었어요.

윤석열-안철수 후보의 단일화가 성사된 이유는 정권교체에 실패할 경우에 그 책임이 모두 안 후보에게 전가되리라는 예상이 결정적이었을 것입니다. 또 2011년 정계 입문 이후에 박원순 시장, 문재인 대통령에 이어서 이재명 후보에게 세 번째로 이용당할 수는 없다는 판단도 작용했을 것 같고요.

종편에서는 윤석열-안철수 후보의 단일화 모델로 'DJP연합'에 주목한 바 있습니다. 반면 안 후보측은 오히려 'YS삼당합당'이 모델이었다고 주장하는데, 공동정부 구성에 이어서 합당까지 고려하고 있었기 때문이지요. 윤석열 후보가 당선된 다음 민주당의 '합리적 진보주의자'까지 포함한 정계 개편을 통해 새로운 '삼당합당'이 성사되면 윤 후보가 줄곧 주장해온 국민전선이 완성될 수 있겠지요.

그런데 '질 수 없는 선거'를 '이기기 힘든 선거'로 만든 데 일조한 이준석 대표와 안철수 후보에게 주고 싶은 충고가 있습니다. 『한국 자본주의의 역사』에서 소개한 것처럼, 송황조가 남천(南遷)한 직후에 감찰어사 유일지가 상소문에서 한 직언이었지요.

나라의 다스림은 군자 여럿도 이루기에 모자라지만, 소인 하나면 그르치고도 남습니다.

天下之治, 衆君子成之而不足, 一小人敗之而有餘.

하기야 안철수 후보는 물론이고 이준석 대표도 이재명 후보 같은 '정치투기꾼'은 아닙니다. '이념의 인간'인 윤석열 후보와 비교할 때 이 후보는 '욕망의 인간'이라고 할 수 있지요. 이 후보의 모든 행동의 원인은 욕망, 특히 권력욕인데, 그의 실용주의란 사실 원리·원칙을 무시하는 기회주의일 따름이에요.

게다가 냉소주의자 이재명 후보에게 진정성은 존재하지 않습니다. 냉소주의자/견유주의자를 의미하는 키니코스(kynikos)의 어원 키온(kyon, 犬)의 특징은 피아 구별에 몰두하며 죄의식이나 수치심은 모른다는 데 있거든요. 이 후보에게 단순한 비호감(dislike)을 넘어 역겨움(disgust)를 느끼는 사람이 저만은 아니겠지요.

마지막으로 2021년 11월에 발표된 한국정책과학원-리얼미터의 조사에 따르면, 역대 대통령의 호감도와 업적에 대한 여론은 다음과 같습니다(%, 괄호 안은 순위).

	호감도	업적
이승만	2 (7)	2 (7)
박정희	32 (1)	48 (1)
전두환	1 (9)	3 (6)
노태우	0 (10)	1 (10)
김영삼	2 (8)	2 (9)
김대중	8 (4)	15 (2)
노무현	24 (2)	7 (4)
이명박	8 (5)	4 (5)
박근혜	3 (6)	2 (8)
문재인	*13 (3)*	*12 (3)*

윤보선 대통령이 빠진 것은 의원내각제였던 제2공화국에서 국가원수였을 뿐으로 정부수반은 아니었기 때문이지요. 대신 장면 총리가 들어가야 했는데, 아마도 아는 사람이 별로 없어서 빼는 수밖에 없었겠지요. 유신체제였던 제4공화국에서 제5공화국으로 이행하는 과도기의 최규하 대통령은 물론 빼는 것이 옳겠고요.

어쨌든 이 여론조사에서 특이했던 것은 김대중 대통령과 노무현 대통령에 대한 평가입니다. 업적에 대한 평가와 호감도에 대한 평가가 극단적으로 역전되었기 때문이지요. 업적은 절반밖에 안 되는데 호감도는 세 배였다는 것은 결국 노 대통령이 그만큼 더 철저한 '정치가적 인민주의자'였기 때문이에요. 문재인 대통령에 대한 평가는 현직 프리미엄 때문인 것 같아서 논외로 해야 할 것 같고요.

물론 업적과 호감도가 일치한 박정희 대통령에 대한 평가도 정상은 아닙니다. 이승만 대통령에 대한 평가와 너무나 차이가 크거든요. 태어나지 말아야 할 나라를 이 만큼이나마 키워 불행 중 다행이라는 것이 아니라면 말이에요. 낙성대 학파가 주장한 것처럼, 박 대통령의 업적이 부국(富國)이었다면, 그 필요조건은 결국 이승만 대통령의 업적인 건국(建國)이었다고 할 수밖에 없어요.

김대중 대통령을 김영삼 대통령과 비교할 수도 있습니다. 김대중 대통령이 박정희 대통령의 산업화에 이어졌던 민주화라는 통념의 수혜자인 반면 김영삼 대통령은 1997-98년 경제위기와 문민화 실패라는 통념의 피해자였기 때문이지요. 산업화의 결함을 부분적으로나마 해결한 것은 전두환 대통령 덕분이었고 1997-98년 경제위기와 문민화 실패에는 두 김 대통령의 연대책임이 있었거든요. 문민화 실패에는 물론 이회창 총재를 내세운 민주자유당/신한국당 민정계의 책임도 있었고요.

여론조사 직후인 11월 하순에 사망한 전두환 대통령이 그보다 한 달 전에 사망한 노태우 대통령보다 높이 평가되는 것은 사실 당연한 일일 것입니다. 물론 전 대통령을 지지하는 고정층이 노 대통령의 경우보다 많았고, 광주항쟁 진압에 대한 사과 여부가 여론에는 별로 영향을 끼치지 않았기 때문이겠지요. 그렇지만 문재인 대통령은 전 대통령과 달리 노 대통령에 대해서는 국가장을 거행했어요. 또 대선 후보를 포함한 여야 정치인도 전 대통령과 달리 노 대통령에게는 조문했고요.

이명박 대통령이나 박근혜 대통령이 김영삼 대통령보다도 높은 평가를 받는 것은 기이한 일입니다. 1997-98년 경제위기와 문민화 실패의 책임이 김영삼 대통령에게 전가된 데다가, 이명박-박근혜 대통령이 김대중-노무현 대통령의 인민주의를 적극적으로 모방했기 때문이겠지요.

이번 여론조사에서 대통령의 자질은 도덕성 30%, 미래비전 30%, 국민통합 21%, 역사의식 9%였습니다. 또 정치의 수준은 3류 41%, 2류 30%, 4류 22%였고요. 물론 불가능한 설문이지만, 국민 자신에 대한 평가는 어떨지 궁금할 따름이에요. 정치의 수준은 국민의 자질, 즉 민도(民度)에도 의존한다는 드 메스트르의 격언을 부정할 수만은 없거든요. 자책 대신 자찬하기만 하고 자괴 대신 자만하기만 하는 국민이 진정한 의미에서 주권자일 수는 없어요. 그들 역시 민주주의를 인민주의로 타락시킨 연대책임을 져야 하기 때문이지요.

대선 후보의 토론회

이제 대선 후보 사이의 텔레비전 토론회에도 주목해보겠습니다. 중앙선거관리위원회가 주최한 법정토론회는 3회인데, 2월 21일 1회의 주제는 경제, 25일 2회의 주제는 정치, 3월 2일 3회의 주제는 사회였지요. 또 법정토론회에 앞서 공중파방송3사가 주최한 2월 3일 토론회, 한국기자협회가 주최한 11일 토론회가 있었고요.

이재명, 윤석열, 심상정, 안철수 네 후보가 참석하는 법정토론에서 사회가 독립적 주제인 반면 외교·안보는 정치에 포함되었는데, 쉽게 말해서 국내정치 및 남북관계에 슬쩍 끼워 넣었다고 할 수 있습니다.

선관위의 정치적 편향이 드러난 대목이었지요. 특히 이번 선거에서는 외교·안보를 독립적 주제로 하고 사회는 경제나 정치에 끼워 넣는 것이 오히려 합리적이었기 때문이에요. 결국 사회 주제의 토론은 별다른 내용이 없었지요.

법정토론은 그렇다고 해도 그에 앞선 두 차례 토론에도 이재명, 윤석열 후보 이외에 심상정, 안철수 후보를 포함한 것도 역시 끼워 넣기로 비판할 수밖에 없을 것 같습니다. 당선가능성이 제로인 두 후보의 공약에 대한 토론이 있을 리 없고, 그들은 질문자나 추궁자를 자처할 것인데, 도대체 누가 그들에게 그런 자격을 줄 수 있다는 것인지 알 수가 없어요. 그러나 2월 3일 토론에서 핵심적으로 제기된 쟁점은 역시 외교·안보였지요. 또 'K방역' 등을 주제로 한 11일 토론에서는 주목할 만한 쟁점이 없었고요.

2월 3일 토론에서는 사드 추가배치, 미사일방어체계 참여, 한·미·일 군사협력 등에 대한 반대라는 '3불정책'과 '예방공격'(preventive attack, 적의 잠재적 공격능력을 제거하기 위한 공격)과 구별되는 '선제타격'(preemptive strike, 적의 공격이 임박했다고 판단할 때 선수를 치는 공격)이 쟁점으로 제기되었습니다. 한 마디로 말해서 윤석열 후보는 문재인 정부의 친북·연중·비미·반일 편향의 수정을 주장했던 반면 이재명 후보는 그런 편향의 유지를 주장했고요.

심상정, 안철수 후보를 포함하면서 외교·안보 논쟁의 쟁점이 복잡해졌다는 사실도 알 수 있습니다. 안 후보는 일본은 언급하지 않고 미·중·북이라는 정책우선순위를 설정했지요. 또 심 후보는 이재명 후보가 침묵한 친북 편향을 명시함으로써 정책우선순위를 북·미·중으로 설정했고 일본은 언급하지 않았고요.

토론에서 가장 황당했던 대목은 이재명 후보가 윤석열 후보에게 질문한 '알이백'(RE100)이었습니다. 위키피디아 영어판에는 '100% Renewable Energy'로 등재되고, 독어·불어·일어·중국어·한국어판에는 등재되지도 않은 시사상식용어로서, 저도 이번에야 처음으로 들어보았거든요. 그러나 '전력 100%를 재생에너지로 충당한다'는 그

개념이 별로 어려울 것은 없어요. 그래서 개념이 아닌 용어로 고등학생의 실력을 평가하던 '장학퀴즈' 같았다는 네티즌의 비아냥까지 있었지요.

토론회 직후인 8일에 윤석열 후보는 미국의 국제문제싱크탱크인 외교협회(CFR)의 기관지 『포린 어페어스』에 「한국은 도약해야 한다」는 제목의 논설을 기고했는데, 이것은 사실 1월 24일에 발표한 외교·안보공약을 미·중관계 중심으로 부연한 것이었습니다. 그러나 이 공약은 언론에서 주목받지 못했고 저도 이 기고문 때문에 비로소 주목하게 되었지요.

윤 후보는 문재인 정부의 국익 개념이 '시공간적으로 편협하다'(parochial and shortsighted)고 비판하면서 그 원인으로 친북·연중·비미·반일 편향을 강조했습니다. 그리고 그 대안으로 '글로벌 중추국가'(a global pivotal state)로 '도약하기'(step up to) 위해 미·일의 인도-태평양전략에 적극적으로 참여할 필요성을 역설했지요.

2월 11일에 백악관이 『미국의 인도-태평양전략』을 발표했다는 사실도 주목할 필요가 있습니다. 「4·7보선 전후」에서 소개한 2021년 3월 3일의 국가안보전략잠정지침인 『미국의 우위/장점을 쇄신하자』(*Renewing America's Advantages*)가 1년 만에 확정되었다고 할 수 있겠지요.

백악관은 중국과의 '전략적 경쟁'을 위한 인태전략을 자유주의적 세계·지역질서에 대한 중국의 도전에 대응하는 국가전략으로 정의하고 있습니다. 그러면서 중국의 '위협·공격·모욕 등 불량배 같은 행동'(bullying)을 강조하고 있는데, 시진핑 시대에 출현한 이른바 '전랑(戰狼, Wolf Warrior) 외교'를 이렇게 특징지은 셈이지요.

백악관이 설정한 인태전략의 목적(ends)은 각국의 '자율과 선택'(autonomy and options), 즉 '주권적 선택'(sovereign choice)을 보장하는 '자유롭고 개방적인'(free and open) 질서입니다. 그런 선택에 북한의 핵무장도 포함되는 것은 물론 아닌데, '국제법상 의무와 일치하지(consistent) 않는' 선택이기 때문이지요. 따라서 여기서 자유는 자기중심적 무제한의 자유인 'freedom'보다는 오히려 타인과의 관계 속에서 제한된 자유인 'liberty'라고 할 수 있겠지요.

백악관은 인태전략의 수단(ways)으로는 동맹과 제휴의 강화를 제시하고 있습니다. 또 그 가용자원(means)으로는 쿼드뿐만 아니라 유럽연합과 나토를 명시하고 있는데, 이전 정부와 달리 인도-태평양 전략과 유럽-대서양전략이 양자택일의 문제는 아니라는 것이 주목할 만한 대목이겠지요.

나아가 2022년 내지 2022-23년의 10가지 실행계획(action plan) 내지 작전계획(operation plan)을 제시하고 있습니다. 그 중 '제일의' (premier) 지역조직으로 쿼드를 강화하고 한·미·일 협력을 확장하는 것 이외에 특히 범태평양파트너십(TPP) 재가입 대신 인도-태평양경제프레임워크(IPEF) 출범을 추진한다는 것이 눈에 띄지요.

파트너십과 프레임워크의 관계에 대해서는 백브리핑(background press call, 배경설명을 위한 비공식기자회견)에서 거론되기도 했습니다. 파트너십 대신 프레임워크를 추진하는 것이 일본 등의 '기대' (expectation)에 어긋나 '실망'(disappointment)을 야기하지 않겠는가라는 데 대해 바이든 정부의 '제약과 반대'(constraints and challenges) 때문에 불가피한 점이 있다는 질의와 응답이 있었지요.

인태전략 발표와 동시에 인태지역을 순방한 블링컨 국무장관은 11일 오스트레일리아에서 쿼드 외교장관회담을 가진 데 이어 12일 하와이에서 한·미·일 외교장관회담을 가졌습니다. 이에 대해 중국공산당 기관지 『인민일보』의 자매지 『환구시보』가 한·미·일 협력의 확장이 3불정책의 파기로 귀결되는 것을 경계하면서 미·일에 '영합'하지 말고 문재인 정부의 미·중간 등거리외교와 친북·반일방침을 견지하도록 주문한 바 있지요.

윤석열 후보에 이어 이재명 후보도 역시 『포린 어페어스』에 기고했는데, 본래 2월 15일로 예정했던 것을 24일로 연기했습니다. 중국 정부의 입장을 반영하기 위한 것 같아요. 그래서 친북·반일방침의 전제 아래 '한·미 동맹관계의 개선(upgrade)'과 '한·중 제휴관계의 견지'를 천명하여 문재인 정부의 미·중간 등거리외교를 계승하겠다는 입장을 밝혔던 것 같고요. 그러나 공교롭게도 같은 날 러시아가 우크라이나를 침공했는데, 조금 이따가 설명하겠어요.

인도-태평양경제프레임워크와 범태평양파트너십의 관계에 대한 설명을 보충해두겠습니다. 프레임워크는 2021년 10월 말 동아시아 정상회의(EAS)에서 바이든 대통령이 제안한 것이었지요. 파트너십과의 차이는 일회적 무역협정이 아닌 일련의 무역협상을 위한 '준거 기준'(frame of reference)이라는 데 있는데, 프레임워크 대신 첨단기술기업 'FAAG'(페이스북·아마존·애플·구글)를 상징하는 '플랫폼'(platform)이라고 할 수도 있겠지요.

바이든 대통령이 파트너십의 대안으로 프레임워크를 제안한 데는 나름대로 이유가 있었습니다. 먼저 오바마 정부와 차이가 있는 것은 중국과의 전략적 경쟁이라는 새로운 상황을 고려해야만 했기 때문이지요. 동시에 트럼프 정부와도 차이가 있는데, 동맹국과 제휴국을 무시한 채 중국과의 전략적 경쟁을 추진했기 때문이에요.

바이든 대통령은 미국을 배제하고 중국이 주도한 아르셉(RCEP, 역내포괄적경제파트너십)보다 엄격한 노동표준과 환경표준을 통해 프레임워크에서 중국을 배제하려는 의도를 감추지 않았습니다. 또 대만을 포함하려는 여지는 남겨 두었고요. 경제안보를 국가안보와 동일시했기 때문인데, 특히 디지털경제·기술과 공급망의 중요성이 부각되는 포스트코로나19 정세에서는 그럴 수밖에 없었겠지요.

이 대목에서 2월 13일자 런던 『타임즈』 일요판이 이번 대선을 1987년 이후 '가장 불쾌한'(the most distasteful) '비호감'(unlikable) 선거로 비판한 사실을 지적해두겠습니다. 외교·안보문제를 비롯한 국내외 현안이 쟁점으로 제기되지 못했기 때문인데, 『문재인 정부 비판』의 「서문」에서 소개한 대로, 한국전쟁의 와중인 70여년 전에 이 신문은 '한국에서 민주주의'보다는 '쓰레기 더미에서 장미꽃'을 바라는 것이 '더 양식 있는 일'이라고 비판한 적이 있지요.

2월 21일의 경제토론은 네 명의 후보가 모두 경제에 대해 문외한인 만큼 별다른 내용이 있을 수 없었습니다. 대신 국채 비중의 급증에 대한 윤석열 후보의 우려에 대해 반박하면서 이재명 후보가 한국이 '곧 기축통화국이 될 것'이라고 장담해서 후폭풍이 대단했지요. 그런데 이것은 사실 1개월여 전에 발표한 '555성장공약'의 당연한 귀결이라고 할 수 있어요.

「'문재명 정부 10년동란'은 막아야 한다」에서 비판한 것처럼, 555 성장공약의 핵심은 1인당 국민소득 5만 달러, 국민총소득 세계5위, 주가 5000인데, 5천피는 차치하고, 처음 두 공약은 일본, 영국, 유럽연합을 추월하고 추월 대상으로 미국(및 독일)만 남게 될 것이라는 공약(空約)이었습니다. 그렇다면 기축통화인 달러(및 유로)에 도전한다는 것은 555성장공약의 당연한 귀결이었지요.

기축통화(key currency)란 국제경제학에서 말하는 세계화폐로서 준비통화를 가리키는 시사용어입니다. 세계화폐(world money)는 세계시장에서 지불수단을 의미하는데, 금본위제에서는 당연히 금화이지요. 그러나 금환본위제에서는 금으로 태환되는 (외)환인 달러를 세계화폐로 사용하면서 준비통화(reserve currency)라고 부르고 또 중앙은행이 보유하는 그 액수를 외환준비액 내지 외환보유액이라고 부르는 것이에요. 다만 달러의 금태환이 중지된 이후 유로, 파운드, 엔이 보조적 준비통화로 사용되기도 하는 것이고요.

한국의 원은커녕 중국의 위안조차도 준비통화를 넘볼 수는 없는 실정입니다. 다만 위안의 경우에는 2016년부터 국제통화기금(IMF) 특별인출권(SDR)의 가치를 결정하는 통화바스켓에 편입되었는데, 그러나 특별인출권을 준비통화라고 부르지는 않지요. 하기야 중국은 달러 대신에 특별인출권을 준비통화로 채택하자고 주장하는데, 이재명 후보가 내심 그런 주장에 동조하고 있을지도 모르겠어요.

이왕 이야기가 나온 김에 경제학에 대한 설명을 보충해두겠습니다. 「'문재명 정부 10년동란'은 막아야 한다」에서 제시된 소득주도성장 비판에 항의하던 '한국계 외국인'(?) 경제학자의 경우처럼, '문재명 정부' 지지자 중에 제대로 된 경제학자가 없는 것 같거든요. 그래서 급기야 555성장공약이나 기축통화로서 원이라는 황당무계한 공약도 남발하게 된 것이고요.

먼저 소주성이란 2007-09년 금융위기에 대해 국제노동기구(ILO)가 2012-13년에 제시한 포스트케인즈주의적 분석과 사회민주주의적 대안이라는 사실을 지적해두겠습니다. 그런데 당시 연구정책조정관 역할을 했던 이상헌 박사는 소주성의 이론과 실증에 개선의 여지가 많음을 자인한 바 있지요. 사실 소주성론자는 포스트케인즈주의자 중에서도 다수파가 아니었거든요. 게다가 민주노총에 의해 소주성은 사민주의가 아닌 인민주의로 타락해버렸고요.

2007-09년 금융위기 이후 최대의 논쟁은 사실 2014년의 서머스 논쟁이었는데, 국내에서는 별로 주목받지 못한 것 같습니다. 이른바 '장기침체'(secular stagnation)의 요인으로 총수요에 주목할 필요가 있다는 서머스의 주장과 여전히 총공급이 중요하다는 고든의 반론이 핵심인 이 논쟁은 케인즈주의자 내부에서 전개되었는데, 그러나 마르크스주의자 내부에서도 '구조적 위기'(structural crisis)를 둘러싸고 비슷한 논쟁이 전개되었다고 할 수 있어요. 서머스와 친화성이 있는 아글리에타의 과소소비설과 고든과 친화성이 있는 뒤메닐의 이윤율하락설 사이의 논쟁이 그것이었지요.

구조위기론 논쟁은 결국 자본축적론 논쟁인데, 1930년대 대불황과 전후 경제성장의 관계에 주목하면서 '정지상태'(stationary state) 개념을 설명하는 것이 핵심 쟁점입니다. 자본축적이 멈춘 정지상태란 역사적으로 말하자면 '흥성'(rise and advance)이 '쇠망'(decline and fall)으로 반전되는 계기라고 할 수 있지요. 그로스만이 말하는 '붕괴'(Zusammenbruch, breakdown)는 곧 쇠망이고요.

단적으로 말해서 역사의 흥성이 쇠망 내지 붕괴로 반전되는 것은 자본축적이 정지했기 때문입니다. 리카도나 마르크스는 그 원인을 이윤율의 하락에서 찾았는데, 다만 그런 하락의 본성이 토지생산성의 하락인가 아니면 자본생산성의 하락인가라는 이견이 있었지요. 만일 구조적 위기의 원인이 과소소비라면, 자본축적의 원인은 과잉소비일 것인데, 그렇지만 『사회과학 비판』에서 이미 설명한 것처럼, 산업혁명이 개시되어 완성되는 1780년대부터 1840년대까지는 생활수준이 하락하는 '엥겔스 휴지기'(Engels' pause)였어요.

그런데 정지상태는 경제적 '성숙'(maturity), 즉 '완전한 발전'(full development)이기도 합니다. 정지상태 진입은 곧 선진국 진입인데, 그래서 케인즈가 정지상태에서는 저축/투자가 아니라 소비가 미덕이라고 주장한 것이지요. 반면 중진국에서도 그렇게 주장하면 역시 정지상태가 야기되어 '중진국 함정'에 빠지게 되겠지요. 쉽게 말해서 정지상태는 선진국의 필요조건이지 충분조건은 아니라는 것이에요.

『일반화된 마르크스주의 개론』(2006; 개정판, 2008)에서 설명한 것처럼, 저는 정지상태 개념에 주목하면서 자본축적론과 구조위기론을 재구성하기 위해 그로스만적 전통에 따라 발리바르/브뤼노프의 경제학 비판과 아리기/뒤메닐의 미국경제 분석을 결합하고자 시도한 것입니다. 나아가 이런 시도를 더욱 체계적으로 이론화하기 위해 『마르크스의 '자본'』(2009), 『현대경제학 비판』(2011), 『사회과학 비판』(2011), 『역사학 비판』(2012)을 출판한 것이고요.

제가 2007-09년 금융위기 논쟁에 적극적으로 개입할 수 있었던 것은 이런 이론적 작업 덕분이었습니다. 자세한 내용은 『금융위기와 사회운동노조』(2008)와 함께 『2007-09년 금융위기』(2009), 『2007-09년 금융위기 논쟁』(2010), 『2010-12년 정세분석』(2013)을 참고할 수 있지요. 이 작업들 전체를 개관한 『일반화된 마르크스주의 세미나』(2014)도 참고할 수 있고요.

각설하고, 2월 23일에 중앙선관위가 배포한 선거공보물을 보면, 역시 이재명 후보와 윤석열 후보 사이에서 쟁점이 형성되었습니다. 먼저 정권유지를 공약한 이재명 후보는 '유능한 경제대통령'을 자임하면서 '대대적인 국가투자'를 통한 555성장공약을 강조했는데, 결국 국가자본주의 노선을 천명한 셈이지요. 또 '전쟁을 할 필요가 없게 만드는' '평화가 경제'라는 공약도 제시했는데, 결국 친북·연중 노선을 천명한 셈이고요.

반면 윤석열 후보는 '국민이 키운' 후보로서 '내일을 바꾸는 대통령'이 되겠다고 다짐하며 정권교체를 공약했습니다. 좀 더 구체적으로 말하자면 '성장과 복지의 선순환'을 지향하는 민간자본주의 노선을 천명하고, 나아가 '견고한 한·미동맹 구축'과 '한·일관계의 정상화'를 통한 민주주의가치동맹 노선을 천명한 셈이에요.

2월 25일의 토론에서 러시아의 우크라이나 침공을 계기로 또다시 외교·안보가 핵심적 쟁점으로 제기되었습니다. 이재명 후보는 '전쟁인가 아니면 평화인가'라는 프레임을 제시하면서 억지(deterrence)는 전쟁을 야기할 따름이니 대화를 통해 평화를 추구해야 한다고 주장했지요. 요컨대 억지보다 대화를 우선해야 한다는 것이에요.

반면 윤석열 후보는 문재인 대통령이나 이재명 후보가 주장하는 억지에 우선하는 대화에 반대하고 오히려 대화에 우선하는 억지를 주장했습니다. 억지의 토대가 없는 대화는 양보에서 시작하여 굴종을 거쳐 결국 항복으로 귀결되기 때문인데, 문 대통령이나 이 후보처럼 생각한다면, 우크라이나 사태의 '최종해법'(Endlösung, 히틀러)은 결국 항복일 따름이거든요.

하기야 이재명 후보는 우크라이나의 '6개월 초보 정치인' 대통령이 나토 가입을 추진함으로써 러시아의 푸틴 대통령을 도발했다는 망언을 서슴치 않아서 국제적으로 비난을 자초했습니다. 또 문재인 대통령도 미국의 주요 동맹국 중 유일하게 러시아 경제제재 동참을 유보했는데, 그 결과 잠시나마 중국(및 전통적으로 친소/친러·반중국가인 인도)과 함께 한국이 미국의 수출통제조치(FDPR, 해외직접생산품규칙) 면제대상에서 제외되는 파란을 자초했지요.

우크라이나 사태는 사실 8년 전으로 소급하는 것입니다. 2014년 2–3월 러시아의 크림반도 점령 직후인 4월부터 돈바스 지역에서는 러시아의 지원 아래 내전이 발생했지요. 그 후 돈바스에서는 29차례나 휴전이 반복되었고, 정부군 4600명, 반군 5800명(러시아군 400-500명 포함), 민간인 3400명이 사망했어요. 그러니까 이번이 30번째 개전인 셈인데, 다만 돈바스보다도 오히려 수도인 키이우(키예프)가

공격의 주요 대상이 되었어요. 우크라이나의 나토 가입이란 핑계일 뿐이고 돈바스 등지의 점령, 나아가 우크라이나의 정권교체가 목적임을 알 수 있는 대목이지요.

우크라이나 사태의 동아시아에 대한 함의에도 주목해보겠습니다. 「4·7보선 전후」에서 설명한 것처럼, 푸틴 대통령의 러시아와 시진핑 주석의 중국은 차이가 있는데, 전자는 클렙토크라시인 반면 후자는 권위독재정 하 국가자본주의이지요. 그래서 미국이 중국과 러시아를 '전략적 경쟁자'와 '파괴자/교란자'(disrupter)로 구별한 것이고요. 비유하자면 중국은 '불량배'인 반면 러시아는 '악당'이라고 할 수 있다는 것이에요.

중국이 러시아를 모방하여 대만을 침공하는 것은 쉽지 않을 것 같습니다. 또 우크라이나와 달리 대만은 자위력은 물론이고 미국과 일본이라는 제휴국도 있고요. 다만 (지역적 차원의) 파괴자/교란자를 자처하는 클렙토크라시 북한의 도발 가능성을 배제할 수는 없을 것 같아요. 만에 하나라도 그럴 경우 한국이 대만의 길을 걸을 것인지 아니면 우크라이나의 길을 걸을 것인지는 역시 3·9대선의 결과에 달려 있다고 할 수 있고요.

중국은 물론이고 러시아와 북한조차도 사회주의국가라고 할 수 있습니다. 『공산주의자 선언』에서 마르크스와 엥겔스가 갈파한 것처럼, 자유주의를 비판/지양하는 대신 반대/거부해도 사회주의라고 할 수 있거든요. 그래서 나치도 '국가사회주의'(Nationalsozialismus)를 표방했던 것이고요. 다만 그런 사회주의들의 문제는 자유주의에 미달한다는 것이지만요. 명황조 말기의 여곤처럼 말해서, 불량배나 악당처럼 '난리가 나기를 바라는'(幸亂) 것이 혁명적인 것은 아닌데, 「4·15총선 전후」를 참고하세요.

러시아 국적자인 안드레이 란코프 교수가 침묵을 지키는 가운데 한국 국적자인 블라디미르 티호노프(박노자) 교수가 『한겨레신문』에 긴급 기고를 했는데, 막상 그 내용은 황당한 주장이었습니다. 푸틴 대통령을 유신 말기의 박정희 대통령에 비유하면서 '현실감각을 상실한 독재자'로 비판하고 도조 히데키에 비유하면서 '유라시아 공영권'을 구상한다고 비판했거든요.

'소련 마지막 세대'(the last Soviet generation)인 티호노프 교수는 한국과 일본은 물론이고 소련/러시아에 대해서도 잘 모르는 것 같습니다. 푸틴 대통령은 스탈린의 부활이라고 해야 마땅할 것인데, 러시아혁명 이후 우크라이나의 역사는 구로카와 유지의 『유럽 최후의 대국, 우크라이나의 역사』(글항아리, 2022)를 참고하세요.

그런데 문정인 교수는 더욱 황당한 주장을 했습니다. 『한겨레신문』의 칼럼에서 미국·유럽연합의 '나토 동진'이 우크라이나 침공의 필요조건이었는데, 우크라이나 국내정치의 '대립과 갈등'과 볼로디미르 젤렌스키 대통령의 '미숙함과 오판'이 그것을 (필요)충분조건으로 만들었다고 주장하면서 이재명 후보를 옹호했거든요. 푸틴 대통령에 대한 비판은 립서비스에 불과했고요. '약육강식의 무정부질서가 국제정치의 본질'이라고 강변했거든요. [문 교수처럼 주장하면, 나토 가입이 임박한 핀란드와 스웨덴도 침공당해 마땅할 것이다.]

이재명 후보를 보면서 처참한 생각이 들었는데, TV CHOSUN의 신동욱 앵커가 마침 『지붕 위의 바이올린』(*Fiddler on the Roof*)을 언급했습니다. 1964년의 브로드웨이 뮤지컬을 1971년에 영화화한 것인데, 아카데미 음악상과 골든글로브 작품상을 탄 명작이었지요. 1974년에는 국내에서도 개봉되어 아이엄마와 같이 본 적이 있고요.

'지붕 위의 바이올린 연주자'는 '고되지만 즐거운' 유다인의 생활을 의미했습니다. 우크라이나 유다인 테비예 부부가 주인공이었는데, 1905년 러일전쟁 패전 직후에 발발한 포그롬(pogrom, 러시아인의 유다인 박해)과 혁명의 와중에 중매결혼의 전통에서 벗어나 세 딸의 연애결혼을 허락하는 것이 줄거리였지요. 18세기 말에 러시아제국으로 합병되기 이전으로 소급하는 우크라이나 유다인의 역사는 역시 구로카와의 『우크라이나의 역사』를 참고하세요.

뮤지컬 영화였으므로 좋은 음악이 많았는데, 첫째 딸의 결혼식에 나오는 「해가 뜨고, 해가 진다네」가 대중적으로 가장 인기가 있어서 국내에서도 사운드 트랙으로 많이 들었습니다. 이재명 후보는 물론이고 문정인 교수도 알 리 없을 '딸 가진 부모(특히 딸바보인 아버지)의 마음'을 잘 표현했는데, 외국에서는 결혼식 축가로 많이 불린다고 하지요. 인터넷으로 찾아 한번 들어보세요.

이 처녀가 내가 안아주던 소녀인가?
이 청년이 내가 놀아주던 소년인가?

너희들 나도 모르게 컸구나,
언제 이렇게 자랐니?

(…)

해가 뜨고, 해가 진다네
해가 뜨고, 해가 진다네
세월은 빠르게 흐르고
계절은 서로 바뀐다네
기쁨과 슬픔의 계절이

Is this the little girl I carried?
Is this the little boy at play?

I don't remember growing older,
When did they?

(…)

Sunrise, sunset
Sunrise, sunset
Swiftly fly the years
One season following another
Laden with happiness and tears

처음 두 소절은 아버지가 부르고, 다음 두 소절은 어머니가 부르며, 후렴인 마지막 다섯 소절은 합창인데, '슬프고도 기쁜'(bittersweet) 이 노래의 가사와 멜로디를 들으면 누구나 눈물이 흐르게 마련이지요.
 그밖에 아이작 스턴이 연주하는 「서곡」(Overture)도 유명합니다.

우크라이나 출신의 유다인으로 당대 최고의 바이올린 연주자 중 한 명이었던 아이작 스턴은 나치에 협력했던 지휘자 푸르트뱅글러나 카라얀과의 협연을 거부한 것으로 유명했고, 평생 독일에서는 연주한 적이 없다고 하지요. 소련/러시아 출신의 유다인인 블라디미르 티호노프 교수가 이번에 자신의 동지인 문정인 교수나 이재명 후보와 이견을 보인 것은 당연한 일이었어요.

마지막으로 코로나19에 대해서도 언급해두겠습니다. 먼저 코로나19의 1-3차 유행과 달리 4차 유행은 불명확한 점이 많은 것 같아요. 「4·7보선 전후」에서 정리한 것처럼, 4차 유행은 2021년 7월에 시작되었는데, 9월 하순인 그 정점에서 신규확진자는 3300명이었고 10월 중순에는 1000명으로 진정되었지요. 그렇지만 4차 유행이 아직 종료되었던 것은 아니에요.

그런 상황에서도 문재인 정부는 11월부터 K방역을 단계적으로 해제하는 이른바 '위드코로나'를 강행했습니다. 위드코로나는 9월 하순부터 공론화되었는데, 세 달이나 지속된 4차 유행으로 'K방역의 피로감'이 임계점에 이르렀다는 판단 때문이었지요. 그러나 한 달 만에 포기할 수밖에 없었는데, 12월 중순에 신규확진자가 7800명으로 폭증했기 때문이에요.

1월 상순에 신규확진자는 3000명으로 감소했는데, 그러나 이미 오미크론이 확산되기 시작했습니다. 2021년 11월에 발생한 오미크론(남아프리카형)은 영국과 유럽을 거쳐서 아시아와 미국으로도 확산되었지요. 오미크론은 2020년 10월에 발생한 델타(인도형)보다 전파력은 강한 반면 치명률(case fatality rate, 확진자 중 사망자 비율, 즉 확진자의 치사율)은 낮은 것으로 평가되었어요.

문재인 정부는 오미크론의 확산을 5차 유행으로 규정했는데, 위드코로나의 실패를 인정하고 싶지는 않았기 때문인 것 같습니다. 위드코로나를 5차 유행으로 규정하는 경우도 없지 않은 것 같지만요. 또 오미크론의 확산으로 1월 하순에 신규확진자가 1만명을 돌파하자 K방역의 한 축인 사회적 거리두기는 부분적으로 유지하는 대신 다른 축인 '3T'(검사·추적·치료)는 결국 포기하게 되었고요.

그 결과 2월에 들어와 오미크론이 본격적으로 확산되어 9일에는 5만, 17일에는 10만[3월 1일에는 20만, 15일에는 40만]을 차례대로 돌파하면서 급기야 '더블링'(doubling, 倍增)이라는 새 용어가 유행하기도 했습니다. 이런 상황을 가리켜 문재인 정부는 코로나19가 '팬데믹에서 엔데믹으로 전환되는 과정의 초기단계'라는 주장을 제기하기도 했지만요.

팬데믹(pandemic)은 에피데믹(epidemic, 유행성 감염병) 중에서 유행의 범위가 몇 개의 대륙 내지 세계 전체에 걸친 감염병인 반면 엔데믹(endemic)은 토착화된 풍토병입니다. 오미크론이 전파력이 높은 대신 치명률이 낮았고, 게다가 코로나19 치료약이 보급되었기 때문에 이제부터는 팬데믹이 아닌 엔데믹, 쉽게 말해서 계절독감에 준하여 대응하겠다는 의미였지요.

문재인 정부의 새로운 방역정책은 결국 자율방역으로 각자도생(各自圖生, 알아서 살아남다)하라는 것인데, 3·9대선에 대비하려는 '정치방역'이라는 흉흉한 소문까지 있었습니다. 자영업자·소상공인의 표심을 얻을 수 있을 것이고, 나아가 확진자의 폭증을 통해서 투표율을 낮추는 것이 이재명 후보에게 유리할 것이라고 판단했다는 소문이었어요. [실제로 80%를 상회할 것으로 예상된 투표율은 3%포인트나 하회했다.]

오미크론 이후에는 신규확진자가 아닌 신규사망자를 비교하는 것이 좋겠습니다. 신규사망자의 정점은 신규확진자의 정점 이후인데, 최소 1-2주일 내지 최대 1-2개월의 시차가 있지요. [5차 유행 정점인 3월 23일의 신규사망자는 470명(누적사망자는 13902명)이었다.]

```
1차 유행의 정점:   2020.  3. 23. 신규사망자   9명 (누적사망자  120명)
2차 유행의 정점:   2020.  9. 29. 신규사망자   6명 (누적사망자  413명)
3차 유행의 정점:   2020. 12. 28. 신규사망자  40명 (누적사망자  859명)
4차 유행의 정점:   2021. 11. 27. 신규사망자  56명 (누적사망자 3548명)
위드코로나의 정점: 2021. 12. 22. 신규사망자 109명 (누적사망자 5015명)
5차 유행 (진행중):  2022.  3.  8. 신규사망자 158명 (누적사망자 9440명)
```

인스파일러에 제시된 누적사망자 그래프(https://insfiler.com/detail/rt_corona19_all-0008)를 보면, 2020년 말에 이어 2021년 말과 2022년 초에도 그래프가 급격하게 이동했는데, 위드코로나와 오미크론의 영향 때문임을 알 수 있겠지요.

4차 유행부터는 비교의 대상으로 대만이 아닌 일본을 설정하는 것이 좋습니다. 백신 접종율은 비슷한 반면 한국은 주로 '물백신'인 아스트라제네카를 접종했고 일본은 주로 화이자·모더나를 접종했다는 차이가 있었거든요. 일본에서는 오미크론으로 인해 1월부터 신규확진자가 급증했는데 이것이 6차 유행이었지요. 또 올림픽 직후 8월 중하순이 5차 유행의 정점이었는데, 한국에서 4차 유행의 정점보다 한 달 정도 앞선 것이었어요.

어쨌든 일본에서 6차 유행의 정점인 2월 상순에 신규확진자는 10만명을 약간 초과했고 2월 하순에 신규사망자는 272명에 불과했습니다. 1-3차 유행까지 비교대상이었던 대만과는 이제 비교 자체가 불가능한 상황인데, 3월 상순에는 누적확진자가 2만명을 약간 초과했고 누적사망자도 853명에 불과했거든요. 신규 숫자가 아니라 누적 숫자라는 것이 충격적이라고 할 수 있겠지요.

중대재해처벌법을 제정한 동기는 산업재해사망이었는데, 사망자는 2020년에 882명, 2021년에 828명이었습니다. 그렇다면 4차 유행 이후의 방역정책, 특히 위드코로나와 관련해 중대재해처벌법 상의 중대시민재해에 준하여 누군가는 책임을 져야 할 것이라는 생각이 들어요. 사실 '중대범죄' 중 하나인 대형참사범죄에는 감염병 확산과 관련된 범죄도 포함되거든요.

친문-친명 세력의 '대선 불복'

3·9대선의 결과는 윤석열 후보의 신승이었습니다. 0.7%포인트(25만표)라는 사상 최소의 표차로 당선된 것인데, 1997년 김대중 후보

의 표차인 1.5%포인트(39만표)나 2002년 노무현 후보의 표차인 2.3% 포인트(57만표)에도 못 미친 것이었지요. 득표율은 48.6%로 김 후보의 40.3%보다 높고 노 후보의 48.9%와 비슷했고요. 『조선일보』의 강천석 논설고문의 지적처럼, 윤 후보의 '질 수 없는 선거'가 '이기기 힘든 선거'가 되었던 것이에요.

여기서 3월 9일에 공표된 7일자 갤럽 조사를 참고할 수 있습니다.

	3.2	3.7	득표율
반문	50	50	
윤+안	51	-	
윤석열	39	44	49
국힘	38	34	
친문	45	43	
이재명	38	43	48
민주	38	37	

안철수 후보를 지지한 12%의 표에서 고정표 2%를 제외한 10%의 표가 반분되어 윤석열 후보와 이재명 후보의 지지율 격차 1%포인트가 그대로 유지되었음을 알 수 있습니다. 덕분에 이 후보 지지율이 최초로 상한선에 접근하게 된 것 같고, 여론조사에서 차마 이 후보 지지를 표명할 수 없었던 이른바 '샤이 이재명 지지자'까지 투표에 참여하면서 상한선을 돌파하게 된 것 같고요. 이 후보가 심상정 후보와 단일화했으면 승리할 수 있었다는 주장은 별로 근거가 없는데, 심 후보의 득표율 2.4%는 고정표와 거의 일치했기 때문이지요.

이재명 후보의 득표율 47.8%는 민주당이 기대할 수 있는 최대치였습니다. 이번(77.1%)과 투표율이 비슷했던 2012년(75.8%)과 2017년(77.2%)에 문재인 후보의 득표율은 48.0%와 41.1%였지요. 투표율이 얼마간 달랐던 1997년(80.7%)에 김대중 후보의 득표율은 40.3%였고, 2002년(70.8%)에 노무현 후보의 득표율은 48.9%였고요. 그러므로 민주당이 기대할 수 있는 득표율은 최소치 40-41%, 최대치 48-49%였다고 할 수 있어요.

윤석열 후보가 신승한 요인은 이재명 후보 지지층이 '묻지마 투표'로 결집한 데 있을 것입니다. 조국 사태에서도 이미 경험한 것처럼, 그들에게는 '대장동 사태' 등에서 드러난 이 후보의 무수한 결함은 문제가 되지 않았던 것 같아요. 그래서 호남이 압도적 지지를 했고, 경기도도 역시 이 후보의 연고지답게 상당한 지지를 보낸 것이고요. 프로토파시즘, 쉽게 말해서 민주주의가 파시즘으로 타락하는 과도적 현상으로서 인민주의의 위력을 절감할 수 있었지요.

그러나 윤석열 후보의 당선은 거의 기적에 가까운 일이었습니다. 이해찬 대표가 '20년 집권', '50년 집권' 운운하며 영구집권을 장담한 것이 엊그제 일이었거든요. 그런데 4·7보선에서 표심이 역전되었고, 결함투성이 이재명 지사를 이낙연 총리 대신 후보로 선출함으로써 자멸의 길을 걸은 것이지요. 그 결과 이른바 '87년 체제'의 특징이라는 '정권교체 10년주기설'이 최초로 부정되었던 것이고요.

「'문재명 정부 10년동란'은 막아야 한다」에서 저는 바이든 대통령의 경우에 여론조사는 낙승을 예상했으나 투표결과는 신승이었던 것처럼, 윤석열 후보의 경우도 그럴 가능성이 높을 것 같다고 지적한 바 있습니다. 마찬가지로 공화당 지지자 일부가 바이든 후보를 지지한 것처럼 민주당 지지자 일부도 윤 후보를 지지한 덕분에 신승이라도 가능했던 것 같아요.

물론 윤석열 후보의 패착도 있었습니다. 이준석 대표가 주장해온 세대포위론에 설득당한 것 같거든요. 그런데 결과는 오히려 40-50대 민주당 고정층의 결집으로 나타난 셈이지요. 또 젠더 문제에 집착한 것도 문제였는데, 특히 20-30대 남녀의 표심이 상쇄되어 세대포위론을 무력화시킨 것이에요. 이제 어설픈 세대론과 젠더론은 포기하고 윤 후보의 지론이던 국민전선론, 요즘 유행어로 하면 국민통합론을 통해 프로토파시즘으로서 인민주의와의 대결을 준비해야겠지요.

지지율 격차를 축소하는 데 기여하지 못한 투표결과만을 본다면, 윤석열 후보와 안철수 후보의 단일화 효과에 회의적이었던 이준석 대표가 옳았다고 주장할 수도 있을 것입니다. 그러나 후보 단일화는 국민의힘과 국민의당의 공동정부 구성, 나아가 양당 합당을 포함한 정계 개편을 통해 프로토파시즘으로서 인민주의와 대결할 국민전선 내지 국민통합을 강화하는 계기가 될 수 있지요.

윤석열 당선인은 국회에서 국민에게 당선인사를 하면서 '국민을 속이지 않는 정직한 정부, 국민 앞에 정직한 대통령이 되겠다'고 약속하고, '정치적 유불리가 아닌 국민의 이익과 국익[국가의 이익]만이 국정의 기준이 되면 보수와 진보도 따로 없을 것'이라고 강조했습니다. 또 이어진 기자회견에서 외교·안보에도 그런 기준을 적용할 것이라면서 특히 한·일관계를 지적했지요.

윤석열 당선인은 당선인사에 앞서 현충원 참배를 예정했었는데, 백악관의 요청으로 바이든 대통령과 먼저 통화를 하게 되었습니다. 당선이 확정된 지 5시간여 만이었는데, 윤석열 정부에서 한·미관계가 그만큼 격상될 것이라는 의미였지요. 이튿날에는 기시다 총리와 통화했고요. 미·일 양국과의 관계가 북·중 양국과의 관계보다 중시될 것이라는 예고였는데, 5월 하순 일본에서 개최될 쿼드 정상회의에 맞추어 한·미 정상회의도 추진되었지요.

그런데 문재인 대통령을 지지하는 친문 세력 내지 이재명 후보를 지지하는 친명 세력이 '대선 불복' 조짐을 보였습니다. 하기야 15년 전 더블 스코어로 패배한 다음에도 그랬으니 대선 불복은 인민주의자의 고질병이지만요. 당시 후보별 득표율은 다음과 같았어요.

이명박 48.7%(+이회창 15.1%) : 정동영 26.1%(+문국현 5.8%)

또 4개월 후의 총선에서 정당별 의석수는 다음과 같았고요.

한나라 153석(+자유선진 18석+친박연대 14석) : 민주 81석(+창조한국 3석)

그런데 이번 대선에서는 0.7%포인트로 석패했고 의석수는 여전히 180석에 가까우니 친문-친명 세력으로서는 승복할래야 승복할 도리가 없었을 것 같아요.

갤럽 조사에 따르면, 당선 2주 후의 당선인 내지 대통령에 대한 지지율은 다음과 같았습니다.

이명박 당선인   84%
박근혜 당선인   78%
문재인 대통령   87%
윤석열 당선인   55%

윤 당선인 지지율이 23-32%포인트 낮았는데, 친문 세력 내지 친명 세력이 대선 결과에 불복했기 때문이지요. 친문 세력인 문 대통령 지지자는 44%였고 그 중 윤 당선인 반대자는 72%였으므로, 결국 32%가 승복하지 않은 셈이에요. 또 친명 세력으로 간주할 수 있는 민주당 지지자 37% 중에서 윤 당선인 반대자는 역시 72%였으므로, 27%가 승복하지 않은 셈이고요.

대선 불복을 주도한 친문-친명 세력의 핵심은 예상할 수 있듯이 지역적으로는 전라도에 편중되었습니다. 동시에 세대별로는 40대에 편중되었고, 50대에도 일부 존재했지요. 윤석열 당선인에 대한 지지자와 반대자는 호남에서 39%와 54%였고, 또 40대에서도 38%와 59%였거든요.

게다가 이런 상황이 3·9대선 이후 한 달 동안 거의 변함 없었다는 사실에도 주목해야 할 것입니다.

	친문 불복률	친명 불복률	호남 반대율	40대 반대율
2주 후	32%	27%	54%	59%
3주 후	30%	27%	59%	57%
4주 후	29%	26%	58%	54%
5주 후	28%	27%	56%	54%

윤석열 당선인 지지율도 겨우 2%포인트 상승했을 따름이고요. 친문-친명 세력이 2008년 5-6월의 '촛불항쟁'을 재연할 '광우병 시즌 2'를 도모할지도 모르겠다는 생각이 들었는데, 5년 만의 정권교체로 인한 '금단증상'의 발작은 더욱 격렬할 수밖에 없기 때문이에요.

물론 문재인 대통령도 대선 결과에 흔쾌히 승복하지 않았습니다. 탁현민 비서관이 준비한 비공식 '퇴임식'에서 한 '다시 출마할까요?'라는 농담 아닌 농담은 차치하더라도, 인사권 행사나 청와대 해체 등의 문제와 관련하여 윤석열 당선인과 갈등을 자초했거든요. 먼저 윤 당선인 의중에 따라 한국은행 총재로 국제통화기금(IMF) 아시아·태평양담당국장인 이창용 박사를 임명해주는 대신 감사위원 임명은 자신의 의중대로 하겠다는 꼼수를 부렸지요.

그런데 문재인 대통령의 측근 중에 한국은행 총재로 임명할 만한 경제학적 식견이 있는 인사가 있을지 의문입니다. 더구나 코로나19에 대처한 연준(Fed, 연방준비제도)의 제로금리정책(ZIRP)과 수량완화정책(QE)의 종결이 예고되는 동시에 식량·에너지가격 급등을 초래한 러시아의 우크라이나 침공은 언제 종결될지 불확실한 상황이거든요. 달리 말해서 소득주도성장이라는 '경제학적 문맹 내지 사기'가 횡행할 수 있던 2017-18년의 2차 반도체호황과 대비되는 '비상위급상황'(unusual and exigent circumstances)이 불가피하다는 것이에요.

3·9대선이 1주일 지난 16일에 연준은 2020년 3월에 재개한 제로금리정책을 종결하면서 금리를 0.25-0.5%로 인상했습니다. 동시에 연말까지는 6차례 추가 인상을 통해 최저 1.75-2%까지 인상하겠다고 발표했지요. 또 내년에는 서너 차례 인상을 통해 최저 2.5-2.75% 내지 2.75-3%까지 인상하겠다고 발표했고요.

연준은 역시 2020년 3월에 재개한 수량완화정책도 종결하겠다고 발표했습니다. 2015년 1월에 4.5조달러까지 증가했던 연준의 자산은 2019년 9월의 3.8조달러와 2020년 2월의 4.2조달러까지 감소했다가 2022년 3월에는 9.0조달러까지 증가했지요. 그런데 빠르면 5월부터 다시 자산을 감축하겠다고 발표한 것이에요.

[예상대로 국회 인사청문회를 무난히 통과한 이창용 박사는 한은 총재 취임사에서 한국경제의 장기침체에 대한 우려를 표명했는데, 서머스의 제자다운 입장이었다. 이 총재는 장기침체에 대한 대응은 통화정책만으로 부족하고 재정정책과 구조개혁을 병행해야 한다고

강조했다. 『재론 위기와 비판』에서 지적했던 것처럼, 아베 총리가 소득주도성장과 유사한 정책을 실행했던 민주당에 대한 대안으로 제시한 아베노믹스와 유사한 처방이라고 할 수 있겠다.]

감사위원의 임명이 논란이 될 수밖에 없었던 것은 문재인 정부의 실정에 대한 윤석열 정부의 감사를 방해하겠다는 불순한 의도였기 때문입니다. 이재명 후보가 당선되었다면, 감사위원 임명을 그렇게 무리하게 추진할 리 없었겠지요. 그런 상황에서 감사원이 감사위원 제청 요구를 거부하자 감사위원을 독자적으로 임명하려던 문 대통령의 시도는 무산되었고, 결국 윤 당선인과의 협의를 통해 감사위원을 임명할 수밖에 없었어요.

이런 맥락에서 문재인 정부의 내각에서 분열의 조짐이 보였다는 사실도 지적해두겠습니다. 먼저 서욱 국방부장관이 윤석열 당선인의 공약에 따라 선제타격론을 복원했어요. 그랬더니 김여정 당중앙이 나서서 '미친놈', '[인간]쓰레기' 등의 욕설을 퍼부으며 핵전쟁을 경고했지요. 또 김정은 위원장은 문재인 대통령에게는 공치사를 한 반면 윤 당선인에게는 '선제적 핵타격'을 경고했고요. 문 대통령이 추진해온 북한과의 평화란 결국 양보-굴종-항복일 수밖에 없다는 반증이겠지요.

나아가 법무부가 윤석열 당선인의 '사법개혁론'에 동조했습니다. 법무부장관의 수사지휘권을 폐지하고 또 장기적으로 법원처럼 검찰의 예산권과 인사권도 보장하여 검찰과 법원으로 구성되는 사법부의 중립성과 독립성을 강화하겠다는 것이 그 핵심이었지요. 이른바 '민주통제'를 구실로 검찰의 독립성과 중립성을 침해해오던 문재인 대통령의 검찰개혁론과는 정반대라고 할 수 있어요.

윤석열 당선인이 검찰만 중시한 것은 아닙니다. 경찰에 대한 배려도 있었는데, 후보 시절에 경찰청장의 장관급 격상을 약속했거든요. 마치 합동참모의장과 육군·해군·공군참모총장이 장관급인 것처럼요. 나무위키에 나오는 국가의전서열은 1위 대통령부터 86위 국회의원까지 장관급 이상인데, 다만 국회의원은 3선 이상 중진의원의 경우만 장관급이고 초·재선 신진의원의 경우는 차관급이에요.

그런데 『후기』에서의 오류를 정정하자면, 무관인 합참의장·참모총장과 경찰청장은 국방부장관과 내무부장관, 결국 대통령의 '명을 받는데', 바로 이것이 '문민통제'의 원칙입니다. 반면 사법부를 구성하는 검찰의 수장이자 문관인 검찰총장은 문민통제 대상도 아니고 법무부장관은 물론 대통령 '부하'도 아니에요. 윤석열 검찰총장을 '대한민국의 검찰총장'이 아닌 '문재인 정부의 검찰총장'이라고 부른 것은 문 대통령이 자신의 무지를 고백한 셈이었지요.

문재인 정부와 민주당이 입에 달고 살던 '검찰파쇼' 역시 무지의 발로였습니다. 파시즘은 물론이고 스탈린주의도 경찰에 의존했고, 이것이 군부독재와의 차이였어요. 다만 모택동은 문화혁명을 위해 군부인 인민해방군을 동원했는데, 등소평 이후 권력의 기반은 역시 공안이라고 불리는 인민경찰이지요. 문재인 정부의 검찰개혁에서 중국 공안이 하나의 모델이라는 사실은 공공연한 비밀이었어요.

문재인 대통령이 취임 직후에 김명수 대법원장을 임명하고 나서 이른바 '전국법관대표회의'가 상설화되자 인민주의적 판사가 법원의 주류로 부상했습니다. 그런데 바로 그 법관회의가 김 대법원장의 '코드인사'를 비판하게 된 것도 3·9대선 이후 주목할 만한 변화라고 할 수 있겠지요. 잘못하면 자신들도 '법비'(法匪, 불량배 법조인)로 간주될 수 있겠다고 판단한 것 같아요.

김명수 대법원장의 코드인사를 상징한 사람이 서울중앙지방법원의 터줏대감이었던 윤종섭 부장판사와 김미리 부장판사였습니다. 윤 판사는 양승태 대법원장 시절 사법행정권 남용 사건을 담당하며 무려 6년 동안 근무했고, 김 판사는 울산시장선거 개입 사건과 조국 일가 비리 사건을 담당하며 무려 4년을 근무했거든요.

문재인 대통령과 윤석열 당선인의 갈등을 상징한 것은 역시 청와대의 해체였습니다. 윤 당선인이 대통령 집무실과 관저의 명칭인 청와대를 폐기하면서 위치도 국방부 청사와 육군참모총장/외무부장관 공관으로 이전하겠다고 선언하자 문 대통령은 '안보 공백' 운운하며 이전을 위한 예비비 지출안 의결을 연기하고 30%를 감액하는 등 심술을 부렸지요. 또 '우리가 그냥 쓰면 안 되냐'라는 탁현민 비서관의 자칭 '개소리'는 문 대통령 측근의 '불량배' 기질을 자백한 셈이고요.

제왕적 대통령제를 상징하는 청와대의 기원은 일제강점기로 소급하는 것입니다. 조선왕조의 법궁(法宮, 제1 궁궐) 경복궁의 정문인 광화문을 이전하면서 국왕의 집무실인 근정전 앞에 총독부 청사를 짓고 경복궁의 후원(後苑, 궁궐의 뒷동산)인 경무대에 총독 관저와 총독부 관리 관사를 지은 것이지요. 해방 이후에도 총독부 청사는 정부 청사인 중앙청으로 사용하고 총독 관저는 대통령 집무실과 관저인 청와대로 사용한 것이고요. 김영삼 대통령도 중앙청을 해체하면서 경복궁을 복원한 데 그쳤고, 나아가 청와대를 해체하면서 경무대를 복원하지는 못했어요.

청와대를 해체하면 드디어 경복궁과 함께 그 후원인 경무대까지 복원되는 것입니다. 경무대는 그 면적이 경복궁의 절반인데, 들어가 보면 제왕적 대통령의 위세를 실감할 수 있지요. 제가 중학교 1학년 겨울방학 때 이른바 '1·21사태'가 발발했는데, 그 이전까지는 봄철에 며칠 동안 청와대를 개방하는 것이 관례였어요. 그래서 친구와 함께 이웃집 격인 청와대를 구경한 적이 있는데, 그 때 만난 사슴 가족의 후손이 여전히 청와대에 살고 있다고 하더군요.

청와대가 개방되면 서울의 주산(主山, 법궁의 뒷산)인 북악산도 개방될 것입니다. 중학교 때 교지에 실린 선배의 회고록에서 청와대를 통해 북악산으로 올라가는 등산로가 있다는 이야기를 읽은 적이 있는데, 역시 1·21사태 이후 봉쇄되었지요. 4월 초에 문재인 대통령이 자신이 개방한다고 사기친 등산로와는 전혀 다른 것인데, 어쨌든 올해부터 경복궁-경무대-북악산 일대가 관광객으로 붐빌 것 같아요. 경복궁의 정문인 광화문을 거쳐 경복궁을 둘러보고 후문인 신무문을 거쳐 경무대를 둘러본 다음 북악산에 올라가면 서울 전경이 한눈에 들어오거든요. 그러니 문재인 대통령이 앙앙불락일밖에요.

물론 대선 불복의 핵심 주체는 이재명 후보를 옹립했던 민주당

의원들이었습니다. 그들은 박원순 시장 측근으로 이번 대선에서는 이 후보를 지지한 박홍근 의원을 원내대표로 선출했는데, 경희대 학생회장 출신인 박 의원은 전대협 '마지막 의장(대행)'이었어요. 그는 윤호중 원내대표와 함께 '검수완박'(검찰 수사권의 완전한 박탈)에 매진했지요. 이재명 후보의 불체포특권을 위해 지역구를 양도한 송영길 대표의 어이없는 짓은 논외로 할 수밖에 없고요.

알다시피 검수완박이란 윤석열 당선인이 2021년 3월에 검찰총장을 사임한 직접적 계기였습니다. 윤 총장은 검수완박을 '부패완판'(부패가 완전히 판치게 하는 짓)이라고 비판하면서, 그 결과 국민은 '개돼지' 취급당할 것이라고 경고한 바 있는데, 이것이 그 후 1년간 전개된 대권 도전의 출발점이었지요. 따라서 윤 당선인의 취임을 한 달도 남겨 놓지 않은 시점에서 검수완박을 다시 추진한 것은 대선 불복의 상징적 사건일 수밖에 없었어요.

친명-친문 세력이 검수완박을 추진한 것은 당연히 이재명 후보와 문재인 대통령을 보호하기 위한 의도였습니다. 이 후보의 경우에는 대장동 비리 등이 문제였고, 문 대통령의 경우에는 송철호 울산시장 당선을 위한 선거 개입 등이 문제였지요. 민주당이 검수완박을 당론으로 채택한 바로 그 날 미국 국무부는 『2021년 국가별 인권보고서』에서 한국의 대표적 부패 사례로 조국 일가의 비리와 함께 대장동 비리를 지적한 바 있다는 사실도 지적해두겠어요.

검수완박의 정력적 추진자인 황운하 의원은 부패·경제·선거범죄 등 '6대 범죄'에 대한 수사는 '불요불급'한 것으로 검찰의 수사권을 완전히 박탈하여 '증발'시켜야 한다고 주장한 바 있습니다. 그런데 그는 울산경찰청장으로 재직할 때 송철호 시장의 당선을 위해 선거에 개입한 혐의로 재판을 받고 있는 피고인으로서 민주당의 '불량배 정치인'의 대표자 중 한 사람이지요.

반면 문재인 대통령이 애지중지하던 김오수 검찰총장은 검수완박에 대해 총장직을 걸고 반대했다는 사실에도 주목할 수 있습니다. 그는 검수완박이 이승만 정부 시절 경찰사법을 부활시킬 것이라는 취지의 비판을 제기하면서 문 대통령과의 면담을 통해 거부권 행사를 건의하겠다고 공언했지요. 면담 후에는 한발 물러섰는데, 그러나 황운하 의원에 비하면 '썩어도 준치'라고 할 만한 대목이었어요.

물론 민주당이 검수완박을 당론으로 채택한 것은 윤석열 당선인에게 이재명 후보와 문재인 대통령에 대한 수사를 포기하라는 요구일 수도 있습니다. 그러나 이것은 대선 기간 중 윤 당선인이 언급한 '적폐청산'을 '정치보복'으로 오해한 것인데, 결과적으로 윤 당선인이 검찰의 '독립운동가'라고 부른 바 있는 한동훈 검사장을 법무부장관으로 임명할 수 있는 빌미만 제공한 셈이었지요. 경찰청장의 장관급 격상을 통한 경찰의 포용 외에도 검수완박의 대안으로 법무부장관이 최초로 발동할 상설특별검사제 역시 고려할 수 있기 때문이에요.

그런데 대법원의 법원행정처까지 검수완박은 '위헌이라는 견해가 유력하다'는 입장을 밝히자 결국 박병석 국회의장이 중재안을 제시했습니다. 그리고 여야가 '한국형 FBI'로서 중수청(중대범죄수사청)을 신설할 때까지 최대 1년 6개월 동안 부패·경제범죄에 대한 검찰의 수사권 폐지를 유예하는 데 합의했지요.

110여석으로 역부족인 상황에서 '차선의 대안'이라는 이유를 차치하면, 권성동 원내대표가 윤석열 당선인의 사법개혁론에 배치되는 중재안에 합의해준 이유는 분명치 않습니다. 다만 중수청이 법무부의 외청이 되면 검찰청을 중수청과 공소청으로 이원화하면서 공수처(고위공직자범죄수사처)까지 중수청으로 통폐합할 수 있을 것으로 기대했는지도 모르겠어요. 또 문재인 대통령의 선거범죄는 차치하고 이재명 후보의 부패·경제범죄는 1년 6개월 동안 수사할 수 있을 것으로 판단했는지도 모르겠고요.

그렇지만 중재안에 대한 여론이 악화되자 윤석열 당선인은 '헌법가치와 국민의 삶'을 거론하면서 중재안에 대해 재논의할 필요성을 제기했습니다. 반면 문재인 대통령은 '잘된 합의'라고 평가하면서 중재안에 대한 지지를 표명했고요. 그런 상황에서 민주당은 중재안의 핵심 중 하나인 중수청 신설을 삭제한 채 강행처리했지요. 반면 국힘은 헌법재판소에 권한쟁의심판을 신청하는 동시에 법조계 등의 제안에 따라 국민투표회부도 검토했고요.

검수완박에 대해 정의당은 역시 '민주당 2중대'답게 '비판적 지지'를 천명했습니다. 방향은 정당하지만 다만 속도조절이 필요하다고 주장하다가 박병석 국회의장이 중재안을 제시하자 기다렸다는 듯이 수용했거든요. 반면 민주노총은 윤석열 당선인의 '반(反)노동정책'에 저항한다는 구실로 대통령직인수위원회 주변 등 66곳에서 '쪼개기 집회'를 강행했는데, 검수완박은 나 몰라라 하면서 '먹는 것이 하늘'(以食爲天)이라고 떼만 쓰는 노동자를 농민과 구별한다는 것은 역시 불가능한 일인 것 같아요.

외교·안보정책에서 친북·연중·비미·반일 편향의 수정을 차치할 때, 윤석열 당선인은 역시 비상위급상황에서 경제안보를 최우선 과제로 설정한 것 같습니다. 나아가 검수완박을 계기로 적폐청산을 그 다음의 우선 과제로 설정한 것 같은데, 하기야 문재인 정부에서 득세한 정관계·법조계·학계의 '불량배'(깡패·사기꾼·돌팔이)를 소탕하는 데 성공하면 김영삼 대통령의 '하나회' 척결에 버금가는 업적이지요.

친문-친명 세력이 대선에 불복하는 상황에서 국민전선의 형성은 부차화될 것 같습니다. 그렇지만 경제안보가 확보되고 적폐청산이 완료된 다음에는 국민전선의 형성에 진력해야 할 것인데, 그럴 때만 2024년 4·10총선에서 여소야대 문제를 해결할 수 있기 때문이지요. 쉽게 말해서 윤석열 정부의 1년차 과제는 경제안보와 적폐청산이라 하더라도, 2년차 과제는 국민전선의 형성이어야 한다는 것이에요.

마지막으로 문재인 정부가 오미크론의 확산에도 불구하고 K방역의 해제를 강행했던 이른바 '방역 역주행' 문제에도 주목해둘 필요가 있습니다. 코로나19가 독감 수준으로 완화되었다는 것이 그 핑계였지요. 그러나 코로나19로 인한 사망자는 독감으로 인한 사망자와 비교할 수 없는 수준이었어요. 하기야 문재인 정부에게 인권 내지 인명에 대한 감수성을 기대할 수는 없겠지만요.

인스파일러에 따르면, 코로나19로 인한 사망자는 다음과 같습니다.

             2020년 3-12월   917명
             2021년 1-7월   1181명
                   8-11월   1561명
                     12월   1966명
             2022년   1월   1147명
                      2월   1398명
                      3월   8420명

 2021년 8월 이후에 주목할 때, 2021년 8-11월, 12월, 2022년 1-3월의 수치를 각각 4차 유행으로 인한 사망자, 위드코로나로 인한 사망자, 5차 유행으로 인한 사망자로 간주할 수 있겠지요.
 그런데 이상의 수치는 코로나19로 인한 직접사망자일 따름이고 간접사망자는 포함하지 않은 것입니다. 예를 들어 보건의료체계의 과잉부하로 기저질환자가 사망하는 경우 등등이 있기 때문이에요. 따라서 코로나19로 인한 피해를 추정하려면 '초과사망'(excess death) 개념을 통해 예년의 수치를 초과한 사망자까지 고려할 필요가 있는 것이지요.
 『조선일보』 등의 보도를 종합해보면, 2020-21년간 전세계적으로 코로나19로 인한 초과사망자는 1820만명이고 그 중에서 직접사망자는 594만명이어서 그 비율은 3.1배였습니다. 또 한국에서 초과사망자는 10250명이고 그 중에서 직접사망자는 5625명이어서 그 비율은 1.8배였고요. 그렇지만 2021년 12월부터 사태가 급변했어요. 초과사망자는 5170명이고 직접사망자는 1966명이어서 그 비율이 2.6배로 급상승하여 세계 평균치에 접근했거든요.
 결국 3월에는 신규확진자가 세계의 20% 안팎이고 신규사망자가 세계의 10% 안팎으로 세계 1위를 달성했는데, 문재인 정부는 오히려 4월부터 사회적 거리두기를 포함한 K방역을 완전히 해제하고 5월부터 실외 마스크 의무도 해제하겠다고 선언해버렸습니다. 코로나19를 완전히 종식시킨 것이 문 정부의 공적이라고 주장했던 셈인데, 검수완박과 함께 K방역에 병적으로 집착하는 것은 문 정부 역시 자신의 실정의 '가장 약한 고리'라고 판단하기 때문인 것 같아요.

재론 일본현대사와 그 지식인

'시바 료타로 역사소설의 3부작': 『료마가 간다』

이번 대선에서 스트레스를 받은 사람이 저만은 아닐 것입니다. '기계적 중립성 준수' 규정 덕분에 정치평론가를 자임하면서 종편에 출몰한 '3류 바보들'(윤석열 후보), 좀 더 정확하게 말하자면 돌팔이·사기꾼들을 보면서 두보의 시가 생각났지요.

경전으로 마침내 벽을 바르니,	詩書遂牆壁,
머슴도 깃발 들고 나선 탓이네.	奴僕且旌旄
넓고 깊은 진창은 사람을 더럽히고,	泱泱泥汙人,
짖어대는 개들만 나라에 가득하네.	狺狺國多狗.

「4·7보선 전후」에서 소개한 5언율시 「봄을 바라보며」(春望) 직전에 쓴 시와 거의 동시에 쓴 시로서 앞의 것은 5언율시 「피난지」의 승에 해당하는 연이고 뒤의 것은 5언배율 「대운사 찬공 스님 선방에서」의 네 번째 수의 15-16구인데, 자세한 설명은 한성무의 『두보 평전』(2000; 국역: 호미, 2007)을 참고하세요.

어쨌든 제 자신의 정신건강을 위해서 시바 료타로의 역사소설을 읽게 되었습니다. 실은 『재론 위기와 비판』을 집필하면서 이미 시바 역사소설의 번역본을 찾았었는데, 이번에 그 3부작 『료마가 간다』, 『언덕 위의 구름』, 『나는 듯이』가 동서문화사에서 『대망』 2판(2005)의 일부로 출판되었음을 알게 되었던 것이지요.

지금까지 알라딘에서 『대망』을 검색해보고도 이런 사실을 깨닫지 못했습니다. 야마오카 소하치의 『도쿠가와 이에야스』가 『대망』이라는 제목으로 1970년에 번역되었는데, 1977년에 '대방동'(실은 신길동)의 해군본부에서 방위병으로 근무하면서 읽은 적이 있거든요. 그런데 알고 보니 동서문화사의 『대망』은 모두 3부로 구성되어 『도쿠가와

이에야스』는 그 1부였던 것이에요.

『대망』 2부는 요시카와 에이지의 『다이코』(도요토미 히데요시), 『미야모토 무사시』 등과 시바 료타로의 『나라 훔친 이야기』(오다 노부나가)였습니다. 또 3부에는 『료마가 간다』, 『언덕 위의 구름』, 『나는 듯이』 외에도 두 편이 더 포함되었으니 시바의 작품은 모두 여섯 편이 번역되었던 셈이지요.

시바 역사소설 3부작의 첫 번째 작품인 『료마가 간다』는 1962-66년에 집필되었습니다. 이어서 두 번째 작품인 『언덕 위의 구름』은 1968-72년에 집필되었고, 세 번째 작품인 『나는 듯이』는 1972-76년에 집필되었지요. 그러나 배경이 되는 역사적 시기는 『료마가 간다』, 『나는 듯이』, 『언덕 위의 구름』의 순서였어요. 1966-68년에 집필한 『고개』도 『대망』 3부에 『사무라이』라는 제목으로 번역되었고요.

시바 료타로의 생애와 작품에 대해서는 일단 위키피디아 일본어판과 영어판을 참고할 수 있습니다. 시바 작품 전체에 대한 가이드로는 그의 작품을 출판한 문예춘추의 『시바 료타로 전저작』(2013)을 참고할 수 있고요. 그런데 일본의 '국민작가'인 시바에 대한 국내의 연구가 거의 없다는 것은 변명할 여지가 별로 없을 것 같아요. 『재론 위기와 비판』에서 지적한 것처럼, 국내에서 일본학의 중심은 언필칭 일어일문학이거든요.

시바가 국민작가라는 증거는 판매실적으로 알 수 있는데, 2015년 현재 『료마가 간다』는 단행본(전5권) 75만질, 문고본(전8권) 305만질, 총계 380만질이라고 합니다. 『언덕 위의 구름』과 『나는 듯이』의 실적은 대강 『료마가 간다』의 70%와 50%이므로 270만질과 190만질로 추산할 수 있고요. 나아가 일본방송협회(NHK)가 제작한 대하드라마에서의 비중도 그 증거라고 할 수 있습니다. 일본방송협회는 1963년부터 대하드라마를 매년 1작품씩(1993-94년만 3작품) 제작하여 2021년 현재 60작품을 제작했는데, 그 중 시바의 작품이 6개, 요시카와의 작품이 4개였거든요.

『료마가 간다』가 드라마화된 것은 1968년이었는데, 메이지유신

100주년이자 국민총생산에서 일본이 서독을 추월한 해이기도 했습니다. 또 거품경제의 절정기였던 1990년에 『나는 듯이』가 드라마화 되었지요. 시바가 '전쟁 찬미'로 오해될 것을 걱정하여 드라마화에 반대했던 『언덕 위의 구름』은 그의 사후에 '스페셜드라마'라는 별도의 형식으로 2009년부터 3년에 걸쳐 3부로 나뉘어 제작되었고요. 그런데도 그 분량은 『료마가 간다』와 『나는 듯이』의 절반 정도밖에 안 되었어요.

『대망』에도 포함되어 있는 요시카와는 사실 무협소설가였습니다. 그의 전성기는 일본의 중국진출기와 일치했는데, 특히 1935-39년에 『미야모토 무사시』를 집필한 데 이어 1939-43년에는 무사도의 관점에서 『삼국지』를 평역한 것으로 유명했지요. 요시카와의 『삼국지』는 1985년부터 코에이에 의해 역사시뮬레이션게임 시리즈로 개발·판매되어 2020년에 14작(作)까지 출시되었다고 하고요. 1988년 이문열 작가가 새로 『삼국지』를 평역하기까지 국내에서 유통된 『삼국지』는 모두 요시카와의 『삼국지』를 번안한 것인데, 자세한 설명은 이은봉 박사의 『중국을 만들고 일본을 사로잡고 조선을 뒤흔든 책 이야기』(천년의상상, 2016)를 참고하세요.

『료마가 간다』가 드라마화된 1968년은 전공투(전학공투회의)의 소요가 절정에 이른 해였습니다. 그런데 당시 학생운동권의 애독서는 시바의 작품 중 1965년에 테레비아사히가 드라마화한 『신센구미 혈풍록』(1962; 국역: 창해, 2008)과 1966년에 테레비도쿄가 드라마화한 『타올라라 검』(1962-64; 국역: 『대망』에 수록)이었다고 하지요. 둘 다 무협소설에 가까운 작품이었는데, 하기야 1980년대 남한 학생운동권도 김용의 무협소설 『영웅문』(射雕三部曲)에 열광했거든요.

『료마가 간다』에서 '밝은 메이지'와 '어두운 쇼와'를 대조하는 시바사관의 발단을 발견할 수 있습니다. 물론 그런 사관을 시바 자신이 정립한 것은 아니고 1961-66년에 주일대사로 근무하면서 강좌파의 '자학사관'에 대항하여 자유주의 사관을 주창한 라이샤워의 영향이 컸지요. 특히 『료마가 간다』의 모티프를 제공한 것은 바로 라이샤워의 제자인 마리우스[메리어스] 잰슨의 『사카모토 료마와 메이지유신』 (1961; 국역: 푸른길, 2014)이었고요.

사카모토 료마(1836-67)는 31세에 암살로 요절한 인물이었습니다. 그런 료마를 잰슨과 시바가 발굴하여 메이지유신의 일대 영웅으로 부활시킨 셈인데, 그에게서 '지사'(志士, 시시)의 전형을 발견할 수 있었기 때문이지요. 지사는 '뜻있는 선비'가 아닌 '뜻있는 사무라이'를 의미했는데, 그러나 양자의 차이가 크지는 않았어요.

『메이지유신은 어떻게 가능했는가』(민음사, 2014)에서 박훈 교수가 역설했던 것처럼, 막부 말기에 '사무라이의 사대부화'가 진행되어 메이지유신의 주역이 되었습니다. 막부 시대의 문관은 세습귀족인 공가(公家)였는데, 비교하자면 12세기 말부터 무관인 무가(武家)가 계속 집권했던 일본에는 고려 말기의 '무신정권'을 대체한 조선의 '사대부정권'이 없었던 셈이지요.

잰슨과 시바가 료마의 공적으로 제시한 것은 1866년의 삿초동맹(薩長同盟, 사쓰마-조슈의 동맹) 중재, 1867년의 대정봉환(大政奉還) 및 1868년의 메이지유신 구상이었습니다. 안타깝게도 메이지유신이 개시되기 직전에 암살당하고 말았지만요. 『료마가 간다』의 주제는 지사로서 료마가 자신의 품격을 향상시키는 과정, 단적으로 말해서 '번주(藩主, 다이묘)의 사무라이'(藩士)에서 '일본의 사무라이'(國士)로 진화하는 과정이었는데, 그 결과가 바로 삿초동맹, 대정봉환을 위한 '선중팔책'(船中八策), 메이지유신을 위한 '5개조의 서약문'이었지요.

그런데 료마가 암살당했다고 메이지유신이 좌절되지는 않았다는 것이 더 중요한 사실입니다. '유신삼걸'이라고 불리는 사쓰마 출신의 사이고 다카모리(1828-77), 역시 사쓰마 출신의 오쿠보 도시미치(1830-78), 조슈 출신의 기도 다카요시(1833-77)가 있었는데, 바로 그들이 『나는 듯이』의 주인공이었어요. 그 중에서 오쿠보의 유업을 계승하여 메이지유신을 완수한 사람이 일본의 국부 이토 히로부미(1841-1909)였고요. 사실 잰슨과 시바가 료마의 역할을 얼마간 과장했다고도 할 수 있거든요.

시바는 '암살이 역사에 기여한 것은 없다'는 관점에서 암살자 열전을 집필하기도 했는데, 『막말의 암살자들』(1973; 국역: 창해, 2005)이 그것입니다. 다만 '사쿠라다문 밖의 사건'이라고 불리는 1860년 이이 나오스케의 암살은 세계사적으로도 희귀한 예외였다는 것인데, 에도 막부의 타도와 메이지유신의 개시를 의미했기 때문이지요. 이토의 암살이 조선의 독립과 동양의 평화에 기여한 것이 무엇인지 궁금한 대목이기도 한데, 『재론 위기와 비판』에서 지적한 것처럼, 일본에서 보수주의자들이 자유주의자 이토의 암살을 기뻐했다고 하거든요.

지사로서 품격을 향상시키는 것이 중요했다는 사실을 강조하려고 시바는 막부 말기를 지사가 출몰하던 '지사횡행시대'(志士橫行時代)로 특징짓습니다. 지사 중에는 '난리가 나기를 바라는 사무라이'(幸亂之士), 쉽게 말해서 불량배·악당지사가 많았거든요. 「4·7보선 전후」에서 소개한 레닌의 비판처럼, 러시아혁명에 '출세주의자'(careerist)와 '투기꾼'(adventurer)이 대거 참여한 것과 마찬가지였지요.

지사란 본래 사무라이 출신이었는데, 그 중에서도 특히 향사(鄕士, 고시), 즉 시골 사무라이라고 불리던 하급 사무라이 출신이 중요했고, 그 대표적 사례가 료마·사이고·오쿠보였습니다. 기도는 의사 집안 출신이었고요. 그런데 지사 중에는 사무라이가 아니라 백성(농민을 비롯한 수공업자·상인) 내지 아시가루(足輕, 잡졸) 출신도 있었지요. 아시가루는 평시에는 백성이고 전시에는 병졸인 자였는데, 여기서 게이하이(輕輩, 졸개)라는 말이 나왔다고 하지요. 그래서 아시가루를 졸개라고 번역하기도 하는 것이고요.

아시가루 출신의 지사 중에는 당연히 시류에 편승하여 출세하려는 자나 투기하려는 자가 많았습니다. 물론 그렇지 않은 자도 있었는데, 양자를 '욕망의 인간'과 '이념의 인간'으로 구별할 수도 있겠지요. 아시가루 출신의 지사 중에서 욕망이 아닌 이념에 충실한 대표적 사례가 곧 이토와 그의 경쟁자였던 야마가타 아리토모(1838-1922)라고 할 수 있어요.

1880년대 자유민권운동 이후 지사가 장사(壯士, 소시)를 거쳐서 점차 정치깡패·브로커 같은 정치불량배/불량배정치인으로 변모했다는 사실도 지적해두겠습니다. 정치깡패·브로커에는 물론 야쿠자도 있었는데, 사실 장사와 야쿠자를 구별하는 것이 쉽지만은 않지요. 자세한 설명은 Eiko Siniawer, *Ruffians, Yakuza, Nationalists: The Violent Politics of Modern Japan, 1860-1960* (Cornell University Press, 2008)을 참고하세요.

마지막으로 메이지유신의 연대기를 정리해두겠는데, 자세한 설명은 『재론 위기와 비판』을 참고할 수 있습니다.

1867년 막부의 대정봉환(大政奉還)으로 왕정복고
1868년 '5개조의 서약문' 발표로 메이지유신 개시
1869년 판적봉환(版籍奉還), 4년 후 지조개정(地租改正)
1871년 폐번치현(廢藩置縣)으로 막번제(幕藩制) 소멸
1872년 학제포고, 5년 후 도쿄대학 설립, 또 9년 후 제국대학으로 승격
1881년 의회개설칙유(勅諭) 반포, 이토 히로부미의 입헌군주정 구상
1885년 이토의 주도로 내각제 채택
1889년 이토가 기초한 흠정(欽定)헌법 반포
1890년 양원제의회 소집
1900년 이토가 입헌정우회를 결성하여 정당제 도입
1909년 이토 암살
1918년 정당내각제 실현으로 입헌군주정 완성

『나는 듯이』

『언덕 위의 구름』도 그렇지만 『나는 듯이』에서는 『료마가 간다』와 달리 여성이 거의 등장하지 않았는데, 통속성을 제거하면서 역사 그 자체를 강조하려는 의도였습니다. 루카치의 지론과 구별되는 이런 역사소설을 가리켜 시바는 사전(史傳)소설이라고 불렀는데, '픽션을 자신에게 금하면서' 사료에만 기초하여 역사적 사건(전쟁)과 인물을 묘사한다는 의미였지요.

사전소설이라는 구상은 1968년을 전후로 강좌파의 마르크스주의 사관에 대해 반발하여 역사 속에서 개인의 주체적 활동에 주목하는 자유주의 사관이 대두한 역사학계의 상황과도 관련되었을 것입니다.

「4·7보선 전후」에서 지적한 것처럼, 이병주 작가가 『산하』(1974-79)를 마무리하면서 정치적 평가에는 '시간의 여과작용이 필요하다'고 주장했는데, 『나는 듯이』에서 시바도 '정치현상은 시간이라는 촉매에 의해 화학변화를 일으킨다'고 역설했지요.

제가 볼 때 『나는 듯이』는 『언덕 위의 구름』보다 훨씬 더 중요한 작품입니다. 게다가 아주 흥미로운 작품이기도 한데, 다만 『언덕 위의 구름』은 물론이고 『료마가 간다』와도 달리 국내의 연구는 한 편도 없는 것 같아요. 사실 『언덕 위의 구름』은 전사(戰史)의 비중이 너무 커서 러일전쟁만 해도 2/3나 차지했지요. 물론 『나는 듯이』에도 세이난전쟁의 비중이 상당히 커서 1/3을 차지했지만요. 그러나 저는 전사보다 오히려 열전(列傳)에 관심을 가졌어요.

'나는 듯이'(翔ぶが如く)라는 제목의 출전에 대해서는 두 가지 설이 있습니다. 위키피디아에서는 '군자가 사는 집'(君子攸芋)은 처마가 '꿩이 나는 듯이 그 색깔이 곱다'(如翬斯飛)는 『시경』의 구절이라고 하는데, 처마가 고운 군자의 집은 메이지유신으로 건국된 일본이란 새로운 국가를 의미하지요. 또 군자는 형제 같았던 사이고와 오쿠보를 가리키는 것이고요. 그러나 사쓰마의 사무라이 자제 교육기관인 향중(鄕中)에서 가르치던 동요에 나오는 '울래, 날래, 우느니 날아라'(泣こかい, 飛ぼかい, 泣こよかひっ翔べ, 고민하지 말고 행동하라)라는 설도 있어요. 드라마에 그렇게 나온다는데, 잘 모르겠어요.

『나는 듯이』의 주제는 자본주의 혁명을 주도한 사이고와 자본주의 건설을 주도한 오쿠보의 갈등이었습니다. 사이고의 '정한'(征韓, 조선정벌)이라는 외정론은 메이지유신의 자본주의 혁명을 완수하기 위해 혁명을 수출해야 한다는 것인 반면 오쿠보의 내치론은 혁명의 완수를 위해 새로운 국가를 통해 자본주의를 건설해야 한다는 것이었지요.

이 점에서 시바는 사이고를 프랑스혁명을 수출한 나폴레옹에 유비하고 있는데, 실제로 사이고는 나폴레옹을 숭배했다고 합니다. 반면 프랑스에서 자본주의 건설을 추진한 오쿠보의 사례를 발견할 수는 없어요. 당시 프랑스가 막부를 지원했던 반면 영국은 메이지유신을 지원했다는 것도 우연은 아닐 것 같아요. '프랑스의 불행'은 나폴레옹 때문인 반면 '일본의 행복'은 오쿠보와 그를 계승한 이토 때문이라는 생각이 드는 대목이지요.

혁명인가 아니면 건설인가라는 갈등은 물론 사회주의의 경우에도 존재했던 것입니다. 「4·7보선 전후」에서 설명한 것처럼, 바로 이것이 레닌-부하린이 주장하던 신경제정책론/일국사회주의론과 트로츠키가 주장하던 세계혁명론 사이의 갈등이었지요. 그래서 트로츠키처럼 일국사회주의론을 스탈린의 중화학공업화론/농업집단화론으로 환원할 수는 없는 것이고요.

사이고 노선이 사쓰마에서 수용된 반면 오쿠보 노선은 조슈에서 수용되었습니다. 무관이던 사이고와 달리 오쿠보는 문관으로서 능력주의의 중요성을 깨달아 조슈 출신인 이토를 발탁했던 것이지요. 또 사쓰마와 달리 조슈에서는 번주의 독재권이 부재하여 혁명적 기풍이 강했고, 외국과의 전쟁, 막부와의 전쟁, 번내의 전쟁 등 온갖 전쟁을 경험하면서 무장투쟁이 능사가 아님을 깨닫게 되었던 것이고요.

박훈 교수가 주목한 것처럼, '사대부화된 사무라이'의 효시는 조슈의 하급무사 출신인 요시다 쇼인(1830-59)이었습니다. 쇼카손 사숙(私塾)에서 배웠던 그의 제자가 기도·이토·야마가타였는데, 기도와 달리 이토와 야마가타는 학연을 고수하지 않았지요. 그러나 이토는 경세의 진리를 위해 학연을 지양했고, 야마가타는 학연을 지연으로 타락시켰다는 차이가 있어요. 기도가 야마가타와 달리 이토는 인정한 것은 이 때문이었던 것 같아요.

시바에 따르면, 번주의 독재가 부재한 조슈에는 서양에서 말하는 '군주기관설' 내지 '입헌군주설'과 유사한 전통이 있었다고 합니다. 그래서 이토가 대정봉환과 왕정복고를 완수하기 위해서 판적봉환(1869)과 폐번치현(1871)을 주장할 수 있었는데, 그의 주장을 결국 기도, 나아가 오쿠보가 수용했던 것이지요.

그러나 시바는 사이고가 단지 식견이 부족해서 정한론을 주장했던 것은 아니라고 해석하는데, 판적봉환과 폐번치현으로 몰락했던 '불평사족'(不評士族)의 불만을 외면할 수는 없었다는 것입니다. 이토와 마찬가지로 조슈 출신이었던 야마가타가 도입한 징병제(1873)도 역시 몰락한 사무라이의 불만을 야기했고요.

메이지유신 이전 사무라이는 50만명, 그 가족까지 포함하면 인구의 5%인 200만명으로 추계된다고 합니다. 또 사쓰마의 경우는 아주 특이하여 주민의 40%가 사무라이 일가였다고 하고요. 유신 이후에 일부 사무라이는 메이지국가의 무관인 군인이나 경찰로 변신했는데, 상급 사무라이는 주로 군인, 하급 사무라이는 주로 경찰이 되었지요. 나아가 사업가나 기자·작가로 변신한 경우도 있었고요. 반면 문관은 이토가 현대화한 과거제도인 도쿄제국대학(1886)과 행정고시(1894, 고등문관시험 행정과)로 충원되었지요.

시바에 따르면, 사이고가 '존경하는 사람'(かいもさん, 당해낼 수 없는 사람)은 사마광으로 사이고는 『소학』에 나오는 사마광의 말을 좌우명으로 삼았다고 합니다.

나는 남보다 뛰어난 것이 없다. 다만 평생 한 일 가운데 아직은 남에게 말할 수 없는 일이 없을 따름이다.

吾無過人者. 但平生所爲, 未嘗有不可對人言者耳.

사대부화된 사무라이인 사이고가 이상으로 추구한 정치는 사대부의 정치였다는 것이지요. 그러나 사이고의 기질은 역시 사대부보다는 사무라이에 가까웠는데, 학식보다는 기백, 지(知, 지식)보다는 정의(情意, 감정과 의지)가 출중했기 때문이지요.

사이고는 결국 세이난전쟁(1877)에서 패배함으로써 몰락했습니다. 또 직전에 사가반란(1874)으로 역시 정한파에 속했던 에토 신페이도 몰락했고요. 이 대목에서 시바가 내무부를 주도한 오쿠보와 사법부/법무부를 주도한 에토의 갈등에 주목하고 있다는 사실을 지적해두지 않을 수 없겠지요.

오쿠보는 슈타인(Lorenz von Stein)의 제자였다고 하는데, 메이지유신에서 슈타인의 역할은 정말 결정적이었던 것 같습니다. 오쿠보가 슈타인에게 배웠던 것은 국가의 핵심적 기능이 내무행정이라는 사실이었지요. 나중에 슈타인에게서 이토는 입헌군주정을 배웠고 또 야마가타는 지정학을 배웠고요. 슈타인에 대한 간단한 소개는 『후기』를 참고하세요.

오쿠보는 폐번치현 이후 치안을 위한 무력으로 야마가타의 육군과 가와지 도시요시의 경찰에 주목했습니다. 육군과 경찰의 분업에서 전자의 업무가 전투였던 반면 후자의 업무는 정보와 공작이었지요. 세이난전쟁에서 야마가타군이 사이고군을 격파함으로써 징병제에 기초한 농민군('국방군')이 세습적 신분이었던 사족군(혁명군 내지 '군복을 입은 지사단')을 패퇴시킬 수 있음을 증명한 셈이었고요.

또 경찰을 장악했던 가와지도 자신의 장관이었던 에토와 결별하고 오쿠보를 선택했습니다. 가와지의 경찰이 사법경찰에서 행정경찰로 변신한 것이었는데, 푸셰를 존숭한 가와지는 행정경찰의 정보업무를 중시했지요. 츠바이크가 강조한 것처럼, 푸셰는 흑막 내지 공작정치의 원조이기도 했는데, 행정/정보경찰이 밀정/첩자(spy)와 끄나풀/앞잡이(provocateur)를 통해 정보업무 이외에도 막후공작(backstage maneuvering)을 수행했던 것이지요.

시바는 사이고와 오쿠보의 갈등을 메이지유신이라는 '죽음의 도약'(salto mortale, 에르빈 밸츠)을 둘러싼 비극으로 해석하고 있습니다. 여기서 비극이란 헤겔이 말하는 두 가지 윤리와 정의의 충돌이라는 의미이지요. 마치 소포클레스의 『안티고네』에서 '신의 법'과 '인간의 법'이 충돌하는 것처럼요. 그러나 트로츠키의 경우도 비극적이라고 할 수는 없을 것인데, 기질적으로 혁명에 부적합한 인물로서 자신의 몰락을 자초했기 때문이에요.

이런 맥락에서 무라타 신파치(1836-77)에게 주목할 수 있습니다. 시바가 '그의 사람들'(そのひとびと)이라고 부르는 사이고의 측근을 대표하는 사람은 기리노 도시아키(1839-77)였지요. 세이난전쟁에서 사이고 사족군 참모장이던 그는 향상심이 부족하여 '나는 가난해서 배우지 못했다'고 하면서 가난에 대한 '긍지'를 무지에 대한 '긍지'로까지 심화시켰던 인물이었어요.

사이고의 측근 중에서 무라타는 '예외적 존재'였는데, 단지 무관이 아닌 문관이라는 점 때문만이 아니었습니다. 그는 이와쿠라 사절단(1871-73)의 수행원으로 오쿠보의 구상에 공감했으면서도 사이고와 운명을 같이 했기 때문이기도 했지요. 한 마디로 말해서 그는 '지성과(…)자기희생의 정신(捨身の心)을 지닌 인물'이었어요.

『나는 듯이』에서 가장 감동적인 대목은 사쓰마로 낙향한 사이고가 자신을 찾아 귀향한 무라타를 맞이하는 장면입니다.

> '돌아왔구나', 이렇게 말하듯이 사이고는 말없이 미소를 지었다. [그 미소를 보고] '역시 돌아오기를 잘했어', 무라타는 그런 생각이 들었다.

세이난전쟁에서 사이고가 전사하자 무라타는 울면서 '아, 하늘이시여'(噫, 天なり)라고 외치고 자결했지요. 사이고와 무라타의 이런 일화를 통해 시바가 현대화의 와중에 소멸해버린 사무라이의 정의(情義, 인정과 의리)를 아쉬워했음을 알 수 있어요.

세이난전쟁을 모델로 한 『라스트 사무라이』(2003)의 주제도 역시 비슷했습니다. 톰 크루즈가 연기한 올그런 대위는 1876년 리틀빅혼 전투의 생존자였는데, 이듬해 도일하여 정부군의 훈련에 참여하게 되었지요. 그러나 '사이고'의 무사도에 공감하면서 반군 편에서 참전했어요. 『라스트 사무라이』가 캔디스 버젠의 『솔져 블루』(1970), 더스틴 호프먼의 『리틀 빅 맨』(1970) 같이 '고상한 원시인'(noble savage)과 공감하는 수정주의 서부영화를 계승한다고 할 수도 있겠지요.

마지막으로 메이지유신을 전후로 태평천국이나 동학처럼 종교에 의존하는 농민전쟁이 부재했다는 사실에도 주목할 필요가 있습니다. 막부 말기에 발생한 일련의 잇키(一揆, 농민봉기)는 1866년 요나오시(世直し, 세상을 바로 잡음)·요나라시(世平し, 세상을 고르게 함)로 절정에 도달했다가 이듬해 '에에쟈나이카'(ええじゃないか, 아무렴 어때 또는 좋지 않은가)라는 광란의 카니발이 돌출하여 결국 양자가 혼재하게 되었거든요.

『언덕 위의 구름』

국내에서 가장 유명한 시바의 대표작은 『언덕 위의 구름』입니다. 그 제목은 '(…)언덕 위의(…)구름만을 바라보며 언덕을 올라갔다'는 메이지의 시대정신을 표현하는데, 아키야마 사네유키(1868-1918)와 그의 형 아키야마 요시후루(1859-1930), 그의 친구 마사오카 시키(1867-1902)라는 세 명의 기재(奇才)가 주인공이었지요. 그러나 그들은 사이고·오쿠보·기도 같은 유신삼걸이나 이토 같은 국부, 한마디로 말해서 영웅은 아니었어요.

아시가루 집안 출신인 아키야마 형제는 역시 시바가 발굴한 러일전쟁의 주역이었습니다. 사네유키는 황해와 동해/일본해에서 러시아의 여순함대와 발트함대를 격파했고, 요시후루는 만주에서 러시아의 코사크기병대를 격파했지요. 시바에 따르면, 아키야마 형제로 상징되는 능력주의를 채택한 일본군이 세습적 귀족주의를 고집하던 러시아군에게 승리할 수밖에 없었던 것은 당연한 일이었어요.

우크라이나 슬라브인을 의미하는 코사크의 역사는 이미 인용한 구로카와의 『우크라이나의 역사』를 참고할 수 있습니다. 사회주의적 리얼리즘의 대표작이 숄로호프의 『고요한 돈강』(1928-40)인데, 그 주인공인 코사크 청년 그리고리는 러시아혁명의 와중에 백군과 적군 사이에서 우왕좌왕하다가 파멸하고 말지요.

『고요한 돈강』에는 코사크 민요가 많이 인용되는데, 그 중 하나가 68세대가 반전시위에서 부르던 포크 「꽃들은 모두 어디로 갔을까?」(1955/60)입니다. 포크그룹 '브러더즈 포' 버전(1964)에서 1-5절 5-6소절과 후렴만 인용해보겠어요.

꽃들은 모두 어디로 갔을까? 모두 처녀가 땄다네.
처녀는 모두 어디로 갔을까? 모두 남편을 만났네.
남편은 모두 어디로 갔을까? 모두 군인이 되었네.
군인은 모두 어디로 갔을까? 모두 무덤에 묻혔네.
무덤은 모두 어디로 갔을까? 모두 꽃들이 되었네.

아, 언제나 깨달을까? 아, 언제나 깨달을까?

Where have all the flowers gone? Young girls have picked them every one.
Where have all the young girls gone? Gone to husbands every one.
Where have all the husbands gone? Gone to soldiers every one.
Where have all the soldiers gone? Gone to graveyards every one.
Where have all the graveyards gone? Gone to flowers every one.

Oh, when will they ever learn? Oh, when will they ever learn?

코사크 민요에서 가장 유명한 것은 1970-80년대의 학생운동권이 즐겨 부르던 「스텐카 라친」인데, 「찔레꽃」(1972)과 「목로주점」(1981)의 싱어송라이터 이연실 버전을 인터넷으로 들어볼 수 있지요.

 한편 상급 사무라이 집안 출신이었던 시키의 공적은 일본 고유의 하이쿠를 부흥시킨 것이었습니다. 저는 「4·15총선 전후」에서 소개한 이성아 작가의 『가마우지는 왜 바다로 갔을까』(나무의자옆, 2015)를 읽으며 하이쿠에 대해 처음으로 알았는데, 너무 인상 깊어서 류시화 시인이 번역한 바쇼·부손·잇사·시키 등의 하이쿠 선집 『백만 광년의 고독 속에서 한 줄의 시를 읽다』(연금술사, 2014)를 구해서 읽어보기도 했어요.

 메이지유신 초기에는 '구폐 타파'라는 명분으로 중등교육과정에서 일본어 대신 한자, 일본문학 대신 한문학을 가르쳤다고 합니다. 물론 이런 편향이 오래 지속되었던 것은 아닌데, 1881-82년부터 일본어 교육이 시작되었거든요. 그래서 시키가 일본어 연구와 더불어 일본문학의 부흥에 매진했던 것이지요. 시키는 국문전용에 반대하면서 국한문혼용을 주장했는데, 서양외래어까지 혼용하자고 주장했어요. 또 하이쿠와 단카의 현대화에 몰두했는데, 그의 절친 나쓰메 소세키는 현대소설을 개척했지요.

 수신(修身, 도덕)도 국어국문학과 함께 타파되어야 할 구폐로 간주되었는데, 중등교육과정에서 수신은 물론 사회과목은 일체 가르치지 않았습니다. 그 반작용으로 1878년의 '군인[육군]훈계'와 1882년의 '군인[육·해군]칙유', 나아가 1890년의 '교육칙어'를 통해 충군애국의 대상을 번주와 번에서 천황이라는 국가원수와 일본이라는 국가로 전환하려고 시도했던 것이지요. 1894-95년 청일전쟁과 1904-05년 러일전쟁을 거치면서 드디어 '손님'(客分, 후쿠자와 유키치)이 아닌 주인으로서 국민이 형성되었던 것이고요.

시바는 러일전쟁은 물론이고 청일전쟁에서도 함대결전이 결정적이었다고 주장했는데, 물론 사네유키를 부각하기 위한 의도였기도 했을 것입니다. 1860년대에 전함이 출현하면서 발발한 최초의 함대결전은 1866년 이탈리아와 오스트리아의 리싸해전이었는데, 그 후 거의 30년 만에 발발한 황해해전이 두 번째의 함대결전이었지요. 그래서 국제적으로 주목을 받았던 것이고요.

당시 중국해군의 주력함은 전함이었던 반면 일본해군의 주력함은 순양함, 그것도 이등순양함이었습니다. 전쟁의 승패를 결정하는 데는 무기 말고 인간적 요소가 중요했음을 알 수 있는 대목인데, 능력주의에 따라 발탁된 지휘관과 주인의식을 가진 병사가 그것이었지요. 황해해전의 승리로 일본은 요동반도에 진출할 수 있었던 것이에요. 시바가 한반도에서의 전투를 생략한 것은 청일전쟁의 승패를 결정한 요인이 아니었다는 판단 때문이겠지요.

황해해전이 국제적 관심의 대상이었다고 했는데, 특히 황해해전의 승리 이후 영국의 외교·안보정책이 친청에서 친일로 전환했습니다. 또 1895년 프랑스·독일의 지원으로 러시아가 주도한 삼국간섭, 1897년 러시아의 요동반도 점령 등을 계기로 1902년에 영일동맹이 체결되었고요. 1904-05년에 일본이 영국·미국과 독일·프랑스에 이어 5대 군사강국에 속했던 러시아에게 도전할 수 있었던 것은 영일동맹으로 영국의 지원을 기대할 수 있었기 때문이에요.

영국이 영일동맹을 통해 러일전쟁에서 일본을 지원한 것은 당시 국제정세로 보면 당연한 일이었습니다. 1853-56년의 크림전쟁에서 패전한 다음 러시아는 프랑스, 그리고 프랑스를 견제하려는 독일의 지원을 받아 동아시아 진출을 시작했는데, 이것이 중국은 물론 일본에게도 위협이 되었던 것이지요. 단적으로 태평양함대의 모항이던 블라디보스톡은 '동방의 지배자'라는 의미였어요. 독일인 언어학자 묄렌도르프에 이어 보부상 출신 금광업자 이용익을 신뢰했던 고종은 시대착오적으로 친러정책을 추진했지만요.

문재인 대통령이나 이재명 후보는 한국이 6대 군사강국에 속한다고 자랑하곤 하는데, 그래서 등거리외교를 통해 자력으로 미국·일본·유럽연합이나 중국·러시아에 충분히 대응할 수 있다고 생각하는지 궁금할 따름이에요. 무기는 몰라도 인간적 요소나 외교·안보정책의 결함이 이미 임계점을 지났거든요. 하기야 내심으로 중국과 러시아에 친화적이거나, 심지어 연방제 통일 이후에는 북한의 핵무기가 우리 것이 된다고 생각할지도 모르겠지만요.

어쨌든 청일전쟁 직후인 1897년에 사네유키는 미국으로 유학을 떠났습니다. 1890년에 현대전에서는 육상력이 아닌 해양력이 결정적이라는 새로운 전략사상을 제시한 머핸 대령을 존숭했기 때문인데, 사네유키는 머핸에게서 개인지도와 함께 몇 가지 지원을 받았지요. 게다가 1898년 미서전쟁 중에 발발한 산티아고해전에 관전무관으로 참관할 수도 있었고요. 이렇게 작전가로 성장한 사네유키는 1902년에 귀국하여 해군대학교 최초의 전술강좌를 개설했는데, 그가 설정한 가상적국(potential enemy)은 물론 러시아였어요.

그런데 사네유키가 아무리 탁월한 작전실무능력을 가졌다고 해도 그를 참모로 발탁할 안목을 가진 사령관도 있어야 하는 법입니다. 그래서 시바가 러일전쟁에서 연합함대사령관이던 도고 헤이하치로(1848-1934) 제독에게 주목했던 것이고요. 사실 이것은 시바의 해석인데, 통설에서는 도고가 주인공이어서 사네유키는 그의 그림자에 가려져 있었거든요.

그러나 통설을 모두 허구로 치부할 수만은 없습니다. 발트함대가 블라디보스톡으로 진입하기 위해 쓰시마해협을 통과할 것인지 또는 쓰가루해협을 통과할 것인지에 대해 사네유키가 판단을 유예한 채 고뇌하고 있을 때 당연히 쓰시마해협일 것이라는 판단을 제시했던 사람이 바로 도고였거든요. 학문·재주는 몰라도 식견에서 사네유키는 아직 도고를 뛰어넘지 못했던 것이지요.

시바가 볼 때 메이지시대는 일본의 국운이 흥성하는 시대였는데, '후생가외'(後生可畏)의 기재가 속출했기 때문입니다. 또 이렇게 자신을 능가하는 후배/제자를 질투하는 대신 포용할 수 있는 선배/선생이 있었던 것이고요. 그 결과 능력주의가 지배하면서 상향평준화가 실현되었던 시대였지요. 관련해서 「4·7보선 전후」에서 소개한 헤겔의 말에 다시 한번 주목할 수 있겠지요.

> 위대하고 탁월한 인간[역사적 개인] 때문에 슬퍼져서 질투하는 인간은 그를 왜소하게 만들 결함을 찾기 위해 노력한다.(…)그러나 자유로운 인간은 질투하지 않고, 위대하고 탁월한 인간을 기꺼이 인정하면서 그의 존재를 기뻐한다.

아키야마 형제는 전형적인 직업군인이었습니다. 쉽게 말해서 군정(軍政, 군사행정)에는 소극적인 반면 군령(軍令, 군사작전지휘)에는 충실한 군인이었다는 것이지요. 요시후루는 '세상에서 추악한 것 중의 하나'가 바로 정치군인이라고 질타했다고 하는데, 아키야마 형제 같은 직업군인이 야마카타의 후예인 정치군인으로 교체되면서 '밝은 메이지'가 '어두운 쇼와'로 타락했다고 할 수 있겠지요.

시바는 육군의 무능과 해군의 능력을 대조하기도 합니다. 육군의 무능은 야마가타의 조슈 파벌이 지배했기 때문인 반면 해군의 능력은 사쓰마 파벌이 해체되었기 때문이라는 것이지요. 청일전쟁 직전에 사이고 주도/쓰구미치(다카모리의 동생) 장관이 사쓰마 해군을 해체했는데, 그는 야마모토 곤노효에를 제외한 사쓰마 출신 원로를 대거 퇴진시켰지요. 그리고 러일전쟁에서 야마모토 장관이 도고 제독을 발탁하고 도고 제독이 사네유키 참모를 발탁했던 것이고요.

러일전쟁의 승패를 결정한 것도 물론 함대결전이었습니다. 대신 양국 모두 주력함은 전함이었는데, 다만 러시아의 여순함대와 발트함대가 수적으로는 일본의 연합함대를 압도했지요. 그러나 작전능력에서 일본이 러시아를 압도했는데, 그래서 시바는 일본과 러시아의 작전계획을 전쟁·전략과 전투·전술의 산술적·합리적 관계와 철학적·

신비적 관계로 대조하기도 했어요.

일본해군이 러시아해군을 격파하고 황해와 동해/일본해의 제해권을 장악하자 미국의 시어도어 루즈벨트 대통령이 중재하여 1905년 9월에 강화조약을 체결하게 되었습니다. 그리고 그 직전인 7월에는 미국의 필리핀 지배와 일본의 조선 지배를 교환하는 태프트-가쓰라 협정이 체결되었던 것이고요.

러일전쟁은 유럽의 세력균형에도 일대 변화를 초래했습니다. 영국이 프랑스와 러시아를 설득하여 1907년에 영·불·러 삼국협상(Triple Entente)을 체결했는데, 아시아에서 영·일·러 '삼국협상'의 짝이었던 셈이지요. 그 결과 영국은 나폴레옹전쟁 이후 외교·안보정책의 기조였던 '영광스런 고립'(Splendid Isolation)에서 벗어나 1882년에 독일이 오스트리아·이탈리아와 함께 체결한 삼국동맹(Triple Alliance)에 대응할 수 있게 되었던 것이에요.

『종합토론』에서 소개한 바 있는 야마다 아키라의 『일본, 군비확장의 역사』(1997; 국역: 어문학사, 2019)에 따르면, 러일전쟁은 머핸 사상의 실증으로 간주되어 그 후 대함거포주의에 따른 건함경쟁이 시작되었습니다. 그러나 1930년대 말 주력함이 전함에서 항공모함으로 변화했는데, 일본에서는 연합함대사령관 야마모토 이소로쿠 제독이 그런 변화를 주도했지요. 그러나 그는 야마가타의 후예인 '쇼와 육군'에 반대하여 미국과의 개전에는 반대했어요.

일본방송협회가 2009년 말부터 스페셜드라마로 『언덕 위의 구름』을 제작하면서 일본에서 시바에 대한 논쟁이 제기되었고 그 일부가 국내에서도 소개되었습니다. 가장 중요한 것은 와다 하루키의 『러일전쟁: 기원과 개전』(2009; 국역: 한길사, 2019)이었는데, 그 논지는 『러일전쟁과 대한제국』(2010; 국역: 제이앤씨, 2011)을 통해서 소개되었지요. 또 나중에는 나카츠카 아키라의 『시바 료타로의 역사관』(2009; 국역: 모시는사람들, 2014)과 하라 아키라의 『청일·러일전쟁 어떻게 볼 것인가』(2014; 국역: 살림, 2015)도 소개되었고요.

그래서 스페셜드라마 『언덕 위의 구름』을 구해보았는데, 도대체

웬 소란이었나 하는 생각이 들었습니다. '전쟁 찬미'로 오해될지도 모르겠다는 시바의 유지를 존중하여 반전 색채를 크게 강화했거든요. 물론 2009-12년은 민주당 집권기이기도 했는데, 2부가 종영된 직후인 2011년 3월에 동일본대진재가 발생했고, 3부가 종영된 1년 후인 2012년 말에 아베 총리가 재차 집권에 성공하게 되었지요.

반전 색채가 강화되었다는 증거는 무엇보다도 러일전쟁의 분량이 1/3 이하로 축소되었다는 사실입니다. 또 청일전쟁의 막바지에 종군기자로 참여했던 시키의 하이쿠를 소개하기도 했는데, 시바는 인용하지 않아서 저도 드라마에서 처음으로 보았지요.

죽은 사람의   なき人(ひと)の
주검을 숨기거라   むくろを隱(かく)せ
봄날의 수풀   春(はる)の草(くさ)

미국유학을 마치고 해군대학교 초대교관으로 부임한 사네유키가 작전계획세미나 격인 병기연습(兵棋演習, military simulation, 워게임)의 총평에서 한 말도 전쟁 찬미와는 무관한 것이었습니다.

무식한 지휘관은 살인범이 된다.

사대부의 경우에는 '학식이 없는 경세가는 불량배나 악당이 된다'고 할 수 있겠지요.

러일전쟁 개전에 임하는 아키야마 형제의 각오도 마찬가지였는데, 사대부화된 사무라이의 태도였다고 할 수 있습니다.

이번 전쟁, 일가가 전멸하더라도 원한은 없다.

소설에서는 불과 몇 쪽에 지나지 않는 후일담도 아주 상세하여 러일전쟁의 비중에 버금간다고 할 수 있는데, 특히 현대전의 잔혹함에 대한 사네유키의 고뇌를 부각시켰지요.

아마도 드라마화에 불가피했겠지만, 통속화도 무리가 없었습니다.

먼저 여성의 비중이 커져서 '사네유키의 여인들'이라고 할 만한 시키의 동생 리쓰와 부인 스에코, 요시후루의 부인 다미, 아키야마 형제의 어머니 사다의 역할이 부각되었지요. 시키 말년의 '병상육척'(病牀六尺, 여섯 자 병석) 생활을 부연한 것도 적절했는데, 생명에 대한 애착 내지 생명의 소중함을 부각한 셈이거든요.

사실 제가 소설에서 이 부분을 대강 읽어서도 그랬겠지만, 육군의 무능이 부각되었던 것도 좋았습니다. 육군이 고집한 여순총공격인가 해군이 요구한 203고지점령인가는 러일전쟁에서 여순 점령 자체가 아니라 여순함대 공략이 핵심이었음을 의미했지요. 결국 203고지를 점령하여 여순함대를 격파함으로써 그 다음에 발트함대도 격파할 수 있게 되었던 것이고요.

러일전쟁에서 러시아가 패배하고 일본이 승리한 데는 러시아육군의 자멸과 러시아해군의 작전 결함도 작용했습니다. 일본의 능력주의와 러시아의 귀족주의의 대결에서 이미 승패가 갈렸던 것이지요. 레닌처럼 말해서, '자유로운 문화국 일본'(cultured and free Japan) 내지 '입헌국 일본'(constitutional Japan)과 러시아의 절대군주정(autocracy) 사이의 대결에서 승패가 갈렸다고 할 수도 있고요. 흑룡회 관련자로 러시아공사관 무관이던 아카시 모토지로의 정보·공작활동의 기여에 대해서는 논란이 많은데, 강제병합 전후로 조선에서 헌병과 경찰의 수장이었던 그는 이토 암살에도 연루되었다는 설이 있지요.

종종 일본과 비교되는 나라로 이탈리아가 있습니다. 그런데 19세기 말 제국주의시대에 이탈리아의 별명이 '열강 중 꼴찌'(l'ultima delle grande potenze)였던 반면 일본은 '잇토코쿠'(一等國)을 지향했다는 차이가 있어요. 이것은 물론 엘리트와 대중의 기질적 차이, 한마디로 말해서 향상심의 존부(存否)에 기인하는 것이겠지요.

Machiavelli's Children: Leaders and Their Legacies in Italy and Japan (Cornell University Press, 2003)에서 새뮤얼즈(Richard Samuels)는 '마키아벨리의 마차와 플루타르코스의 바퀴'를 결합하여 이탈리아와 일본에서 엘리트의 차이에 대한 설명을 시도했습니다.

마키아벨리가 강조한 '능력'(virtù)과 '행운'(fortuna)이라는 관점에서 두 나라 엘리트에 대한 플루타르코스식 '비교 열전'(parallel lives)을 제시한 것이었지요.

새뮤얼즈의 작업에서 두 나라 엘리트의 가장 큰 차이로 경세가의 존부에 주목할 수 있을 것입니다. 하기야 이탈리아와 유사한 프랑스에도 없었던 경세가가 이탈리아에 있었을 리는 없겠지만요. 반면에 오쿠보와 이토 같은 경세가의 존재에서 일본은 독일을 능가할 뿐만 아니라 영국에도 접근했다고 할 수 있는데, 그러나 다만 현대경세가인 경제학자가 부족했다는 것이 한계라면 한계였겠지요.

한도 가즈토시의 『쇼와사』

시바는 '어두운 쇼와'에 대한 작품도 구상했으나 결국에는 '역겨움' 때문에 집필하지 못했다고 합니다. 이것은 문학뿐만 아니라 이론의 경우에도 마찬가지라고 할 수 있지요. 알튀세르의 제자이자 『자본』의 번역자이기도 한 장-피에르 르페브르('일상생활 비판'으로 유명한 앙리의 아들)가 마르크스와 자본의 관계를 설명하면서 '지식에 대한 욕망'과 '대상에 대한 사랑'은 일치한다고 주장한 적이 있거든요.

그래서 한도 가즈토시의 강의록 『쇼와사』(2004-06; 개정판, 2009; 국역: 루비박스, 2010)를 참고할 필요가 있는 것입니다. 『문예춘추』 편집장 출신인 그는 자칭 '역사탐정'이었고, 나쓰메 소세키의 외손녀 사위이기도 했어요. 만주사변부터 태평양전쟁까지 '15년전쟁'을 다룬 『쇼와사』 1권인 전전편은 '밝은 메이지'가 '어두운 쇼와'로 타락하는 과정을 추적하고 있지요.

문제는 야마가타의 후예인 '쇼와 육군'이었는데, 1930년대 대불황은 일본의 '생명선' 내지 '생존권'(Lebensraum)으로서 만주라는 그들의 인식을 강화시켰습니다. 반면 이토의 후예이자 원로 정치인이었던 사이온지 긴모치(1849-1940)의 견제도 한계에 다다랐는데, 만주사변은 쇼와 육군의 군사적 노선이 사이온지의 외교적 노선을 압도해나가는 발단이었지요. 일본적 정치과정을 특징짓는 총리 후견인으로서 원로(元老, 겐로)에 대한 소개로는 신동준, 「근대일본의 원로에 관한 소고」, (『사학연구』, 47호, 1994)를 참고하세요.

이 대목에서 일본현대사를 '전쟁사' 중심으로 정리한 가토 요코 교수의 3부작을 참고할 필요가 있습니다. 『근대일본의 전쟁 논리: 정한론에서 태평양전쟁까지』(2002; 국역: 태학사, 2003), 『그럼에도 일본은 전쟁을 선택했다』(2009; 국역: 서해문집, 2018), 『왜 전쟁까지』(2016; 국역: 사계절, 2018)가 그것이지요.

『종합토론』에서 이미 소개한 것처럼, 요코 교수는 『리튼 보고서』가 제안한 '세계의 길'(the world's way)과 일본의 '고유의 길'(her own way)을 대조한 바 있는데, 전자가 보편적 국제주의였다면 후자는 특수한 민족주의였던 셈입니다. 그리하여 일본은 1933년에 국제연맹에서 탈퇴하고 1940년에 독일·이탈리아와 삼국동맹을 체결하게 되었던 것이지요.

쇼와 육군은 야마가타의 후예이면서도 더 이상 조슈 파벌 중심은 아니었습니다. 육군도 현대화가 필요했기 때문인데, 다만 개혁노선에서 대립하던 두 개의 파벌이 있었지요. 농촌 출신의 청년 장교를 중심으로 반소노선을 주장한 황도파와 군정부서 육군부와 군령부서 참모본부를 장악한 엘리트를 중심으로 반중노선을 주장한 통제파가 그것이었어요.

황도파는 특히 급진적이어서 다이쇼 민주주의에 대한 대안으로 '쇼와 유신'을 주장했는데, 급기야 1936년에 2·26쿠데타를 감행하여 자멸했습니다. 쇼와 천황이 격노하자 통제파가 진압에 나섰거든요. 그런데 2·26쿠데타 이후에는 천황 자신도 내란과 암살의 위협으로부터 자유롭지 않게 되었다고 하지요.

반면 통제파는 중화학공업화를 통한 '고도국방국가' 건설을 지향했는데, 재벌이 없었던 만주국에서 실험이 성공한 다음 그 성과를 본국에도 도입했습니다. 또 '국민정신총동원'이라는 명분 아래 절약을 장려하고 사치를 억제하려고 퇴폐(장발·파마·댄스)를 금지하고 영어(가로쓰기)도 금지했어요. 이런 맥락에서 박정희 대통령의 10월 유신이 명칭은 황도파에서 차용했던 반면 내용은 통제파에서 차용했음을 알 수 있지요.

어쨌든 한도에 따르면, 사이온지의 보좌를 받은 쇼와 천황은 본래 미노베 다쓰키치의 천황기관설을 지지했다고 합니다. 물론 쇼와 천황에 대한 변호론이라고 비판할 수도 있는데, 정치과정 속에서 천황의 역할을 분석한 야스다 히로시의 『세 천황 이야기: 메이지, 다이쇼, 쇼와의 정치사』(1998; 국역: 역사비평사, 2009)에 따르면, 입헌군주정에 대한 인식의 차이 때문에 원로 사이온지가 쇼와 천황의 친정(親政) 욕망을 견제하곤 했다고 하거든요.

만주사변이 발발하자 쇼와 천황이 육군의 유악상주(帷幄上奏)를 제지하며 총리의 문민통제를 지지한 것은 물론 사실입니다. 그러나 군부의 일각에서는 천황의 동생을 추대하려는 쿠데타 위협이 제기되고 실제로 황도파가 쿠데타를 감행하면서 중일전쟁 전후의 '복잡기괴한 정세' 속에서 천황이 '전향'하여 육군을 중심으로 한 군부의 독재를 용인한 것도 역시 사실이지요.

단적으로 말해서 문민통제와 군부독재는 정치와 전쟁의 관계를 전도하는 것입니다. 문민통제에서 전쟁이란 정치의 계속(Fortsetzung, continuation, 클라우제비츠)인 반면 군부독재에서는 정치가 전쟁의 계속이기 때문이지요. 혁명을 전쟁으로 환원한 모택동의 '계속혁명'이나 그것을 극단화한 임표의 '인민전쟁'은 문민통제보다는 오히려 군부독재에 가까운 것 같고요.

「4·7보선 전후」에서는 계속혁명/인민혁명의 사례로 인도네시아판 여순사건과 4·3사건인 1965년 9·30사건과 1967년 칼리만탄사건을 제시했습니다. 그런데 비극은 여기서 그치지 않아 인도네시아공산당의 비판적 계승을 자임한 캄푸치아공산당, 속칭 크메르 루주(Khmers rouges, 붉은 크메르)가 출현하게 되었지요. 물론 그 지도자 폴포트를 모택동의 '모조품'(a pale/inferior copy/imitation, a travesty)으로 비판하는 경우도 있지만요.

『마오쩌둥』(1999; 전면개정판, 2017; 국역: 교양인, 2019)의 저자인 필립 쇼트의 『폴포트 평전』(2004; 국역: 실천문학사, 2008)에 따르면, 1975년 4월부터 1979년 1월까지 4년이 못 되는 폴포트의 집권기간에 인구 700만명 중 150만명이 처형과 기근·질병으로 사망했습니다. 그 후 2만개 이상의 '킬링필드'에 매장되었고요.

그런데 1만명 정도의 산업노동자를 가진 최빈국답게 크메르 루주의 잔혹은 차원이 다른 것이었습니다. 20만명으로 추산되는 처형자 중에서 30% 미만이 총살되었고 50% 이상이 철봉이나 괭이로 머리가 깨져 죽었으니까요. 「4·7보선 전후」에서 소개한 세 가지 잔혹 중에서 'cruelty'(일반적 잔혹)가 아니라 'savagery/barbarity'(원시적/야만적 잔혹)나 'brutality'(동물적 잔혹)인 셈이었지요.

어쨌든 러일전쟁의 승리가 태평양전쟁의 패배로 반전된 한 가지 원인은 영국·미국과의 친선을 독일·이탈리아와의 친선으로 대체한 데 있을 것입니다. 이 때문에 사이온지가 절망하여 중일전쟁 전후로 자신이 후견해온 고노에 후미마로 총리(1937-39, 1940-41)와도 결별한 것이고요. 사이온지는 독일·이탈리아와의 삼국동맹에 찬성한 고노에를 '멍청한 짓투성이'(馬鹿げた事だらけ)라고 비판하며 일본인은 '다다미 위에서 [편안하게] 죽지 못하게 되었다'고 개탄한 다음 자신도 두 달 만에 죽었어요.

『한국의 불행』에서 소개한 것처럼, 고노에는 전통적인 반러/반소 노선에 반영·반미노선을 새로이 추가했습니다. 대신 그는 친독노선을 추구하면서 '동양먼로주의'에 따른 '대동아공영권'을 주장했어요. 고노에는 얼마간 모순적으로 미국과의 개전에는 반대했다고 하지요. 그리고 개전이 임박하자 총리에서 사임하면서 사이온지가 옳았음을 인정했다고 하고요.

고노에를 윤치호 선생과 비교할 수도 있습니다. 윤 선생은 대동아공영권에 찬성하면서도 친독노선에는 반대했는데, 자유주의자로서 소련과 나치 독일의 '전체주의적' 본성을 비판했기 때문이지요. 일기를 남긴 마지막 해인 1943년에 그는 히틀러와 스탈린을 '손대는 것마다 지옥으로 만든' '유럽의 악마'라고 불렀어요. 또 중립을 포기한 루즈벨트는 '큰 바보'(the big fool)라고 불렀고요.

방금 연합함대사령관 야마모토 이소로쿠 제독도 미국과의 개전을 반대했다고 했는데, 개전이 불가피하게 되면서 궁여지책으로 진주만 기습을 구상했던 것입니다. 그러나 6개월 내지 1년 후에는 전세가 역전되어 필패한다고 예측했어요. 역시 야마모토 제독의 예측대로 진주만기습 6개월 후에는 미드웨이해전에서 패배했고 1년 후에는 과달카날공방전에서 패배한 다음 일본의 패전은 다만 시간문제일 따름이었지요.

따라서 종전까지 2년 반 동안 저항했던 도조 히데키 내각(1941-44) 등은 병사들에게 '개죽음'(犬死に)을 강요했던 셈입니다. 1944년 마리아나해전 패배 이후 필리핀 레이테만해전에서 채택된 가미카제를 비롯한 일련의 자살특공대가 그 상징이었고요. 물론 히로시마·나가사키의 원폭피해자는 논외인데, 박경리 작가처럼 '이 시대의 악마'인 일본인에 대한 '천벌'이라고 저주할 수는 없거든요.

전후를 다룬 2권은 15년전쟁의 패인을 '근거없는 자신, 오만스런 무지, 끝없는 무책임'으로 규정했습니다. 그런데 이것이 지도자에게 귀착된 패인이라면 대중에게는 '열광'(fanaticism, 광신) 내지 '열정'(enthusiasm)이라는 패인을 지적할 수 있겠지요. 따라서 패전 직후 히가시쿠니노미야 나루히코 총리(1945년 8-10월)가 말한 군관민의 '일억총참회' 역시 마루야마 마사오가 말한 지식인의 '회한공동체'만큼이나 타당하다는 생각이 들어요.

방금 쇼와 천황에 대한 한도의 변호론에 대해 지적했는데, 그러나 무조건 항복이라는 결단만은 존중할 만한 것이었습니다. 패전 당시 본토에는 육군 225만명, 해군 125만명, 특공항공기 6천대가 상존하여 쇼와 육군의 주장대로 '본토결전'을 감행했을 경우 미일 양국에 대한 피해는 상상할 수도 없을 정도였어요. 요시다 시게루 총리(1946-47, 1948-54)가 전한 패전 직전 스즈키 간타로 총리(1945년 4-8월)의 말처럼, '잉어는 도마 위에 오른 다음에는 칼을 대도 꿈쩍도 않는다'는 승복할 줄 아는 일본인의 국민성도 물론 중요했고요.

쇼와 천황은 연합국군최고총사령관 맥아서와의 회견에서 자신의 전쟁 책임을 인정하고 '나를 교수형에 처해도 좋다'(You may hang me)고까지 말했다고 합니다. 또 그 말에 감동하여 존경심까지 품게 된 맥아서가 '전쟁 포기'를 명시한 헌법 9조를 조건으로 쇼와 천황의 면책과 함께 천황제 보존을 주장하게 되었다는 것이고요. 반면 당시 일본공산당은 천황의 책임을 추궁하는 대신 헌법 9조에 반대했다는 사실에도 주목할 필요가 있겠지요.

어쨌든 평화헌법 아래 통상(通商, 무역)국가 지향이라는 '요시다 독트린', 나아가 한국전쟁 특수 덕분에 일본경제가 전전 최고수준인 1934–36년의 1인당 국민소득을 회복한 것은 1953년이었습니다. 또 1956년 7월의 『경제백서』는 '이제 전후는 아니다'(もはや戦後ではない)라고 선언했는데, 전전 최고수준인 1944년의 산업생산액을 돌파함으로써 일본경제의 부흥이 종료되었고 마침내 정상화되었다는 의미였지요.

물론 요시다 독트린에 대한 도전도 있었습니다. 하토야마 이치로 총리(1954–56)의 후계자이자 '쇼와의 요괴(妖怪, 막후정치의 거물)'라고 불리던 기시 노부스케 총리(1957–60)가 개헌을 통해 재무장을 시도한 것인데, 결국 실패하면서 요시다의 후계자인 이케다 하야토 총리(1960–64)와 사토 에이사쿠 총리(1964–72)에 의해 이른바 '55년 체제'라고 불리던 자유민주당–사회당 양당제, 실질적으로는 자민당 일당우위제가 안정화되었던 것이지요.

요시다 총리가 유신삼걸의 대표자인 오쿠보 도시미치의 손녀사위라는 사실을 지적해두겠습니다. 그렇다면 이케다 총리와 사토 총리는 이토 히로부미에 비유할 수 있겠지요. 일본에서 기업인은 물론이고 정치인도 대를 이어 가업을 계승한다는 사실에 주목할 수 있는데, 그렇게 하기 위해서는 친자가 무능할 경우 양자를 선택해야 하는 것이지요. 가업의 계승에서 혈연은 중요하지 않다는 것인데, 실제로 기시 총리와 사토 총리는 형제간이었어요.

어쨌든 일본공산당과 강좌파는 이런 현실을 인정하지 않았습니다. 이런 맥락에서 한도는 이케다 총리의 경제브레인이었던 개발은행 이사 시모무라 오사무의 비판을 인용하고 있어요. 일본경제를 '미운 오리새끼'로 간주하는 일본공산당과 강좌파에 대해 '오리의 눈으로 백조를 보면 이상할지도 모른다'는 풍자와 야유였지요.

나아가 일본의 '68세대'는 '논리보다 게바봉(Gewalt棒=폭력봉, 즉 죽창)'을 중시했습니다. 1947-49년생인 68세대는 하향평준화교육을 받은 '단카이(團塊)세대'(일본의 베이비붐세대)답게 '논텔리(비지성)와 단게바(단순폭력)'를 주장했고, 그 결과가 1968-69년의 전공투였지요. 또 도쿄대 해체를 주장한 야스다강당 점거투쟁이 실패하자 1969-72년에는 적군파라는 테러리스트가 출현했고요.

한도에 따르면, 다나카 가쿠에이 총리(1972-74) 이후의 당대사는 생략할 수밖에 없었습니다. 실제로 강의가 이루어진 2005-06년에는 '정보공개법'의 30년 유예기간에 해당되었거든요. 당대사는 '사학'(史學), 즉 사초나 사료에 근거하는 의견이 아니라 '사론'(史論), 즉 개념이나 이론에 근거하는 의견일 수밖에 없다는 것이기도 한데, 박정희 정부나 전두환 정부에 대한 비방으로 출세한 한국역사연구회 출신의 현대사 연구자들로서는 용납할 수 없는 아카데미즘이라고 비판받아 마땅한 입장이겠지요.

사학과 사론의 관계에 대해서 간단하게나마 보충해두겠습니다. 단적으로 말해서 사론을 중시하는 스미스의 '이론적 역사로서 경제학'이나 마르크스의 '역사과학으로서 경제학 비판'에서 사학은 사론에 대한 증거(evidence)를 제공하는 것이지요. 반면 사론을 부정하는 랑케의 실증사학에서 사론 없는 사학이란 단지 자료(data)의 집성일 따름이고요. 그렇지만 실증사학을 비판한답시고 '사론으로 사학을 대체한'(以論代史) 한역연의 현대사는 사이비 역사(誣史, 날조된 역사)에 불과하다고 할 수 있는데, 그 사론의 민족해방론적 편향이 문제이기 때문이지요.

이토 유키오 등의 『쇼군·천황·국민』

한도의 『쇼와사』를 후지이 조지 교수와 그 제자 이토 유키오 교수의 편저인 『쇼군·천황·국민』(2010; 국역: 서해문집, 2012)으로 보충할 필요가 있습니다. 『위기와 비판』에서 설명한 것처럼, 이토 교수의 『이토 히로부미』(선인, 2014)를 읽고 비로소 일본의 현대정치사를 정리할 수 있었는데, 이번에 소개할 책은 역사학계 주류인 자유주의 사관에 따른 대학교양수업용 교과서이지요.

『쇼군·천황·국민』의 원제는 『일본의 역사: 근세·근현대편』입니다. 한국사학계에 무비판적으로 수용되는 일본사학계 고유의 '근세'라는 시대구분은 현대 초기라는 의미로 에도막부를 가리키는데, 후지이 교수가 편집한 부분으로 분량은 절반이지요. 또 이토 교수가 편집한 근현대가 나머지 절반인데, 메이지유신부터 전전의 쇼와까지 '근대'가 상세하지요. 또 '현대'에서는 헤이세이는 물론이고 전후의 쇼와도 아주 소략하게 다루고 있고요.

이토 교수가 집필한 8장 「입헌국가의 전개와 근대천황」은 7장 「메이지 유신과 문명개화」에 이어지는 것입니다. 그 주인공은 역시 메이지 천황의 스승이었던 이토 히로부미였는데, 이 장을 부연한 것이 『이토 히로부미』라고 할 수 있지요. 그런데 7장에서 료마가 전혀 언급되지 않는 것을 보면서 대중적 인기와 역사적 기여가 일치하지 않는다는 사실을 새삼 지적하지 않을 수 없어요.

통사인 7장과 8장에 이어진 부문사로서 9장 「동아시아를 둘러싼 국제환경 변화와 일본외교」의 주제는 대외관계였고, 10장 「제국일본의 발전과 도시·농촌」의 주제는 경제성장과 도시화였습니다. 또 11장의 주제는 「근대 사상과 시민 문화」였고, 12장의 주제는 「일본제국주의의 식민지배」였고요. 마지막 13장은 통사인 「전후 일본과 미일관계」였는데, 그에 해당하는 부문사는 없어요.

자유주의자로서 이토 교수가 이토 히로부미와 야마가타 아리토모의 관계에 주목하는 것은 당연한 일입니다. 그에 따르면, 이토는 정치인의 대부였던 반면 야마가타는 육군과 관료의 대부였는데, 여기서 관료는 특히 내무부의 경찰을 가리키는 것이지요. 단적으로 말해서 문관의 대부인 이토와 무관의 대부인 야마가타의 관계에 주목할 필요가 있다는 것이에요.

1930년대 대불황기에 문관과 무관의 견제와 균형이 파괴되면서 군국주의가 대두했던 것입니다. 동시에 무관에 부화뇌동하는 문관, 이른바 '혁신관료'도 등장했는데, 기시 노부스케가 대표한 경제관료, 그들과 알력이 있던 히라누마 기이치로가 대표한 검찰 등이었지요. 박정희 대통령의 10월유신에 동조한 경제관료, 그들과 경쟁한 검찰 등이 전통적 지지기반인 군경에 추가된 것도 우연은 아니에요.

이미 지적한 것처럼, 대불황기에는 이토의 후예이자 쇼와 천황의 스승인 사이온지의 원로로서 역할에도 한계가 있었습니다. 이미 70대의 고령이었기 때문인데, 다이쇼 천황의 건강악화로 쇼와 천황이 섭정으로 취임한 1921년에 72세였고, 다이쇼 천황의 사망으로 쇼와 천황이 즉위한 1926년에 77세였거든요. 게다가 그의 후계자로 7세 연하였던 하라 다카시는 이미 1921년에 암살당했고요.

이토 교수는 사이온지의 노쇠가 1931년 만주사변 이후 쇼와 천황의 오판과 그에 따른 권위 실추로 귀결되었다고 주장합니다. 그런 상황에서 1935년부터 야마가타의 후예들이 천황기관설을 공격하기 시작했는데, 게다가 1936년에는 2·26쿠데타까지 발발했던 것이지요. 그 모든 사태는 원로 사이온지와 쇼와 천황에 대한 공격인 동시에 입헌군주정에 대한 부정이었고요.

그런 상황에서 88세의 사이온지가 '최후의 수단'(最後の據所, last resort)으로 중일전쟁 직전에 고노에를 총리로 추천했던 것입니다. 그러나 이미 지적한 것처럼, 고노에는 사이온지의 기대를 배반했고 자신의 파멸을 예비했지요. 15년전쟁에서 고노에가 직접 책임져야 할 것은 중일전쟁이지만, 그러나 태평양전쟁에 대한 간접적 책임도 모면할 수 없어요. 중일전쟁이 태평양전쟁의 충분조건은 아니어도 필요조건임은 부정할 수 없거든요.

패전에 이은 1945-52년의 점령기, 즉 전후(戰後) 내지 아프레게르(après-guerre)는 일본인에게 트라우마였습니다. 특히 입헌군주정의 복원을 초과한 헌법 개정이 가장 큰 문제였는데, 맥아서가 '현재로는 징벌, 미래에는 모범'이라고 주장했던 헌법 9조가 점령군의 강제로 인식되었던 것이지요.

맥아서가 '폭력전문가'인 무관 중에서 군부가 아닌 경찰을 악으로 간주했었다는 사실에도 주목해두겠습니다. '전문적 테러리스트'이자 '전문적 스파이'였기 때문인데, 첩보수집이나 정보가공에 추가되는 유세(遊說, 선전·선동) 또는 이간(離間) 같은 스파이의 막후공작은 정신적 폭력이라고 할 수 있지요. 여기서 '전문가'와 '전문적'은 물론 'professional'을 번역한 것이었고요.

어쨌든 그런 상황에서 요시다 총리의 통상국가론과 기시 총리의 재무장론이 대결했고 결국 요시다 독트린이 승리했다는 것은 이미 설명한 그대로였습니다. 그래서 '이제 전후는 아니다'라고 선언한 것인데, 그러나 경제 이외의 영역에서도 트라우마가 치유되었는지는 명확치 않았지요.

예컨대 마쓰모토 세이초의 『일본의 검은 안개』(1960; 국역: 모비딕, 2012)는 점령기에 발생한 12개의 의혹사건을 '검은 안개'(黑い霧)로 비유한 논픽션이었습니다. 그는 후속작으로 전전의 사건을 탐사한 13권짜리 대작 『쇼와사 발굴』(1964-71)을 집필하기도 했는데, 그 절반 이상이 2·26쿠데타였어요.

『일본의 검은 안개』의 한계는 정보기관의 역할을 너무 과장하여 마지막 사건인 한국전쟁이 11개 의혹사건의 '최종목적'(end)이라는 목적론적 '모략사관'을 제시한 것이었습니다. 마쓰모토가 '남침설'을 비판하는 수정주의 한국전쟁론에서 커밍스의 원조라고 할 수 있는 스톤의 '남침도발설' 내지 '유도설'을 맹신한 결과였지요. 그러나 '비전향 18년'을 대표한 일본공산당 도쿠다 규이치 서기장의 최측근이었던 이토 리쓰 사건과 코프(KOPF, 일본프롤레타리아문화연맹, 나프(NAPF, 전일본무산자예술연맹)의 후신) 서기장 출신이었던 가지

와타루 사건은 충분히 주목할 만한 사건이었어요.

물론 대중적으로 더 주목을 받은 것은 마쓰모토의 소설『제로의 초점』(1958-59; 국역: 이상북스, 2011)이었는데, 그 주인공이 바로 '팡팡걸'이었습니다. 한도에 따르면, 패전 직후 미군을 위한 공창제도가 실패하면서 사창제도로 대체되었고, 그런 성매매여성을 팡팡걸이라고 불렀지요. 일본의 양부인·양공주인 팡팡걸은 시기와 선망의 대상으로 여대생도 많았다고 하고요. 한국전쟁기의 주한미군은 일본에서 휴가를 즐겼는데, 전쟁신부·사병애인이 한국은 6500명이었던 반면 일본은 5만명이나 되었던 것도 이 때문일 것 같아요.

마쓰모토의 대표작인『제로의 초점』은 이른바 '사회파' 추리소설의 효시였습니다. 리얼리즘의 요소를 추가한 새로운 추리소설로서 '단서'보다는 오히려 '동기'와 그 배경인 사회적·시대적 환경을 강조하는 것이었지요. 제목인 '제로의 초점', 영어로 '제로 포커스'(*Zero Focus*)는 마지막 장의 제목이기도 한데, 범인에게 초점을 맞춘다는 의미이지요. 'zero [in]'나 'focus'나 '초점을 맞춘다'는 의미이거든요.

『제로의 초점』에서 마쓰모토는 '이제 전후는 아니다'라는 선언을 부정하면서 '여전히 전후다'라고 주장하고 있습니다. 그에 따르면, 팡팡걸이 된 이유는 '[일본 남성과 달리] 친절한 미군에 대한 동경'이어서 '양가집 규수'나 '꽤 교양이 있고 좋은 대학을 나온 아가씨'도 많았다고 하지요. 실제로 주인공은 부유한 어민의 딸이자 영문과 여대생 출신인데도 팡팡걸이 되었거든요.

나중에 그녀는 지역중견기업 사장의 후처가 되어 여성문화운동가로 변신했습니다. 그리고 '자신의 명예를 지킨다'는 '아무도 저주할 수 없는 동기'로 연쇄살인을 저지르게 되었고요. 그녀의 희생자 중에는 팡팡걸 친구도 있었는데, 중농의 딸이자 여고생 출신으로 '소박하고 내성적이면서' '착하고 정 많은' 여성이었지요. 두 명의 팡팡걸이 모두 '꽤 괜찮은' 여성이었다는 것이에요.

『제로의 초점』을 계승한 작품이 모리무라 세이치의『인간의 증명』(1975; 국역: 해문, 1991)이었습니다. 거의 20년이 지난 시대적 배경에서도 '여전히 전후다'라는 주제에 인상이 깊었는데, 오히려 일본이 트라우마로부터의 회복력(resiliency)이 크기 때문이 아니었나 하는 생각이 들었거든요. 그래서 팡팡걸 문제에 대한 미국의 사죄와 배상을 요구하지 않은 것이 아니었나 하는 생각도 들었고요.

『인간의 증명』의 주인공은 지방 명문가 출신이자 도쿄 명문여고 재학생 출신인 팡팡걸이었습니다. 그녀는 흑인 병사와 사랑에 빠져 혼혈아를 낳았는데, 집안에서 국제결혼, 특히 흑인과의 결혼에 반대하자 남편·자식과 생이별을 하게 되었지요. 그 후 기업인 출신 국회의원의 부인이 되어 가정문제평론가로 활약하게 되었는데, 어느 날 미국에서 아들이 찾아온 것이에요. 그러나 이번 살인의 동기는 자신의 명예를 지키려고 아들을 죽인 '용서받지 못할' 것이었지요.

국회의원 남편이 기대에 못 미친 아들을 비난하는 대목도 주목할 만하다는 생각이 들었습니다. 그는 '사이비 히피'(pseudo-hippie)가 된 불량대학생 아들을 '다른 우주에서 온 생물'(alien)로 간주했지요. 하향평준화세대 자녀의 부모가 자녀교육 경쟁에 몰두하다가 결국 실망하게 된다는 설정이라는 생각이 들어요.

'인간의 증명'이란 역시 마지막 장의 제목인데, '인간(특히 어머니)의 마음이 남아 있다'는 증명이 곧 자백이었다는 의미입니다. 자백의 계기는 사이조 야소의 「내 모자」라는 시였고요. 그는 「소주야곡」이라는 가요의 작사자이기도 했는데, 이것은 이병주 작가의 『별이 차가운 밤이면』(1989-92)과 관련하여 김윤식 선생도 언급한 이향란(야마구치 요시코)의 히트송이었지요.

『제로의 초점』은 1961년부터 1994년까지 여섯 번 드라마화되었고, 『제로 포커스』라는 제목으로 1961년에 이어 2009년에도 마쓰모토 탄생 100주년을 기념하여 영화화되기도 했습니다. 『인간의 증명』은 1977년에 한 번 영화화되었고, 1978년부터 2017년까지 역시 여섯 번 드라마화되었는데, 그 중에서 2011년작은 문화방송(MBC)이 번안·제작한 『로열 패밀리』였지요.

이번에 2009년작 『제로 포커스』를 보는 김에 2004년작 『인간의 증명』도 다시 보았는데, 이미 『로열 패밀리』를 본 다음 원작도 찾아보았기 때문입니다. 『인간의 증명』이 『제로 포커스』보다 재미있었는데, 적군파 여대생 출신인 주인공 친구가 과거의 비밀을 이용해 돈을 갈취하는 대목에서는 윤미향 의원이 생각나기도 했어요.

『인간의 증명』의 주제가는 스티비 원더 원곡의 「양지바른 곳」(A Place in the Sun, 1966)이었습니다. 제가 이 노래를 처음 들은 것은 중학교 때였는데, 고등학생 선배가 기타를 치며 노래를 불러주었지요. 물론 가사를 다 알아들은 것은 아니었는데, 그러나 'There's a place in the sun'(어딘가엔 양지바른 곳이 있다네), 'Movin' on, movin' on' ([그곳을 찾아] 쉬지 않고 나아간다네)이라는 구절은 아직도 기억이 나요. 신예 싱어송라이터인 가와구치 쿄고가 리메이크했는데, 선배의 포크 창법과 비슷한 것 같아 오히려 스티비 원더의 로큰롤(소울) 창법보다도 좋다는 느낌이 들었고요.

고야마 히로타케의 『전후 일본의 공산당사』

고야마 히로타케의 『전후 일본의 공산당사』(1958; 국역: 어문학사, 2012)에 대해서도 주목해두겠습니다. 마쓰모토의 『일본의 검은 안개』에 나오는 이토 리쓰 사건과 가지 와타루 사건을 무시해버릴 수는 없거든요. 이 책의 후속작 『일본 마르크스주의사 개설』(1967; 국역: 이론과실천, 1991)은 이미 『재론 위기와 비판』에서 일본현대지식인의 역사를 검토하면서 소개한 적이 있으니 참고하세요.

이토를 발탁했던 도쿠다 규이치 서기장은 이른바 '비전향 18년'의 대표자였는데, 일본공산당이 치안유지법으로 탄압받기 시작한 1928년부터 패전하는 1945년까지 전향하지 않고 투쟁했다는 의미였습니다. 1927년 재건공산당의 지도부였던 사노 마나부와 나베야마 사다치카가 1933년에 옥중에서 전향을 선언하여 당을 궤멸시켰던 상황에서도 지조를 지켰던 것이지요.

도쿠다의 이름인 규이치는 한자로 '球一'인데, '류큐(琉球, 도쿠다의 고향인 오키나와)에서 제일가는 인물'이라는 의미였다고 합니다. 그러나 도쿠다는 본래 이론적으로는 무능한 인물인데다 장기적 수감생활로 인해 정세판단력까지 취약해졌다고 하지요. 그래서 자신의 무능을 보완하려고 발탁한 자가 바로 이토였는데, 그에 대한 스캔들이 끊이지 않았고, 급기야 1952-53년 중국 망명 중에 발병한 도쿠다의 후계자를 둘러싼 종파투쟁에서 패배하여 숙청된 것이에요.

마쓰모토는 이토가 일본공산당에 잠입했던 비밀경찰의 밀정/첩자였다고 고발했습니다. 전전에 이미 전향하여 조르게 첩보단을 검거할 단서를 제공했고, 전후에는 분파투쟁을 조장해 당을 분열시키고 또 엽색행각을 벌였다는 것이지요. 그런 범죄행위가 발각되어 도쿠다의 동료인 노사카 산조에 의해 중국에서 숙청되었다는 것이고요.

그런데 위키피디아에 따르면, 이토가 밀정/첩자까지는 아니었고 또 조르게 첩보단 검거와도 무관했음이 밝혀졌다고 합니다. 또 중국에서 1979년까지 28년 동안 투옥되었던 것은 노사카가 스탈린의 지령을 실행한 것이었다고 하고요. 그리하여 오히려 노사카가 소련공산당의 밀정/첩자였다는 주장도 제기되는 것 같아요.

이토 사건 정도는 아니더라도 가지 사건도 역시 중요한 것입니다. 1934년에 코프가 해산되자 가지는 1936년에 중국으로 망명하여 충칭에서 항일운동에 종사하던 중 중앙정보국(CIA)의 전신인 전략정보국(OSS)과 협력하게 되었는데, 한국전쟁이 발발하자 총사령부(GHQ)가 협력을 요구하며 1951년 말부터 1년간 그를 감금했지요. 그러나 가지는 굴복하지 않았고 우여곡절 끝에 석방될 수 있었어요.

그런데 이토가 밀정/첩자는 아니었다고 해도 출세주의자나 투기꾼이었을 가능성은 큰 것 같습니다. 그렇다면 마쓰모토가 그를 '혁명을 파는 남자'로 비판했던 것도 타당한 것이고요. 이때 '판다'(賣る)는 'sell out'을 번역한 것으로 '사익을 위해 대의·동지를 배반한다'는 의미거든요. 또 그런 자를 'sellout'이라고 부르는데, 마르크스와 레닌은 불량배·악당이나 출세주의자·투기꾼으로서 '인간쓰레기'(Abfall/Abhub/Auswurf, scum)라고 부르기도 했지요.

고야마에 따르면, 이토는 1946년 2월 5차 당대회에서 중앙위원 겸 서기국 실무총책으로 발탁되었고 곧이어 정치국 실무총책으로 승격되어 도쿠다의 최측근으로 활약했습니다. 그는 이토의 장기로 실무능력, 특히 정보력을 꼽았는데, 이것이 밀정/첩자로 오해된 빌미가 되었지요. 또 대중적 지도력, 특히 사교능력도 뛰어났다고 하고요.

그러나 이토도 이론적 능력은 결여하여 도쿠다의 이론적 무능을 보완해줄 수는 없었고, 바로 이것이 고야마가 제기하는 비판의 핵심이었습니다. 쉽게 말해서 도쿠다가 지도한 일본공산당은 스탈린주의와 결합된 보호주의(patronage)에 지배되었다는 것이지요. 지도부와 활동가의 관계가 오야붕(親分, 양부모)과 고붕(子分, 양자녀)이라는 가부장적 관계로 환원되었거든요.

오야붕과 고붕의 관계란 물론 야쿠자의 가부장적 관계를 특징짓는 것입니다. 일본 고유의 불량배인 야쿠자는 자신의 그룹을 잇카(一家)라고 부르거든요. 이 점에서 야쿠자는 가부장(capofamiglia)이 대표하는 가족(famiglia)으로 조직된 시칠리아 마피아와 유사하다고 할 수 있지요. 하기야 386세대도 자신의 조직을 패밀리라고 부른 적이 있는데, 설마 그 대표자를 갓파더라고 부르지는 않았겠지요.

이렇게 이론과 이론적 근거를 갖는 정치노선 대신에 가부장제와 관료주의가 지배하게 되면서 일본공산당이 쇠망하게 된 것입니다. 도쿠다나 이토 같은 무자격자의 관료적이고 가부장적인 지배는 먼저 당원의 급증으로 나타났고, 그 와중에 출세주의자와 투기꾼은 물론이고 밀정/첩자도 대거 유입되었던 것이고요.

먼저 1945년 12월의 4차 당대회에서 당원은 1000여명이었습니다. 그러나 3개월 만에 열린 1946년 2월의 5차 당대회에서 6-7배로 급증하여 전전 최고치인 1만명에 근접했지요. 그러나 그 후에도 당원의 급증은 지속되어 1947년 12월의 6차 당대회에서 10만명을 돌파하고, 1949년 말에는 20만명을 돌파했어요.

그런 상황에서 이론과 무관한 분파, 즉 종파(sect/faction)가 형성되었고 한국전쟁의 와중인 1950-51년에 종파투쟁이 격화되었던 것입니다. 또 1951년 4전협(전국협의회)과 5전협의 결정에 따라 1952년에 '양키 고홈'이라는 구호 아래 '화염병봉기주의'라는 폭력투쟁노선이 채택되었지요.

1952-53년 도쿠다의 발병과 이토의 숙청 이후에 종파투쟁이 점차 완화되었고, 1955년의 6전협에서 폭력투쟁노선이 폐기되었습니다. 또 당원수도 10만명 이하까지 감소했는데, 폭력투쟁노선 채택과 함께 비정규직·실업자나 재일동포로 외연을 확장한 것도 결국에는 소용이 없게 된 것이지요. 그 후 폭력투쟁을 주장한 트로츠키주의자가 돌출하며 신좌파가 출현했는데, 그러나 결국에는 1968-69년의 전공투와 1969-72년의 적군파 이후 신좌파도 소멸하고 말았어요.

폭력투쟁이 소멸한 대신 이념투쟁이 격화되었다는 사실에도 주목해두겠습니다. 실은 아무 이론적 근거도 없는 프레임투쟁이었는데, 강좌파의 '반일자학사관'(Anti-Japanism)이 급기야 신좌파 일각의 '반일망국론'(Anti-Japaneseism)으로 심화되었거든요. 이것은 전범국민인 일본국민을 멸종시키자는 주장인데, 문재인 정부 이후에는 한국에도 수입된 것 같아요.

2차 세계전쟁을 계기로 전범이라는 개념이 국민 전체에서 개인, 즉 지도자로 변화했다는 사실을 지적해두겠습니다. 전후처리의 방식은 전쟁책임을 국민이 질 경우 배상이었던 반면 지도자가 질 경우 처형이었지요. 알다시피 미국이 독일이나 일본에게 요구했던 것은 배상이 아닌 전범의 처형이었어요. 전범을 '국제공동체'(international community, 국제사회) 내지 '인류'(humanity, 人道)에 대한 범죄자로 간주한 것이었지요. 이미 인용한 가토 교수의 「1930년대의 전쟁은 무엇을 위한 투쟁이었던가?」(『일본 근현대사를 어떻게 볼 것인가』(2010; 국역: 어문학사, 2013)에 실림)를 참고하세요.

번역자인 최종길 교수는 일본공산당 주류와 민족해방파의 유사성에 주목했는데, 이론을 경시한 종파주의는 민중민주파도 대동소이했습니다. 또 대중정당화된 공산당의 보편적 현상이기도 했는데, 예를 들어 유럽을 대표한 프랑스공산당도 마찬가지였지요. 데리다에 따르면,

알튀세르에 비해 당의 공식이론가들은 '보잘것없는 멍청이들'(poor retards)이었지요. 그래서 이탈리아공산당처럼 이론을 중시하지 않고 정치에 전념하는 것이 오히려 더 낫다고 할 수도 있겠고요.

『역사적 마르크스주의: 이념과 운동』은 1999-2001년 대안세계화 운동의 맥락에서 공산당의 역사를 검토하는 동시에 그 재건 가능성을 검토한 작업이었습니다. 또 위에서 언급한『금융위기와 사회운동노조』는 2007-09년 금융위기의 맥락에서 위기에 빠진 공산당 재건을 위해 사회운동노조에 주목하자는 제안이었고요. 물론 사회진보연대를 비롯한 운동권에서는 아랑곳없었지만요.

방금 일본공산당이 당원을 보충하기 위해 비정규직·실업자뿐만 아니라 재일동포로도 그 외연을 확대했다고 했는데, 잠시 부연해둘 필요가 있습니다. 먼저『쇼군·천황·국민』의 12장인「일본제국주의의 식민지배」를 참고할 수 있는데, 이 장의 필자인 미즈노 나오키 교수는 조선사 연구로 유명한 강좌파 후예이지요.

미즈노 교수에 따르면, 천황기관설로 유명했던 미노베가 식민지에는 헌법이 적용되지 않는다는 학설을 주장했다고 합니다. 그 결과 본국과 식민지에서 정치과정은 물론 정치제도도 구별되어 총독부가 행정부와 입법부의 기능을 대행한 동시에 사법부도 종속시켰던 것이지요. 또 병역제도와 교육제도도 차이가 있었는데, 번거로우니까 설명은 생략하겠어요.

조선인은 일본과 만주로 대거 이주했는데, 해방 당시 각각 200만명 정도로 합계 인구의 15%였습니다. 이병주 작가의『산하』의 주인공 이종문처럼, 이주 목적은 경제적인 것이었지요. 머슴 아들이 오사카에서 노가다 노릇 3년 만에 중농이 될 수 있는 돈을 번 것이었는데, 『후기』에서 소개한 바 있는 '국적프리미엄' 내지 '국적지대'의 원형이었지요. 물론 그 대가로 '민족적 차별'은 감수했겠지만요.

미즈노 교수는 재일동포 문경수 교수와의 공저『재일조선인』(2015; 국역: 삼천리, 2016)에서 강제병합 이후 이주노동자가 재일조선인의 기원이었음을 부연하면서 다음과 같은 통계를 제시하고 있습니다.

1910년　0.3만명 이하
1920년　　4만명
1930년　 42만명
1940년　124만명
1945년　210만명

　일본으로의 이주노동자가 1930년까지 10년마다 10배 이상 급증한 사실을 알 수 있습니다. 남성은 광업과 토건업에 취업한 반면 여성은 섬유업에 취업했는데, 일본인과 경쟁하지 않아 임금격차도 없는 남성의 경우와 달리 여성의 경우에 일본인과의 경쟁으로 20% 이상 임금격차가 있었다고 합니다. 나아가 '3K노동', 즉 '힘들고'(きつい) '더러우며'(きたない) '위험한'(きけんだ) 노동, 우리식으로 '3D직종'에 종사하는 경우도 많았다고 하고요.
　1930년대 대불황 이후에는 만주, 특히 서간도·북간도로의 이주를 유도했는데, 주로 평안도, 함경도 출신의 몰락 농민이 이주했고, 경상도, 전라도, 제주도 출신의 중산층·중하층은 여전히 일본을 선호했습니다. 또 기왕의 이주노동자의 부인·자녀의 도일을 허용하고 동화를 유도했는데, 1925년의 보통선거권도 적용해주었다고 하지요. 2차 세계전쟁이 발발한 이후에는 일본인의 징병으로 인한 노동력 부족을 보충하려는 징용도 실시되었고요. 어쨌든 1930년 이후에도 재일조선인의 증가세는 상당했다고 할 수 있어요.
　참고로, 만주국 성립 이후 이주노동자의 통계는 다음과 같습니다.

1932년　 67만명
1936년　 86만명
1942년　154만명
1945년　216만명

연간 증가속도를 보면, 1932-36년에는 5만명에 미달하다가 1936년 이후에 급증하여 1936-42년에는 10만명을 초과하고 1942-45년에는 20만명을 초과했지요.

만주로의 이주노동자가 급증한 것은 조선인의 처지가 급변했기 때문인데, 김윤식 선생의 『안수길 연구』(정음사, 1986)에 따르면, 관동군이 중국인의 토지를 무상으로 분배해주었고 영농자금도 신용으로 대출해주었다고 합니다. 이재명 후보가 선전하던 기본자산과 기본금융의 원조가 관동군이었던 셈인데, 그래서 1934-36년에 관동군 사령관이었다가 1936-42년에 조선총독이 된 미나미 지로가 관동군의 자제를 요청하기도 했다는 것이에요.

각설하고, 패전 이후에 일본에 잔류한 조선인은 60만명이었는데, 대부분 1920-30년대에 이주하여 생활기반을 확보한 경우였습니다. 또 경상도, 전라도, 제주도 출신이 대부분이었는데, 각각 64%, 15%, 12%여서 총계 91%였고요. 또 재일외국인에서 재일조선인의 비중도 역시 91%였고요.

그런데 미군 점령기에 재일조선인은 암시장에서 일본인과 경쟁을 했다고 합니다. 또 일본인이 야쿠자에 의존한 반면 조선인은 조련(재일본조선인연맹)에 의존했다고 하지요. 또 재력이 막강한 조련에 의존한 일본공산당도 조선인 편을 들었다고 하고요. 샌프란시스코 강화회의 이후 조선인의 국적이 취소되었던 것은 이런 불량행동이 '불법악질적인 제3국인' 취급을 자초했기 때문이라는 생각이 들어요.

특히 조련의 막강한 재력이란 것은 합법적인 것이 아니었습니다. 승전국인 행세를 하면서 '적산'(패전국인 재산)을 접수했던 것인데, 여기서 적산은 일본에 있는 조선총독부와 조선은행의 재산이었다고 하지요. 또 징용노동자의 임금 및 사망보상금을 횡령하기도 했다고 하고요. 물론 귀국하는 재일조선인의 재산을 양도받은 경우는 예외라고 할 수 있겠지만요.

조련이 일본공산당과 운명을 같이 하면서 그 대안으로 부상한 것이 조총련(재일본조선인총연합회)이었습니다. 재건공산당 중앙위원 중 한 사람으로 도쿠다의 측근이던 김천해(경남 울산 출신)가 한국전쟁 직전 월북하면서 후계자로 지명한 한덕수(경북 경산 출신)가 1955년의 6전협 3개월 전에 일본공산당의 동의 아래 조총련을 결성했던 것이지요.

그러나 한덕수는 조총련을 결성한 지 2개월 만에 국제주의 내지 1국1당주의를 거부하고 일본공산당과의 결별과 조선노동당으로의 귀속을 결행했습니다. 또 1959년에 귀국운동/북송사업을 개시했는데, 이 문제에 대해서는 「4·15총선 전후」에서 소개한 강재언 선생의 『재일 한국·조선인: 역사와 전망』(1994; 국역: 소화, 2005)을 참고하세요.

재일동포의 구술사로 오구마 에이지와 강상중 교수가 엮은 『재일 1세의 기억』(2008; 국역: 문, 2019)을 참고할 수 있습니다. 일본인 2명을 제외하고 모두 50명의 증언이 채록되었는데, 대표성에 의문이 들어요. 조련·조총련 출신이 거의 절반이어서 과잉대표된 것이 분명하거든요. 일본인 2명도 일본공산당과 조총련 관계자였고요. 그러나 한국사 전공자인 강덕상 교수를 제외하면 지식인은 전혀 없는데, 일본공산당에 비해서도 조련·조총련에는 이론가가 전무하다는 사실을 반영하는 것이겠지요.

그렇지만 흥미로운 사례도 없지는 않습니다. 조련·조총련 활동과 경제적 이익이 결합되었다는 경상도 출신 파친코업자나 암거래상인 세 명의 증언이 있었어요. 또 전라도 출신으로 포로감시원의 증언도 있었는데, 그는 데이비드 린 감독의 『콰이강의 다리』(1957)의 소재로 '죽음의 철도'(Death Railway)라고 불린 버마철도 건설과 관련된 전범이었지요. 그러나 놀랍게도 그 역시 일본정부의 사죄와 배상을 요구했어요. 노무현 정부가 조선인 전범도 위안부나 징용노동자와 동일한 강제동원피해자로 인정했다는 것이 그 근거였고요.

이런 것을 보고 일본인의 입장에서는 재일동포도 트라우마일 수 있겠구나 하는 생각이 들었습니다. 1965년 한일국교정상화 전후로 귀국/북송도 거부하고 귀화도 거부하는 재일동포가 '이상하고 해결 곤란한 소수민족 문제'라고 한 『아사히신문』의 비판과 '장래의 화근'이라고 한 사토 총리의 비판도 일리가 있거든요. 귀화한 뒤에도 남이든 북이든 조국과 '국제주의적' 연대를 도모할 수 있었을 것인데 말이에요. 하기야 조총련의 출범이 곧 국제주의의 거부였지만요.

질의와 응답

일본의 전후문학과 오에 겐자부로

— 그런데 시바 료타로의 역사소설이 일본소설을 대표한다고 할 수는 없지 않을까요?

— 물론입니다. 한·중·일 중 가장 유서가 깊은 일본의 현대문학사는 『문명개화와 일본근대문학』(2001; 국역: 웅진지식하우스, 2011)과 『오늘의 일본문학』(2001; 국역: 웅진지식하우스, 2011)을 참고할 수 있지요. 또 가와무라 미나토, 『전후문학을 묻는다: 그 체험과 이념』(1995; 국역: 소화, 2005)도 참고할 수 있고요.

일본소설을 대표하는 작가는 역시 노벨문학상을 수상한 가와바타 야스나리와 오에 겐자부로라고 해야 할 것입니다. 그 중에서도 오에가 대표자라고 할 수 있는데, 전전 작품인 『설국』(1937; 국역: 민음사, 2002)으로 1968년에 수상한 가와바타는 수상의 명예가 주는 '무거운 부담'(重荷) 때문에 자살했다는 설도 있거든요.

오에는 보통 전후파의 후예로 간주되는데, 그러나 얼마간 '위화감'도 존재한 것 같습니다. 그는 이념보다는 오히려 욕망을 중시했고, 또 시코쿠 출신답게 주변인을 자처했거든요. 도시 중산층을 위한 가족과 학교에서 '훈육'(discipline)에 반대하는 오에에게서 푸코나 들뢰즈와 유사한 포스트모더니즘을 발견할 수 있을 것 같아요.

오에는 좌파로서 1960년의 안보투쟁에 참여하기도 했는데, 그가 안보투쟁의 경험을 '총괄'하기 위해 집필한 『만엔원년의 풋볼』(1967; 국역: 웅진지식하우스, 2007)이 그에게 1994년 노벨상 수상의 명예를 안겨준 작품이었습니다. 제목에서 만엔원년은 만엔으로 연호를 고친 첫해인 1860년을 의미했고, 풋볼은 영국식축구인 사커가 아닌 영국의 럭비와 비슷한 미국식축구를 의미하는 것 같은데, 나중에 설명하겠어요.

『만엔원년의 풋볼』은 잇키가 발발한 만엔원년으로부터 꼭 100년이 지난 1960년 안보투쟁 직후가 시대적 배경이었습니다. 주인공은 전향한 학생운동가인 다카시와 정신장애아를 낳아 시설에 맡긴 형 미쓰사부로였는데, 형제가 각자의 트라우마에서 회복하여 '새 생활을 시작하기' 위해 '뿌리를 찾아' 귀향하는 대목에서 이야기가 시작되었지요. 달리 말해서 『만엔원년의 풋볼』을 전향소설 내지 후일담 소설로 읽을 수 있다는 것이에요.

그런데 막부 말기 시코쿠의 잇키에 연루된 증조부 형제에 대한 두 형제의 기억은 전혀 상이했습니다. 증조부 형제 중에서 대촌장(大庄屋)이었던 형과 달리 동생은 잇키에 동참했는데, 잇키가 실패하면서 사망했다는 것이 다카시의 기억이었던 반면 도주했다는 것이 미쓰사부로의 기억이었거든요.

다카시 형제에게는 형이 두 명 더 있었습니다. 학병이었던 첫째 형은 필리핀의 레이테에서 전사했지요. 또 지원병이었던 둘째 형은 살아 돌아왔으나 전후에 폭발한 일본인 농민과 조선인 암거래상인의 갈등에 휩쓸려 맞아죽었고요. 그런데 귀향한 다카시 역시 조선인 징용노동자 출신으로 슈퍼마켓 체인을 통해 일본인 농민을 지배한 '슈퍼마켓 천황'과의 갈등 속에서 사망했어요.

『만엔원년의 풋볼』의 주요 사건은 1860년의 잇키, 1945년 조선인과의 갈등, 1960년 조선인과의 갈등이었습니다. 물론 마지막 사건이 절정이었는데, 슈퍼마켓 천황과의 대결을 만엔원년의 잇키를 추체험하는(nacherleben, relive) '상상력의 폭동'으로 간주한 다카시는 이 폭동에 동참할 농민 청년들의 군사 훈련을 위해 몸싸움이 격렬한 풋볼 연습을 이용했지요.

이 작품을 통해 오에가 주장하려던 것은 '진실'(本當の事, 사실)을 대면하고서도 죽거나 미치지 않고 계속 살아갈 수 있을까라는 문제였던 것 같습니다. 그래서 자신의 동료인 다니카와 슌타로의 연작시 『토바』에서 '진실을 말할까'(本當の事を云おうか)라는 구절을 차용해 8장 제목으로 삼았는데, 결국 다카시는 자살을 선택하고 미쓰사부로는 생존을 선택했다는 것이지요.

이것은 물론 저의 해석인데, 오에의 리얼리즘은 특이해서 해석의 여지가 많기 때문입니다. 부르주아적이지도 사회주의적이지도 않은 그의 리얼리즘은 라틴아메리카의 '마술적(magical) 리얼리즘'이나 바흐친의 '기괴한(grotesque) 리얼리즘'과 비슷한데, 그러나 그런 것도 리얼리즘일 수 있을지 저로서는 의문이 들어요. 오에가 리얼리즘을 폄훼한다는 방증으로서 역사소설가 시바 료타로를 무협소설가 요시카와 에이지의 후예로 간주한다는 사실을 지적할 수 있고요.

오에가 고향인 시코쿠의 '숲속 골짜기 마을'(森の谷間の村)을 너무 이상화한 것도 리얼리즘의 결함 탓이라는 생각이 듭니다. 『나라야마 부시코』(1983)에서 이마무라 쇼헤이 감독이 묘사한 것처럼, 두메산골이란 수욕주의(animalism)의 세계, 쉽게 말해서 성욕과 식욕 같은 본능만 존재하는 동물적 세계이거든요. 예이츠가 「비잔티움으로의 항해」(1926)에서 노래한 '늙은이들이 살 만한 나라'(country for old men), 달리 말해서 지식인이 존경받는 나라가 아니라는 것이에요.

사실 오에 이후에 일본문학은 쇠망하고 있다고 할 수도 있습니다. 1980년대 이후 오에를 계승한 사람이 바로 무라카미 하루키였는데, 그는 마술적 내지 기괴한 리얼리즘을 한층 더 심화했지요. 그래서 저는 『노르웨이의 숲』(1987; 국역: 『상실의 시대』, 문학사상사, 1989) 이외의 작품은 별로 읽고 싶은 생각이 없어요. 무라카미 이후 일본문학에 대해서는 사이토 미나코, 『동시대 일본 소설을 만나러 가다』(2020; 국역: AK커뮤니케이션즈, 2021)를 참고하세요.

마지막으로 『만엔원년의 풋볼』을 번역한 사람이 2014년부터 오늘까지 8년째 위안부 문제로 곤욕을 겪고 있는 박유하 교수임을 밝혀두겠습니다. 박 교수 사건은 국제적 스캔들인데, 무라야마 도미이치 총리와 고노 요헤이 관방장관을 비롯해 오에 겐자부로 작가와 와다 하루키 교수 같은 일본의 친한파 인사는 물론이고 촘스키 교수와 커밍스 교수 같은 미국의 진보적 지식인조차 '학문의 자유'라는 관점에서 박 교수를 옹호했지요.

― 오에의 작품 중에서 대중적이면서도 주목할 만한 것으로는 또 무엇이 있을까요?

― 제가 읽을 만한 것으로 『만엔원년의 풋볼』과 비슷한 전향소설 내지 후일담소설인 『하마에게 물리다』(1985; 국역: 고려원, 1997)가 있었습니다. 이것은 엘리엇의 시 「하마」(1920)를 모티프로 한 연작 단편이 절반을 차지하는 단편집이에요. 1·2·4·8장에 해당하는 '하마' 연작의 주인공은 두 명의 젊은 남녀로 고등학생 시절 적군파에 가담했던 남성과 여대생 언니가 적군파에 가담했던 여성이었지요. 그들이 『만엔원년의 풋볼』에서 다카시를 따라 시코쿠로 왔던 10대 남녀와 비슷하다고 생각할 수도 있겠고요.

『하마에게 물리다』는 50세가 된 오에가 1960년대를 또다시 총괄한 작품이었습니다. 가라타니 고진은 『만엔원년의 풋볼』에서 다카시가 말한 '상상력의 폭동'이 1968-69년 전공투의 '상상력의 혁명'을 선취했다고 평가한 바 있는데, 그럴 경우에 『하마에게 물리다』는 전공투의 후예인 적군파에 대한 후일담 소설이라고 할 수 있겠지요. '배반자'를 처형한 적군파의 악명높은 '우치게바'(內部Gewalt)가 두 주인공을 연결시킨 소재가 되었거든요.

4장인 「하마의 승천」에서 인용되는 엘리엇의 「하마」가 두 주인공의 관계를 상징했습니다. '진흙탕 속의' 하마는 '보기엔 아주 강고한(firm) 것 같지만' 실제로는 '힘없고 부서지기 쉬운'(weak and frail) 놈이었지요. 그런데 그런 하마가 승천하여 '순교한 처녀들의 입맞춤으로/눈처럼 하얗게 씻기리라'는 것이었어요. 달리 말해서 주인공들이 트라우마에서 회복하여 계속 살아가리라는 것이었지요.

― 가와바타에 대해서도 설명해주세요.

― 가와바타의 노벨상 수상작인 『설국』은 '아름다운 문장'(美文)으로 유명했습니다. 그 중에서도 첫째 문단의 세 문장이 항상 인용되었고요.

국경[번(藩, 제후국)이던 군마현과 니가타현의 접경]의 긴 터널을 빠져나오자 설국(雪國, 눈의 고장)이었다. 칠흑 같던 밤(夜の底)이 [눈빛(雪の色)으로] 하얘졌다. 신호소(信號所, 스키철 임시역)에 기차가 멈춰 섰다.

1956년에 『설국』을 영역함으로써 노벨상 수상에 기여한 에드워드 사이덴스티커의 말처럼, 이 작품을 '하이쿠와 소설의 해후(meeting)'라고 부를 만하다는 생각이 드는 대목이에요.

오에와는 달리 우파였던 가와바타는 사회주의적 리얼리즘에 반대한 '신감각파'의 대표자로 유명했습니다. 그런 경향을 대표한 작품이 『설국』이었는데, 이것은 사실 중일전쟁 직전인 1935-37년에 발표한 연작단편에서 출발하여 전후인 1948년에야 완결본이 출판되었지요. 별로 길지 않은 작품을 조탁하는 데 13년이나 걸린 셈이니 문장이 아름답지 않을 도리가 없겠지요.

『설국』의 주제는 한적한 온천마을에 사는 어느 게이샤(芸者)의 사랑이라는 '아름다운 헛수고(徒勞)', 쉽게 말해서 '이루어질 수 없는 사랑'이었습니다. 그러면서 무용 선생을 지망하던 19살 아가씨가 3년 동안 서서히 창기(娼妓)로 전락해가는 과정을 묘사한 것이었지요. 『설국』은 1957년과 1965년 두 차례 영화화되었는데, 이와시타 시마가 주연한 1965년작이 국내에서 시판되었어요.

가와바타는 1929년 대공황 발발 직후 1년 동안 도쿄의 환락가인 『아사쿠사』를 소재로 한 작품도 연재했는데, 『어둠의 거리』(혜림사, 1999)라는 제목으로 국역되었습니다. 언니를 버린 남자를 찾아 복수하려는 불량소녀가 주인공인 르포르타주 풍 작품으로서 아사쿠사 관광안내서 역할을 했다고도 하지요.

1934-35년에 『아사쿠사』 속편을 연재하면서 『설국』도 연재한 것인데, 주제와 소재는 대조적이었습니다. 『어둠의 거리』는 모더니즘적인 반면 『설국』은 복고주의적이었거든요. 『설국』이 발표된 1935-37년은 1923년 관동대지진 이후에 시작된 이른바 '에로·그로·넌센스'(煽情·獵奇·笑劇)의 절정기이기도 했지요. 이미 지적한 것처럼, 이

때문에 통제파가 중일전쟁 이후 국민정신총동원을 강행한 것이고요.

에로·그로·넌센스라는 세태의 중심에는 게이샤를 현대화한 카페 여급이 있었습니다. 카페 여급은 삽입성교 위주의 성매매가 아니라 이른바 '자유연애'가 전문이었지요. 아니면 카페 여급이라는 '모던걸'이 자유연애라는 모더니즘적 형태의 성매매를 발명했다고 할 수도 있을 것 같고요.

가와바타보다 13세 연상으로 그보다 먼저 노벨상 물망에 올랐던 작가가 탐미주의자 다니자키 준이치로였습니다. 그런데 '미국의 연인(sweetheart)'이라 불리던 메리 픽퍼드를 닮은 카페 여급 나오미와의 결혼생활을 묘사한 대표작 『치인(癡人)의 사랑』(1925; 국역: 민음사, 2018), 즉 치정(癡情, 바보 같은 사랑 또는 미친 사랑)은 일대 물의를 일으키면서 '나오미즘'이라는 유행어까지 만들어냈지요.

에로·그로·넌센스의 풍조가 즉각 경성으로도 전파되었다는 사실을 지적해두겠습니다. 그래서 고보를 졸업한 카페 여급인 '인텔리 여급'이 출현하기도 한 것인데, 교사나 기자 같은 전문직보다 수입이 두 배나 많았기 때문이에요. 룸살롱 호스티스의 원조 격인 그들은 나름대로 '직업여성'(여성노동자) 의식까지 있어서 1934년에 『여성』(女聲)이라는 동인지까지 창간되었다고 하고요.

2007-09년 금융위기를 전후로 에로·그로·넌센스가 부활할 조짐이 보이기도 했습니다. 김대중 정부 이후 '일류'(日流)의 영향으로 여성의 성적 매력을 의미하는 에로·그로·넌센스의 유행어였던 '잇'(イット, it)이 수입되면서 바링허우(1980년대생) 세대를 중심으로 섹시한 모던걸을 의미하는 '잇 걸', 그녀의 패션스타일과 패션아이템을 의미하는 '잇 스타일'과 '잇 템'이라는 유행어가 출현했거든요.

— 오에 이외의 작가가 쓴 전향소설 내지 후일담소설은 없었나요?
— 사실 가장 유명한 작품은 오에의 전후파 선배인 노마 히로시가 쓴 『어두운 그림』(1946; 국역: 소화, 1999)이었는데, 보통 이 작품을 전후문학의 효시로 평가합니다. '어두운 그림'(暗い繪)은 '80년전쟁'

이라고 불리는 네덜란드독립전쟁 전야에 활동한 브뢰걸의 화집에서 받은 주인공의 인상을 의미했는데, 소설의 서두에서 몇 쪽에 걸쳐 자세하게 묘사되었지요.

『어두운 그림』의 소재는 1937년 중일전쟁 발발 전후의 교토대학 학생운동권에 대한 회상이었는데, 투쟁도 전향도 아닌 제3의 길에 대한 모색이 주제였다고 할 수 있습니다. '합법주의자'는 전향했고 '인민전선론자'는 투쟁을 지속했는데, 주인공은 투쟁에 공감하면서도 '자기보존과 자기완성의 노력'을 우선했어요. 달리 말해서 스피노자에게서 마르크스의 대안을 추구한 셈이었지요.

『일반화된 마르크스주의 개론』에서 마르크스주의의 위기에 대한 세 가지 대응을 설명한 바 있습니다. 자기비판을 거부하는 구좌파는 위기를 부정하거나 위기에 대해 침묵했지요. 반면 위기를 인식하는 신좌파, 특히 알튀세르는 자기비판과 쇄신을 시도했는데, 마르크스주의의 '전화'(transformation)나 '일반화'(generalization)라고 부를 수 있는 이런 시도의 발단으로 스피노자와 마르크스의 결합에 주목하자는 것이 저의 논지였지요.

『어두운 그림』에서 노마가 말하는 제3의 길은 알튀세르의 시도와 동일한 것은 아니었습니다. 그러나 학생운동권의 지식이란 연구는 없이 '팜플렛만 읽은 정도'였고, 따라서 그 투쟁의 정당성도 '어쩔 수 없는 [정도의] 정당성'(仕方のない正しさ)이었을 따름이라는 비판을 보면, 노마 역시 이론의 필요성을 절감했다고 할 수 있겠지요.

『어두운 그림』에서 노마는 브뢰걸의 그림에 대한 개별적 인상도 묘사했는데, 특히 '눈먼 이가 눈먼 이를 이끌면, 모두 도랑에 빠진다'는 『마태오 복음』의 비유담(parable)에서 영감을 얻은 「눈먼 길잡이」(The Blind Leading the Blind)에서 '최후의 위기' 내지 파국에 임박한 일본의 상황을 연상했습니다. 저도 역시 『한국의 불행』과 『위기와 비판』에서 이 그림에 주목한 바 있고요.

『어두운 그림』과 비견되는 '아이디어 영화'(이념영화)가 총사령부의 의뢰로 구로사와 아키라가 감독한 『내 청춘에 후회는 없다』(1946)

였습니다. 이 영화도 교토대학 학생운동권을 소재로 한 것인데, 1933년 '다키가와 교수 사건'을 계기로 형성된 비합법조직인 '케른'(Kern)이 1941년의 조르게 사건과 결합했다는 것이 줄거리였지요.

그런데 『내 청춘에 후회는 없다』의 주인공은 '다키가와' 교수의 딸이자 그의 제자 '오자키'의 아내로서 '전후 민주주의의 여신'이자 20세기 일본 최고의 여배우로 평가되는 하라 세츠코가 연기했습니다. 남편이 사망하자 그녀는 시댁으로 내려가서 남편이 '매국노'가 아닌 '10년 후에 진상이 밝혀져서 일본의 국민에게 감사를 받을 일'을 한 사람임을 시부모와 마을 사람들에게 알렸지요.

그런데 그녀가 '농촌문화운동의 지도자'로 성장한다는 결론을 볼 때, 『내 청춘에 후회는 없다』를 여성해방론적 작품으로 간주할 수도 있습니다. 그녀가 시댁으로 내려간 것은 남편의 복권을 위한 목적만이 아니라 '돌아볼 때 후회가 없는 생활', 즉 자아실현이라는 목적도 있었다는 것인데, 전전 일본에서 자유주의 내지 사회주의의 결함을 개인주의의 결여에서 발견한다는 점에서 노마와 구로사와의 의견이 일치했다고 할 수 있어요.

『어두운 그림』과 『내 청춘에 후회는 없다』의 배경이 이토의 주도로 설립된 도쿄대학이 아닌 사이온지의 주도로 설립된 교토대학인데는 이유가 있었습니다. 도쿄대학에 비해 교토대학이 행정고시의 합격생은 10% 남짓, 사법고시의 합격생은 20% 남짓했어도, 대학의 자치와 학문의 자유라는 이념과 궤도에서 선진적이던 것은 오히려 도쿄대학이 아닌 교토대학이었기 때문이지요.

교토대학과 달리 도쿄대학은 군국주의자와 타협하는 학비(學匪, 불량배 학자·학생)의 온상으로 타락할 위험이 컸습니다. 그렇다면 1933-37년의 일본자본주의 논쟁을 주도한 강좌파의 히라노 요시타로와 야마다 모리타로 또는 노농파의 오우치 효에와 사키사카 이쓰로 같은 도쿄대학 출신은 '규칙을 증명하는 예외'(the exception that proves the rule)였다고 할 수 있지요. 조르게의 동지 오자키 호쓰미도 도쿄대학 출신이었으므로 역시 마찬가지였고요. 그런 예외가 존재할 수 있었던 것은 인문학을 중시한 교토대학과 달리 도쿄대학에서는 경제학을 둘러싼 논쟁이 전개되었기 때문이에요.

전후파에는 다자이 오사무가 대표하던 '퇴폐파'(décadent) 내지 '무뢰파'(無賴派, libertin)라는 유파도 있었는데, 알다시피 무뢰배는 불량배와 같은 말입니다. 다자이의 유작이자 대표작은 『인간 실격』(1948; 국역: 민음사, 2004)이었는데, 제목에서도 그대로 드러났듯이, 자기학대와 자기파괴가 주제였지요.

『인간 실격』은 일본의 '순문학'을 특징지은 '사소설'의 극단적 사례였다고 할 수 있습니다. 일본문학에 고유한 사소설이란 단순한 자전소설이 아니라 이른바 '내면의 고백'을 특징으로 하는 것이었지요. 그 결과 일본에서 리얼리즘이 발전하지 못한 것 같은데, 사소설의 지양을 목표로 한 오에 겐자부로의 리얼리즘 역시 '마술적'이거나 '기괴한' 종류에 머물렀거든요.

— 전향소설 내지 후일담소설이 전후파를 대표한 셈인가요?
— 그렇지는 않습니다. 전후파를 대표하는 작품으로는 이시자카 요지로의 『푸른 산맥』(1947; 국역: 호호출판사, 1978)도 있었거든요. 남녀교제(나아가 결혼 및 성매매)를 소재로 전후 민주주의 교육에 대해 계몽한 작품이었는데, 하라 세츠코가 주인공인 여선생 역할을 맡은 3시간짜리 영화(1949)로도 제작되어 크게 히트했어요. 가와바타와 동년배인 이시자카는 그 데뷔작이자 대표작인 『젊은 사람』(1937; 국역: 『청맥』, 춘추각, 1967)에서도 자유주의적/개인주의적 경향으로 인해 군국주의자에게 탄압을 받은 적이 있고요.

가와바타나 다자이의 낭만주의에 대비되는 자유주의에 대한 계몽이 이시자카의 주제였습니다. 그는 군국주의나 파시즘에 대한 대안인 민주주의의 이념으로서 자유주의에서 왜 개인주의가 본질적인가를 설파했지요. 국가·학교·가족 같은 전체에 우선하는 개인의 자유가 진정한 자유라는 것이 핵심이었고요.

알다시피 전후에 전개된 미소간의 냉전은 체제경쟁을 의미했고,

그 핵심적 쟁점이 경제성장과 이념이었습니다. 1인당 국민소득으로 측정되는 경제성장의 우열은 논외로 하고, 프롤레타리아적 민주주의라는 정체와 부르주아적 민주주의라는 정체의 우열을 다투는 이념이 자유주의/개인주의 문제였어요.

소련의 경제가 침체하면서 동시에 그 정체도 해체된 것은 이념이 자유주의/개인주의를 지양하는 대신 자유주의/개인주의에 미달했기 때문입니다. 마르크스가 말하는 공산주의가 부르주아적 개인주의를 한층 더 발전시킴으로써 자유주의를 지양한다는 사실은 『마르크스의 '자본'』이나 『역사적 마르크스주의』에서 설명한 적이 있으니 생략하겠어요. 쉽게 말해서 자유주의/개인주의는 '좋은 것'(good)이므로 필요한 것은 그것을 지양하는 '더 좋은 것'(better)이지 그것에 미달하는 '나쁜 것'(bad)이나 '더 나쁜 것'(worse)은 아니라는 것이에요.

— 전후를 배경으로 한 전향소설 내지 후일담소설은 없었나요?
— 물론 있습니다. 대표적 작품이 시바타 쇼의 중편 『그래도 우리의 나날』(1964; 국역: 문학동네, 2018)이었는데, 1955년 6전협 전후 도쿄대학 학생운동이 소재였지요. 그 주제는 55년체제 아래에서 지식인이 직면한 자살과 전향이라는 양자택일이었고요. 시바타는 전향을 '자신의 세대에서 탈출하려는 시도'로 간주했는데, 전공투와 적군파로 귀결된 투쟁이라는 선택은 고려하지 않았다는 사실에도 주목할 필요가 있겠지요.

이 대목에서 일본과 한국을 비교해볼 수 있을 것입니다. 일본과 한국의 시차 20년을 고려할 때, 1950년대 학생운동을 반성한 1930년대생 시바타나 1960년대 학생운동을 반성한 역시 1930년대생 오에처럼 1970-80년대 학생운동을 반성한 1950년대생 작가가 있어야 할 것인데, 가장 가까웠던 사례가 『실천문학』의 대표였던 김영현 작가였어요. 그러나 『폭설』(창작과비평사, 2002)이나 단편집 『포도나무집 풍경』(북폴리오, 2003) 같은 후일담소설을 시바타나 오에의 작품에 비견할 수는 없을 것 같아요.

이것은 물론 김영현 작가 탓이 아니었습니다. 1970-80년대 학생운동은 패배한 것이 아니었으므로 트라우마로부터 회복할 필요도 없었고 결국 전향소설 내지 후일담소설도 있을 수 없었다는 생각이 들거든요. 일본과의 차이는 역시 김대중 대통령 덕분에 학생운동권 출신이 대거 정치권에 진입할 수 있었다는 것인데, 인민주의자로서 김 대통령이 문재인 대통령이나 노무현 대통령보다는 낫다고 해도 '불량배 정치인'을 양성한 '원죄'는 용서받지 못할 것 같아요.

시바타의 『그래도 우리의 나날』에 비견될 수 있는 작품이 다나베 세이코의 중편 『감상여행』(1964; 국역: 북스토리, 2009)이었습니다. 주인공은 연애 중인 기차선로공 출신 공산당원에 대해 환상을 품은 방송작가였는데, 결국 그 역시 성실하지도 않고 정직하지도 않은 '무책임한 남자'임이 드러났어요. 제목의 감상여행은 2차 세계전쟁 말기에 미군에게 인기가 있던 도리스 데이의 데뷔곡 'Sentimental Journey'(1944)를 차용한 것인데, 본래는 '고향으로 가는 다정다감한 여행'을 의미했지요. 여기서는 '사랑의 왕국으로 가는 다정다감한 여행'이라는 의미였고요.

또 구라하시 유미코의 단편 「파르타이」(Partei, 1960; 국역: 「탈당」, 『전후일본 신인수상작품선』, 융문사, 1960)는 남자친구의 권유로 입당하려던 여대생이 결국 입당이 허락된 순간 탈당을 결심하게 된 사연을 고백하는 작품이었습니다. 그렇게 된 이유는 '"파렴치"의 끈으로 매인 개의 집단' 같다는 수치심, 특히 노학연대를 상징한다는 대학생 출신의 노동자 S에 대한 '양서동물' 같은 역겨움, 학습서클에서 만난 노동자와의 성관계로 인한 임신 등등이었지요.

구라하시(1930년대생)의 「파르타이」도 그렇지만 다나베(1920년대생)의 『감상여행』은 특히 여성의 관점에서 1950년대 운동권을 비판한 후일담소설이었습니다. 한국에도 비슷한 작품이 있어야 할 것인데, 공지영 작가(1960년대생)의 『즐거운 나의 집』(푸른숲, 2007)이 가장 가까운 사례이겠지요. 다만 3번의 결혼과 이혼을 경험한 공 작가는 운동권 출신 남편들의 가정폭력을 비판했다는 차이가 있지만요.

다나베나 구라하시의 작품에서 1950년대 (학생)운동권과 '태양족' 사이에 차이는 별로 없고 오히려 '친근성'이 있다는 생각도 들었습니다. 둘 다 이념이 아니라 욕망의 인간이었기 때문이에요. 쉽게 말해서 이념의 인간은 '해야 할 일을 하는' 반면 욕망의 인간은 '하고 싶은 일을 한다'는 것이 차이였지요.

이 대목에서도 일본과 한국의 차이에 주목할 수 있습니다. 둘 다 욕망의 인간이었는데, 다만 욕망의 대상이 달랐다는 것이지요. 일본의 운동권에서 욕망은 성욕이었던 반면 한국의 운동권에서 욕망은 권력욕이었어요. 하기야 일련의 '미투' 사건을 보면, 아Q의 경우처럼 권력욕 충족이 성욕 충족을 위한 충분조건이었던 것 같지만요.

— 태양족은 무엇인가요?
— 이시하라 신타로의 데뷔작인 단편 「태양의 계절」(1955; 국역: 『아쿠타카와상 수상작품 선집』, 문예춘추사, 1987에 실림)에서 비롯된 유행어였는데, 미국에서 수입한 '성혁명'으로 구세대와 단절된 신세대를 의미했습니다. 「태양의 계절」에 이런 유명한 문장이 있었지요.

> 만약 어른들이 자신들이 만든 세계를 지키고 싶어 한다면, 그들이 두려워해야 할 것은 공산당 같은 것이 결코 아닐 것이다. [오히려 태양족일 것이다.]

알다시피 이시하라는 보수주의 정치인으로 변신하여 1968년에 정계에 진출했고 1999년부터 네 번이나 도쿄지사에 당선되었어요.

「태양의 계절」은 권투선수이기도 한 불량고등학생의 애정행각이 소재였는데, 1년 만에 영화화되었습니다. 그런데 이 영화가 히트를 치자 채 두 달도 안 되어 '자매편'을 기획하여 신타로가 촬영장 근처 여관에서 8시간 만에 시나리오를 쓴 영화가 『미친 과실(果實)』(1956)이었지요. 「태양의 계절」에서 조연이었던 신타로의 동생 유지로가 『미친 과실』에서는 불량대학생 역의 주연을 맡아 일본의 '국민배우'로 성장했는데, 그는 신성일 배우의 롤 모델이기도 했어요.

「태양의 계절」보다 훨씬 더 영향이 컸던 『미친 과실』은 국내에도 출시되어 있습니다. 두 작품 모두 미군 제7함대사령부가 주둔하는 요코스카 기지 인근의 가나가와현 해변, 이른바 '아시아의 마이애미 비치'가 배경이었는데, 특히 『미친 과실』은 팡팡걸, 좀 더 정확하게 말하자면 미군장교의 현지처인 '온리'(Only)를 둘러싼 형제의 치정 살인극이라는 아주 충격적인 소재였지요.

어쨌든 팡팡걸 내지 온리가 형제간 살인을 불러올 정도로 욕망의 대상이었다는 것입니다. 일본의 친미성향을 상징하는 '아메리카 닛폰'의 기원에 '태양족 신드롬'이 있었다고 할 수 있지요. 요시미 순야의 『왜 다시 친미냐 반미냐: 전후 일본의 정치적 무의식』(2007; 국역: 산처럼, 2008)을 참고하세요.

— 팡팡걸 내지 미국에 대한 욕망은 여성이 아닌 남성에게 국한된 것은 아닐까요?

— 일본문학에서 팡팡걸 문제에 대한 대표적 연구로는 Michael Molasky, *The American Occupation of Japan and Okinawa: Literature and Memory* (Routledge, 1999)를 참고할 수 있습니다. 나아가 조정민 교수의 『만들어진 점령 서사』(산지니, 2009)도 참고할 만하고요.

이 연구들에 따르면, 욕망의 대상으로서 팡팡걸이란 이시하라의 특이한 입장인 반면 남성작가의 보편적 입장은 '공포와 욕망'이라는 양가감정이었습니다. 나아가 민족주의적 입장에서 '희생자로서 일본'에 대한 멜로드라마적인 알레고리로 팡팡걸을 활용하기도 했는데, 그럴 경우 팡팡걸은 '성노예'나 '성폭력희생자'였을 따름이지요.

또 총사령부도 팡팡걸과 미군의 사랑이라는 소재는 금기시했다고 합니다. 구태여 일본인 남성을 자극할 필요가 없었거든요. 그러나 조선인 위안부와 일본군의 사랑이라는 소재는 금기시되지 않았다고 하는데, 그런 이율배반을 상징한 작품이 바로 다무라 다이지로가 1947년에 동시에 발표한 팡팡걸이 주인공인 『육체의 문』과 위안부가 주인공인 『[매]춘부전』이었지요.

그러나 여성작가는 '[일본의] 정조의 유린'에 대한 알레고리로서 팡팡걸이라는 관점을 수용할 수 없었습니다. 팡팡걸은 오히려 '성의 해방과 개인의 자유를 추구하는 파이오니아'로서 그 특징은 일본인 남성에서 미국인 남성으로 '정조의 이동'이라고 주장했거든요. 쉽게 말해서 팡팡걸에게는 일본인 남성과 구별되는 미국인 남성에 대한 욕망이라는 '경제외적 동기'가 있었다는 것인데,『제로의 초점』이나 『인간의 증명』은 결국 이런 관점을 채택했던 셈이에요.

나아가 팡팡걸과 '양갓집 부녀자'라는 이분법은 이미 자유주의적 페미니즘(lf)에 의해 논파되었다는 사실도 지적해두겠습니다. 프랑스혁명 직후 자유주의적 페미니즘을 주창한 울스턴크라프트는 성매매 여성이 부인보다 '못할 것은 없고 오히려 더 정직하다'(no worse, more honest)고 갈파한 바 있습니다. 그 후 자유주의적 페미니즘을 체계화한 존 스튜어트 밀은 '부인 말고 남아 있는 법률적 노예는 없다'(There remain no legal slaves, except the mistress of every house)고 갈파한 바 있고요.

물론 결혼의 형태가 현대화됨에 따라 부인의 예속(subjection)도 완화되었다고 할 수는 있을 것입니다. 『푸른 산맥』에서 이시자카가 주장한 것처럼, 중매결혼이라고 불리는 '관습적'(convenient, 신분과 재산이라는 편의를 중시하는) 결혼보다는 연애결혼이라고 불리는 '이상적'(sentimental, 감정에 충실한) 결혼이 낫다는 것이지요. 물론 『세설』(細雪(가랑눈), 1944–48; 국역: 열린책들, 2007)에서 다니자키처럼 중매결혼의 복권까지는 아니더라도 그에 대한 미련을 표현할 수는 있겠는데, 역시 다니자키다운 예외라고 해야겠지요.

정대협과 달리 민족해방파의 입장에서는 위안부와 양공주를 구별할 필요가 없다는 사실에도 주목해두겠습니다. 둘 다 성노예 내지 성폭력희생자일 따름이거든요. 정대협이 굳이 위안부와 양공주를 구별하려는 것은 민족해방파의 관점이 아니라 급진주의적 페미니즘(rf)의 관점에 좀 더 충실하기 때문인 것 같아요.

윤미향 의원은 한신대 신학과 83학번인데, 잘은 모르겠으나, 당시에는 운동권이 아니었던 것 같습니다. 안병무 교수와 더불어 한신대 신학과 운동권의 대부였던 문동환 목사의 부인이 1986년에 의정부에서 양공주를 대상으로 '두레방' 운동을 개시하자 한신대 교수·학생 전체가 후원했던 기억이 생생하거든요. 윤 의원이 운동권에 참여한 것은 아마도 이화여대 대학원에 진학한 다음이거나 아니면 주사파였던 남편과 만난 다음인 것 같아요.

팡팡걸에 대한 여성작가의 관점은 그 후 더욱 진화했습니다. 예를 들어 야마다 에이미의 데뷔작인 중편 『베드 타임 아이스』(*Bed Time Eyes*, 1985; 국역: 민음사, 2008)나 단편집 『솔 뮤직 러버스 온리』(*Soul Music Lovers Only*, 1987; 국역: 민음사, 2010)는 미군, 게다가 흑인과의 성애(sexual love)가 일본인 여성의 쾌락과 성장의 수단이라는 주제였거든요.

『베드 타임 아이스』는 요코스카 기지에서 탈영한 흑인 병사를 둘러싼 기지클럽의 가수와 스트리퍼의 삼각관계가 소재였습니다. 또 『솔 뮤직 러버스 온리』의 소재는 간음과 간통, 근친상간 등등의 천태만상의 성애였고요. 그런데 두 작품 모두 제목부터가 요령부득이고 또 별로 설득력이 있는 것도 아니에요.

다만 박유하 교수가 번역한 『풍장의 교실』(1988; 국역: 민음사, 2009)에 실려 있는 중편 「제시의 등뼈」(1986)는 읽을 만합니다. 흑인 병사, 미국인 애인, 또 일본인 전처와의 사이에서 태어난 아들 제시가 주인공이었지요. 1년 전에 엄마에게 버림받아서 '좀 비뚤어진' 12살짜리 소년 제시가 엄마와 아빠 애인에 대한 애증의 갈등을 통해 트라우마에서 회복한다는 것이 줄거리였고요. 제목은 사랑이 '제시에게 가장 중요한 것'이라는 의미인 것 같아요.

물론 야마다의 특이한 개성에도 주목할 수 있습니다. 1950년대생으로 일본의 X세대인 그녀는 '흑인남자를 좋아하는' 자칭 '흑인여자'로서 요코타 기지 인근에서 결혼생활을 했다고 하지요. 알다시피 제5공군사령부가 주둔하고 있는 요코타 기지는 요코스카 기지와 함께 본토에 있는 주일미군 최대의 기지이고요.

어쨌든 이 대목에서 일본과 달리 한국에서는 반미가 위선의 탈을 쓰고 있다는 사실에 새삼 주목할 필요가 있습니다. 이석기 의원은 물론이고 조국 교수나 윤미향 의원처럼 뼛속까지 반미일 것 같은 사람조차 자신의 자녀를 미국으로 유학을 보낸다는 것은 저로서는 정말 알다가도 모를 일이에요.

마사오카 시키와 와다 하루키

— 마사오카 시키에 대해 좀 더 설명해주세요.
— 시키에 대한 번역서로는 이미 인용한 바 있는 류시화 시인의 하이쿠 선집 말고도 손순옥 교수가 편역한 『마사오카 시키 수필선』(지만지, 2013)이 있습니다. 손 교수도 인용한 것처럼, 시키는 청일전쟁 종군 때문에 지병인 결핵이 악화된 직후에 7언고시 「정강의 노래」(正岡行)를 지었는데, '나라가 망가지고 집안이 결딴날 줄을 어찌 알았겠는가'(豈料國破家亦亡)라는 송황조 문천상의 7언고시 「여섯 수의 노래」(六歌)를 의식한 것이었어요.

살아서 핏줄을 잇고 집안을 일으키지 못하니,	生不興家絶系譜,
죽어서 무슨 얼굴로 조상을 뵈올 수가 있을까.	死何面目見父祖
세인이 나를 불러 광견이라 해도 내버려두고,	一任世人呼吾爲狷狂,
역사에 오래도록 정강 씨가 남길 바랄 뿐이네.	只期靑史長記姓正岡.

『논어』에 나오는 광견은 '학식은 부족하나 강직하고 고집있는 지식인'이고 정강은 물론 마사오카라는 성씨이지요.

시키가 자신의 업적으로 자부한 것은 하이쿠의 부흥이었습니다. 하이쿠(俳句)란 5/7/5 열일곱 음절로 이루어진 '한 줄 시'(一行詩)인데, 한시(漢詩)의 일본식 변형이었지요. 시조가 한시의 한국식 변형인 것처럼요. 한시가 와카(和歌), 렌가(連歌)로 변화하다가 에도막부에서 하이쿠가 출현했다고 하지요. 시키는 와카의 일종인 단카(短歌)의 현대화에도 기여했는데, 와카, 단카, 렌가, 하이쿠에 대한 자세한 설명은 류시화 시인의 해설을 참고하세요.
하이쿠를 완성하여 '하이쿠의 성인'(俳聖)이라 불리는 바쇼의 것이 당연하게도 가장 유명한 하이쿠입니다.

오랜 못이여　　　　　　　　　　　　　　古池(ふるいけ)や
개구리 뛰어드는　　　　　　　　　　　　蛙(かわず)飛(とび)こむ
텀벙 물소리　　　　　　　　　　　　　　水(みず)の音(おと)

또 이성아 작가도 바쇼의 하이쿠를 화두로 삼았고요.

밤 벚꽃놀이　　　　　　　　　　　　　　夕櫻(ゆうざくら)
집이 있는 사람은　　　　　　　　　　　　家(いえ)ある人(ひと)は
곧 돌아가네　　　　　　　　　　　　　　とく歸(かえ)る

시키가 지은 가장 유명한 하이쿠는 이것입니다.

감을 먹으니　　　　　　　　　　　　　　柿(かき)くへば
종이 울리는구나　　　　　　　　　　　　鐘(かね)が鳴(な)るなり
법륭사에서　　　　　　　　　　　　　　法隆寺(ほうりゅうじ)

또 병석에서 이런 하이쿠도 지었고요.

[한 겨울의] 긴긴 밤이여　　　　　　　　長(なが)き夜(よ)や
천년 뒤에 올 날을　　　　　　　　　　　千年(ちとせ)の後(のち)を
생각한다네　　　　　　　　　　　　　　考(かんが)へる

내친 김에 소세키가 지은 하이쿠도 소개해보겠어요.

[다음 생에는] 제비꽃만큼　　　　　　　　菫(すみれ)ほど
조그만 사람으로　　　　　　　　　　　　小(ちい)さき人(ひと)に
태어나기를　　　　　　　　　　　　　　生(う)まれたし

　서정(抒情)보다는 서경(敍景)을 강조하는 하이쿠의 정신을 시키는 '사생'(寫生)이라고 불렀습니다. 그러다 보니 하이쿠에는 촌철살인의 묘미가 있어서 1차 세계전쟁 전후로 이미지즘 시에 영향을 주었어요.

에즈라 파운드의 열네 단어로 이루어진 '등식'(equation) 형태의 '두 줄 시'(二行詩) 「지하철 역에서」(In a Station of the Metro, 1913)가 대표적이었는데, 이 시를 읽으면 현미 가수가 부른 「보고 싶은 얼굴」(1963)이 생각나기도 하지요.

사람의 물결 속에 문득 떠오른 얼굴: The apparition of these faces in the crowd:
검게 젖은 가지에 핀 꽃잎.   Petals on a wet, black bough.

하이쿠는 2차 세계전쟁 이후 비트세대에 의해 부흥되어 1968년에는 미국하이쿠협회가 결성되었어요. 또 중국에도 하이쿠가 전파되었다고 하고요. 자세한 설명은 역시 류 시인의 해설을 참고하세요.

잘은 모르겠지만, 하이쿠와 달리 시조가 국제화되지 못했던 것은 서경보다는 서정을 중시했기 때문이 아닌가 하는 생각입니다. 경기체가를 대체한 시조도 한시처럼 사대부의 사상감정을 표현하는 수단이었는데, 한국인이라면 누구나 외울 정도인 '이 몸이 죽어죽어 일백 번 고쳐 죽어'로 시작되는 정몽주의 「단심가」와 '오백 년 도읍지를 필마로 돌아드니'로 시작되는 길재의 「회고가」가 그 효시였지요. 또 '가노라 삼각산아 다시 보자 한강수야'로 시작되는 김상헌의 「가노라 삼각산[북한산]아」도 있었고요.

시키가 하이쿠의 부흥자로 기억될 수 있는 것은 사네유키의 경우처럼 후견인이 있었던 덕분이라는 사실에 주목해두겠습니다. 그가 '생애의 은인'이라고 감읍했던 후견인은 신문『일본』의 주필 겸 사장인 구가 가쓰난이었지요. 구가는 시키의 외삼촌으로 정치인인 가토 쓰네타다, 그리고 다이쇼 민주주의를 상징한 '평민재상' 하라 다카시의 친구이기도 했어요.

이 대목에서 선배/선생에게 두 가지 유형이 있다는 사실을 지적해두겠습니다. 사표(師表), 불어로는 'maître à penser'(master for thinking), 즉 사상의 표준(Muster, example/model)으로서 스승이 있는데, 쉽게 말해서 학파의 지도자라고 할 수 있지요. 공자주의(Confucianism, 유학)와 마르크스주의를 개창했던 공자와 마르크스가 대표적 사례이고요. 그러나 이런 유형을 만나는 것은 천운인데, 잘못하면 사상을 오도하는 'maître penseur'(master thinker)일 수도 있기 때문이에요. 1980-90년대 운동권의 민족해방파를 김일성주의('주체사상')로 지도한 김정일 위원장이 그런 사례였지요.

다른 한 가지는 방금 언급한 능력주의적 후견인(tutelar/tutor)으로 후배/제자를 양성하는 유형입니다. 그런데 이런 유형을 만나는 것도 역시 행운이라고 할 수 있어요. 잘못하면 보호자(patron)를 만나게 되는데, 그런 유형은 연고주의(cronyism) 내지 정실주의(favoritism)에 따르는 오야붕-고붕관계를 요구하기 때문이지요. 1980-90년대에 사회과학계나 경제학계에서 진보주의자가 맺은 선후배관계나 사제지간이란 거의 모두가 그런 것이었어요.

물론 제자나 후배가 배반하는 경우도 있습니다. 첫 번째 유형에서 공자의 경우는 염구가 있었고, 마르크스의 경우는 리프크네히트(아버지 빌헬름)와 베른슈타인이 있었지요. 두 번째 유형에서는 배은망덕한 제자나 후배가 있었는데, 1980-90년대의 지식인 중에서 다양한 사례를 찾을 수 있어요. 그런데 염구와 리프크네히트는 공자와 마르크스가 후견인이나 보호자가 아니어서 배반한 것 같아요.

시키(子規)라는 아호는 객혈하는 자신을 자규, 즉 두견새에 비유한 것이었습니다. 또 시키가 창간하고 그의 제자 다카하마 교시가 계승한 하이쿠 전문문예지가 『호토토기스』(時鳥, 두견새)였는데, 여기에 나쓰메 소세키의 데뷔작인 풍자소설 『나는 고양이로소이다』(1905; 국역: 문학사상사, 1997)가 연재되었지요. 소세키(漱石)라는 아호는 시키가 선물한 것이었는데, '돌로 양치하고 물로 베개한다'(漱石枕流, 견강부회 내지 억지주장)는 고사에서 유래한 것이었어요.

시키나 소세키가 일본인으로서 자부심을 가졌다는 것은 사실 당연한 일이었습니다. 얼마 전에 소세키의 『만주와 한국 여행기』(1909; 국역: 소명출판, 2018)가 번역되었지요. 그런데 제목과는 달리 한국 여행기는 집필되지 않았는데, 역자인 김유영 교수는 이토의 암살에 대한 입장을 표명하는 것이 '난처한' 일이었기 때문일 것이라고 추측

하고 있어요. 그러나 소세키가 이토의 암살에 찬성했다고 생각할 수는 없지요. '중국인이나 조선인으로 태어나지 않아서 다행이다', 즉 '일본인으로 태어나서 다행이다'라는 것이 그의 생각이었거든요.

시키는 이미 죽었으나 그의 후계자 교시 역시 비슷한 생각이었던 것 같습니다. '사생소설'을 집필한 교시는 소세키와 더불어 고답파(高踏派) 내지 '여유파'로 분류되는데, 『조선』(1912; 국역: 소명출판, 2015)에서 조선인에 대한 '연민'과 일본인에 대한 '자부'를 표현한 바 있어요. 이 소설은 강제병합을 전후해서 조선에 진출한 대륙낭인과 게이샤를 등장시켜 경성과 '조선의 교토'(?)인 평양의 풍경을 묘사한 것으로 데라우치 총독이 '사의'(謝意)를 표했다고 하지요.

이런 생각은 사실 거의 모든 자유주의자 내지 사회민주주의자가 공유하기도 했던 것입니다. 이미 『한국의 불행』에서 소개한 것처럼, 영국 노동당의 창시자인 웹 부부 역시 1910년 전후에 중국인이나 한국인을 '진화하지 않은 호모 사피엔스'로 폄훼하는 동시에 일본인은 '미래 사회주의국가의 선의의 관료제(benevolent bureaucracy)'의 발명자로 상찬한 것이 상징적 사례라고 할 수 있겠지요.

— 시조도 현대화하려는 시도가 있었나요?
— 물론입니다. 가람 이병기 선생이 대표적 사례였지요. 가람은 일제강점기에 자유주의적인 애국계몽운동/실력양성운동이 주창한 조선학의 일부로 시조부흥론을 제안한 바 있지요. 가람은 강과 같은 우리말인데, '샘물을 모아 바다로 보내주며 그 사이의 들을 기름지게 한다'는 뜻의 아호이지요. 1967년 그의 희수(喜壽, 77세)를 앞두고 시조·수필·일기와 논문 등이 『가람 문선』(신구문화사, 1966)으로 출판되었고요.

가람에 대해서는 김윤식 선생과 김현 선생이 비평을 제시한 적이 있습니다. 김윤식 선생이 『(속)한국근대작가 논고』(일지사, 1981)에 실린 「이병기론: 자생적 사상의 미학」(1970)에서 1968년에 사망한 가람을 추모한 데 이어 김현 선생은 김윤식 선생과의 공저인 『한국문학사』(문학과지성사, 1973)에서 시조를 현대화한 공적을 강조한 바 있지요. 가람이야말로 최남선·이광수·이은상의 과도기적 시도의 한계를 극복하고 시조를 현대화한 경우였다는 것이에요.

김윤식 선생은 가람 시조의 한계를 '역사의식에 대한 맹목'에서 찾고 있습니다. 반면『이병기: 그 난초 같은 삶과 문학』(건국대학교 출판부, 1995)에서 시조시인이기도 한 김제현 교수의 생각은 다른 것 같은데, 전기의 자연시가 후기의 세태시로 진화하는 과정에 주목하거든요. 물론 세태시가 난초 등을 노래한 자연시보다 문학적 격조가 떨어질지는 모르겠지만요. 세태시의 효시는 1942년 조선어학회 사건으로 1년간 수감되었을 때 쓴「홍원 저조(低調)」였는데, '함흥 동쪽의 홍원에서 수감생활을 하면서 부르는 낮은 가락의 노래'라는 뜻이었지요.

세태시의 대표작은「팽자울」이었는데, '가시 돋친 팽자/탱자나무로 만든 울타리'라는 뜻이었습니다. 이승만 정부의 부정부패를 비판하기 위해 호화주택에 사는 것을 위리안치로 풍자하면서 그런 삶은 죄의식과 불안감 탓이라고 야유한 것이었지요.

> 그의 집 앞으로는 지나기도 두렵다
> 겹겹이 둘러 둘러 가시성을 쌓았노니
> 지금도 안치를 받을 무슨 죄를 지었을까
>
> 홍수(洪水) 맹수보다 음악한 이 세상에
> 팽자울은커녕 철옹성인들 믿으리오
> 갈외고 저히는 도적이 맘속에도 있느니

'음악(陰惡)하다'는 음흉(陰凶)하다는 뜻이고, '갈외다'는 해롭게 한다, '저히다'는 두렵게 한다는 뜻이지요.

가람은 김현 선생과 제가 다닌 경복중고와도 인연이 깊었습니다. 가람은 교가 작사자로도 유명하여 경복을 비롯해 경기나 서울대의 교가를 지어주기도 했지요. 그런데 경복의 교가에는 특별한 애정과 기대가 담뿍 담겨 있어요. 북악산 기슭의 '대은암 도화동 이름난 이곳'

이라는 풍경이 묘사된 다음에 '겨레와 나라의 별들이 되자'는 다짐이 나오지요. 그런데 윤석열 후보의 공약에 따라 제왕적 대통령의 상징인 청와대가 해체되면, 북악산 등산로의 출발점인 '대은암 도화동'도 결국 시민에게 개방되겠지요.

— 시바 료타로에 대한 와다 하루키의 비판이란 무엇인가요?
—『러일전쟁과 대한제국』에서 알 수 있듯이, 러일전쟁의 핵심적 쟁점은 조선 지배였는데, 시바는 조선에 대해 언급하지 않았다는 것이 와다의 가장 중요한 비판이었습니다. 그런데『기원과 개전』에서 알 수 있듯이, 와다는 일관된 반일론자로서 고종에게 공감하면서 그의 친청·친러편향의 시대착오는 호도하는 것 같아요.

가해자로서 일본과 피해자로서 조선이라는 와다의 관점은 사실 강좌파의 자학사관을 추종한 것일 따름입니다. 반면 시바는 강좌파의 자학사관에 대한 대안으로 자유주의 사관을 주장했는데, 이것은 물론 그의 독창적 사상이라기보다는 오히려 라이샤워의 자유주의 사관을 수용한 것이라고 할 수 있겠지요. 따라서 시바 사관을 비판하려면 먼저 라이샤워 사관과 대결해야 마땅할 것인데, 와다가 그런 시도를 한 것은 아니에요.

『김일성과 만주항일전쟁』(1992; 국역: 창작과비평사, 1992)의 번역을 통해 와다를 최초로 소개한 사람은 주체사상의 핵심으로 수령론을 주창하고 결국 통일부장관을 역임하게 된 이종석 박사였습니다. 물론 1995년에 와다의 지도 아래 박사학위를 취득한 고 서동만 교수는 비주사 민족해방파였지만요. 어쨌든 그런저런 인연으로 와다는 386세대 운동권의 친북·친중편향과 반미·반일편향을 강화하는 데 기여했고, 급기야 윤미향 의원의 정대협에도 연루되었던 것이지요.

와다가 필생의 업적이라고 자부하는 상하 양권의 대작『기원과 개전』이 번역된 지 반년 만에 터진 윤미향 사태에 대한 와다의 심정이 어떨지 사실 저로서는 상상하기 어렵습니다. 장춘교 등 4인방의 몰락이 베틀렘에게 준 충격보다 훨씬 처참하지 않을까 하고 짐작만

할 따름이에요.

러일전쟁의 책임과 관련하여 시바의 러시아책임론에 대해 와다는 일본책임론을 주장하는 것 같습니다. 그런데 『종합토론』에서 이미 지적한 것처럼, 1960년대에 와다는 러시아사회성격 논쟁의 소개를 통해 러시아와 일본의 공동책임론이라고 할 수 있는 제국주의전쟁으로서 러일전쟁이라는 관점을 지지한 바 있지요.

와다가 '역사학계의 상식'이라고 주장하는 일본책임론이란 사실 강좌파 원로인 야마베 겐타로의 지론이었습니다. 일본공산당 노조 활동가 출신인 야마베는 '비전향 18년'으로도 유명했는데, 초등학교 졸업의 독학자로서 그는 알튀세르처럼 말해서 '원칙적'(de principe) 사회주의자가 아닌 '기질적'(d'humeur) 사회주의자였지요.

굳이 비교하자면, 야마베는 『위기와 비판』에서 소개한 이이화 선생과 비슷할 것 같습니다. 두 사람 모두 역사학자로서 사재(史才, 문장력)나 사학(史學, 사료에 대한 학식)은 몰라도 사의(史義, 사학에 기초한 사식(史識, 사론에 대한 학식))나 사덕(史德, 감정의 절제)은 없는 것 같기 때문이에요. 작년 8월에 『오마이뉴스』가 야마베에 대한 기사를 두 번에 걸쳐 실은 적이 있으니 참고하세요.

와다가 '상식'이라고 주장하는 야마베의 지론은 『오마이뉴스』의 기사에서도 언급된 나카츠카 아키라에 의해 강좌파의 자학사관으로 계승되었습니다. 또 나카츠카의 『시바 료타로의 역사관』은 2014년에 전라남도도립도서관의 기획 아래 모시는사람들이 국역했지요. '다시 개벽'을 표방하는 모시는사람들은 동학·천도교서적을 중심으로 종교서적을 출판하는 '자주출판운동'이라고 하고요.

나카츠카는 '피해자 심성'(victim mentality) 내지 '피해자중심주의'(victimism)의 관점에서 시바의 조선관을 비판하면서 '역사적 원한'(historical animosities)을 재생산했습니다. 달리 말해서 강좌파의 자학적 일본사관에 대응하는 민족해방파의 자학적 한국사관을 조장한 셈인데, 결국 그런 입장은 동학농민전쟁을 중시한 문재인 정부에 의해 채택되었지요.

와다와 나카츠카를 보충하는 저작이 바로 하라 아키라의 『청일·러일전쟁 어떻게 볼 것인가』였습니다. 하라는 청일전쟁은 '1차 조선전쟁'이고 러일전쟁은 '2차 조선전쟁'이라고 강조했는데, 그럴 경우 러일전쟁은 청일전쟁과 본질적으로 동일하여 러시아사회성격 논쟁은 도로무익(徒勞無益, 애를 썼으나 보람이 없음)이었을 따름이에요. 하기야 민중민주파 일부를 제외한다면 민족해방파를 비롯한 운동권 대부분도 한국사회성격 논쟁에 대해 비슷한 입장이었지만요. 그러나 저로서는 이미 언급했던 가토 교수의 3부작에서 배울 것이 훨씬 더 많다는 생각이에요.

― 이토 히로부미가 주인공인 역사소설은 없나요?
― 있기는 있습니다. 탐정소설과 스파이소설의 작가로 유명했던 역사소설가 미요시 도오루가 쓴 『사전(史傳) 이토 히로부미』(1995; 국역: 다락원, 2002)가 그것이에요. 국내에서 미요시는 『삼국지연의』의 전통에서 벗어나 조조를 주인공으로 한 『흥망 삼국지』(1997; 국역: 예예원, 2002)의 작가로 알려졌지요.

미요시가 말하는 사전은 시바가 말하는 사전과는 조금 다른 것인데, 르포르타주 풍 역사소설을 의미하기 때문입니다. 그래서인지 『사전 이토 히로부미』는 별 재미가 없지요. 그는 이토를 본질적으로 경세가가 아닌 정치브로커, 즉 흑막정치가로 간주하는 것 같아요. 물론 정치가로서 이토가 야마가타보다 낫다는 사실만은 인정하고 있지만요.

미요시는 시바와 달리 청일전쟁과 러일전쟁의 핵심적 쟁점으로서 조선 지배라는 '역사학계의 상식'에 주목하기도 했습니다. 그가 참고한 문헌에는 야마베 겐타로의 『일한병합 소사(小史)』(1966)도 포함되어 있는데, 이 책은 자매편인 『일본통치하의 조선』(1971)과 함께 『한국근대사』(까치, 1982)로 국역되었지요.

단적으로 말해서 미요시는 '밝은 메이지'와 '어두운 쇼와'를 대비하는 시바 사관에 대한 비판을 시도했다고 할 수 있을 것 같습니다.

『사전 이토 히로부미』는 1936년 2·26쿠데타부터 1945년 패전까지가 대상이었던 『흥망과 꿈: 전화(戰火, 전쟁)의 쇼와사』(1986)의 후속작인 것 같은데, 국역되지 않아서 저는 읽지 못했어요.

조선학이란 무엇인가

― 조선학에 대한 설명도 필요할 것 같습니다만….
― 조선학은 조선의 국학이라는 의미로 양학(洋學)과 한학(漢學)에 대응한 명칭이었습니다. 또 조선총독부나 경성제국대학의 식민주의적 조선연구에 대항한 조선인 자신의 연구도 의미했고요. 반면 동학은 서학(가톨릭)에 반대하던 신흥종교의 명칭이었지요. 조선학은 국어학, 국문학, 국사학이 중심이었고 철학은 없었는데, 유학은 철학이 아니라 경세학이었기 때문이에요. 조선학에서 복권시켰던 실학도 역시 철학이 아닌 경세학이었고요.

조선학의 핵심은 역시 국어학이었는데, 『위기와 비판』에서 설명한 것처럼, 1954년에 개원한 학술원은 자연과학자가 주도했고, 그나마 인문과학부(현재의 인문·사회과학부)에서는 최현배·이희승·이숭녕·이병기 선생 등이 주도한 국어학이 강세였던 것은 이 때문이었지요. 현재로서는 국사학이 강세인데, 국문학도 별도로 예술원이 있으니 역시 강세라고 할 수 있겠지요.

일제강점기 국어학의 핵심 과제 중 3대 과제가 서울말·경기어를 표준으로 설정한 다음 한글맞춤법/정서법 제정, 말모이/사전 편찬, 말본/문법 통일을 실행하는 것이었습니다. 표준어 설정은 총독부가 시작한 것으로 식민지현대화론의 쟁점이기도 한데, 그래서인지 특히 경상도 출신의 인민주의자 일각에서는 표준어를 폐지하고 (경상도) 사투리를 복권시키자는 황당한 제안을 하는 사람까지 있어요.

만에 하나 그렇게 되면, 영남인의 서울 점령이 완성될 것입니다. 전현대에는 중국을 표준(Muster, example/model)으로 삼던 한국이 현대에는 일본을 표준으로 삼은 것은 현대화과정에서 지방과 서울의 세력관계를 반영한 것인데, 중국처럼 서울이 지방의 견제를 시도했으나 결국 실패하면서 일본처럼 지방이 서울을 압도했거든요.

일본의 삿초동맹 같은 것이 『후기』에서 설명한 것처럼 박정희 정부부터 60여년 이어진 영호남동맹입니다. 사실 '서울사람은 서울토박이가 아니다'라는 말은 일본보다 오히려 한국에 타당한데, 그러나 메이지유신 60여년 후에 「도쿄 생각」(1934; 국역:『도쿄 생각』, 글항아리, 2016에 실림)에서 '고향이 시골뜨기(巴人)에게 난입당했다'면서 도쿄사람을 비판한 도쿄토박이 다니자키 같은 사람은 한국에 없어요.

조선학에서 국어학에 버금가는 것이 국사학이었습니다. 식민사학과 대결해야 했었기 때문인데, 정인보 선생의 민족사학과 백남운 선생의 사회경제사학이 선봉에 섰었지요. 정 선생이 제창한 정약용을 필두로 한 실학의 복권에 그의 '외우'(畏友, 경애하는 벗) 백 선생도 자신의 자본주의 맹아론의 입장에서 동조한 바 있고요.

물론 실학의 복권에 민족사학자나 사회경제사학자만 관심을 가진 것은 결코 아니었습니다. 『'한국의 불행'』에서 이미 지적한 것처럼, 애국계몽운동/실력양성운동의 지도자인 윤치호 선생이 김성수 선생과 함께 정인보 선생을 후원했거든요. 정약용을 복권시킨다는 것은 곧 서인/노론을 격하시킨다는 의미를 가졌기 때문이지요.

어쨌든 이런 맥락에서 한국사학사의 기원을 조선학으로 설정하는 것이 신주백 박사의 대표작 『한국역사학의 기원』(휴머니스트, 2016)과 『한국역사학의 전환』(휴머니스트, 2021)의 주제입니다. 신 박사는 과천연구실의 전신인 서울사회과학연구소의 성원은 아니었으나 친화성을 가진 연구자였지요. 성균관대 역사학과에서 학위를 취득한 신 박사가 만주에서 김일성 주석의 항일무장투쟁을 연구한 것은 같은 대학 정치학과에서 학위를 취득한 이종석 장관의 지론이었던 수령론을 비판하기 위한 목적이었거든요.

그래서 『'한국의 불행'』에서 『한국역사학의 전환』의 핵심을 구성한 '관점과 태도로서 내재적 발전'의 태동, 형성, 분화에 관한 2013-14년의 논문 세 편을 인용했던 것입니다. 내재적 발전론은 관점과 태도였을 따름이라는 주장을 개념과 이론으로 발전하지 못한 한계에 대한 비판으로 해석했기 때문이지요. 그러나 이번에 『한국역사학의 기원』과 『한국역사학의 전환』을 함께 읽어보니 저의 오해였어요.

잘은 모르겠으나 1995년에 성균관대에서 박사학위를 취득한 다음 백영서 교수와 『창작과비평』 그룹이 주도하던 연세대 '사회인문학' HK교수진에 참여하면서 비(非)주사 민족해방파로 전향한 것 같다는 생각이 듭니다. 그 덕분에 독립기념관 한국독립운동사연구소장으로 발탁되었는지도 모르겠고요. 백 교수가 제안한 '사회인문학'에 대한 비판은 『'한국의 불행'』을 참고하세요.

물론 1986-88년의 '3저호황'과 1987년의 6·29선언의 충격에 이은 1989-91년 소련의 붕괴, 1980년대 중국의 개혁·개방, 1990년대 북한의 '고난의 행군' 등 현실사회주의의 붕괴라는 세계사적 격변 속에서 역사학자 내지 인문학자로서 마르크스주의를 견지한다는 것이 쉬운 일은 아니었을 것 같습니다. 신주백 박사가 포스트모더니즘이나 그 역사관의 확산을 수용한 것도 이 때문일 것 같고요.

— 『근대시민의 형성과 대한민국』(그물, 2021)에서 이승렬 박사는 윤치호 선생과 김성수 선생을 구별해야 한다고 주장하던데요….

— 이 박사의 저서는 한국현대사에서 자유주의자의 복권을 주장하는 역작이라고 할 수 있습니다. 1962년에 김성수 선생에게 수여된 건국공로훈장이 2018년 문재인 정부에 의해 취소되었는데, 그 이유는 노무현 정부가 고발한 친일반민족행위 때문이었지요. 그런 상황에서 이 박사의 주장은 용기 있고 경청할 만한 것이에요.

그런데 그는 김용섭 선생이 주장하는 현대화의 '지주적 길'에서 분화가 발생했다는 관점에서 기청(畿淸, 경기·충청) 사대부-지주와 호남 사대부-지주를 구별해야 한다고 주장합니다. 그러면서 전자의 대표자로 보수주의자인 해평 윤씨 윤치호 선생에게 주목하고 후자의 대표자로 자유주의자 내지 진보주의자인 고부 김씨(울산 김씨) 김성수 선생에게 주목해야 한다고 주장하고요.

그러나 해평 윤씨와 윤치호 선생에 대한 이승렬 박사의 설명은 부정확한 것입니다. 특히 윤치호 선생에 대해서는 변명의 여지가 별로 없는데, 그가 김성수 선생과 함께 자유주의적인 애국계몽운동/실력양성운동의 지도자였다는 것은 부정할 수 없는 사실이거든요. 게다가 윤 선생은 김 선생과 달리 마르크스주의에 대해서도 타협적이지 않은 진정한 자유주의자였고요.

이 박사는 연세대 출신이면서도 개신교의 역사에 대해 잘 모르는 것 같습니다. 그래서 윤치호 선생이 평안도 개신교도, 특히 안창호-이승훈 선생과 대립한 것처럼 주장하는 것 같아요. 김성수 선생과의 차이처럼 안-이 두 선생과의 차이도 주목해야 한다는 것인데, 전혀 설득력이 없는 주장이지요.

해평 윤씨는 풍산 홍씨처럼 워낙 소수이고 게다가 풍산 홍씨와도 달리 기청지방 이외에는 거주하지 않아 사람들이 잘 알지 못합니다. 그러나 그만큼 동질적이어서 전기적 관심의 대상이 될 수 있겠지요. 『한국의 불행』에서 윤치호 선생을 중심으로 해평 윤씨의 현대사에 대한 설명을 시도해본 것은 이 때문이에요. 이런 것도 '가문사학'으로 치부하는 천박한 비판은 상대해줄 여유가 없고요.

해평 윤씨 중에 윤치호 선생처럼 친일한 사람이 있는 반면 반일한 사람이 있는 것도 사실입니다. 특히 이회영·시영 형제분과 행동을 같이 했고 나중에는 김원봉 선생을 후견한 윤기섭 선생이 있었지요. 윤치호 선생과 윤기섭 선생이 한 집안이면서도 다른 길을 걸은 것은 전기적 관심의 대상이 될 수 있다는 생각이 들어요.

그런데 『한국의 불행』에서는 미처 주목하지 못한 분으로 윤복영 선생도 있었습니다. 그는 윤치호 선생의 정동교회가 아니라 이회영 선생의 상동교회에서 주시경 선생에게 국어를 배운 교육자로 외솔 최현배 선생과 동갑의 동료였지요. 그런 인연으로 1932년에 이회영 선생이 암살당한 후 귀국한 후처 이은숙 여사(윤석열 후보의 절친인 이철우 교수의 계증조모)가 종로구 통인동에 있는 윤 선생의 집에서 한동안 기거하기도 한 것이에요.

윤복영 선생은 저와 동렬(同列, 같은 항렬)일 뿐만 아니라 12대조 월정 윤근수의 후손 중에서 중흥조라고 할 수 있는 18대조 신암 윤득부의 후손이기도 합니다. 언젠가 밝힌 것처럼, 임진왜란 전후로 월정 할아버지의 여섯 아들 중 첫째와 둘째를 제외한 네 분이 요절했고, 종가 역시 곧 대가 끊겼어요. 그 후 월정 할아버지의 후손은 대를 잇는 것이 급선무였지요. 그러다가 신암 할아버지 대에 와서 중흥의 계기를 맞았는데, 신암 할아버지와 그 둘째 아들이 대를 이어 문과에 급제했거든요.

저는 신암 할아버지 둘째 아들의 후손이고 윤 선생은 막내인 셋째 아들의 후손인데, 서울에 남았던 윤 선생 집안과 달리 저희 집안은 괴산으로 내려갔습니다. 그런 차이는 저 혼자 생각으로 당파의 차이에서 비롯된 것 같아요. 정조의 유훈으로 외척세도가 자행되자 서인에서도 노론 시파나 소론이 아니면 행세하기 어렵게 되었는데, 신암 할아버지의 손자인 제 고조부는 비록 진사였으나 노론 벽파를 고집한 것 같아요. 그래서 16세기 초부터 300여년을 살아온 서울을 떠나 송시열의 화양서원이 있는 괴산으로 내려간 것 같고요. 게다가 그곳은 사돈인 풍산 홍씨 홍명희 선생의 집안도 살고 있었거든요.

반면 이회영·시영 형제분의 집안과 같이 소론인 윤복영 선생의 집안은 서울에 남아 개신교도, 그 중에서도 감리교파로 개종한 것 같습니다. 서얼이었던 윤치호 선생의 집안이 그런 것처럼요. 그러나 저희 집안은 노론 벽파답게 유학을 견지했는데, 한국전쟁에서 전사한 사촌형처럼 제가 마르크스주의자가 된 것은 우연이 아니었다는 생각이 들어요. 아마도 큰아버지가 '경세'(庚世=更世, 세상을 바꾸다, verändern die Welt)라는 이름을 지어주신 것 같은데, 초등학교에 입학할 때 아버지가 항렬에 따라 '소영'(邵榮=顯榮, 입신양명)으로 개명했으나 결국 허사가 되었거든요.

『한국사회성격 논쟁 세미나 (I-II)』 총서

경제학의 영역에서 자유로운 과학적 연구는 다른 모든 영역과 동일한 적들[무지와 미신]을 상대하는 것만이 아니다. 경제학이 취급하는 대상의 특수성은 자신의 적들로 사람의 가슴속에서 가장 난폭하고 가장 야비하며 가장 원한과 증오로 가득 찬 감정, 즉 사익(私益)이라는 분노와 복수의 여신들도 전장으로 소환하기 때문이다. ― 마르크스, 『자본』의 「서문」

『한국사회성격 논쟁 세미나』라는 제목의 이 책은 4부작 『한국자본주의의 역사: 한국사회성격 논쟁 30주년』(공감, 2015), 『'한국의 불행': 한국현대지식인의 역사』(공감, 2016), 『위기와 비판』(공감, 2017), 『재론 위기와 비판』(공감, 2018)을 개정하면서 『종합토론』과 『후기: '인민의 벗이란 무엇인가'』를 추가한 것이다. 전체적 구성을 보면, 『한국자본주의의 역사』와 『한국의 불행』은 『일반화된 마르크스주의 개론』(공감, 2006; 개정판: 공감, 2008)에 후속한 『일반화된 마르크스주의 세미나』(공감, 2014)를 보충하는 것이었다. 그런데 문재인 정부의 출현으로 정세가 돌변하면서 『위기와 비판』과 『재론 위기와 비판』을 추가했고, 나아가 4부작 전체를 개관할 필요성이 제기되어 『종합토론』을 추가했으며, 마무리를 위해 『후기』를 추가했다. 『종합토론』의 성격은 이중적이다. 4부작 전체의 결론이면서도 '질의와 응답'을 빼고 읽으면 4부작 전체의 서론이 될 수도 있기 때문이다.

2020년 2월
윤 소 영

총목

총서 · 5

한국자본주의의 역사: 한국사회성격 논쟁 30주년 · 8

목차 ··· 8
서문 ··· 9
한국자본주의의 역사: 한국사회성격 논쟁 30주년 ················ 11
질의와 응답 ··· 58

'한국의 불행': 한국현대지식인의 역사 · 112

목차 ··· 112
서문 ··· 113
'한국의 불행': 한국현대지식인의 역사 ························· 115
질의와 응답 ··· 212

위기와 비판 · 252

목차	252
서문	253
역사의 사기극	255
중국현대지식인의 역사	288
'이론적 역사'로서 경제학	322
질의와 응답	362

재론 위기와 비판 · 394

목차	394
서문	395
'촛불혁명' 그 후	396
'리얼리즘의 승리'	427
일본현대사와 그 지식인	473
질의와 응답	516

종합토론 · 552

목차	552
서문	553
종합토론	555

후기: '인민의 벗이란 무엇인가' · 710

목차	710
서문	711
후기: '인민의 벗이란 무엇인가'	713
질의와 응답	817

'과천연구실 세미나' · 862

『한국사회성격 논쟁 세미나 (I-II)』 서문과 목차   411

한국자본주의의 역사:
한국사회성격 논쟁 30주년

한국자본주의의 역사: 한국사회성격 논쟁 30주년 ·············· 11
   한국개발연구원-하버드대학의 공동연구 · 11
   재벌의 수익성과 생산성 · 16
   재벌의 순환출자 · 24
   남한경제와 대만경제의 비교 · 32
   프랑스경제의 경우 · 41
   낙성대학파와 팔레학파 · 48

질의와 응답 ··· 58
   자본주의의 역사 · 58
   재벌의 역사, 남한경제학의 역사 · 75
   '프랑스의 불행' · 92

서문

六經責我開生面
七尺從天乞活埋

　『한국자본주의의 역사』라는 제목의 이 책은 부제가 가리키는 것처럼 한국사회성격 논쟁 30주년을 기념하기 위한 것이다. 작년에 과천연구실 20주년을 자축하기 위해 출판한 『일반화된 마르크스주의 세미나』는 『일반화된 마르크스주의 개론』(공감, 2006; 개정판: 공감, 2008)의 속편이었는데, 다만 한국사회성격 논쟁을 다루지 못했다는 아쉬움이 있었다. 이 책은 그런 결함을 보완하려는 시도이기도 하다. 또 이 책은 『봉건제론』(공감, 2013)의 짝이기도 한데, 박현채 선생이 제기하신 한국사회성격 논쟁이 김용섭 선생이 제기하신 한국사회사 논쟁의 짝이기 때문이다. 제사(題詞)로 인용된 왕부지의 대련(對聯)에 대한 해석은 마지막 질의·응답에서 제시된다.
　『일반화된 마르크스주의 세미나』의 서문에서도 언급한 것처럼, 독자 여러분의 관심과 성원 덕택으로 과천연구실과 공감출판사가 존속할 수 있었다. 거듭 감사의 마음을 전하고 싶다.

2015년 10월
윤 소 영

'한국의 불행': 한국현대지식인의 역사

'한국의 불행': 한국현대지식인의 역사 ·············· 115
  지식인사 개요 · 115
  해방 이후 반공주의의 분화와 재야의 출현 · 124
  처변삼사와 망국사에 대한 보론 · 137
  윤치호의 반공주의 · 143
  김재준·문익환·안병무의 반공주의 · 162
  한국공산주의의 역사 · 181
  한국사회사 논쟁과 한국사회성격 논쟁 · 190
  소련과 중국의 한국학에 대한 보론 · 207

질의와 응답 ·············· 212
  노블레스 오블리주 · 212
  지식인의 지역적 차이 · 221
  이승만 정부 · 232
  사회인문학과 역사사회과학 · 241

서문

『춘추』의 의리가 실행되면, 천하의 난신적자가 두려워할 것이다
(春秋之義行, 則天下亂臣賊子懼焉).　　　　　　　　　— 사마천

세계사는 세계법정이다(Die Weltgeschichte ist das Weltgericht).
　　　　　　　　　　　　　　　　　　　— 프리드리히 실러

　이 책의 주제는 부제가 가리키듯이 '한국현대지식인의 역사'이다. 따라서 이 책은 『한국자본주의의 역사』(공감, 2015)를 보충하려는 시도인데, 사회성격 논쟁의 역사를 정리하면서 논쟁의 대상인 자본주의의 역사만 주목하고 논쟁의 주체인 현대지식인의 역사는 간과했었기 때문이다. 이 책의 제목이 '한국의 불행'일 수밖에 없는 것은, 『봉건제론』(공감, 2013)에서도 이미 지적했듯이, 지식인의 기형적·불구적 성격 때문이다. 『일반화된 마르크스주의 개론』(공감, 2006; 개정판: 공감, 2008)에 이어 『한국자본주의의 역사』와 『한국의 불행』이 한국사회성격 논쟁을 개관하는 데 도움이 된다면 다행이겠다. (…)

2016년 10월
윤 소 영

위기와 비판

역사의 사기극 ··· 255
   인민주의의 부활 · 263
   '눈먼 길잡이'에 대한 보론 · 271

중국현대지식인의 역사 ·· 288
   중국식 능력주의의 기원으로서 과거제도 · 302
   노신에 대한 보론 · 314

'이론적 역사'로서 경제학 ·· 322
   의원내각제와 대통령제 · 322
   폴리비오스의 '정체순환론' · 331
   스미스의 '이론적 역사' · 338
   영국과 아시아에서 경제학의 발전 · 347
   그로스만과 프랑크푸르트학파에 대한 보론 · 355

질의와 응답 ··· 362
   동학농민전쟁에 대하여 · 362
   새뮤얼슨과 미국식 능력주의 · 368
   나의 경우 · 382

서문

> 此人皆意有所郁結, 不得通其道也.
> 故述往事, 思來者.

　　『위기와 비판』이라는 제목은 지식사학자 코젤렉(Reinhart Koselleck)의 『비판과 위기』(*Kritik und Krise*, Karl Alber, 1959)를 모방한 것이다. '역사의 사기극'이라는 제목도 생각했었으나 너무 선정적인 것 같아 이렇게 바꿨다. 2017년이 1986-88년 '3저호황' 와중에 강행된 1987년 대통령직선제 개헌 30주년, 1997-98년 경제위기 20주년, 2007-09년 금융위기 10주년인 해이자 '2기 노무현 정부'인 문재인 정부가 출범한 해라는 사실을 상기하면 위기라는 제목은 그 자체로 자명할 것이다. 비판이라는 제목은 역사의 사기극으로 귀결된 한국 현대지식인의 결함이 위기를 초래했다는 사실을 상기하는 것인데, 이 측면에서 『위기와 비판』은 『한국자본주의의 역사: 한국사회성격 논쟁 30주년』(공감, 2015)과 『'한국의 불행': 한국현대지식인의 역사』(공감, 2016)를 보충하는 것이다. 제사(題詞)는 사마천의 『사기』를 인용한 것으로 그 해석은 본문의 도입부에서 제시될 것이다.

2017년 10월
윤 소 영

재론 위기와 비판

'촛불혁명' 그 후 ·· 396
   북한 비핵화 · 396
   소득주도성장 · 402
   386세대 · 409
   오바마의 인민주의 비판 · 415
   반지식인주의 · 421

'리얼리즘의 승리' ··· 427
   이문열론 · 428
   박완서론 · 434
   박경리-조정래론 · 441
   김원일-김원우론 · 447
   이병주론 · 456
   김윤식론 · 464

일본현대사와 그 지식인 ··· 473
   일본현대사 · 474
   일본현대지식인의 역사 · 485
   아베 총리와 아베노믹스 · 496
   현대경세학으로서 경제학 · 506

질의와 응답 ·· 516
   해방정국 · 516
   횡보와 발자크 · 527
   현대경제학과 사회과학 · 535

서문

凡當今之士, 聰明深察而近於死者, 好議人者也;
博辯閎達而危其身, 好發人之惡者也.

『재론 위기와 비판』은 작년 10월에 출판된 『위기와 비판』에서 제시한 주장을 다시 한번 거론하겠다는 의미이다. 북한 비핵화와 소득주도성장이라는 문재인 정부의 양대 정책을 비판하면서 386세대의 인민주의적 반(反)지식인주의에 주목해볼 것이다. 나아가 386세대를 비판하기 위한 일종의 '우회로'로서 김윤식 교수가 그린 '우리 문학의 지도'를 참고하여 이문열-박완서-이병주 작가의 리얼리즘 소설, 그 중에서도 '6·25소설'을 검토해볼 것이다. 1986-88년 이후의 상황이 마치 1945-53년의 해방정국을 슬로우 모션으로 반복하는 것 같다는 판단 때문이다. 또한 지난번에 중국현대지식인의 역사와 함께 각국에서 경제학의 발전을 정리해본 것과 평행하여 이번에는 일본현대지식인의 역사와 함께 현대경세학으로서 경제학의 의의를 정리해볼 것이다. 『공자가어』에서 인용한 제사(題詞)는 배움을 청하고 돌아가는 공자에게 준 노자의 전별사(餞別辭)로 그 해석은 본문에서 제시될 것이다.

2018년 10월
윤 소 영

종합토론

종합토론 ··· 555
  한국사회성격 논쟁 · 555
  신자유주의적 정책개혁 · 573
  문재인 정부 · 591
  북한사회주의의 타락 · 606
  한국의 현대지식인: 반공주의자 · 622
  한국의 현대지식인: 공산주의자 · 642
  중국과 일본의 현대지식인 · 667
  현대경세학으로서 경제학 · 686
  부록: 1986-94년 논저목록 · 708

서문

김범우: 당신들은 실패했소, 아주 철저히 말이오.
염상진: (…) 대체 어디서부터 무엇이 잘못된 걸까?
— 임권택 감독, 『태백산맥』

    이 책은 『한국자본주의의 역사: 한국사회성격 논쟁 30주년』(공감, 2015), 『'한국의 불행': 한국현대지식인의 역사』(공감, 2016), 『위기와 비판』(공감, 2017), 『재론 위기와 비판』(공감, 2018)을 『한국사회성격 논쟁 세미나』로 합본하면서 추가한 종합토론이다. '한국사회성격 논쟁', '신자유주의적 정책개혁'과 '한국의 현대지식인: 반공주의자', '한국의 현대지식인: 공산주의자'는 『한국자본주의의 역사』와 『한국의 불행』에 대한 토론이고, '문재인 정부', '북한사회주의의 타락', '중국과 일본의 현대지식인', '현대경세학으로서 경제학'은 『위기와 비판』, 『재론 위기와 비판』에 대한 토론이다. 토론에는 『일반화된 마르크스주의 세미나』(공감, 2014)에 참여한 박상현, 송인주, 이태훈, 안종석과 함께 유주형(사회진보연대/민주노총)도 참여했다.

2018년 12월
윤 소 영

후기: '인민의 벗이란 무엇인가'

후기: '인민의 벗이란 무엇인가' ·· 713
  이른바 '하노이 노딜' · 713
  이른바 '조국 사태' · 725
  검찰개혁 논쟁 · 738
  애덤 스미스의 『법학 강의』 · 752
  유가의 법문화 · 768
  박정희 정부와 유신체제 · 780
    자유민주정과 인민민주정에 대한 보론 · 791
  야당과 재야운동 · 797
    정론지와 정론에 대한 보론 · 809

질의와 응답 ·· 817
  불평등에 대하여 · 817
  미국의 아시아-태평양전략 · 828
  한국전쟁 · 838
  '우리는 결코 이자성처럼 되면 안 된다네.' · 852

서문

> 안드레아: 영웅을 갖지 못한 나라여, 불행하구나!
> 갈릴레이: 아닐세. 영웅을 필요로 하는 나라여서 불행한 것이지.
> — 브레히트, 『갈릴레이의 생애』

    지난 5년 동안 작업한 한국현대지식인사의 화두는 '한국의 불행'이었다. 그간의 작업을 마무리하는 후기의 제사(題詞)는 종교재판 직후에 갈릴레이와 안드레아가 결별하는 장면의 대사인데, 자신을 사이비 지식인이라고 비판하는 제자 안드레아에게 스승 갈릴레이는 지식인만 책임이 있는가라고 항변한다. 문재인 대통령이 취임사에서 약속한 '한번도 경험하지 못한 나라'의 정체가 점차 분명해지고 있는 남한에서 갈릴레이보다는 역시 안드레아가 옳을 것이다.

    갈릴레이도 나중에는 자신의 행위로 인해 지식인들이 '잔재주만 부리는 난쟁이족속'(ein Geschlecht erfinderischer Zwerge)으로 타락하여 권력에 굴복하고 협력하는 그들의 행위를 변명할 수 있게 될 것임을 인정한다. '히포크라테스 선서'를 하지 않은 그런 지식인에는 핵무기를 개발할 물리학자뿐만 아니라 혁명을 수행한다는 구실로 '반인류범죄'(crime against humanity, 반인도범죄)를 자행할 사이비 마르크스주의자도 포함된다.

2020년 2월

윤 소 영

『한국사회성격 논쟁 세미나 (I-II)』 교정표

  39쪽 22줄 '마누라와 자식만 빼고 다 바꿔라'는 신경영 선언
       → '마누라·자식 빼고는 다 바꾸자'는 신경영 선언
 146쪽 2줄 절반 이상이 → 절반 정도가
 154쪽 20줄 후배 → 후예
 157쪽 19줄 아직도 → 오랫동안
 260쪽 20줄 그 와중 → 그 직전
 284쪽 15줄 코퍼러티즘 → 인민주의
 289쪽 17줄 9등급 천민 → 아홉 번째 반혁명분자
 290쪽 7줄 정치철학자 → 역사학자
 309쪽 12줄 합격한(…)경쟁률이지요. → 합격한 셈이지요.
      셋째 문단 전체 → 반면 하병체의『중국과거제도의 사회사적 연구』(1962; 국역: 동국대학교출판부, 1987)에 따르면, 명청황조의 문과 합격자는 50,000명이었다고 합니다. 그런데 명청황조 인구가 조선왕조 인구의 20배 정도였으므로, 한국의 경쟁률이 중국의 1/3 정도였다고 할 수 있겠지요. 그러나 미야지마 히로시의『한중일 비교통사』(너머북스, 2020)처럼, 양반을 '신분화·세습화된 사대부'로 규정할 수는 없어요.

314-17쪽 여러 곳 아큐 → 아Q
315쪽 3줄 '퀘이' → '꾸이'
       6줄 이나 벌레(虫豸) → 삭제
318쪽 7줄 '밝아지기 직전의 한밤중' → '한밤중'
319쪽 5줄 깡패 → 불량배
      27줄 애완견, 특히 발바리나 푸들을 → 애완견인 발바리를
327쪽 8줄 14세기 100년전쟁기 → 1340년 100년전쟁 개전 직후
331쪽 15줄 통칭 → 통명
366쪽 5줄 불교계 → 니치렌(日蓮)불교계
418쪽 23줄 인게보르크 바흐만 → 잉에보르크 바흐만
420쪽 28줄 부러울 따름이에요. → 부러울 따름인데, 일본 정론지의 기원에 대해서는 박훈 교수의 「근대초기 일본의 [공론영역]과 공론정치」(『국제지역연구』, 2003년 겨울)를 참고하세요.
451쪽 16줄 아주 어렵지요. → 아주 어렵지요. 경상도 사투리에는 고저음의 구별이 있는 대신 장단음의 구별은 없기 때문인데, 이기문, 『국어사 개설』(태학사, 1961; 신정판: 태학사, 1998)과 한성우, 『방언, 이 땅의 모든 말』(커뮤니케이션북스, 2015)을 참고하세요.
455쪽 17줄 '시새움' → '시새움'(시샘·샘)
457쪽 8줄 이동휘(…)하경산 → 이동휘 선생의 제자인 공산주의자 하경산
       9줄 방정람 → 동정람
478쪽 13줄 이 때문이었지요. → 이 때문이었지요. 일본 지식인의 기원을 '사무라이의 사대부화'에서 발견하려는 시도는 박훈 교수의 『메이지유신은 어떻게 가능했는가』(민음사, 2014)를 참고하세요.
483쪽 12줄 1969년 → 1968년
493쪽 6줄 고야마 히로다케 → 고야마 히로타케

497쪽 4줄 다음과 같아요. → 다음과 같은데, 고이즈미 총리까지는 우지 도시히코 외,『일본총리 열전』(2001), 다락원, 2002를 참고하세요.

514쪽 2줄 후배 → 후예

28줄 인민주의 내지 코퍼러티즘 → 인민주의

515쪽 14줄 이렇게 → 독단적이고 무모하다고

22-25줄 벤섬은(…)마쳤거든요. → 3세에 라틴어를 배운 벤섬은 역사상 최연소로 12세에 옥스퍼드에 입학하여 15세에 학사학위, 18세에 석사학위를 취득했고, 3세에 그리스어, 8세에 라틴어를 배운 존 스튜어트 밀은 12-13세에 논리학과 경제학을 배우기 시작하여 16-17세에 제임스 밀의 홈스쿨링 천재교육을 마쳤거든요.

524쪽 11줄 1:15 내지 40 → 1:15 내지 1:40

531쪽 11줄 군대생활 → 군대생활과 정치생활

13줄 51편 → 52편

14줄 91편 → 90편

540쪽 18-19줄 원점은 평균이고, → 삭제

21-22줄 나머지 경우는(…)무시하겠어요. → 나머지 경우는 보통사람이에요.

559쪽 2줄 constitutional assembly → constituent assembly

633쪽 21줄 '등 뒤에 칼이 꽂힌' → '등에 칼이 꽂힌'

635쪽 22줄 아큐 → 아Q

638쪽 24줄 공부대학 → 공부대학교

689쪽 4줄 초래한다 → 자초한다

717쪽 2줄 망언과 망동 → 거짓된 언행

721쪽 3줄 4.0조달러 → 4.1조달러

9줄 3.6조달러 → 9월에는 3.8조달러

733쪽 16줄 문학평론가 → 문학비평가

736쪽 29줄 본인의(…)있거든요. → 삭제

737쪽 2줄 '趙' → 진시황과 송태조의 성씨인 '趙'
742쪽 2·26줄 자유당 정부 → 이승만 정부
748쪽 12줄 별지의 네 문단 추가
750쪽 8줄 기관총/기관포 → 기관총/고사총
    20줄 상사범(常事犯) → 상사범(常事犯, criminal)
    21줄 국사범(國事犯) → 국사범(國事犯, state prisoner), 즉 정치범(political) 내지 사상범(prisoner of conscience, 양심수)
    22줄 자유당 정부 → 이승만 정부
751쪽 28줄 밀의 톨레랑스 개념 → 밀의 '위해 원칙'(Harm Principle)에 따른 톨레랑스 개념
752쪽 15줄 민주주의를 보호해야 한다 → 민주주의를 수호해야 한다
763쪽 21줄 경세학 → 경세사학
764쪽 6줄 존 스튜어트 밀은 → 존 스튜어트 밀은 부인인 해리엇의 영향으로
    7줄 특히 여성 → 특히 노동자와 여성
770쪽 22줄 다른 것이었어요. → 다른 것이었어요. 물론 구족에다 제자와 붕우 같은 학연을 더하여 십족(十族)이라고 한 경우도 있었지만요.
772쪽 15줄 번드런 → 번들한
793쪽 25줄 constitutional assembly → constituent assembly
806쪽 20줄 독수리 5형제 → 독수리5형제
812쪽 17줄 잘못 → 그릇; 사투리 → 사투리(訛語)
    18줄 잘못 → 그릇
844쪽 8줄 가상의 애록(Aerok, Korea의 역순)고지 → 애로크(최인훈 작가의 조어로 Korea의 역순)고지
861쪽 28줄 미인(…)흐른다는 → 미인(紅顔)은 화근(禍水=禍根)이라는

별지

그런데 사회학계에서는 프레임을 '음모론', 쉽게 말해서 유언비어로 구체화하기도 합니다. 한국역사연구회의 『한국역사』(역사비평사, 1992)는 농민의 가장 중요한 투쟁수단으로 유언비어(訛言)를 강조하기도 했는데, 1970-80년대 재야운동권의 전통을 답습한 것 같아요. 『재론 위기와 비판』에서 언급한 것처럼, 재야운동권이 마타도어와 무고(誣告)로 날이 새고 날이 지는 세상이라는 사실을 깨달은 것은 한신대에서 우여곡절의 세월을 겪은 다음이었지요.

음모론을 체계화하려는 사회심리학적 시도로 전상진 교수의 『음모론의 시대』(문학과지성사, 2014)에 주목할 수 있습니다. 전 교수는 음모론을 '편집증적 망상/미망'으로 비판하는 호프스태터에게 반대하면서 사회운동에서 음모론의 현실성과 유용성을 주장하거든요. 음모론이 자유주의자와 인민주의자의 쟁점으로 제기된 셈이지요.

물론 전 교수는 음모론의 비용을 지적하기도 합니다. 정치적 갈등을 경쟁이 아니라 투쟁의 관점에서 인식한다는 결함 말이에요. 경쟁의 관점은 공동의 이익에 대한 합의를 긍정하는 반면 투쟁의 관점은 그런 합의를 부정하지요. 또 비폭력투쟁은 항상 폭력투쟁, 즉 전쟁으로 비화할 수 있는데, 위협과 보복을 통한 '억지'(deterrence)라는 전략이 실패할 수 있기 때문이에요.

자유민주주의가 인민주의로 타락하는 것이 음모론의 비용이라고 할 수 있습니다. 문재인 정부 출범의 결정적 계기였던 동시에 안철수 대표를 중심으로 한 국민의당의 호남 석권이라는 새로운 장애의 돌출이기도 했던 4·13 총선에 대해 「호남의 세대정치와 민주주의의 전망」(『한국사회학회 지역순회특별심포지엄 논문집』, 2016. 6.)이라는 분석을 제출하기도 했던 전 교수가 출범 이후에 문재인 정부가 광범위하게 활용하는 중인 프레임 내지 음모론에 대해서는 어떻게 생각하고 있는지 궁금할 따름이에요.

'과천연구실 세미나'

문화과학사 이론신서

01 (1995. 06.) 윤소영, 『마르크스주의의 전화와 '인권의 정치': 알튀세르를 위하여』
02 (1995. 11.) 에티엔 발리바르 (윤소영 옮김), 『마르크스의 철학, 마르크스의 정치』

'공감이론신서'

03 (1996. 06.) 윤소영, 『알튀세르를 위한 강의: '마르크스주의의 일반화'를 위하여』
04 (1996. 08.) 루이 알튀세르 외 (윤소영 옮김), 『알튀세르와 라캉: '프로이트-마르크스주의'를 넘어서』
05 (1996. 12.) 윤소영, 『알튀세르의 현재성: 마르크스, 프로이트, 스피노자』
00 (1997. 05.) 메이너드 솔로몬 외 (윤소영 옮김), 『베토벤: '윤리적 미' 또는 '승화된 에로스'』 (공감예술신서)

06 (1998. 03.) 윤소영,『일반화된 마르크스주의와 역사적 자본주의 분석』
07 (1997. 03.) 장 로블랭 외 (김석진·박민수 옮김),『세계화와 신자유주의 비판을 위하여』
08 (1997. 09.) 뤼스 이리가레 외 (권현정·김수영·송영정·안주리 옮김),『성적 차이와 페미니즘』
09 (1998. 04.) 조반니 아리기 외 (권현정·이미경·김숙경·이선화 옮김),『발전주의 비판에서 신자유주의 비판으로: 세계체계론의 시각』
10 (1998. 09.) 다이앤 엘슨 외 (권현정·이미경·김숙경·이선화 옮김),『발전주의 비판에서 신자유주의 비판으로: 페미니즘의 시각』
11 (1999. 06.) 윤소영,『신자유주의적 '금융 세계화'와 '워싱턴 콘센서스': 마르크스적 비판의 쟁점들』
12 (1999. 11.) 이미경,『신자유주의적 '반격'하에서 핵가족과 '가족의 위기': 페미니즘적 비판의 쟁점들』
13 (2001. 02.) 윤소영,『이윤율의 경제학과 신자유주의 비판』
14 (2001. 04.) 김석진·윤종희·김숙경·박상현,『자본주의의 위기와 역사적 마르크스주의』
15 (2001. 07.) 윤소영,『마르크스의 '경제학 비판'』(개정판, 2005. 02.)
16 (2002. 06.) 윤소영,『마르크스의 '경제학 비판'과 소련사회주의』
17 (2002. 06.) 권현정·오현미·김숙경·정인경,『마르크스주의 페미니즘의 현재성』
18 (2003. 02.) 윤소영,『마르크스의 '경제학 비판'과 평의회 마르크스주의』
19 (2003. 07.) 권현정·오현미·이미경·김숙경·정인경,『페미니즘 역사의 재구성: 가족과 성욕을 둘러싼 쟁점들』
20 (2003. 06.) 윤소영,『마르크스의 '경제학 비판'과 대안세계화 운동』
21 (2003. 12.) 에티엔 발리바르 외 (윤소영 옮김),『'인권의 정치'와 성적 차이』
22 (2004. 12.) 윤소영,『역사적 마르크스주의: 이념과 운동』

23 (2004. 02.) 윤종희·박상현,『마르크스주의와 정치철학 및 사회학 비판』
24 (2005. 01.) 윤종희·박상현·정인경·박정미,『대중교육: 역사·이론·쟁점』
25 (2006. 04.) 제이슨 무어 외 (윤종희·박상현 옮김),『역사적 자본주의 분석과 생태론』
26 (2006. 05.) 비센트 나바로 외 (송인주·이태훈·박찬종·이현 옮김),『보건의료: 사회·생태적 분석을 위하여』
27 (2005. 08.) 윤종희·박상현·정인경·박정미,『인민주의 비판』
28 (2006. 02.) 윤소영,『일반화된 마르크스주의 개론』
29 (2007. 02.) 윤소영,『일반화된 마르크스주의의 쟁점들』
30 (2007. 05.) 윤소영,『일반화된 마르크스주의의 경계들』
31 (2007. 10.) 윤소영,『헤겔과 일반화된 마르크스주의』
32 (2007. 09.) 앨리슨 스톤 외 (윤소영 옮김),『헤겔과 성적 차이의 페미니즘』
33 (2008. 03.) 윤소영,『일반화된 마르크스주의와 대안좌파』
34 (2008. 06.) 윤소영,『일반화된 마르크스주의와 대안노조』
35 (2008. 10.) 윤종희·박상현·송인주·정인경·공민석,『알튀세르의 철학적 유산』
36 (2008. 12.) 윤종희·박상현·송인주·이태훈·정인경·이현,『화폐·금융과 전쟁의 세계사』

'공감개론신서'

01 (2008. 07.) 윤소영, 『일반화된 마르크스주의 개론』 (개정판)
02 (2008. 11.) 윤소영, 『금융위기와 사회운동노조』
03 (2009. 06.) 윤소영, 『마르크스의 '자본'』
04 (2009. 11.) 윤소영, 『2007-09년 금융위기』
05 (2010. 04.) 윤소영·윤종희·박상현, 『2007-09년 금융위기 논쟁』
06 (2011. 01.) 윤소영, 『현대경제학 비판』
07 (2011. 10.) 윤소영·박상현·이태훈·공민석, 『사회과학 비판』
08 (2012. 04.) 윤소영, 『역사학 비판』
09 (2012. 10.) 윤소영, 『문학 비판』
10 (2013. 03.) 윤소영, 『2010-12년 정세분석』
11 (2013. 10.) 윤소영, 『봉건제론: 역사학 비판』
12 (2015. 10.) 윤소영, 『한국자본주의의 역사: 한국사회성격 논쟁 30주년』
13 (2014. 12.) 윤소영·박상현·송인주·이태훈·공민석·안종석, 『일반화된 마르크스주의 세미나』
14 (2016. 10.) 윤소영, 『'한국의 불행': 한국현대지식인의 역사』
15 (2017. 10.) 윤소영, 『위기와 비판』
16 (2018. 10.) 윤소영, 『재론 위기와 비판』
17 (2020. 02.) 윤소영, 『한국사회성격 논쟁 세미나 (I)』
18 (2020. 02.) 윤소영, 『한국사회성격 논쟁 세미나 (II)』
19 (2020. 12.) 윤소영·박상현·송인주·이태훈·유주형·안종석, 『문재인 정부 비판』
20 (2021. 10.) 윤소영·박상현·송인주·이태훈·유주형·김태훈, 『재론 문재인 정부 비판』
21 (2022. 05.) 윤소영, 『한국사회성격 논쟁 세미나 (III)』